rowohlt

Fritz J. Raddatz

Eine Erziehung in Deutschland

Trilogie

Kuhauge

Der Wolkentrinker

Die Abtreibung

Rowohlt

1. Auflage dieser Ausgabe Juli 2006

[Der Autor verdankt Daten und Zusammenhänge der
Seiten 396 ff. dem Aufsatz ‹Was gestrichen ist, kann nicht
durchfallen› von Helmar Harald Fischer in THEATER
HEUTE, Heft 9/September 1989]

Satz aus der Bembo PostScript, InDesign,
von Pinkuin Satz und Datentechnik, Berlin
Druck und Bindung Clausen & Bosse, Leck
Printed in Germany
ISBN 13: 978 3 498 05778 7
ISBN 10: 3 498 05778 2

Eine Erziehung in Deutschland

Kuhauge

Das Suppenhuhn hat Trompetengold geklaut, das Suppenhuhn hat Trompetengold geklaut» – Koboldbösartigkeit überglitzerte die Kinderstimme des zehnjährigen Bernd. Feixend hüpfte er durchs Haus und stellte die Großmutter bloß, die für ihn im Kaufhaus eine billige Krawattennadel gestohlen hatte, ein dickes goldfarbenes Herz mit einem falschen Rubin, die Nadel gegen Verlust geriffelt. «Trompetengold» war die Übersetzung für Tinnef, und «Suppenhuhn» wurde die alte Oberförsterswitwe von ihrer zu erbarmungslosen Benennungen neigenden Tochter genannt: Sie war dürr, hatte eine gerupft wirkende gräuliche Haut und blinzelte wie ohne Lider, wurde sie geneckt. «Irmchen, mein liebes Kind», hatte sie hilflos ein halbes Leben lang die Hänseleien der Tochter abgewehrt – Irmfried, geb. Imfelden, gesch. Kraft, verheiratete Walther.

Die schöne rothaarige Frau hatte graue Augen, die sich merkwürdig nach oben rundeten, die Flachheit der unteren Augenpartie gab ihr etwas Lauerndes, Katzenhaftes. Sie war eine Kleinbürger-Mondäne, ein «blauer Engel» aus der Vorstadt; ihr Aussehen und ihre schlagfertig-bissige Intelligenz hatten sie in Clubs und auf Bälle gebracht, wo es ihr rasch gelang, daß man sie für eine Dame hielt. Ein Gebrauchtwagenhändler hatte sie mit Haus und BMW-Kabriolett, großen Hüten, Seidenstrümpfen mit schwarzer Naht und ihrer Lieblingsfarbe Türkis in vielerlei Variationen ausgestattet. Sie liebte das Hotel Excelsior am Potsdamer Platz, wo man zum Fünfuhrtee tanzte, oder das Uhland-Eck am Kurfürstendamm, wo als Attraktion abends ein großer Neger den Damen aus den Mänteln half, weswegen sie für diese Abende einen schwarzen Samtmantel bevorzugte, der am Rücken durch einen langen Reißverschluß zu öffnen war. Es wurde dort auf gläserner Tanzfläche Foxtrott getanzt oder Tango. Jazz nicht – man schrieb das Jahr 1940, und auch die Frivolität der Berliner, die den Krieg noch ignorierte, hatte Grenzen einzuhalten. Dafür traten Stars auf, zu denen man «hinreißend» sagte und deren kunstlosem Gesang die Gäste bei rotem Sekt hingerissen lauschten: Rosita Serrano sang «Roter Mohn, warum welkst du denn schon», Heinz Rühmann «Regentropfen, die an mein Fenster klopfen», oder es zeigte sich, dies aber höchst selten, in enormen Gewändern Zarah Leander und seufzte rauh vom Wind, der ihr ein Lied erzählt habe.

Vom Autohändler Kraft hatte man rasch Abstand genommen, kurz nachdem der Bankdirektor Walther ins Bild getreten war. «Irmchen, das liebe Kind» war nun dessen zweite Frau, Bernds Stiefmutter. Das Suppenhuhn war eigentlich nicht seine Großmutter, denn Stiefgroßmütter gibt es nicht. Sie war es dennoch. Trotz selbstgekochter Stachelbeermarmelade und gestrickten Fausthandschuhen mit Norwegermuster, alles in ihrem möblierten Zimmer im Vorort Lichtenrade hergestellt, ließ Bernd es sie entgelten.

Was «es» war, hätte er nicht sagen können. Eine Luftveränderung – doch nicht im Sinne von Ferien. Obwohl es in den Sommerferien begonnen hatte. Seit ein paar Jahren fuhr der Witwer Walther mit Sohn und Tochter nicht mehr an die Ostsee, sondern auf einen westfälischen Gutshof, der einem Industriellen gehörte. «Onkel Emil» lebte dort mit einer ehemaligen Tänzerin, einer zierlich-knäbischen eleganten Frau, die Bernd heiß bewunderte und von der er nicht wußte, daß es die Geliebte und keineswegs die Frau von «Onkel

Emil» war – bis er am Schlüssel des roten Steyr, für ihn das schlechthin aufregendste Gefährt, ein E. F. eingraviert sah und zur Antwort erhielt: «Das sind die Anfangsbuchstaben meines Namens, ich heiße nicht Scholte, sondern Frederiksen, Onkel Emil ist mit einer anderen Frau verheiratet.»

Bernd hatte das kaum interessiert – *da* war ja sie, Tante Erni, die auch gelegentlich alleine in Berlin auftauchte und den Vater besuchte. Er verehrte sie, liebte ihren Geruch, ihre Bewegungen, ihr Lachen und die Sicherheit, mit der sie eine Heerschar Bediensteter auf dem Gut dirigierte, die riesige Töpfe Johannisbeergelee, Himbeermarmelade oder Quittenmus einkochte.

In diesem Jahr war der Vater mehrere Male hin- und hergereist und hatte Bernd schließlich zu einem Spaziergang um den See eingeladen. Das war verdächtig – es wirkte so alarmierend wie das Aussprechen seines zweiten Namens Jörn; der kam nur vor, wenn er etwas ausgefressen oder schlechte Schulnoten hatte. «Bernd-Jörn, komm mal her» – der Ruf annoncierte stets Prügel. Meist *ließ* der Vater in solchen Fällen rufen; vom Kindermädchen oder Dienstmädchen. Prügeln tat er selber. Mit jener dünnlippigen Gerechtigkeit, die Bestrafen als wichtigsten Erziehungsgrundsatz sah, und mit einer lederbezogenen Pferdepeitsche, innen Stahl, darum eine Strohschicht. Dienen und Strafen waren zwei Maximen, auf denen säulenstarr der Haushalt des seit acht Jahren Verwitweten gründete. Mit demselben Stock, dessen aufgeplatzte Spitze Stroh und Stahl sehen ließ, wurden Bernd auch Tischmanieren beigebracht. Saß er zu krumm, steckte der Vater die Pferdepeitsche hinter dem Rücken des Jungen durch die angewinkelten Ellenbogen, so daß er Besteck und Teller nur mit äußerster Mühe und je gerader sitzend, desto eher erreichen konnte.

Es war das preußische Reglement, in dem der Pastorensohn, Kadett und schließlich kaiserliche Offizier groß geworden war. Äußerlich übriggeblieben davon waren nur noch die grauen Wildlederhandschuhe, die mit einem Elfenbeindruckknopf über dem Puls schlossen und bei nahezu jeder Witterung wie eine zweite Haut Friedrich-Wilhelm Walthers Hände umspannten. Die Weimarer Republik hatte er nicht geliebt, sie hieß «Systemzeit»; sowenig wie den zivilen Beruf. Das eine wurde öffentlich gezeigt, indem bei allen offiziellen Feiertagen wie auch an der Strandburg in Fischershafen an der Ostsee nur Schwarz-Weiß-Rot geflaggt wurde statt Schwarz-Rot-Gold. Der ungeliebte Zivilstand – im Reisegepäck eingelassen stand «Generalmajor a. D.», und so ließ er sich vom Barbier, vom Schneider oder vom Personal anreden – wurde abgestraft, indem der Wagen in der Garage blieb. Als protestierende Dokumentation, daß man ja nun Bürger einer Republik und nicht mehr Generalmajor zu Pferd war, fuhr Friedrich-Wilhelm Walther mit der Linie 9 in die Innenstadt zu seinem Büro am Dönhoffplatz. Es lag in einem grauen Riesenbau der Gründerjahre; eine Filmgesellschaft, deren Finanzdirektor er inzwischen war. Viermal am Tage: morgens hin, mittags zum Essen zurück, danach wieder hin, abends zurück. Jeden Tag mit der gleichen Bahn. Gegessen wurde pünktlich. Und eher karg. Braten nur sonntags, auch Nachtisch; die von den Kindern geliebte, Glabberjucks genannte «Götterspeise» aus grüner oder roter Gelatine mit der herrlichen Vanille-Sauce fast nie. Zervelatwurst und Schweizer Käse, gab es Aufschnitt, bekam nur der Vater. Das Kinderfräulein aß mit am Tisch. Das Dienstmädchen bediente. Mittags und abends hatte Bernd aus einem Lokal, das schräg durch den kleinen Park dem Haus gegenüber lag, einen Krug Bier vom Faß zu holen und dabei höllisch aufzupassen, daß der Schaum nicht verwehte. Sonntags Mosel. An einem besonders heißen Sommertag, der siebenjährige Bernd war nackt im Garten durch den Strahl des Rasensprengers gehopst, hatte ihn der Vater gezwungen, so über die Straße, durch den Park, in das Lokal zu gehen und das Bier zu holen. Tränen und Flehen halfen nicht. Hinter einem Rhododendronbusch hatte Bernd in das Bier gepinkelt.

Am Sonntagvormittag vor dem Braten ging der Vater Punkt elf Uhr auf den Friedhof zum Grab seiner Frau. Man nahm den Wagen. Beide Kinder mußten weiße Kniestrümpfe und schwarze Spangenschuhe tragen, der Sohn einen dunkelblauen Bleyle-Anzug, den er haßte, weil er «mitwuchs», die Tochter Faltenrock zum Anknöpfen. Sie hieß Hermine, war vier Jahre älter als Bernd und hatte weißblondes Haar. Genannt wurde sie Püppi, und das Haar war gefärbt. Die Mutter nämlich war blond gewesen, eine blonde Französin, die der pensionierte, arbeitslose Offizier 1919 beim Ausreiten im Tattersall des Grunewalds kennengelernt hatte. Sie war an Bernds Geburt gestorben. Ausdruck von Friedrich-Wilhelm Walthers Trauer waren Hermines gebleichte Haare und der sonntägliche Gang zum Friedhof, auf dem das Grab unter einem weinenden Engel mit ausgebreiteten Flügeln lag – eine wehende Schleife aus Stein um die Brust, auf der stand «Auf ewig Dein». Das Grab war elegant gehalten, nur Rasen, eine rote Trauerrose und ein Findling mit dem Bronzenamen Alice Walther, geborene Gedat. Das Geburtsdatum war gefälscht. Bernds Mutter hatte ihrem Mann nie gebeichtet, daß sie wie er Jahrgang 1889 war, sie hatte immer ein 1898 daraus gemacht.

Für Bernd war «Mutter» nichts Wirkliches, nur eine Idee. Er wußte nicht, wie das sei, eine Mutter haben. Er stellte es sich vor, in allerlei merkwürdigen Wunschphantasien. Als er kleiner war, hatte der Vater ihm gelegentlich einen besonders hellen Stern am Himmel gezeigt: «Dort lebt Mama, sie sieht dich genau, auch am Tage.» Ihr Geburtstag wurde gefeiert, als sei sie im Hause, nur Geschenke fehlten. Besonders viele Blumen vor dem Bild im schmalen Silberrahmen auf dem Schreibtisch des Vaters, Wein schon zum Mittagessen und abends – für Bernd das eigentlich Interessante des Tages – einen Salat aus Pampelmuse und frischer Ananas; es sei das Lieblingsgericht der Mama gewesen. Bernd liebte sie deswegen sehr. Aber er liebte einen Vorschlag – die Frau auf dem Foto hätte auch eine andere sein können. «Dies ist deine Mama», das war eine Wirklichkeit wie der Stern. Seine Beziehung zur Mutter war eine vage Sehnsucht nach Weiblichem. Wie das Foto oder der Obstsalat Dinge waren, so nahmen Sachen mehr und mehr die Stelle der realen Frau an, von der er in ihnen Besitz nahm.

Wie ein verbotener Schrein stand im elterlichen Schlafzimmer ein mächtiger Kleiderschrank, in dem die Garderobe der Toten aufbewahrt wurde. Hinter den Arabesken eingelassener Jugendstilglastüren waren inzwischen verblaßte mauvefarbene Seidengardinen in engen Falten gespannt, als wollten sie unerlaubte Blicke abwehren. Aber die Schrankschlüssel, riesige Monstren, ihrerseits Wehren vor einer Burg, steckten. Viele, viele Male hatte Bernd leise heimlich den Schrank erwandert, niemand durfte von diesem Frevel wissen, der ihn in einen Zustand von Wirrnis und gesteigerter Wahrnehmung versetzte. Er kroch in den großen Schrank, in dem es dunkel war, nach einem Parfum roch, das in seiner Nase wie jener Fruchtsalat schmeckte, eine Mischung aus dem Bitteren der Pampelmuse und dem Süßlich-Seifigen der Ananas. Sein Gesicht und seine Hände streiften Seidenstoffe, Voile, Moiré – Dutzende alter Kleider, deren Material er nicht kannte. Er erstreichelte sich die tote Mutter durch Stoffe. Er zog sie sich an – tatsächlich wollte er sie sein, auf irgendeine Weise in sie, diese fremde und ferne Frau, hineinkriechen. Er war dabei leise und behutsam, ein perfekter Einbrecher. Nur seine Schleimhäute ließen ihn im Stich – eine Eigenart, die er zeit seines Lebens behalten sollte: Nervositätsschnupfen nannte er später den jäh laufenden Rotz. Schniefend packte er Blusen und Jumper aus Seidenpapier, öffnete Flakons, in denen nichts mehr war, sonderbare Etuis, in denen lange Handschuhe aufgebahrt lagen, oder Lackschachteln mit Hüten voller Seidenblumen und Schleiern. Zwei Dinge hatten es ihm am meisten angetan: ein Paar schwarzseidene Schuhe mit sehr hohem, dünnem Absatz, Straßclips auf die Spitze weisend und ein lachsfarbenes, seidenes Abendkleid, das eine lange Schärpe oder Schleppe hatte – die wohl einst bräunlich oder violett gewesen war; die Farbe war zu auberginenartiger Undefinierbarkeit verblaßt und das Kleid vollkommen zerschlissen. Es *mußte* – er hätte nicht sagen können, wieso diese Idee unumstößlich bei ihm feststand –, es *mußte* das Hochzeitskleid der Mutter sein. Und der Knirps stieg in dieses Kleid, das, eine schäumende Gischt, um ihn herumfloß. Er war nicht viel größer als ein Ärmel, er ragte, ein häßlicher kindlicher Gnom, aus den Rüschen des Ausschnitts, hinter ihm endlos die breite Schärpe und irgendwo aus diesem Seiden-Gewässer stakten die spitzen Glitzersteine der schwarzen Seidenschuhe. Der Rotz der nervösen Schleimhäute war kaum zu halten, aber Bernd drehte sich in einer orgiastischen Girlande vor dem großen Toilettenspiegel in dem hier und da reißenden Stoffsee. Er hatte sich sein eigenes Märchen gestohlen, und statt der Mutter erzählten es ihm ihre knisternden verstorbenen Gewänder.

Frauen waren für den Knaben nur Geschöpfe, die Ähnliches trugen. Sein Instinkt war da so vollkommen sicher wie zerstört: Dienstboten gehörten nicht dazu. Gelegentliche Damen, die den Vater besuchten, waren durchaus «muttermöglich»; denn immer wieder tauchten hübsche junge Frauen auf, die es sich angelegen sein ließen, den Kindern des wohlhabenden Witwers kleine Geschenke zu machen. Bernd liebte das sehr. Schokolade war zu Hause fest eingeschlossen, andere

Süßigkeiten gab es so gut wie nie, für ein Eis am Stiel mußten dem Vater die 10 Pfennig hartnäckig abgebettelt werden; gelegentlich unterschlug er den Monatsbeitrag für die «Volksdeutschen im Ausland», der in der Schule zu entrichten war, und kaufte sich grüne Gummitiere für den Groschen. Selbst beim Kindergeburtstag – der regelmäßig mit einer großen Schüssel Zitronencreme beschlossen wurde – hieß es streng: «Bernd, vergiß nicht, du bist der Gastgeber», wenn die dikken Tränen hervorschossen, weil Anette oder Günter sich den begehrten Mohrenkopf geangelt hatten. Aus Angst vor der flinkeren Schwester hatte er einmal am Ostermorgen die beiden lila gefärbten Schokoladeneier, die er im gleichfarbigen Krokusbett endlich gefunden hatte, auf einmal in den Mund gestopft; eine zu seiner Qual und Hermines Vergnügen oft und oft zum besten gegebene Geschichte.

Die Damen des Vaters also hatten es leicht, die Gunst des Sohnes zu erobern. «Du bist meine Lieblingstante», rief er bereits beim Anblick irgendeines verlockenden Päckchens und sprang der Besucherin auf den Schoß; gewiß nicht bedenkend, daß er die Dame mit diesem unausgesprochenen Vergleich verletzte – und den Papa in eine eher peinliche Situation brachte. Jede dieser jungen Frauen wäre ihm recht gewesen als neue Mama.

Nun also, bei dem beargwöhnten Spaziergang um den See der Tante Erni, der mit dem unheilschwangeren «Bernd-Jörn, komm mal her» begonnen hatte und mit dem gänzlich ungewohnten «Ich muß nämlich etwas mit dir besprechen» seinen Fortgang nahm, handelte es sich eben darum. Nach allerlei, wie Bernd erstaunt feststellte, offensichtlich so verlegenen wie sinnlosen Fragen über die Urlaubstage und die Schule, an die man ja nun in den Ferien weiß Gott nicht dachte, kam recht unvermittelt die Frage «Würdest du dich denn freuen, wenn du wieder eine Mutter bekämst?» Bernd war sofort begeistert, und erst die zweite Frage des Vaters brachte ihm eine Schwierigkeit zum Bewußtsein: «An wen würdest du denn denken?» Es muß für Friedrich-Wilhelm Walther eine halb männchenhaft erheiternde, halb in der Wahllosigkeit erschreckende kleine Szene am See gewesen sein – Bernd sprudelte sein Schokoladen- und Marzipangedächtnis hervor, diesen und jenen Namen, alle «Lieblingstanten». Des Vaters Einwände, «aber die ist doch verheiratet» oder «sie ist doch viel zu jung» oder «nein, sie lebt ja in München», waren Bernd ein wenig lästig. Irgendwie hatte er das taube Gefühl, daß derlei zu lösen eigentlich nicht an ihm sei.

«Und wie fändest du es denn, wenn es Frau Kraft wäre?» An sie hatte Bernd überhaupt nicht gedacht, sie war vielleicht drei- oder viermal im Hause gewesen. Allerdings hatte sie ihm einen sehr schönen Pyjama genäht und neulich, kurz vor den Ferien, eine ganze Schokoladentorte mitgebracht. «Aber sie ist doch auch verheiratet?» war die verblüffte Reaktion. «Sie würde sich scheiden lassen, das heißt, sie läßt sich gerade scheiden.» Dem Sohn schien, zum erstenmal in seinem Leben war er dem Vater überlegen, als zeigte der eine nie zuvor beobachtete Unsicherheit. Ihm kam das ganze Um-den-See-Gerenne plötzlich blöd vor, und Fragen waren es ja auch keine, sondern Mitteilungen wie «Sonntag gibt es Kalbsnierenbraten». Unvorsichtigerweise sagte er das auch: «Also entschieden, oder? Ich finde sie ganz nett, aber so richtig kenne ich sie auch gar nicht – na, von mir aus.» Etwas verdutzt und nicht ganz erfreut, vor allem aber sichtbar erleichtert, eine lästige Pflicht hinter sich zu haben, beendete der Vater rasch Spaziergang, Gespräch und Aufenthalt. «Ihr kommt dann allein mit der Bahn zurück.»

Der Schwester war es anderntags keine Neuigkeit. Ihr hatte der Vater es – wieder einmal – vor ihm mitgeteilt. Mit dem Selbstbewußtsein und der endlosen Entfernung der vier Jahre, die zwischen ihr und Bernd lagen, berichtete sie von *ihrer* Reaktion: «Ich hab dem Papa gesagt, hab ich gesagt – bitte versteh, daß ich Frau Kraft Frau Kraft nennen werde. Ich werde nicht Mutti oder gar Mama zu ihr sagen, hab ich ihm gesagt.» Blöde Ziege, dachte Bernd, sie ist eben nichts als eine blöde Ziege, wie alle Ziegen in diesem Ziegenalter; daß Frau Kraft nun nicht mehr Frau Kraft heißen würde, wußte sogar er.

Als er im Bett lag, lief Rotz aus seiner Nase.

Die Rückfahrt nach Berlin war herrlich, noch nie waren die beiden Geschwister allein mit der Bahn gefahren. Hermine verließ zwar verachtungschnaubend das Abteil, wenn Bernd, der keinen Ton richtig singen konnte, bei jeder Stationsausfahrt erneut «Muß i denn, muß i denn zum Städtele hinaus» fistelte, aber im ganzen amüsierten sie sich mit Tante Ernis enormen Freßpaketen. Von Unbehagen oder irgendeiner besonderen Erwartung keine Spur. Heirat, neue Mutter – das waren gar keine genauen Vorstellungen, sie gehörten zum «Irgendwann» wie die nächsten Ferien.

Am Anhalter Bahnhof stand der Vater. Er nahm ein Taxi. Bernd liebte diese dunkelgrünen, unproportioniert großen und hohen Autos mit dem schwarz-gelben Taxiband um den ganzen Wagen, den herausklappbaren Reservesitzen, der Trennscheibe zum Fahrer und dem Geruch nach Leder und kalter Asche. Doch der Wagen hielt vor einem fremden Haus.

Die Richthofenallee – der Vater war stolz auf diesen Namen, als habe er die Straße so benannt; er hatte zuletzt in der Richthofen-Staffel gedient – war eine kleine, nicht sonderlich elegante Villenstraße, die anspruchslosen Häuser ringförmig um eine ehemalige Kiesgrube gruppiert, die nun, spitz wie Tortenstücke geschnitten, die Gärten ergab. Siedlungshäuser nannten die Eigentümer sie, im Bewußtsein bürgerlicher Solidität jede Villen-Hochstapelei abwehrend. Die Nummer 17 war seit dem Tod von Bernds Mutter unverändert geblieben, außen und innen; und das hieß: etwas verwahrlost. Eine Front des häßlich braun geputzten Hauses war von wildem Wein bewachsen gewesen, die Fensterläden etwas wacklig und schief, und die schmutziggrauen Fensterbleche, in deren weiches Metall Bernd gern Namen oder Fratzen hineinritzte, hatten sich vom Mörtel gelöst. Die Gartentür jaulte eine Art Dreiklang beim Öffnen und sonderbarerweise eine andere Melodie beim Schließen. Auch die gesamte Einrichtung hatte etwas von der Behaglichkeit einer stehengebliebenen Wanduhr gehabt – dunkle, für das moderne Haus zu große und hohe Möbel, im Eßzimmer ein schweres geschnitztes Eichenbuffet und eine Seidenlampe über dem Eßtisch, von der an einer gezwirnten Schnur eine kleine längliche Ebenholzklingel mit weißem Knopf hing. Dunkle, altmodische Tapeten, Lampen, deren Licht unter bestickten spanischen Schals ertrank, und abgenutzte Brücken in allen Räumen. Die Gardinen – meist Samt oder Satin – waren gesäumt gewesen mit schwarzen Schnüren aus Holzperlen, und der an den Kanten abgetretene Läufer auf der Treppe ins obere Geschoß, wo die Schlafräume, Kinderzimmer und das Gästezimmer lagen, war von Stufe zu Stufe mit Messingstangen eingeklemmt, von denen jede zweite aus der Halterung gesprungen war.

Es war, Alice Gedats Mitgift, der Haushalt einer Stadtwohnung, in der sie bis zur Geburt der Tochter in einer der großen Berliner Wohnungen am Bayerischen Platz gelebt hatten. Das «neue Haus» war zu Bernds Geburt gekauft worden, Frau Walther war seitdem kränklich, und man wollte heller, sonniger wohnen; mit Garten. Sich gänzlich neu einzurichten hatte sie nicht mehr genug Kraft gehabt, das Gewohnte bot Schutz. Sie war in Paris in solchen Möbeln und Wohnungen aufgewachsen, und ihr Vater, der Generalveterinär Auguste Gedat, war es bei seinen jährlichen Besuchen in Berlin zufrieden, seine Umgebung vorzufinden. Dieser Großvater August, wie Bernd ihn nannte, war jedesmal ein Ereignis. Bernd freute sich schon Wochen im voraus darauf. Er lebte als Rentier eines beachtlichen Vermögens in Monte Carlo, wo er dieses Vermögen so fröhlich wie stetig verspielte. Ein hünenhafter Mann mit langem Bart, Lorgnon und Berlocken an der Uhrkette über der Weste, der sehr präzise Lebensmaximen hatte, zum Schrecken jeder Hausdame. «Mondaminpudding kann man nur mit zwölf Eiern machen» war eine. Die Bernd weitaus liebere hieß «Gindäh missn Morrengöpfe ässn» – und so wurde die Ankunft regelmäßig in einer kleinen Konditorei gefeiert, nur von ihnen beiden, dem mächtigen alten Mann und dem winzigen häßlichen Bernd, der es einmal auf zwölf Stück dieses begehrten Backwerks brachte; den Großvater freute das unbändig, «äss tichtick, mon petit» hetzte er zu Höchstleistungen. Bis zum Mittagessen wurden Zigarren geraucht, nach dem Mittagsschlaf, den Bernd, wenn es irgend ging, bewachte, das schnaufende und knarrende Gebirge gierig beobachtend, kam eine lange Meerschaumpfeife in Gebrauch. Bernd durfte sie stopfen, und das Naturereignis namens August erzählte vollkommen schräge Geschichten von Palmen, Schlössern – Kasinos genannt – und Pferdepflege, von denen Bernd nichts verstand, deren Sinnlichkeit er einatmete. Großvater hatte zur Empörung des Dienstmädchens keine Brieftasche, sondern zusammengeknülltes Geld, das beim Bürsten herausfiel, in allen Jackentaschen. Bernd befingerte den alten Mann wie die toten Kleider der Mutter, er war ihm seltsam unfremd. Der Vater und ein in Paris lebender Bruder der Mutter hatten versucht, ihr künftiges Erbe zu retten und ihm Monte Carlo auszureden. So zog Auguste Gedat nach Baden-Baden, verdächtigerweise mit einer Pflegerin. Tatsächlich hat er die schließlich zur Alleinerbin eingesetzt; Bernd, dem Geld kein realer Begriff war, bekam aber genug von der Empörung der

Familie über diesen «Streich» mit, um sich über die List des Mohrenkopfverteilers zu freuen. Für ihn war er gleichzeitig fremder Kontinent und vertrautes Inventar des Hauses, wie die schummrigen Lampen mit gestickten Kakadus. Das Haus hatte noch einmal an Leben verloren, als er starb, war noch mehr geronnene Erinnerung. Jeder Anlauf dieser oder jener Haushälterin, auf gewisse Erneuerungen zu drängen, erstickte in einem fahrigen «Ja, Sie haben ganz recht – bei Gelegenheit mal», mit dem der Clausewitz-Verehrer Walther seine Gruft verteidigte.

Doch vor diesem Haus hielt das grüne Taxi nicht. Nur die Nummer war noch dieselbe. Das Haus war Villa geworden. Der Wein war weg. Der Putz hellgrau. Die Fensterbleche aus Weißblech. Fensterläden schwarz wie die Fensterkreuze. Der bislang leicht verkommene Vorgarten voller Studentenblumen und Löwenzahn nun eine kühle, kurzgeschorene Rasenfläche. Keine Musik mehr gab die neue, ebenfalls schwarze Gartentür. Die auf Hochglanz polierten Briefklappen und Namensschilder taten, als stünde ein neuer Name darauf.

Keines der Kinder sagte ein Wort. Sie putzten sich die Füße ab. Sie stiegen auf ein fremdes, vornehmes Schiff. Es gehörte ihnen nicht mehr, sie gehörten hier nicht mehr hin. Weiß getünchte Wände, ein heller Teppich für Entree, Flur und alle Parterreräume ließ alles doppelt so groß erscheinen. Palmen und große Grünpflanzen in schräg verspiegelten Kübeln. Schräg das Ganze. Es war die Eckigkeit jenes Dekors, das später Art Déco hieß: funktional, schnörkellos, kühl und geometrisch. Im Eßzimmer statt des bombastischen Buffets ein «Sideboard» mit weißlicher Rochenhaut bespannt, darauf strenge Silberleuchter, Vorhänge aus einer Art beigefarbenem Damast. Nur Wandarme. Die Dienstbotenklingel war nun unter dem Teppich. Das Wohnzimmer war Salon, mit verschiedenen niedrigen Sitzgruppen, flachen Tischen, Blumenarrangements und einem mächtigen Electrola-Plattenspieler. Statt der Nippes und kristallenen Schälchen oder Bonbonnieren überall Eckiges, Spitzes: Klappaschbecher, Cocktailmixer, ein Bowlenservice von Lalique. Für Bernd hatten die Türen des Hauses eigene Gesichter gehabt, sie gaben das Wesen des Zimmers dahinter wieder; eine bestimmte Stellung des Schlüssels, ein leichtes Hängen der Türklinke, bei einigen Türen eine Klammer, die das Verrutschen des Schlüssels verhindert: Es hatte grinsende und traurige Türen gegeben im Hause, bedrohliche und schmatzende, einige auch launischwechselhaft; aber sie hatten familiären Ausdruck, alle. Selbst die zum Arbeitszimmer des Vaters, dem sogenannten Herrenzimmer, die für ihn immer wie ein Seehund ausgesehen hatte, mal lustig zwinkernd und mal äußerst bedrohlich. Es gab jetzt gar keine Klinken und Schlösser mehr – die Türen hatten achteckige verchromte Knäufe. Eine Faust hatte die Gesichter weggeschlagen.

«Willkommen zu Hause, Kinder», sagte eine Stimme aus der Glasschiebetür zwischen Salon und Herrenzimmer, «ich freue mich so, daß ihr da seid. Wir werden sicher gut miteinander auskommen und eine richtige Familie bilden. Papa und ich haben vorige Woche geheiratet.»

«Guten Tag, Frau Kraft», sagte die Ziege. Bernd wußte nicht, was er zu tun hatte. Der Vater war nicht da – an seiner Statt sein Zimmer, die Bibliothek, hinter der Dame in einem Kasack aus türkisfarbenem Kaschmir. Des Vaters Arbeitszimmer durfte man nur in Ernstfällen betreten, wenn «Bernd-Jörn» gerufen worden war, wenn man Zeugnisse vorweisen oder vor einem fremden Besucher artig seinen Diener machen mußte. Zögernd ging er auf die fremde Frau zu und hatte plötzlich die Aufwallung, an ihr hochzuspringen und ihr einen Kuß zu geben. Sie fing ihn auf wie einen großen Ball. In der Sekunde sah er sie noch einmal: Auf des Vaters

Schreibtisch blitzte sie aus jenem schmalen Silberrahmen, in Farbe, unter einer Stirnrolle hervor. Sie trug darauf ein Kleid mit Tigermuster und lächelte. Bernds Kuß rutschte ab. «Kleiner Tolpatsch», sagte sie und klopfte ihm auf den Po. «Und jetzt werden wir erst mal ein bißchen feiern. Ich hab uns einen Kuchen gebacken, zum Essen. Und du kriegst Schokolade, Kuhauge, so nenne ich dich von jetzt ab – was hast du bloß für sinnlos große Augen.»

Ein Haus mit falschen Wimpern

Das Haus hatte sich gedreht, ein Schiff vor anderem Wind, in anderer Strömung, in anderem Klima. Die «Yuricke», wie die Traven-Kennerin Irmchen es nannte. Sie liebte es, Dinge und Menschen durch Benennungen fremd zu machen: Dienstmädchen hießen «Bombe» (weil sie alles kaputtmachten), des Kuhauges Schwester hieß «Schnecke», weil sie langsam und faul war, als Sammelbegriff für Kinder hatte die kinderlose Frau «Reptile» gefunden, und ihr Mann wurde «Wotan» getauft, denn er tobte oft.

Das gab sich. Es war die stärkste Veränderung, die Bernd spürte. Ein Vorteilschade, wie «Irmchen, das liebe Kind» es spöttisch nannte – der Vater war plötzlich nicht mehr vorhanden. Keine Prügel mehr. Kein Bierholen mehr. Keine Besuche mehr beim weinenden Engel aus Stein. Die Menschen auf der Yuricke waren nicht mehr dieselben. Nicht nur das Haus war neu aufgetakelt worden – die neue Hausherrin hatte eine Schwäche, alles etwas über das Gemäße hinauszutreiben: Aus dem Siedlungshaus sollte eine Villa gemacht werden, und wo es dafür zu klein war – etwa im Treppenflur –, mußten Spiegelwände und raffinierte Lichteffekte zwischen Palmenkübeln die gewünschte Größe vortäuschen. Ein Haus mit falschen Wimpern. An ihrem Wagen, einem alten dunkelgrünen Horch – «Mitbringsel», wie sie halbgestohlene Sachen nannte, vom Gebrauchtwagenhändler –, waren an der Tür kleine Kronen des Vorbesitzers durchaus nicht entfernt worden. Ihren Geburtsnamen der alten Försterfamilie

Imfelden hatte sie überall in den verquer adlig klingenden Im Felden geändert.

Es war, als habe sie das Haus in dünnere Luft gehoben. Der Vater und seine beiden Kinder lebten nicht mehr miteinander. Familiengesetz war der Verrat geworden. Am schärfsten schnitt der der Schwester.

Als Kinder hatten sie keine Beziehung zueinander gehabt. Seit Hermine «Klapperstorch, du Guter, bring mir einen Bruter» gesungen und Nüsse aufs Fensterbrett gestreut hatte, um einen Storch herbeizulocken, war viel Zeit vergangen. Der um vier Jahre jüngere Bruder war als Spielzeug rasch langweilig geworden; gemeinsam gespielt hatten sie nie. Aber Bernds besondere Energie hatte stets ihren Spielsachen gegolten, mit Vorliebe ihren Puppen. Die schönsten Panzerautos oder Adolf Hitler mit erhobenem Arm im offenen Mercedes mit echten Gummireifen und Ersatzrad blieben achtlos liegen, wenn er eine Puppe ergattern konnte. Leider machte er sie immer kaputt – bald hingen die Holzwolle-Eingeweide heraus, ein Porzellanauge war weg, oder die Stimme aus dem Bauch war hin. Hermine fand es in der Ordnung, daß es dafür abends Prügel setzte. Sie hatte eine sehr einfache Lebensregel: Es gibt eine bestimmte Menge Prügel auf dieser Welt. Ähnlich etwa wie Torte – je mehr einer davon bekam, desto weniger blieb für andere. Bei Prügel achtete sie sorgsam darauf, daß das größere Stück auf Bernd fiel. Bei Torte umgekehrt.

Darauf mußte sie nicht sonderlich achten; der Vater liebte sie abgöttisch. Wenn beim sonntäglichen Friedhofsbesuch «Püppi mag nicht mehr» erklang und Hermine sich dackelstörrisch einfach zwischen irgendwelche Trauerfarne hockte, wurde sie getragen. Vom Nachtisch bekam sie regelmäßig die größere Portion – ein herzzerreißendes Ereignis. Bernds früheste Schriftäußerung war eine Trauer-Rune im Tagebuch: «Sie hat zwei Portionen Glabberjucks gekriegt.» Bei einer der rasendsten Prügelszenen, diesmal mit der biegsamen geflochtenen Hundepeitsche, ritt sie jubelnd das Treppengeländer herunter und sang keckernd und glucksend «Wir fahren nach Jerusalem und Bernd-Jörn kommt *nicht* mit ...». Er hatte sich nämlich auf den düsteren Boden des Hauses geschlichen, wo in einem großen Raum neben der Mansarde des Dienstmädchens in einem mächtigen Mahagonischrank der Vater seine alten Uniformen aufbewahrte. Ein Sarg. Zeughaus voll Pickelhauben, Roßhaarschweifen, Säbeln und blauem und weißem Uniformtuch. Es war ohnehin ein abenteuerlich-unheimlicher Raum, die ungehobelten rauhen Balken sprühten Lichtschweife, wenn man ganz rasend schnell an ihnen entlang rieb, und der Schrank war ein Geruchskabinett – Mottenpulver, Leder, Rost. Weil sie eine «Truppe» im Park gebildet hatten und er um jeden Preis der oberste Offizier sein wollte, hatte Bernd Knöpfe, Kordeln und Epauletten einfach mit einer im Bad gestohlenen Rasierklinge herausgeschnitten und sich die Teile auf eine alte Trainingsjacke genäht. Der Generalmajor a. D., als er Monate später beim alljährlichen Entmotten die Untat entdeckte, war vollkommen außer sich. Die Rasierklinge in der Hand des Sohnes hatte seine Haut aufgeschnitten. Es gab Prügel am Rande der Mordlust. Hermine schrie vor Vergnügen.

Jetzt zog «Irmchen, das liebe Kind» die Tochter an sich. Es war ein Manöver aus vielen winzigen Bewegungen und Beweggründen. Das Kuhauge spielte bei der Neuerwerbung Mann ohnehin keine Rolle. Die Schnecke aber mußte hervorgelockt werden, auf eine andere Bahn gelenkt. Sie war die tote Frau. Der Mann konnte nur ganz gewonnen werden, wenn diese mögliche Rückzugszone zerniert war.

Irmchen gründete eine Firma, und die taufte sie: «wir». Die Aktien der Firma waren Kleingeld, gängige Münzen. Wir Frauen. Du und ich. Irmchen und Hermine. Was wissen schon die Männer. Laß Wotan nur toben. Das Kuhauge soll sich auf dem Markt nach Wirsingkohl anstellen. Wir gehen nachmittags ins KaDeWe. Morgen Premiere im Ufa-Palast am Zoo. «Auf Wiedersehen Franziska» mit Marianne Hoppe. Wir. Eis im Kempinski. Irmchen und Hermine. Strümpfe. Schicke Schuhe. Schick. Gemeinsam kichern, Hand gegen die Nase gedrückt. Modenschau im Excelsior. Haus Vaterland, die Moselabteilung. Friseur. Hermine hatte nun eine Funktion. Ersatz-Mondäne. Die Proben liefen lange Wochen, die Premiere wurde ein voller Erfolg.

Die neue Hausherrin gibt einmal im Monat ein Fest. Es ist 1942. Das Jahr, in dem Auschwitz und Majdanek zu arbeiten beginnen. Irmchen serviert als Clou des Abends stets «Schwedenbecher», ein applaussicherer Erfolg bei der knapper werdenden Versorgung.

Es waren meist so um zwanzig Gäste, ein paar schnieke Offiziere, ein Architektenehepaar, Freunde aus dem Bankgewerbe, ein Sarotti-Direktor. Bernd durfte nicht dabeisein. Ein Feenreigen, den er heimlich von der ersten Etage, schon im Pyjama, hinter einem Vorhang versteckt, durch die Ritzen des Treppengeländers mit Augen und Ohren ablauschte. Pelze, Parfüm, elegante Frauen, Gelächter, Musik und – das Schlimmste – große Tabletts mit belegten Broten; schließlich der Siegesruf «Und jetzt mache ich Schwedenbecher, für alle». Hermine war stets dabei. Das Gemisch aus eingeweckten Früchten, Speiseeis und Ersatzschlagsahne wurde in Sektgläsern serviert, danach gab es grüne Cocktails, die Irmchen vorzüglich mixte. Einmal war Bernd, verwirrt vor Begehrlichkeit, hinuntergeschlichen und hatte in der Küche die leeren, klebrigen Gläser ausgeleckt. Sehnsucht war stärker als Angst. Prompt hatte man ihn erwischt – und zu seiner noch größeren Verwirrung nicht geschlagen, ihn im Pyjama in die kerzenflimmernden, fremd duftenden Räume geschubst, und er durfte vor vielen Feen seinen Diener machen. Man fand ihn komisch in seinem gestreiften Flanell, auf dem der kugelrunde Kopf mit abstehenden Ohren und großen Augen wie ein Mond-Lampion steckte, er sah immer aus allem ausgewachsen aus, obwohl winzig und dürr und stets hungrig. Alles drehte sich, er stolperte in eines der begehrten Tabletts und wurde, eine abgeirrte Gans, die Treppe hinaufgejagt – «das Kuhauge ist auch *zu* dumm».

An diesem Tag nun ist ein besonders dekoriertes Fest arrangiert, eine Wolke von Nervosität flirrt durch das Haus. Hermine ist seit Mittag verschwunden. Irmchen telefoniert unentwegt. Sie beginnt schon am späten Nachmittag, verschiedene Kleider auszuprobieren. Das Kuhauge wird morgens vor der Schule noch auf den Markt gejagt, nun muß er noch «Zutaten» besorgen, Gürkchen, Süßstoff, R 6 und Muratti – irgend etwas Vergessenes fällt Irmchen immer wieder ein. Sie entscheidet sich schließlich für ein türkisfarbenes Chiffonkleid mit breitem silbrigem Paillettengürtel. Den Vater überredet sie, seine kleine Ordensleiste ans Revers zu stekken, und kurz vor Eintreffen der ersten Gäste sieht Bernd: Sie trägt den Schmuck der Mutter, eine Brillantnadel mit großen Opalen, die zu Blüten eines Straußes geformt sind. Bernd darf heute aufbleiben und servieren. Der Vater ist noch gereizter als sonst. «Wo ist Hermine überhaupt?» – «Nun hör schon auf, herumzugrollen, Wotan – sie kommt bald.» – «Willst du mir vielleicht verraten, wo sie sich herumtreibt, es ist stockfinster draußen.» – «Laß mich in Ruhe, sieh nach, ob genug Zucker da ist für die Gläser von der kalten Ente» – Irmchen und der Vater zergeln und schnippen aufeinander ein; keiner von beiden weiß, woher die Nervosität des anderen kommt. Irmchen will die für den Abend gekauften Schallplatten ausprobieren. «Aber bitte nur das Grammophon, mach nicht das Radio an.» – «Bist du ganz verrückt geworden? Was ist denn los mit dir? Kommandier bitte nicht an mir rum, du bist hier nicht auf deinem Kasernenhof.» Das Gefecht muß pausieren, die ersten Gäste kommen. Bernd gefällt es großartig, das Bedienen macht ihm Spaß – Hauptsache, er muß nicht ins Bett. Beim unentwegten Klingeln, Haustürklappen, Garderobeablegen paßt er auf wie ein Luchs. Aber eine elegante junge Dame, tiefschwarz, war ihm entgangen, sie hat ein violettes Kleid an, das ihm bekannt vorkommt, mit einem langen Reißverschluß, ähnlich dem Samtmantel, den die Stiefmutter für das Uhland-Eck bevorzugte. Ja, das *ist* doch überhaupt Irmchens Kleid. Nein, ja, doch, mein Gott: Es ist die Schwester, Hermine schwarz gefärbt. Irmchens Rache surrt wie ein Pfeil. Der Vater, Nichtraucher, greift nach einer Zigarette. Hermine steht vor ihm, ein elegantes junges Mädchen im umgearbeiteten Kleid von Irmchen, ganz fremd. «Sieht sie nicht faabelhaft aus?» fragt Irmchen in die Runde, und alle, die Hermine kannten, staunen, bestätigen, rufen «Großartig», «Einfach unglaublich», «Eine junge Dame». «Setz sofort diese Perücke ab», mehr als dieses eine dünne Kommando schafft Wotan nicht. Aber es ist keine Perücke, und es sind auch keine schwarz gefärbten Haare. Es sind Hermines dunkelbraune, natürliche Haare – die Entfärbung ist entfärbt worden. Alice Gedat, ihr Blond, ist vernichtet. Der Vater betrinkt sich. Eingefangen in die Netze des Gastgebers, kann er nicht toben. Bernd nutzt die Gelegenheit, sich unsichtbar zu machen, in eine Ecke zu kriechen neben der mächtigen Grammophontruhe – «Hundertzehn, hundertzehn, und das Gefühl ist noch so schön», singt Heinz Rühmann, und Irmchen – das war stets ihr schönstes – hat sich zum drittenmal umgezogen. Damit triumphiert sie über alle Damen. Sie trägt jetzt ein ganz enges orangefarbenes Samtkleid – sie nennt das «Stehkleid» –, das in stichigem Kontrast zu ihren roten Haaren steht, ellbogenlange schwarze Handschuhe und eine schwarze Federboa, die bis zur Erde reicht. Sie weiß, daß es Wotans Lieblingskleid ist, sie will ihn reizen, sie will ihren Sieg genießen. Bernd schläft auf dem Teppich ein, ein junges Tier, das Likör genippt hat. Er wacht von dem Geschrei des Vaters auf – «Ich hab doch gesagt, kein Radio heute abend. Hab ich nicht tausendmal gesagt, ich will das Radio nicht anhaben?!» Zwischen Gläserklirren, lachenden Foxtrottpaaren und dem verzerrter als sonst klingenden Wutausbruch des Vaters hat Bernd nur ein paar fremde Wörter aufschnappen können – Heydrich, Protektor, Revanche, Lidice. «Mach, daß du ins Bett kommst, dämliches Kuhauge» – Irmchens Augen sind noch schmaler; ihr schönes Spiel gleitet ihr aus der Hand.

Viel, viel später in der Nacht wird Bernd wach, die Mischung aus Haß und Angst in des Vaters Ausbruch hatte sich in ihn eingehakt. Er friert. Die Feen des Abends bekommen Grimassen in seiner Erinnerung, alles gerinnt zu einem Horror-Bilderbogen: der Schmuck der Mutter, das hatte Irmchen noch nie getan; die schwarzhaarige Hermine; die blecherne Radiostimme, die alles zerschnitt. Er hatte einen Trick gefunden, wie man die meist leicht schnappende Tür mit Hilfe von etwas Spielzeugtank-Öl geräuschlos öffnen kann. Das Haus ist still. Er schleicht die Treppe hinunter, ein zwanghafter Sog treibt ihn, die verlassenen Räume noch einmal zu sehen; vielleicht sind noch Reste da, unausgetrunkene Gläser, ein Stück Aprikosentorte oder ein vergessener Potiphar, wie Irmchen die kleinen viereckigen Kuchenstücke nannte. Eine Zimmertür steht auf, es brennt noch Licht, die Glasschiebetür zum Wohnzimmer ist geschlossen. Eben will er sie aufschieben, als Bernd durch das Glas Schemen sieht, sich bewegende, stumm auf dem großen Sofa hin und her schiebende Figuren. Aus seiner Nase beginnt es zu laufen. Er schnieft – und er erschrickt davor. Genaues kann er nicht erkennen. Es scheint der Vater zu sein, Irmchen und eine andere Frau.

Am nächsten Morgen wird er nicht geweckt. Erst ziemlich spät verkündet die Stiefmutter: «Du brauchst heute nicht zur Schule, ich schreib dir 'nen Entschuldigungszettel. Wir haben uns was ausgedacht, wir spielen Schiff: Die Schnecke und ich sind die Passagiere, und du mußt uns bedienen. Papa hat sowieso verboten, daß Hermine mit den Haaren in die Schule geht.» Die beiden lagen in den Ehebetten. Irmchen zeigte Hermine, wie man Nägel lackiert und daß man sich nie zwischen den Zehen kratzen dürfe, «sonst wird es schlimmer».

Bernd wurde zur Ratte. Flink sein mußte man vor allem. Er stahl, wo er etwas fand – Seifenreste, Zucker, Raucher-marken, die er an ältere Schüler verkaufte. Er lief in alten, schlecht geflickten Sachen herum, seine Lieblingslehrerin nahm ihn einmal beiseite und fragte, ob das so sein müsse. In der Schule lebte er vom Abschreiben, Schummeln und Vorsagen. Außer Geschichte und Malen mochte er kein Fach. Die Kriegsbücher, die der Vater ihm schenkte, haßte er, im Bett las er heimlich «Sigismund Rüstig» oder «Robinson»; je exotischer, weiter weg, um so besser. Als Lampe benutzte er seinen Flakscheinwerfer unter der Decke. Er war eineinhalb Jahre jünger als seine Klassenkameraden – er hatte sich damals so sehr auf die Schule gefreut und keine Ruhe gegeben, bis er mit knapp fünf Jahren eingeschult worden war; nun verstand er vieles gar nicht, was die Kameraden beschäftigte. Ein Zettel kursierte in der Klasse, den er abgeschrieben hatte, ohne genau zu begreifen, um was es ging: «Die Fotze lag am Meeresstrand und wollte sich erquicken, da kam der Piepel angerannt und wollt die Fotze ficken.» Den braunen Packpapierzettel hatte er irgendwo bei seinem Spielkram liegen. Ein Schulfreund war Apothekersohn, der hatte mal zu Hause geklaute Präservative mitgebracht, und sie hatten beide ziemlich ratlos damit herumgefingert. Schließlich pinkelten sie die Dinger voll, banden sie zu und warfen sie vom Balkon auf die

Straße. Verse und Zeichnungen wurden heftig bewundert, aber die Erzählungen der Kameraden blieben merkwürdig vage. Im verschlossenen Bücherschrank des Vaters stand ein Lexikon. Bernd wußte, wo der Schlüssel versteckt war, denn der Vater hatte ihm einmal, kurz vor Weihnachten, von seiner schweren Verwundung erzählt und aus dem Schreibtisch zwei Bajonett genannte große messerartige Sägen geholt, die voll dunkler Flecken waren. «Hier, damit hat mir der Russe fast die Brust zerrissen. Den hab ich aber rangekriegt. Siehst du, das ist mein Bajonett, damit hab ich ihn fertiggemacht, siehst du, das hier ist das Blut. Das wird nicht abgewaschen. Der ist jetzt auch auf 'nem andern Stern, sag ich dir. Und die Kassette hier, darin liegt Mamas Schmuck, den kriegt später mal Hermine.» Der Vater hatte die Schatulle herausgenommen, auf den Tisch neben das türkische Mokka-Service gestellt und mehrere Schlüssel aus der Schreibtischschublade geholt. Er saß in einem der schweren dunkelbraunen Ledersessel unter der Totenmaske von Friedrich dem Großen, die von je zwei langen gekreuzten Säbeln flankiert war. Bernd mochte den Schmuck nicht, der angeblich so kostbar war, er würgte vor den blutigen Schartenmessern.

Die Schlüssel hatte er sich besorgt. Eines Nachmittags, als Irmchen und die Schnecke «schickern» gegangen waren. Aber im Lexikon gab es weder Votze noch Fotze, weder ficken noch vicken und Piepel auch nicht – es gab aufklappbare Schaubilder von Männern und Frauen, aber die hatten zwar Lungen in Schwarz und Herzen in Rot und Muskeln in Blau; was Bernd suchte, hatten sie nicht. Er fand in einem Band ein Couvert, in dem staken Fotos der nackten Stiefmutter. Das fand er ziemlich langweilig, er kannte sie aus dem Bad. Die Expedition war ergebnislos. Er blieb das dämliche Kuhauge.

Eines Abends kam der Vater in sein Zimmer, in der Hand den bekritzelten Zettel. Bernds Erstaunen, daß der Vater an seinem Spielschrank gewesen war, nahm ihn mehr in Anspruch als der Schreck. «Schreibst du öfter so was?» Der war ja eigenartig unaufgeregt, es roch nicht nach Prügel. «Weißt du denn, was das für Zeug ist, was du da schreibst?» kam die nächste sonderbar freundlich klingende Frage. «Eigentlich ... na ja ... doch, ich glaube schon ... ich weiß nicht, also.» – «Na, nun stotter hier nicht rum, laß so was lieber, ich zerreiß das Zeug.» Bernd blieb in einem Nebel der Verwunderung liegen und schlief ein.

Und wird wach – der Vater steht vor ihm, mitten in der Nacht. Im Bademantel. «Komm mal mit, mein Junge.» Taumelig, dick vollgesogen voll Schlaf steht Bernd auf. Sein Zimmer hat eine stets verschlossene Verbindungstür zum elterlichen Schlafzimmer. Durch die ist der Vater gekommen. Drüben brennt eine Nachttischlampe. Im Bett liegt Irmchen. Nackt. Der Vater zieht den Bademantel aus. Auch er ist nackt.

Vor einem Jahr im Sommer hatte Bernd vom Klo im ersten Stock aus den Vater im Garten beobachtet. Der stach mit einem Küchenmesser die Gänseblümchen aus dem Rasen, sie durften da nicht blühen. Und weil Bernd diese Arbeit haßte, verdrückte er sich zwischendurch auf dieses Klo. Der Vater hockte in einer alten blauen Badehose mit weißem Gummigürtel und stach auf den Rasen ein. Zwischen seinen Beinen quoll eine verschrumpelte dicke alte braune Kartoffel hervor. Bernd hatte es angeekelt und interessiert.

In dem nächtlichen Schlafzimmer riecht es nach den in der Sonne vertrocknenden Gänseblümchen. Und nach Bittermandel. Der Vater ist schwarz behaart, Brust, Bauch, bis zu den Beinen hinab. Aus der dicken alten verschrumpelten Kartoffel steht ein mächtiger, dunkel-lila-bräunlicher Pfahl, ein fremdartiges Ding, halb Wesen, halb Gerät – Bernd weiß nicht, was es ist. Er ist graumüde, verschlafen, traumwirr. Er denkt nichts. Er fühlt gar nichts. «Nun zieh dir doch mal den

Schlafanzug aus, Bernd-Jörn. Hast du denn schon Haare?» Das «Bernd-Jörn» macht ihn wach, furchtsam. Er steht über seinen gestreiften Flanellhosen, die faltig auf dem Teppich vor dem Bett liegen. «Du bist doch nun schon ein großer Junge – schreibst da so 'n Zeug auf – ich will dir das lieber mal zeigen.» Jetzt erst erinnert sich Bernd an den Abend. Aber was hat das alles miteinander zu tun? Wie und womit und warum soll er nächtlich bestraft werden? «Komm, leg dich mal da drauf, ich zeige es dir, wie man es macht.» Irgendwie verschwindet dieser unbegreiflich große Pfahl in einer hektischen, gleichzeitig zeitlupenhaft-langsamen Bewegung. Bernd soll es nachmachen, aber er weiß nicht, wie. Er spürt etwas Fettig-Feuchtes, etwas gräßlich Glitschiges und weicht zurück. Die Stiefmutter lacht. «Los, nun zeig es ihm doch, er ist ja noch klein.» Sie biegt sich mit ihren Fingern den eigenen Leib auf. Bernd hatte bei Tante Erni auf dem Gut einmal gesehen, wie ein Huhn ausgenommen wurde, wie die gelblichweiße Fettschicht aufgeschnitten wurde. Er begreift nicht, wieso die Stiefmutter sich selber weh tut. Sie seufzt. «Siehst du, so ist das, mein Sohn. Und es geht so.» Wieder verschwindet der Pfahl. Bernd hockt am Fußteil des Bettes, er sieht dies verschrumpelte Kartoffelding, es hängt nun plötzlich zwischen Irmchens Beinen, wächst aus ihr. Sie hat jetzt schwarz behaarte Beine. Der Vater einen roten Schopf. Weichbleiche Arme strecken sich aus seinen Schultern, gleichzeitig greifen seine anderen, behaarten Arme nach dem kauernden Bernd. «Nichts selber machen», sagt der Vater etwas atemlos, «bloß das nicht. Aber anfassen kannst du mal, damit du siehst, wie das bei dir mal wird. So, so ist's gut. Und nu halt ihn nicht so fest, beweg die Hände mal. Ja, so.» Der Pfahl wippt und schnellt aus Bernds Hand, er ist auch viel zu groß, um ihn zu halten. Der Vater steht jetzt neben dem Bett, seitlich vor dem großen Toilettenspiegel. «Nun noch mal, du dummer Junge, versuch noch mal, du mußt richtig reintunken.» Bernd versinkt in dem Huhn, talgig, unendlich naß, Haare kitzeln, der Bittermandelgeruch wird immer stärker. «Du mußt dich bewegen, Junge, nicht klammern, so wird das ja nichts.» Bernd bewegt sich er schwimmt aus tiefem dunklem Schlamm an die Oberfläche zur Luft aber die Wellen überschlagen ihn er ist bleischwer und wolkenleicht zugleich die toten Gänseblümchen stinken und grinsen und das Huhn läuft weg und flattert Huhn ohne Kopf läuft nach dem Schlachten noch totes teigiges glattes Huhn mit schwarzbehaarten Beinen rotem Schopf bleichen Flügeln schwarzen Flügeln Kartoffelschrumpelhuhn gefüllt mit Bittermandel Kopf zerspringt Spiegel zerspringt mein Gott sie frißt den Pfahl. Bernd erbricht. Er speit in den pfahlfressenden Kopf.

Verlagert

Die Stadt moderte in einem bräunlichen Vorfrühling, als Bernd in Görlitz eintraf, wohin Herr Walther die Schnecke schon seit Monaten ins Haus eines früheren Kindermädchens verlagert hatte. Es war nicht mehr als ein groß gewordener Marktflecken mit aufgeblähter Verwaltung, die Bevölkerung wurde zum Wochenende regelmäßig überschwappt von einkaufenden Bauern der Umgebung oder Arbeitern des Braunkohletagebaus. Die faul sich dahinwälzende, brackige Neiße gab den Halbwüchsigen viele Reime auf Scheiße, und die Landeskrone, von den Ortsansässigen Berg genannt, war idealer Spielplatz mit Schluchten, Waldwegen und Schotterpfaden. Im Ufa-Kino nahe dem Hauptbahnhof wurden die inzwischen flimmernd-streifigen alten Kopien von «Heimat» oder «Stukas» oder «Reitet für Deutschland» den Halbwüchsigen jugendfrei gegeben, die Zarah Leander, Carl Raddatz oder Willy Birgel ohnehin als Postkarte besaßen; Mädchen zogen René Deltgen vor.

Die Innenstadt hatte eine Passage, lächerliche Kopie der großstädtischen überdachten Glaswunder Berlins. Im Café Hindenburg gab es Ersatzkaffee und Brot mit Ersatzleberwurst oder Butterkuchen ohne Butter. Gegen Abend wurde die Stadt – auch die Passage, auch das Friseurgeschäft, dessen Schaufenster eine Wachsbüste mit Schnurrbartbinde zeigte, auch das Batja-Schuhgeschäft voll Igelit-Sandalen – durch Verdunkelung gesichert. Das war die Stunde der phosphoreszierenden Jugendlichen. Von ihnen sah man nur die Glimmertierchen des Winterhilfswerks, die sie sich an Jacken oder Pullover gesteckt hatten – grünlichgelbe Möwen im Fluge, gepunktete Käfer oder winzige Messerschmidt-Jäger, hell wie im Fadenkreuz der Flakscheinwerfer. Die HJ-Raute war verpönt, sie hatte bloß einen Rückstrahlereffekt. Eigenartigerweise trugen das nur die Jungens – Mädchen blinkten nicht. Deswegen hatten sich die Schüler eine besondere Waffe ausgedacht, ein klüglich konstruiertes Instrument aus Sperrholz, das einer Pistole glich und dessen Innenlauf mit den Reibflächen von Streichholzschachteln beklebt war; ein Gummizugmechanismus ließ Streichhölzer durchzischen und, Miniflammenwerfern gleich, ihr Ziel, blonde Zöpfe oder einen braunen Bubikopf, so schnell wie flüchtig erhaschen. «Bienen schießen» hieß das, und wer am meisten Gekicher und Gekreische erschossen hatte, war der Sieger des Abends.

Nachts sahen Schuß und Sieg anders aus. Die Schüler hatten, jeweils zwölf aus einer Klasse, Nachtdienst, um bei Fliegerangriffen mit Löscheimer, Lappen und Sandtüten das verhaßte Backsteingemäuer zu retten. Sie schliefen auf Feldbetten im Dachstuhl. Der Preis für den, der zuerst fertig war: eine Schmalzstulle, zahlbar am nächsten Morgen. Für Bernd war das fatal: Berlin war für die Mitschüler selbstverständliches Beispiel und Modell für alles – daß er zwei Jahre jünger war, frecher und schneller zwar, aber nicht nur viel dümmer, sondern auch körperlich unreifer, blieb unbegriffen. Berlin wichste schneller, besser, weiter. Das war klar. Mit der Sicherheit, mit der er den Fußballfreunden erklärt hatte, die kleinen Kinder kämen aus dem Bauchnabel, er *wisse* es, in Berlin sei es schließlich so, und mit der Anschaulichkeit, mit der er die nach Bombenangriffen brennende Stadt geschildert hatte – mußte er auch hier Vorspritzer sein. Es wurde einfach erwartet: rausholen, los und Schuß. Er hätte in der Klasse der Fünfzehnjährigen – die ersten waren als Flakhelfer eingezogen – nicht bestanden. Die Schmalzstulle war das Zielband, die Gemeinschaft hätte ihn verachtet, hätte er's nicht als erster durchstoßen.

Seine Unterkunft half, die obligaten Siege zu erringen. Der Vater hatte ihn bei einer kinderlosen Beamtenfamilie untergebracht, einem mächtigen, bigott-pompösen Paar, Oberst a.D. Bauschan und seiner noch im Stehen thronenden Frau Edelgard, einer Matrone, gekleidet in stets raschelnde schwarze Seide mit kleinen weißen Jabots unter dem Doppelkinn, Witwe schon zu Lebzeiten des Mannes. Ihre Kleidung war so einfältig wie zeremoniös, steif, gewachster Taft, dessen knakkende Falten wie Moiré schimmerten, mit enormen rauschenden Ärmeln, die Mäntel nur in Form von Capes zuließen.

Aber die brauchte sie nicht; Frau Oberst a.D. verließ die Wohnung so gut wie nie. Sie bewohnte sie wie eine Gruft. Die Bewohner waren Tote. Sie hießen Verdun, Somme, Ypern und Marne: Hunde, weiße Terrier, ausgestopft, gekrümmt in ihren mit gestreiftem Batist ausgeschlagenen Körbchen, vor jedem Tier ein leerer Futternapf und neben dem bleckenden Maul ein grünblauer Gummiknochen, auf den Glasaugen starrten. An diesen Schlachten hatte der Oberst a.D. teilgenommen, es waren seine Toten des Weltkrieges; und sie hatten, wohl präpariert, Schwarz-Rot-Gold und Hakenkreuz, Systemzeit und Nazitum überlebt. Über jedem Körbchen hing eine Aufnahme, mal der Schlacht von Verdun, mal der von Somme, Ypern oder Marne; daran je eine seidene Schleife in Schwarz-Weiß-Rot.

Stalingrad hieß der jetzt amtierende Terrier. Er glich einer Kopie der einbalsamierten Körbchen-Helden, nur lebte er. «Das arme Vieh» wurde er genannt, «wo ist denn das arme Vieh» wurde er zum Fressen gerufen, «nun darf das arme Vieh aber mal wieder …» hieß es, wenn Gertrude, das Hausmädchen, ihn zum Einkaufen mitnahm. Beides tat sie nicht gern –

einkaufen nicht und «das arme Vieh» mitnehmen auch nicht. Gern tat sie nur eines: auf einer an der hohen Stuckdecke des schlauchdunklen Korridors hängenden Schaukel auf- und niederzufliegen. Sie hatte nichts unter dem Rock – und die mächtige schwarze Fellmasse, die Bernd über sich hin- und herzucken sah, half ihm beim nächtlichen Spritzendienst im Wettbewerb um die Schmalzstulle.

Stalingrad hatte andere Interessen. Das Abendessen wurde pünktlich und regelmäßig an einem runden Tisch eingenommen, über grünem Filztuch eine weiße Filigran-Decke und über dem Tisch, exakt in der Mitte, eine mit blau-orangenem Chintz umkleidete Lampe. Ihr trübes Licht warf sie auf eine kleine, schwarz verkordelte Ebenholzklingel – Chintzrock wie Klingel erinnerten Bernd stets an das fliegende Schaukelfell. Nach dem Essen begann Stalingrad zu fiepen. Es hing davon ab, was es gab; bei Pellkartoffeln und Quark regte sich Stalingrad nicht. Auch Eierkuchen mit Blaubeeren ließen die Front ruhig. Dünnliches Pfeifen rann unter dem Tisch hervor, wenn es Käse gab. «Das arme Vieh mag Käse nicht», meinten Herr und Frau Oberst a. D. Und er griff unter dem blau-orangenen Chintzrock nach dem Ebenholzfell.

Alle wußten, daß es umgekehrt war. Stalingrads Pfeifen wurde durchdringender – «das arme Vieh» wollte zu seinem Recht kommen. Bernd mußte am abgedeckten, nun wieder grünen Filztisch amo, amas, amat lernen und konnte sich nicht merken, wie die Passivform «er wird geliebt» hieß. Frau Edelgard saß in einem Ohrensessel mit Fußbänkchen und las *Das Reich*; sie liebte Lyrik. Oberst a. D. Bauschan legte sich auf eine Chaiselongue, eine Zigarre, für deren Rauchermarken er schwarz geschlagenes Holz aus dem ihm unterstehenden Forst getauscht hatte, bis zur Hälfte rauchend. Die Schuhe hatte er sich ausgezogen. Das war Stalingrads Stunde. Geübt wie ein im Röckchen tangotanzender Zirkuspudel zog «das arme Vieh» mit Pfoten und Klauen und Schnauze Oberst a.D. Bauschans Socken aus. Die käsigen Füße, Größe 45, spießten aus dem Grabtuch der grauweißen langen Unterhosen; sie hatten Verdun, Somme, Ypern und Marne überlebt. Sie waren Stalingrads Gefallen. «Das arme Vieh» leckte die Hornballen und Hühneraugen, die gelblich eingewachsenen Nägel, den Fußpilz. Frau Oberst a.D. las, sie hatte das Wunschkonzert ganz leise gedreht, aus dem Volksempfänger pfiff Ilse Werner. Bernd konjugierte amo amas amat. Stalingrad auch. «Das arme Vieh» erregte sich beim Lecken immer mehr, hellrot fuhr sein spitzer kleiner Pimmel aus dem weißen Fell, und der kahle bläuliche Sack wurde ganz fest. Es war eine stumme, Abend für Abend sich wiederholende Szene, in einem bestimmten Augenblick von Frau Edelgard unterbrochen mit einem «Aber Eduard, nun wirklich». Dessen Zigarre war genau bei der Hälfte ausgegangen, Genuß teilt man sich ein. «Das arme Vieh, was soll es denn schließlich machen», meinte der Oberst a.D. Und Stalingrad war inzwischen in einem Hundegehechel zwischen seinen beiden großen Zehen verklemmt, gekrümmt und bleckend wie seine toten Helden im Salon nebenan, mit deren gläsernen Augen, aber fiebrig winselnd und rasend hin- und herzuckend, fliegend wie auf der Schaukel unter dem Stuck-Schlauch; kein Wolf hätte ihn nun mehr stoppen können. Lange dauerte es nie. Als Stalingrad erloschen war, nahm der Oberst a.D. Bauschan ein altes Küchenhandtuch, und Bernd fiel es ein: «amatur».

Frontstadt

Das Leben im Hause schleifte. Auf geheimnisvolle Weise nahm das Gebäude übel – es übte seine Funktion nicht aus. Es sagte: Nicht für euch beide allein, dazu bin ich mir zu schade. Die Topfblumen ließen verdorrend ihre Blätter hängen, die Spiegel erblindeten, das Kästchen neben der Küchentür – ursprünglich dazu da, den Dienstboten durch kleine Scheibchen, die mit der Aufschrift «Speisezimmer» oder «Bibliothek» vor ein Sichtfenster fallen, anzuzeigen, aus welchem Raum nach dem Personal geklingelt wurde – bockte: Es zeigte unentwegt das Schildchen «Elternschlafzimmer»; in diesem Hause hatte es nie Eltern gegeben, ein «Elternschlafzimmer» immer nur auf der Personalscheibe. So hingen alle Räume schief in der Takelage, die Türknäufe alterten und bekamen verzogene Züge in ihrem fleckig gewordenen Chrom, die schweren Aschenbecher mit den Lederriemen, deren Enden mit Blei gefüllt waren, um so auf den Lehnen der tiefen Bibliothekssessel in Balance zu bleiben, verrutschten und verbargen nicht mehr die aufgeplatzten Falten des dunkelbraunen Sesselleders. In den Doppelfenstern standen die schmalen weißen Übertöpfe, einige gesprungen, die Wasserschälchen noch darunter, aber es blühten keine Hyazinthen wie sonst im Februar darin. Bernd verbrachte seine Tage mit einem zähen Kampf gegen die widerspenstige Behausung, mit der erlöschenden Zentralheizung im Keller, in die er zuviel oder zuwenig Koks schaufelte, oder mit den quietschenden, klemmenden Jalousien, deren ausgefranste Zugbänder hakten. Die beiden, Vater

Friedrich-Wilhelm und sein fuchsschöpfiger Sohn, wohnten allein im Haus. Niemand bohnerte, wischte Staub, putzte die erst gelblich und dann ganz dunkel sich verfärbenden Leuchter auf dem Sideboard, dessen Rochenhaut schuppte. Die weiblichen Bewohner hatten die Yuricke verlassen – die Schnecke hatte es abgelehnt, aus Görlitz vor den herannahenden Russen zu fliehen, und Irmchen, das liebe Kind, saß irgendwo auf dem Lande vor Berlin; «bombensicher», wie sie es doppeldeutig nannte.

Der Vater hatte sich angewöhnt, sie wochenends dort zu besuchen. Wenn sie es erlaubte; denn gelegentlich wurde Bernd Zeuge erregter Telefonate, in deren Verlauf Irmchen erklärte, am kommenden Wochenende passe es nicht. Die Telefongespräche hatten stets eine ihm nie ganz erklärliche Spannung aus Wut und Flehen, Kommandoton und Unterwerfungswinseln.

Gelegentlich mußte er mit. Immer dann, wenn es galt, ganze Strecken auf dem Fahrrad zu bewältigen, weil Zivilisten mit der Bahn kaum noch befördert wurden. Bernd machten diese Fahrten Spaß – sie brachten Abwechslung in sein freund- und schulloses Leben; denn alle Altersgenossen waren ja noch «verlagert», wie das Silber und die Wäsche der Bürgerhaushalte. Außerdem zeigte er gerne seine besseren Fahrkünste, seine Kraft vor dem Vater, der jede Anhöhe sich mühsam hinaufquälte. Bernd fuhr besitzerstolz das Rennrad mit dem gebogenen Lenker, das einst «Schweinchens» Markenzeichen gewesen war. So hieß Schneckes erster Freund, auch «Lude» geschimpft wegen seiner langen Locken und taillierten weißen Leinenjacken. Der konnte die frechsten Kunststücke und war der bewunderte Anführer einer Clique Halbwüchsiger, die sich dem Schliff der HJ widersetzten und dem eine schlampig-private Kostümierung entgegensetzten; besonders kurz umgekrempelte Lederhosen gehörten dazu –

vom Jahre jüngeren Bernd entsprechend beneidet-bewundert. Schweinchen hatte alles, was ein Junge will: Er war stark und frech, rauchte nicht einmal heimlich, er konnte im Fahren vom Rad springen, hinterherlaufen und wieder aufsitzen, er hatte Eishockeystiefel und eine Freundin: Schnecke. Zu ihren Verabredungen mit Schweinchen im abendlichen Park nahm sie den Bruder meist mit – der bekam dann das Rad und durfte damit zwei Stunden ziellos umherrasen, sich lange lockige Haare und taillierte Leinenjacken anträumen, schweinchengleich sein. Als der Achtzehnjährige eingezogen wurde, hatte er zu Bernd gesagt, «wenn ich falle, kriegst du das Rad». Dann waren sie zusammen ins Kino gegangen, und Bernd hatte auf dem Klo seine erste Zigarette geraucht – Abschied mit und von Schweinchen. Der brachte ihm das bei: «Ziehen mußt du, nicht pusten. Du mußt mit dem Rauch einatmen und dabei laut sagen ‹ich fahre nach Fehrbellin und zurück›, bei ‹zurück› isses drin.» Bei Bernd war es raus. Noch nie war ihm so übel gewesen, und den Film sah er nicht mehr.

Schweinchen auch nicht. Als die Karte aus Kurland kam, wußten es bald alle Jungens der Gegend. Bernd hatte den Freund oft bei seiner Mutter abgeholt, weil niemand von den Abendspaziergängen mit der Schwester wissen sollte. Jetzt ging er wieder hin. Die Heulerei der Frau und die hervorgeschluchzten Sätze waren ihm peinlich: «Er hatte so schöne Haare, ich hab sie ihm immer mit Kamille gewaschen» oder «Im Rückenschwimmen hatte er eine Eins». Er sagte nur: «Das Rad. Er hat mir das Rad versprochen, das Rad.» Und wartete beharrlich, bis die fassungslos den einzigen Sohn betrauernde Frau in den Keller des kleinbürgerlichen Mietshauses schlurfte und das blitzende Wunderding heraufschleppte. Vom Balkon sah sie dem fröhlich durch Kurland davonflitzenden Bernd nach.

Mit diesem Rad fuhr er nun, vor dem Vater hertändelnd,

zu Irmchen aufs Land. Er war jetzt Schweinchen, der Starke. Kühl wie Äpfel aus fremden Gärten hatte Bernd die Kraft des Toten gestohlen, sich mit dem Rad die Attitüde der lässigen Überlegenheit angeeignet, eine erborgte, ererbte Freiheit aus Stahl, Chrom und Gummi. Er fuhr freihändig. Er wartete nach einer Aufwärtskurve auf den strampelnden alten Mann. Er stieg ab, setzte sich neben das Rad und bot dem keuchenden Vater eine Zigarette an. Das war äußerstes Zeichen von neu errungener Macht, von einem Oben-Unten-Wechsel; denn natürlich durfte der Vater gar nicht wissen, daß er rauchte – und schon gar nicht, daß er überhaupt, und woher, Zigaretten besaß. Bernd hatte ein Gesetz zerbrochen, und das winzige weiße Röllchen voller brauner Krumen war sein Zepter neuer Gewalt. Der Vater nahm die Zigarette schweigend, ließ sich Feuer geben, beide rauchten, ohne ein Wort zu wechseln.

In Irmchens Dorf lag eine SS-Einheit. Die schwarzen Uniformen, die lackglänzenden Stiefel, in denen die kräftigen jungen Männer herumgockelten, beherrschten das Bild des kleinen Fleckens. «Es sind sechzehn, eine kleine Sondereinheit», die Stiefmutter kannte sie alle. Sie trug zartlila Kasack-Kleider und hatte sich ein Pelz-Cape «organisiert», das bodenlang ihre Figur schlanker und größer scheinen ließ. Sie sah schön aus, fremd wie die SS-Männer, auch sie in den unländlichen Farben selbst ihres Haars. Bernd begriff da keine Verbindung, aber er witterte einen Zusammenhang. Irmchen schien zu der Truppe zu gehören, sie waren eine Besatzungsmacht.

Der Vater schien der Eindringling, der in bestimmte Signalsysteme, Codes und Chiffren nicht eingeweiht war. Ein Besuch im Dorfkrug endete fast in einer Schlägerei; jedenfalls in abruptem Aufbruch. Die lackschwarzen Kampfhähne hatten auf Musik bestanden, hatten mit ihr getanzt, ohne den Ehemann zu beachten, setzten sich an den Tisch mit der Selbstverständlichkeit von Besitzern, bestellten für «unsere Dame», was sie ihr offensichtlich zu bestellen gewohnt waren. Sie grüßten von Karl oder Arnulf, sie erzählten vom Abend vor sechs Tagen – man gehörte sichtlich zusammen, ein glänzendes, blitzendes, vielarmiges, verflirrtes Spiel, das Irmchen genoß und den Vater demütigte. Ein grauwolliger Bock, stand er zwischen den Siegern jäh auf. Er bestand darauf, daß «zu Hause» gegessen wurde. Das war ein Zimmer – ein zweites nebenan bewohnte das Suppenhuhn –, und Irmchen begann ungerührt zu «zaubern». Sie mochte das und konnte das – improvisieren, aus allerlei Verschiedenem eine Vorspeise, einen Salat, eine Suppe zusammenstellen. Mit der Nonchalance, mit der sie in ihrem Pelzcape über den dörflichen Markt schwebte, hantierte sie jetzt in der Schürze vor einer Kochplatte, lachte, reizte Wotan mit ihrer frechen Selbstverständlichkeit – «SS-Wein, mein Lieber» – schon beim Kredenzen des Essens. Der Abend wurde für Bernd undurchsichtig, voller Spannung und Ausgelassenheit zugleich, Zank der Erwachsenen glitzerte zwischen Zärtlichkeiten. Auf unklare Weise strengte ihn das alles an, er war rasch betrunken und wunderte sich nur vor der «Fettlebe»-Tafel – wie Irmchen das nannte –, wieso der Vater von ihrer beider kärglichen Lebensmittelmarkenrationen noch Margarine und Wurst hierherschleppte, wo Schinken und Käse reichlich auf dem Tisch standen. Eigentlich gehört das doch alles mir, dachte er in seinem hungrigen kleinen Gehirn, während er möglichst viel in sich hineinstopfte. Dann schlief er auf einem Sofa am Fußende der Betten ein, ohne sich auszukleiden, und erschnüffelte in der Dunkelheit, als er ins Waschbecken pinkelte, ganz dumpf das Hecheln, den Kampf, die Gier, in der die beiden sich gegenseitig ertränkten. Ihn hatte ein gurgelndes schwarzes Wasser hinabgezogen, Gedächtnis und Wahrnehmungen aus ihm fortgespült, ein Strudel aus Sattheit, Ekel, Gleichgültigkeit und Trunkenheit brach seinen Willen, zu verstehen. Bernd spürte sich nicht.

Auf der Rückfahrt hatte er Mühe, seine Beute zu verbergen; denn natürlich hatte er geklaut. Ein Stück Dauerwurst, eine halbe Tafel Schokolade, eine dicke Speckscheibe und, am schwersten zu verbergen, ein halbes Brot. Rache für den nächtlichen Abgrund, der Speck für das Hecheln und die Wurst gegen das Gestöhne und Gestoße. Den Vater ließ er hinter sich, ein unbekannter Radfahrer.

Einige Tage später fragte der ihn, ob er ihn wohl mittags in seinem Büro abholen wolle, sie könnten ein paar Besorgungen machen in der Stadt. Bernd begriff rasch: Das war eine Form der Entschuldigung, denn er liebte das Büro seines Vaters, diese ganze ihm entfernte Welt, das mächtige granitgraue Haus am Dönhoffplatz, die Bronzelöwen am Eingangsportal, wo links in einem Stübchen ein livrierter Portier sehr freundlich wurde, wenn Bernd sagte: «Ich möchte zu meinem Vater, Herrn Direktor Walther, er erwartet mich.» Wenn man Glück hatte, durfte man ganz allein hinein, die langen Flure entlang, deren Wände mit dunkelbraunen Majolikaplatten verkachelt waren – Bernd kannte das nur von den Übertöpfen für Grünpflanzen, und die Lianenmuster, Schwäne und Seerosen mit genau modellierten langen Wurzeln waren für ihn ein Zoobesuch. Das ganze Haus mit seiner Betriebsamkeit, seiner unüberschaubaren Größe und Organisation, den Liftschlünden, gitterbewehrt und mit Bronze verziert, innen kleine samtene Bänke, Spiegel und wieder ein Herr in Uniform, der den Schalthebel an einer mächtigen runden Trommel so selbstverständlich in der Hand hatte, als habe er sein Leben nichts anderes getan – Bernd hatte dann nur ein Lebensziel: Liftboy –, das alles war schöner als die Spielwarenabteilung jedes Warenhauses. Wenn man da vor Weihnachten hinging, wurde man zwar auch in einen Rausch bewundernder Habgier versetzt – aber Bernd spürte auch immer etwas Anbiederndes, zugleich Unerreichbares. Die Riesenbären oder fabelhaften Automobile bekam er ja doch nie.

Hier war das anders. Dieses gigantische Spielzeug funktionierte, alle spielten damit, und waren es nur die kleinen Wägelchen, die von wiederum anders Uniformierten die Gänge entlanggeschoben wurden, hier und dort hielten, Zeitungen abluden, Akten aufluden: Das alles war die fremde, ersehnte Welt der Erwachsenen, sie roch wie die, und sie war so unklar, unerreichbar wie die. In des Vaters Vorzimmer, ein kleiner, grün ausgeschlagener Raum mit Vorhängen aus gerипptem Samt, die sich an einem Ende unentwegt in einer zwei Meter hohen Kaktee zu verheddern schienen, saß Fräulein Wilhelm, die Bernd kannte und mochte, die unglaublich kurze Röcke trug, die er nie ohne Zigarette gesehen hatte, deren unzählige Brandflecke den Mahagonischreibtisch marmoriert hatten und die beim Telefonieren Kaffee kochte. Beides schien sie ohne Pause den ganzen Tag zu tun. Die winzige Kaffeemaschine und ein Tablett mit ebenso winzigen, kantigen Kaffeetassen standen auf einem runden Besuchertisch mit Marmorplatte vor einem Foto vom Minister, links unten quer signiert. «Für Gerlinde Wilhelm – Dr. Joseph Goebbels.» Daneben eine Vase, in derselben eckigen Strenge des Kaffeeservice. Eine Mini-Reichskanzlei des täglichen Gebrauchs, stets dekoriert mit frischen Blumen, immer gelbe. Für Bernd hatte Fräulein Wilhelm, eine Figur eher aus einem Schad-Bild als aus einem Ufa-Büro, auch immer dieselbe Überraschung in einem Schubfach – eine Rolle Lakritze; er haßte das bräunlich-schwärzliche Zeug. Der süßliche und zugleich bittere Geschmack verband sich für ihn inzwischen automatisch mit einem Besuch beim Vater, es war der Dreiklang vor den Radio-Sondermeldungen, die Eröffnungsmusik vor der

Kino-Wochenschau. Danach ging der Vorhang hoch – die Tür zum Zimmer des Vaters öffnete sich.

Diesmal war Friedrich-Wilhelm Walther offenbar guter Laune, freundlich, huldvoll. Kein «Bernd-Jörn», sondern ein zerstreutes «Na, da bist du ja, du Schlingel». Zerstreut war er in seinem Büro immer, räumte auf dem Schreibtisch herum, schlug Akten auf und zu oder telefonierte. Bernd hatte den Raum nie ergründen können, seine hochgereizte Neugier nach dieser väterlichen Haut war nie befriedigt worden – er brauchte Zeit und Spiel, um eine Umgebung in sein System eindringen zu lassen, um Möbel und Licht zu ertasten, Geruch und Farben aufzulecken.

Soviel Zeit war in des Vaters Zimmer nie gewesen. Auch heute zog er sich rasch den Gabardinemantel über, nahm die Handschuhe – aber nicht die von Bernd so hungrig geneidete Aktentasche; also ging man noch einmal hierher zurück – und verabschiedete sich flüchtig von der Sekretärin, «Na, dann wolln wir mal – irgendwas werden wir für den Steppke schon finden. Ich glaube, er braucht einen Trainingsanzug.» Bernd hatte keine Idee, wieso – er hatte einen sehr guten Trainingsanzug, und außerdem brauchte er schon den nicht, denn Schule fand ja nicht statt, Sport auch nicht. Doch ihm war's egal – er wollte ja das Einkaufen, die Läden, die großen Kaufhäuser genießen. Wenn es bloß nicht auf irgendwas von Bleyle hinauslief, dieses scheußliche Zeug, das alle Neuanschaffungen verhinderte. Eigentlich wünschte er sich ein paar Schuhe, denn seine «Bundschuh» genannten Sport-Halbschuhe, die man mit einer Schnalle schloß statt mit Schnürsenkeln, waren zu klein und ziemlich ramponiert. Aber er wußte, daß auf seiner Kleiderkarte für Schuhe – gäbe es selbst welche – nicht mehr genug Punkte waren. Und der Vater sparte seine Punkte, um Wochenendgeschenke zur SS-Wein-Trinkenden schleppen zu können.

Aus dem Einkaufen wurde nichts. Kaum waren sie zehn Minuten unterwegs, heulten die Sirenen – Tagesangriff. Das waren die fürchterlichsten Bombenangriffe mit riesigen Geschwadern fliegender Festungen, meist versanken ganze Stadtteile, fielen in sich zusammen, vom stählernen Rachefinger berührt und verworfen. Sie liefen in einen der bezeichneten Kellerbunker – die Stadt trug überall Hinweise, wo in benachbarten Ministerien oder Mietshäusern Luftschutzräume auch für Passanten eingerichtet waren. Bernd kam das leicht komisch vor – wie oft hatten sie auf dem Flachdach ihres Hauses gestanden, die silbern schimmernden Flugzeuge, ihre Kondensstreifen und die weißen Rauchbällchen der Flakgeschosse beobachtet. Nicht selten hatten die Herren und ihre schönen Feen die brennende Innenstadt mit einem Cocktailglas in der Hand betrachtet, «Mein Gott, wie furchtbar» geseufzt und sich mit Spucke eine Laufmasche fixiert, die beim unbequemen Ausstieg aus der Tür zum Dach einen Seidenstrumpf ruinierte. Im übrigen hatte der Herr Direktor mit Hilfe eines Firmenbautrupps seinen eigenen Bunker im Garten anlegen lassen, ganz gemütlich soweit, mit Betten und Wolldecken und sogar einem dicken Teppich ausgestattet, Radio, ein paar Nahrungsmitteln, Kerzenvorräten, Heizofen und einer Art Hausbar. Die öffentlichen Bunker galten als ordinär. In einem dieser öffentlichen Kellerräume, die mit dicken Holzpfählen, angeblich drucksicheren Stahltüren und einem betonierten Notausgang versehen waren, fand sich nun eine nervöse, ängstliche und in feindseliger Gereiztheit aufeinander lauernde Menge fremder Menschen zusammen. Die Angst krallte sich in alle ein – die Angst vorm Tod wie die vor dem Nachbarn, dem Beobachter. Eine mißtrauensdünne Luft versiegelte jedes Gespräch und ließ nur unnötige Kommentare hervor: «Das war aber nahe», «Das war bestimmt eine Drei-Zentner-Bombe», «Mein Gott, man hört das Feuer selbst hier unten prasseln». Die Entwarnung wurde zweimal durch sofort folgendes Sirenengeheul widerrufen – man wußte: immer neue Bomberverbände flogen in Wellen an. Ein Radio gab es in diesem öffentlichen Bunker nicht. Als man ihn verließ, war es draußen Nacht – um die Mittagszeit.

Die Stadt brannte. Riesige schwarze Aschenwolken hingen tief über ihr, durchzogen vom Mörtelgrau immer noch zusammenstürzender Häuser. Ein Lärm zersägte die Luft, der sich mengte aus Schreien und Wimmern und Rufen, aus dem Zerreißen mächtiger Häuserfronten, ihrem polternden Steinschlag und dem Pfeifen des Feuers. Der Luftangriff war vorüber, das sausende Inferno begann erst, brandete stärker auf von Minute zu Minute.

Bernd rennt weg, los, irgendwohin. Er bekommt keine Luft, die Augen tränen, in den Ohren jagt der Puls. Er flieht in eine Straße – die sich im selben Moment bäumt, ein gigantisches Tier, zusammensinkt, fast langsam, mit gräßlichem Getöse, Riesenwände poltern in einer Staublawine, plötzlich zischt Feuer im Kamin der Straße rechts und links zusammen, die Schuhe, was ist mit den Schuhen, die Augen, die Haare, Luft, keine Luft, die Flammen über ihm verzehren alle Luft, ein Sog aus Ruß und Asche und Hitze, die Schuhe, wir wollten doch Schuhe kaufen, nein, einen Anzug, der Anzug, die Schuhe wachsen in die Straße ein, der Anzug glüht, die Haare, die Brauen, keine Luft zum Schreien. Schwarz.

Als Bernd zu sich kam, saß er neben dem Vater in einer Kneipe, und vor ihm stand ein großes Glas Schnaps. Er hatte keine Haare mehr, keine Schuhe, eine brandig riechende Dekke schlotterte um ihn. Er war im von der Hitze aufgeweichten Asphalt der Friedrichstraße steckengeblieben, die Flammen aus den Häusern rechts und links waren in den Himmel geschossen, hatten einen Kaminsog gebildet, er hatte sich aus dem luftlosen Hitzekanal nicht mehr befreien können. Haare,

Brauen, Anzug waren schon verkohlt, als eine fremde Frau eine nasse Decke über ihn geworfen und ihn in ein gelöschtes Trümmergrundstück gezerrt hatte. Die Frau war weg.

Vater und Sohn blieben stumm. Beide tranken Schnaps, als sei das ihre tägliche gemeinsame Übung. Bernd dachte nichts, fühlte nichts, nicht einmal Schmerz. Der Schnaps bot eine neue, andere Schwärze an. Bernd erwachte aus ihr erst, als er Nässe spürte, die auf sein versengtes Gesicht tropfte; da lag er im Bett neben dem Vater, ganz in den verkrochen; Bernd roch seine Haarbürste, die Mischung aus Talg und Franzbranntwein. Die fliegenden Festungen hatten sie zusammengebombt.

Die Blaubeer-Orgie

«Das Kuhauge sieht ja aus wie eine abgebrühte Ratte»: Das war die erste Bemerkung der Schnecke. Sie sprang aus einem mächtigen Wehrmachts-Lkw, der vors Haus gedonnert war. Soldaten hatten sie mitgenommen aus dem inzwischen heftig umkämpften Görlitz, es war die letzte Fluchtmöglichkeit gewesen. Die Schwester betrat das Haus ohne Gepäck. Unbekümmert. Rückkehr von einer normalen Reise.

Das änderte sich rasch. Haushalt und Zusammenleben, bisher ein kumpaneihaftes Nebeneinander von Vater und Sohn, reduziert auf abendliches Bratkartoffelnbrutzeln oder Rührei ohne Schinken, gerieten aus der Balance. Der kurze Moment spröder Nähe war zerstoben, gesprochen hatten sie über den schwarzen Mittag nie. Die Schnecke, der Bernd von den Wochenendbesuchen erzählte, wurde rasch zu einem Verbündeten – die Kraftfelder veränderten sich: Der Vater lief gegen eine Front der beiden Kinder und verbiesterte sich gegen das inquisitorische Anmahnen von Lebensmittelmarken oder Zigaretten; man wußte ja, wohin das geschafft wurde. «Der schleppt hier den letzten Krümel raus», wütete die Schnecke, «und wir kriegen abends eine Tasse Grütze. Das mache ich nicht länger mit.» Meist verschwanden die beiden im Zimmer der Schwester, kaum daß der Vater abends nach Hause gekommen war – sie wohnten nebeneinander, Fremde, zufällig eingewiesen.

Da brachte das Radio überraschende Nachrichten. Irgendein Gegenangriff hatte die Front in Schlesien verändert, Görlitz – wohin man bequem telefonieren konnte – war außer Gefahr – und, Wunder über Wunder, die Stadt öffnete ihre Vorratskeller. Es hieß, man könne Kerzen und Seife, Schuhe und Pullover, Milchpulver und Kartoffeln kaufen; ohne Marken. Ein Paradies, Hunderte von Kilometern östlich des grauen Hungers von Berlin.

Der Schnecke war es sofort klar: «Wir fahren nach Görlitz. Mensch, Kuhauge! Stell dir bloß vor, wir organisieren uns, was wir brauchen – der Alte wird gar nicht gefragt, und er kriegt auch nischt. Soll er sich bei seiner SS-Braut beköstigen. Wir nehmen Ani mit, die kann uns helfen.» Das war die Freundin Anette, die mit ihrer geschiedenen Mutter in Kreuzberg wohnte. Ani war sehr nützlich bei der Expedition – sie konnte etwas Bargeld pumpen, und sie war hübsch. Das half in den von Soldaten überfüllten Zügen.

Der Görlitzer Bahnhof in Berlin war, bereits wüst zerbombt, für Zivil gesperrt. Mit ihren großen – leeren – Koffern und Rucksäcken schafften es die drei trotzdem: Sie spielten die verängstigten Kinder, die ihre Eltern suchen. Das Durcheinander von verzweifelten Flüchtlingen, Soldaten, Volkssturmleuten und Krankenschwestern machte jede wirksame Kontrolle des Bahnhofs unmöglich. Ohne Fahrkarten – denn die wurden natürlich nicht mehr ausgegeben – schmuggelten die drei sich in einen Zug Richtung Osten, abgerissen und hungrig aussehende Kinder; «wer wird uns schon was tun». Abwechselnd stand einer von ihnen «Schmiere» auf dem Gang, und als Bernd Feldgendarmerie die Abteile kontrollieren sah, mußten die Mädchen ins Klo. «Meine große Schwester hat die Fahrkarten», log er, doch als die große Schwester nie auftauchte, wurden die Soldaten mißtrauisch und trommelten an die Aborttür. Die beiden Mädchen hatten genug Filme gesehen – «meiner Freundin ist schlecht geworden, sie ist fast ohnmächtig und hat schreckliche Schmerzen». So zog

Ani die Schnecke aus dem Klo, die Soldaten halfen nur zu gerne den beiden jungen Dingern, die Schnecke heulte inzwischen aus Angst wirklich – und so saßen sie schließlich alle im Abteil versammelt, das für die Feldgendarmen reserviert war, wo niemand sie kontrollieren konnte, und schwindelten brav, warum und zu wem sie nach Görlitz müßten. In ihren Hirnen schaukelten Honiggläser und Dauerwürste, während sie in den Händen die Blechnäpfe mit Ersatz-Kaffee hielten. Die drei jungen Männer mit den halbrunden Streifenschildern über ihren Uniformen freuten sich über die Gesellschaft der verlogenen jungen Mädchen.

In Görlitz war der Bahnhof geschlossen. Niemand außer Militär mit gültigen Papieren durfte das Gebäude verlassen. Die Stadt war zum gesperrten Gebiet erklärt worden. An den Gleisen, auf den Treppen, Übergängen und Unterführungen schoben, drängten oder hockten Hunderte von Zivilisten mit ihren Bündeln – Flüchtlinge aus Schlesien, aber auch aus der Stadt. Niemand wußte, wann je wieder ein Zug und wenn, dann woher und wohin fahre. Ein erschöpftes Tier, futterlos und verdreckt, stand der Zug, mit dem sie gekommen waren, vor toten Signalen, ohne Kohlen, gestürmt aber bereits von schreienden Menschen. Besser in einem Rettungsboot, das sich nicht bewegt, als im Wasser.

«Kinder, ich hab 'ne Idee, ich weiß was – los, schnell, kommt mit, aber nicht rennen, das fällt auf, nur so drängeln, als wollten wir wieder in den Zug» – jetzt war es Bernd, der in dem Gaunertrio den guten Einfall hatte. «Ganz hinten am Ende der Gleise ist ein Gepäcklift, ich weiß das, damit haben wir, wenn wir von der Schule zur Hilfe bei den Flüchtlingszügen abkommandiert waren, die großen eisernen Milchkannen mit Muckefuck raufgeholt. Das Ding ist kaputt – aber daneben geht eine kleine eiserne Nottreppe runter in einen Tunnel – und der kommt *vor* dem Bahnhof raus. Wenn wir die Luke aufkriegen.» Kuhauge war sehr stolz – jetzt, nach den poussierenden Lügnerinnen mit ihren Tränen und Ohnmachten und Milizflirts war er es, der die Situation retten konnte. Die hatten ihre paar Blechnapfschlucke Kaffee und drei R6 organisiert – aber er wußte die Luke zum Schmalz und zum Waschpulver. Sie klemmte und sperrte und quietschte – aber nach kratzender und stemmender Mühe standen die drei hungrigen Katzen auf dem Bahnhofsplatz. Paradies Görlitz. Die Stadt schaukelte in einem Rhythmus erbärmlicher Sinnlosigkeit. Sie huschten durch menschenleere Straßen, nur selten leckte eine schmale Zunge Licht aus den Scheinwerferschlitzen eines abgedunkelten Militärfahrzeugs. Zur Wohnung, die die Schnecke mit dem Lkw-Konvoi als letzte verlassen hatte, besaß sie noch die Schlüssel. Das große Mietshaus war leer, dunkel, kalt. Überall waren Scheiben zersplittert – Diebe, Granaten? Sie stürmten die Wohnung, eine verlassene Festung, vollkommen intakt. Telefon, Radio, Licht, der Herd – alles funktionierte, scheinbar sinnlos. Die drei bereiteten sich eine Orgie der Erleichterung. Jetzt wollten sie ein Schlaraffenland, dazu waren sie hier.

Sie brachen in die Kellerräume des Mietshauses ein und stahlen, was sie fanden: Kartoffeln und große Gläser mit eingeweckten Blaubeeren, mehr war da nicht. Die Mädchen machten Kartoffelklöße mit Blaubeersuppe daraus, und als das Licht verlöschte – Sperrstunde oder russischer Angriff –, saßen sie frierend zu dritt in den Ehebetten von Else, dem ehemaligen Kindermädchen, bei flackernden Bunkerkerzen, tunkten die glasig-klebrigen, auseinanderfließenden Kartoffelklöße mit den Händen in eine große Emailleschüssel voll Blaubeeren. Alles troff über Münder, Gesichter, Hände, färbte Laken und Steppdecken. Sie stopften sich den Hunger zu und die Angst weg, gierige Tintenfische, die den Orkan witterten und sich in ihrem Raub einwölkten, noch einfangen wollten vor dem herannahenden Unheil, was sie einkraken konnten.

Die Stadt dümpelte, bot sich feil ohne Kunden. Die meisten Einwohner waren vor der heranrollenden Roten Armee geflohen – und konnten nun nicht kaufen, was die Läden an jahrelang gehorteten und verborgenen Schätzen plötzlich feilboten; Dinge, für die man gar keine Marken und Bezugsscheine mehr hatte: Kerzen und Seife, Schmalz und Nudeln, Zucker, Reis, sogar Kaffee und Schokolade. Nicht überall war alles zu haben, aber im Schuhgeschäft wußte man, wo es Strümpfe gab, und die alte Dame im Strickwarenladen kannte die Quelle für Bienenhonig. Als wollten sie Schuld von sich wälzen, öffneten die Ladenbesitzer ihre Schränke – und in der Blaubeerwohnung stapelte schließlich ein Warenlager aus Kartoffeln, Büchsenmilch, Fausthandschuhen und Rizinusöl.

Die Rückfahrt war einfacher zu arrangieren. Alle drei spielten perfekt die Rolle der armen herrenlosen Kinder, die zu ihren Eltern nach Berlin flüchten mußten. Nicht einmal Geld brauchten sie – das war auch ausgegeben; Flüchtlingstransporte waren selbstverständlich frei wie die Züge an die Front. Das schwere Gepäck galt unverdächtig als letzte Habe. Jetzt hingen die Würste und Mondamintüten nicht mehr in ihren Köpfen, sondern lagen fett und prall über ihnen, im Gepäcknetz.

Am Bahnhof in Berlin lungerten genug zerlumpte und ausgemergelte «Ostarbeiter» herum, die in ihren Lagerpferchen die Rinde von den Bäumen kratzten und denen man bis Anbruch der Dunkelheit freie Bewegung zugestand. Zwei davon heuerten die Kinder an, weil sie ihre Koffer und Kartons und Säcke nicht allein per S-Bahn bewältigen konnten. Sie versprachen Kartoffeln als Entlohnung. Was schließlich heikel wurde – denn man mußte, in Kreuzberg bei

Anis Mutter gelandet, die Schätze vor den räuberisch-spitz werdenden Augen der säckeschleifenden Wracks auspacken. Die Kinder begriffen sofort: Hier drohte Gefahr, denen hatte der Hunger das Hirn halb leer gebrannt; das eigene war ja noch taumelige Watte vor Begier und Rausch der ungeahnten Fülle. Die Fahrt hatten sie bisher als spaßig-abenteuerliche Mutprobe absolviert, Indianerspiel mit Kriegsbemalung aus Blaubeersuppe und ein bißchen Sibylle Schmitz-Imitation der tüchtig verheuchelten Mädchen. Hier hatten sie Angst – diese Männer, dafür hatten sie genug Gespür aus eigener Erfahrung, waren an der untersten Grenze menschlicher Entwürdigung angelangt. Die Kinder kannten das Wort Paria nicht, aber sie begriffen den Zustand. So reagierten sie blitzschnell und richtig, bedrohte Kellerasseln, die ein großes Stück ihrer Beute im Stich lassen, um sich in Sicherheit zu bringen: Zur plattgesichtigen Verblüffung gaben sie den Russen einen Karton mit Kartoffeln, zwar war es nur einer von dreien – aber es war eine so üppige Entlohnung, daß die verstörten Männer betäubt davonstoben, rettend, was sie für einen Irrtum hielten.

In der kleinen Wohnung brach Weihnachten los. Büchsen und Kerzen und Wollsachen und Tüten wurden aufgebaut, Anis Mutter aß von allem auf einmal und hatte schließlich die große Idee: Sie würde Kaffee kochen und dazu Kartoffelpuffer mit Apfelmus machen. In der gefräßigen Erleichterung, der Erschöpfung von Angst, Neugier, Spannung und Strapaze hatten die drei Kinder nur eine Idee: feiern. «Und der Alte kriegt nischt, gar nischt», jubelte die Schnecke, «soll der man fein zu seiner SS-Dame kutschieren und ihr seine Bratheringe bringen – wir nicht. Wir bleiben einfach hier, er weiß ja nicht, daß wir zurück sind, und leben wie die Made im Speck.»

Die Maden waren wenige Stunden später krank. Die Kartoffelpuffer hatten sie mit dem einzigen Fett gebraten, das sie ergattert hatten – dem Rizinusöl. Die Krankheit hieß seitdem bei den Geschwistern «Görlitz' Rache».

Die Russen kamen ganz in Weiß

«Die Amerikaner, die Amis – Papa, die Amis sind da!» Ein Jubelruf, Ende einer Angst. Das Kuhauge flitzte durch die Kellerräume und suchte den Vater, zerrte ihn vor eines der vergitterten Kellerfenster, durch die man im bleimüden Morgenlicht geduckte Khakigestalten huschen sah, Maschinenpistolen vor sich herdrohend, als hielten sie sich daran fest. Schüsse hörte man nur von weit her. «Mein Gott, die Amerikaner», der mit seinem dreitägigen Stoppel-Graubart fahlalt aussehende Generalmajor a. D. seufzte es fast wie ein Dankgebet. «Ilse, mach uns eine Kanne Kaffee.»

Die Familie Walther hauste im Rest ihres Hauses, und das war der Keller – der allerdings nur zur Straßenfront hin «Souterrain» war, zum Garten hingegen, der schräg abfiel, ebenerdig; die Kellertür war Gartentür, vor ihr war die Terrasse – gewesen. Das Ganze war gewesen: Vor wenigen Tagen, Anfang Mai, hatten ein paar «Nähmaschinen» – wie die noch immer arroganten Berliner verächtlich die einmotorigen russischen Flugzeuge getauft hatten – mehrere Luftminen geworfen und die Siedlung verwüstet.

Es war eine flackernde Nacht gewesen. Das Fliegeralarmsystem der Reichshauptstadt funktionierte nicht mehr, und statt im Gartenbunker oder gar in dem großen Betonbunker, in dem man einen gemieteten Raum «besaß», hatte man diese Nacht im Hause geschlafen: die Schnecke, die auf diese Weise ihr schickes Lederköfferchen mit dem angeblich «Notwendigsten» nicht gepackt hatte – in Wahrheit zeigte sie, vor Verachtung gegen die väterlichen Sorgfaltsübungen strahlend, jedesmal dem Bruder den Inhalt: eine längliche, intarsiengeschmückte Utensilie, die neben Puder, Lippenstift und Spiegel auch ein paar parfümierte Zigaretten mit Korkmundstück enthielt, ein Paar Strümpfe mit schwarzer Naht und ein Bild von René –; das Kuhauge, das in seinem HJ-Affen Bunkerkerzen, eine Dose Biomalz, Brandbinden und als Allerheiligstes eine Dose Fliegerschokolade versteckte; Wotan, in dessen Aktentasche wichtige Papiere waren, und «die Tucke» mit einer rissigen ledernen Hebammentasche. Die Tucke war des Vaters unverheiratete Schwester aus Stettin, vor den Russen geflohen, seit vier Monaten den Haushalt führend – von Schnecke und Kuhauge bestgehaßt. Nie hatten sie «meine liebe Schwester Ilse» leiden können, ihre gräßliche Altbauwohnung, in der sie ihr bei den Ferienreisen an die Ostsee stets einen Tagesbesuch abstatteten, mit klebrigem Hagebuttenlikör, klebriger Fischsuppe, klebrigen Klößen mit klebrigen Aprikosen bewirtet wurden. Die Wohnung schien nur aus einem endlosen Flur, quietschenden Schrankungetümen und zahllosen riesigen Betten zu bestehen. Die Tucke war winzig, hatte rotviolette Schrumpelbäckchen, einen ganz kleinen Dutt und stets eine dunkle Seidenbluse an mit einer Gemme daran; «damit man weiß, wo vorne ist», pflegte Hermine zu sagen. Die sitzengebliebene Pastorentochter liebte ihren Bruder abgöttisch, es war ein in qualvolle Liebe verdrehter Haß; denn der spätere Generalmajor und Bankdirektor hatte schon als junger Mann aus dem hinterpommerschen Pfarrhaus «entnommen», was irgend zu nehmen war, hatte als Kadett und junger Leutnant flott gelebt, Spielschulden und Rechnungen für Pferd und Burschen in Basenthin begleichen lassen. Eine Ausbildung für die Schwestern gab der kärgliche Pfarrhof nicht mehr her, eine Aussteuer für diese jüngste schon gar nicht. Sie war eben «sitzengeblieben», und da alles an ihr zu klein war, gaben auch Herz und Hirn keine Leidenschaft zur Rache her; das Klischee vom «lieben Bruder» war paßgerecht – und ebenso hündisch liebte sie auch seine Kinder. Die sie haßten.

Sie machten sich zeitlebens über ihre «Affenjacke» lustig, einen undefinierbaren braunen Zottelpelz, den sie sommers und winters trug, oder ihre «Schlittschuhstiefel», die knöchelhohen, stets uralt aussehenden Schnürschuhe. Gewisse Fiepstöne, mit denen sie die «Kinderchen» zum Essen zu rufen pflegte, hatten ihr den Spitznamen «Tucke» eingebracht, und das Verhältnis der beiden zu «meiner lieben Schwester Ilse» ging nicht hinaus über das zu einem skurrilen Möbel, einem knarrenden Teewagen etwa. «Du grüne Neune – die Tucke», hatten sie ungerührt gesagt, als die mit dem Rest ihrer Habe, in einem Koffer verstaut, aus Stettin eintraf, «die war ja nun wirklich nicht in Gefahr, der hätten selbst die Russen nichts getan.» Daß sie um ihre «ollen Klamotten» jammerte, die sie nun alle verloren hatte, war besonders amüsant; «soll se doch froh sein, dasse das Zeuch los is».

Nun waren die Walthers aber ihr «Zeuch» selber los. Ungeheurer Lärm, einstürzende Wände, splitterndes Glas, ein Geräusch-Chaos aus zerfetzenden Zimmerdecken, Explosionen, zischendem Feuer und Schreien weckte das Haus, das keines mehr war: Die Luftminen hatten den Garten umgepflügt und die Yuricke wie in schwerem Sturm durchgeblasen. Fenster, Türen und Wände waren weg. Das Haus seufzte und sackte leicht zur Seite – aber es stand.

Bernd reagierte mechanisch, gedrillt. Zu oft war das «geübt» worden, zu viele Bomben, brennende Häuser, schreiende Menschen hatte er erlebt. Der besondere Geruch nach Mörtel, Kalk, zersplittertem Holz war vertraut. In seinem Zimmer war zwar alles eingestürzt, aber außer Bergen von Schutt über seinem Bett war ihm nichts passiert. Er sprang in seinen Trainingsanzug, der griffbereit neben seinem Bett auf der Erde lag, griff Taschenlampe und Affen. Wo war die Schwester? Der erste Gedanke, der ihn jagte. Sie war nicht nur der einzige Freund – war ihr etwas passiert, dann war er ja schuld.

Dieser René im Köfferchen, mit seinem lächerlichen Film-Lippenbärtchen und den pomadisierten Haaren, den gab's. Und heute nacht, genau heute nacht hatte die Schnecke mit ihm fliehen wollen. Ein abenteuerlich-sinnloser Plan, ohne Ziel. «Ich will raus hier, ich kann den Alten nicht mehr ertragen, kann sein blödes Endsieg-Gequatsche nicht mehr hören. Ich hau ab. René besorgt mir falsche Papiere, er ist ja Franzose – irgendwie gehen wir nach Westen. Laß man, Kuhauge, ich komm schon durch, egal wohin und wie. Vielleicht zu unseren Leuten nach Frankreich. Ich hol dich dann nach. Hier bleibe ich keinen Tag länger, in den Klauen von diesem idiotischen Wotan.» Bernd war ihr Vertrauter, und er hatte gestern den entscheidenden Brief überbringen sollen. Aber die Straßen waren voller Glas und Granatsplitter, beide Fahrradreifen waren geplatzt, er war nach zweistündigem Schiebemarsch unverrichteterdinge zu Hause angekommen. S- und U-Bahn verkehrten nicht mehr. Aus Hermines Flucht ins Nichts war nichts geworden – und er war schuld!

Das Treppenhaus war eingestürzt. Zum Zimmer der Schwester gab es keine Verbindung. Vor seinem Zimmer war gar nichts – ein Loch bis zum Parterre. «Über dem Flur» lag Schneckes Zimmer, nur: es gab keinen Flur mehr. Durch die Fensterlöcher flackerte Feuerschein, nicht zu erkennen, ob irgendwo aus dem Haus oder von außen. Immer neue Detonationen knallten in eine sonderbar-unheimliche Stille. Kein Menschenlaut. Bernds Taschenlampe mit dem vorschriftsmäßigen Abblendschlitz tastete, ein bleicher Knochenfinger, über das Loch zum Zimmer der Schwester: weißliche Schuttwolken, sonst nichts. Kein Laut. Dann erwachten, nach ihrer Schreck-Betäubung, die Menschen. Wotan zuerst, ein absurdes Geschrei: «Meine Pistole, wo ist meine Pistole? Meine Pistole ist weg. Ich finde meine Pistole nicht mehr.» Bernd nahm den Vater nicht wahr. Aber die Stimme rief ihm in Erinnerung: Neben dem eigenen lag ja dessen Schlafzimmer, und daneben wiederum das der Schwester. Er war nicht darauf gekommen, daß man, da es keine Wände mehr gab, wie in einem Traum einfach verkehrtherum durchs Haus gehen konnte, ohne Türen und Flur durch die Zimmer. Vorsichtig tastete er sich an umgekippten Schränken entlang, über Balken und durch Reste von Wänden. Die Wand zwischen des Vaters Zimmer und dem der Schwester war weg samt dem Schrank, der an der Wand gestanden hatte. Sie war auf das Bett der Schwester gestürzt, und darauf die Zimmerdecke. Die Schnecke war verschüttet!

Der linke Ärmel von Bernds Trainingsanzug war schon blank, er heulte und rotzte unhörbar vor sich hin. Es rann aus ihm heraus wie das Wasser aus den zerplatzten Leitungen. Die Schnecke war tot, und er war schuld! Wieso war er nicht auf den Felgen zu René gefahren. Wieso hatte er nicht versucht, die Reifen zu flicken. Wieso hatte er nicht ein Fahrrad geklaut. Wieso hatte er nicht Soldaten gebeten, ihn mitzunehmen; die nahmen in diesen Tagen Kinder überallhin mit, schenkten sogar Kommißbrot. Von ferne drang das blöde Pistolengeschrei des Alten, der hatte irgendeinen Abstieg ins Erdgeschoß gefunden, Bernd hörte die Reste der Treppe krachen, die unter dem Vater Stück für Stück zusammenbrach, während der, ganz sinnlos, wieder hinauf wollte.

Inzwischen, seit dem Angriff waren Minuten vergangen, bellten irgendwo Flakgeschütze, und Scheinwerfer beleckten den Himmel. Sie leuchteten Bernd. Er schaufelte und zerrte und buddelte und biß in Balken und Gestänge und Stoff-Fetzen, eine blutende, pfeifende, hechelnde Ratte. «Sie lebt, sie darf nicht tot sein, ich hol sie hier raus, sie wollte mich doch nachkommen lassen, ich fahr morgen zu René, ich geb ihr meine Fliegerschokolade und meine Norweger-Hüttenschuhe. Schnecke, liebe Schnecke, sei nicht tot, nicht tot, bitte lebe.» Die Gedanken rasten den zerrissenen Händen voran. Wasser schoß aus Augen, Mund und Nase, in die Hose.

Plötzlich sah er Blut. Ein Scheinwerferlicht brach sich irgendwo im Gebälk und zeigte ihm: Wand und Schrankwand waren schräg über das Bett gestürzt, hatten einen spitzwinkligen Hohlraum gebildet, dann erst war der Schuttberg darübergetürmt. Die Schnecke war eingeklemmt, bewußtlos und blutete – aber sie war nicht wirklich verschüttet. Und sie war nicht tot.

Es war noch frühe Nacht, als Familie Walther sich im Garten, in dem, was der Garten mal gewesen war, versammelte. Der Vater war stumm, er hatte tatsächlich für Minuten den Verstand verloren; die Tucke tupfte und wickelte an der aus einer Kopfwunde blutenden Hermine herum, die in ihrem zerfetzten Musselinnachthemd lächerlich dramatisch aussah. Sie war außer sich vor Zorn, der Bruder war an allem schuld, und sie ließ es ihn entgelten. Flehentlich versuchte er sie zu füttern. «Du, ich geb dir von meinem Biomalz ab, es ist die letzte Büchse, der Alte darf es nicht sehen. Ich schenk dir auch meine Fliegerschokolade.»

Inzwischen raste drei Häuser weiter das Feuer. Die Yuricke brannte nicht, aber das schöne Haus von Haunschilds war eine einzige Fackel. Bernd kannte das Haus gut, es war das eleganteste der Nachbarschaft, Haunschild war Alleineigentümer einer Brauerei nach dem Ausscheiden des Partners Jakobs im Jahre 1936. Bis zu der Heirat des Vaters war man befreundet gewesen; sie hatten eine hübsche Tochter. Jetzt irrlichterte die Frau mit schriller Stimme durch die Trümmer und wiederholte kreischend nur den einen Satz «Alles ist hin, hin ist jetzt alles, alles ist hin». Ein wehendes weißes Gespenst umtanzte das zusammensackende Eigenheim, «hin, alles hin»; ein Gesang, er bekam in der Verzerrung den unsinnigen Ton eines Triumphes. Hermine fing an zu lachen. «Mensch, Kuhauge, nu hör dir bloß die Haunschild-Ziege an, wie sie um ihre Klunkern greint. Meine Güte, is ja nicht anzuhören, die Kuh. Nu laß man, wir wolln uns nu nich mehr anstänkern – also *so* wolln wir ja nu nich sein, uns wegen so Zeug derart aufregen. Is ja reineweg ekelhaft.»

Hermine hatte eine tiefe Verachtung Dingen gegenüber; die Verachtung dessen, der immer alles gehabt hatte und dem es selbstverständlich war, ein Haus zu besitzen. Sie wußte nicht, wie man so etwas erwirbt. Man hatte es eben. Ihre Lebenserfahrung, auch wenn sie sich sehr weise gab, war beschränkt. «Ein Haus, wo eine Laterne davor steht, ist besser als eins ohne», war eine ihrer Maximen gewesen, oder «Eine Straße, die Weg heißt oder Allee oder Ring oder Pfad, ist besser als eine, die Straße heißt».

Bernd hatte derlei ebenso begierig angehört, wie ihm die Geste des Verachtens von Sachen immer großen Eindruck gemacht hatte. Er bewunderte das auch bei der Stiefmutter und erinnerte sich plötzlich zweier so ganz unterschiedlicher Szenen. Die Tochter von Frau Haunschild hatte ihn einmal zum Kakao eingeladen, es war kurz vor Irmchens Auftauchen. Am selben Nachmittag holte ein flotter junger Offizier ihr neues BMW-Kabrio, mit roten Ledersitzen, ab – beschlagnahmt für die Wehrmacht. Frau Haunschild stand hinter den Gardinen der Erkerfenster, Bernd hatte deren riesige Azaleentöpfe immer soviel vornehmer gefunden als die paar Alpenveilchen in weißen Übertöpfen zu Hause; da hatte Frau Haunschild nun gestanden und zirpend wie eine Maus geweint, ganz hoch und dünn.

Auch Irmfried Walther hatte man sehr bald ihren dunkelgrünen Horch mit der lügnerischen Krone weggeholt. Sie hatte wütende, ganz schmale Augen bekommen, hatte mit den Fingern geschnippt und schließlich gesagt «Na ja, geht auch ohne Auto – schade um den jungen Kerl». Für sie war Eigentum zwar stets etwas Begehrtes, Begehrenswertes gewesen – aber nie etwas Erworbenes. Mehr Beute und Raub als etwas, das einem zustand. Besitztrieb kannte sie, Recht auf Besitz nicht. Es war wie beim Poker – Gewinn konnte Verlust werden. Beides gehörte für sie zusammen. Irmfried Im Felden war keine Bürgerin. Das hatten beide Kinder, durch ihren Haß hindurch, wie durch ein Brennglas geschärft im Haß, von ihr gelernt.

So standen sie beide, böse Zwerge, blutend, zerrissen und feixend vor der Ruine ihres Hauses, den pistolenirren Wotan neben sich und die triefende Tucke, hinter sich das Seufzen und Rieseln und Bersten der schwankenden Yuricke und vor sich die knisternde Hausfackel, umtanzt von einer besitzverrückten Derwischfrau, angeleckt von den beweinten Flammen, die ihr weißes zerflatterndes Nachthemd zum orangenen Abendgewand mit grünen Explosionstupfen fälschten, ihr versengtes Haar glitzern machten und ihren händeringenden Trauergang im Verlöschen und Aufblenden der Scheinwerfer, im kärglicher werdenden Pfropfenknall der Flak zum Tanzschritt verbogen. Es war der letzte Tanz. Am nächsten Morgen waren die Russen da.

Kuhauges Amis waren keine Amis, sondern Russen. Er hatte nie welche gesehen, auch nicht ihre Uniformen; aber abgeschossene Amerikaner und Engländer in Gefangenschaft; daher wußte er, daß die khakifarbene Uniformen trugen und daß ihre Stahlhelme flacher als die deutschen waren. Und sowieso – Russen konnte man sich nicht vorstellen, sie waren Chaos, Tod, Ende und Weltuntergang. Amerikaner dagegen nicht. Auf sie hatte man gewartet, hatte wochenlang in Hermines winzigem elfenbeinfarbenem Telefunkenradio ihre Sendungen gehört und die Nachrichten, daß sie kurz vor Berlin stünden. Die Nacht war genug Inferno gewesen, sie hatten stundenlang gekramt und gewühlt und Nachbarn geholfen und waren lange nach Mitternacht in Behelfsbetten im Keller erschöpft eingeschlafen, über ihnen rauchte und prasselte und splitterte die Yuricke. Am nächsten Morgen wollte man besehen, was geblieben war.

Bernds «die Amerikaner, die Amis, Papa» hatte alle geweckt. Vorerst geschah gar nichts. An den Schnüren ihrer Schüsse tasteten sich die fremden Soldaten vor zu Bernds Gymnasium, das inzwischen Lazarett war und in dem sich schießtolle SS verteidigte. Die Walthers krochen in der Morgendämmerung die intakte Kellertreppe hoch, die Reste besichtigen. Vorerst sah man nur, daß außer den Außenmauern nichts übrig war – Trümmer, Möbelreste, Teile einer Wand. Nie hatte man gewußt, daß die Wände innen Drähte hatten. Heizkörper schwebten an Rohren in der Luft, das Bad im ersten Stock schien intakt, aber in den ersten Stock führte keine Treppe mehr – die letzten Stufen hatte Wotan nach seiner Mauser scharrend zerstört.

Die Russen kamen ganz in Weiß.

Am Nachmittag dieses heißen Maitages, die Walther-Familie hatte Fetzen hervorgezerrt, Schutt geräumt, zwei Fenster im Erdgeschoß freigeschaufelt und einige Fenster mit Resten von Fensterläden verbarrikadiert, tauchten singende, lärmende Nonnen auf und ließen sich im umgepflügten Garten nieder. Die riesigen weißen Hauben der Ursulinerinnen vom katholischen Krankenhaus am anderen Ende des Parks wippten hinter einem Kamel hervor, beduinenhaft – Karl May in der Richthofenstraße. In wallenden Gewändern, grau und weiß, viele Röcke übereinander, und die Fledermausflügel der langen Umhänge spreizend, segelten Scharen plappernder, schirpender, sich umarmender Riesennonnenvögel die verwüstete Böschung herab, voran gravitätisch das Kamel, Fliederreste und Goldregenrauten aus der Erde rupfend.

Bernd traute sich als erster aus dem Haus. Die Nonnen schlugen sich auf die Schenkel, hatten ein Feuer gemacht, über dem ein großer schwarzer Eisenkessel hing, und einige der stämmigen Samariterinnen schleppten enorme metallene Milchkannen herbei.

Die Nonnen waren Russen. Sie hatten im St. August-Spital die Schränke geplündert, hatten nie derlei Tracht gesehen und in ihrer trunkenen Siegeseuphorie die gebügelten Hauben aufgesetzt, die Umhänge über die Uniform geworfen und gestärkte Teile der Märchenkleidung auf irgendeine Weise an sich befestigt. Schwarze Schnurrbärte und unrasierte Gesichter unter den schmetterlingschwebenden Hauben, MG-Gurte, über denen der Rosenkranz schepperte, Amulettkettchen zwischen rotem Stern und Hammer und Sichel: Bernd konnte nicht wegsehen. Die bärtigen Nonnen umarmten sich, füllten Suppenschöpflöffel aus den Milchkannen und tränkten sich wie das kniende Kamel damit. Als eine asiatische fromme Schwester mit schwarzem Schnauzer und raschelnden Röcken ihm etwas zuwarf, rannte er im Kaninchenzickzack ins Haus. «Wirf das sofort weg», herrschte der Vater ihn an, «das ist vergiftet, sie bringen uns alle um, mein Gott, diese Horde, diese Mörderbande, diese Untermenschen. Daß uns das nicht erspart blieb. Die Schande. Die Schokoladenkekse sind präpariert, um uns umzubringen, das weiß man doch. Aber ich kann ja Russisch, von damals noch, 1916 auf der Krim – Ilse, mach eine Kanne Kaffee, ich werde die Herren Sieger begrüßen – gegen so was haben wir nun den Krieg verloren.»

Bernd war vorher da. Es zog ihn magisch zu dem nachmittäglichen Lagerfeuer, und er hoffte, noch mal Kekse zu ergattern, die der Vater ihm nicht wieder wegnehmen konnte. Die Herren Nonnen begrüßten ihn bereits, stocherten in dem schwarzen Eisentopf herum und gaben ihm dicke, fette Fleischbrocken, an denen Grützbrei klebte. Bernd hatte das Gift vergessen, er schlang das Fleisch, das erste seit Wochen, und roch plötzlich: in den Milchkannen war Wein. Nach der ersten Kelle erbrach er sich, zum Jubel der Nonnenbärte, die immer dasselbe fremde Lied sangen, lachten und das Kamel schlugen und wieder und wieder grölten «Hitlä kaputt, Hitlä kaputt», dabei in hohem Bogen aus den gestärkten Röcken hervor ins Feuer pinkelten. Bernd sah den Vater mit der Kaffeekanne kommen, plötzliches Schweigen wirkte drohend – die Soldaten waren nicht gewohnt, daß ein Deutscher Russisch konnte. Einer nahm des Vaters Uhr, ganz behutsam – so, wie er eben noch Bernd die verschwitzten, schulterlangen, rotbraunen Locken beiseite gewischt hatte. Der Kaffee wurde aus der Tülle getrunken, der Generalmajor a.D. bekam eine Suppenkelle, und das Kamel sackte vornüber in die Knie.

Es wurde dunkel und kühl. Im ehemaligen Rollkeller hockte die Familie auf einer alten Gartenbank, die gegen die mächtige alte Wäscherolle gelehnt war. Die Übermüdung machte sie rat- und tatenlos. Es gab auch nichts zu tun. Das Feuer des brennenden Haunschild-Hauses war noch kaum verflackert, nun schien von draußen das der immer lärmender werdenden feierlich umherrauschenden Sieger. Sie begannen durch die Trümmer zu schwärmen. Die Frauen der Nachbarschaft hatten sich in dem eingedrückten, aber noch bekriechbaren Gartenbunker versteckt. Außer Hermine. Sie zeigte dem Vater einen Vogel, «Ich laß mich von dir nicht einsperren, denk ich gar nicht dran. Ich werde mich oben hinlegen, wozu haben wir die eine Couch freigeschaufelt.» Bernd nickte auf seiner Bank ein im Getuschel von Wotan und der Tucke.

Und wurde wach von Gebrüll, Geschieße, wirrem Lärm. Die Nonnenmänner schwärmten durch die Nacht, fuchtelten mit Pistolen, schossen in die Zahnlücken der leeren Fenster. Sie hatten ihre Pistolentaschen nun außen um die Röcke gebunden oder die MG-Gurte quer über den Leib, die weißsteifen Blusen zerquetscht und zerfetzt. Sie hatten den Bunker und die Frauen entdeckt und schleppten sie wie die Milchkannen hinter sich her.

Wotans servile Wichtigtuerei des Nachmittags ließ sie ins Haus strömen, zehn oder zwölf von ihnen. Einer hatte die Hosen unter dem weißen Rock verloren, ein anderer hatte nur noch Hosen an und eine zerknitterte Haube auf, der freundliche Asiate war vollkommen nackt unter einem wehenden Umhang. Die Maschinenpistole im Arm, aus der er irgendwann irgendwohin ballerte. Die Tucke saß fiepend auf der Wäscherolle, vor sich wie eine Waffe den gußeisernen Hebel der Bügelpresse. Ein junger Bursche suchte sie streichelnd wie eine Mutter zu beruhigen, was federspitze Schreie auslöste. Frau Haunschild hockte unter einem alten Gartentisch und schluchzte so laut, daß sie rasch aus ihrem Versteck weggeschleppt wurde. «Sie sind an allem schuld, Herr Walther», kreischte sie, «schuld sind Sie, nur Sie. Wir werden alle umgebracht, wegen Ihnen!» Der Vater, dessen kümmerliche russischen Brocken die betrunkenen Soldaten inzwischen nur amüsierten, wurde wie ein Ball zwischen ihnen hin- und hergeworfen, Bernd sah ihn in einem vielfarbenen Nebel auf und nieder schwanken. Der freundliche Asiate bestand auf Suppenkellen für Bernd, den er auf seinen Schoß gezogen hatte und dessen lange Haare er betappte – Haare schneiden war seit vielen Wochen nicht mehr möglich gewesen. Bernd nahm es wahr – und auch nicht. Er saß in einem flirrenden Riesenrad, krallte sich irgendwo fest, im Brustfell des Soldaten, an seiner Maschinenpistole, die so heiß war wie die dunkle Haut neben ihm. Schwindel und aufregende Wachheit fielen mit Tatzen über ihn her, ein Nebel von Lärm, Gestank, Schüssen, Wein und süßlich-salzig-fischigem Brodem riß immer wieder auf, dazwischen segelten die Nonnenkapuzen, einige trugen lange flackernde Altarkerzen, die sie wie Säbel kreuzten oder einander vor die Gesichter preßten. Bernd genoß den Ekel. Er spürte den Boden wegsacken und nahm genau das haarscharf wahr. Immer mehr der jungen Kerle hatten Stiefel und Hosen weggeworfen, kamen beglitscht, besudelt, mit Blutflecken an den zerrissenen weißen Gewändern, pfählten eine Nonnenhaube, hingen sich Amulette, Rosenkränze, Ketten mit Kreuzen und Bildchen um ihre Stämme. Zwei prügelten sich erbarmungslos, weil einer dem anderen mit seiner Kerze das schwarze Mooshaar weggebrannt hatte. Der Mann, auf dessen Schoß Bernd saß, bekam immer schmalere Augenschlitze, fingerte an ihm herum, bis er plötzlich mit schrillem Lachgedröhn ihm mit der Maschinenpistole auf den Hintern schlug, «Du nix Frau, jupp twoia match, nix Frau du!»

Bernd raste in Todesangst durch den Keller, fiel und kroch und hangelte auf allen vieren in den Kohlenkeller nebenan. Zitternd, blutend, schweißnaß und voll Erbrochenem wühlte er sich unter den Kokshaufen vor der Zentralheizung. Schutz der Schwärze.

Irgendwer zerrte ihn hervor, schleppte ihn zurück, die alte Wäscherolle hatte Feuer gefangen, das schwere, wurmzerfressene Holz kokelte vor sich hin, die Tucke hockte wimmernd darauf, eine Märtyrerhexe. Ein ganz durchnäßter Soldat schüttete ihm die Kohlenschwärze mit Wein aus dem Gesicht, von den Händen. Der Keller war leer, aber das Haus lärmte. Bernd war wach wie ein tollwütiger Hund, er wollte überleben, er biß und kratzte, während er die Kellertreppe hinaufgezerrt wurde.

Die Soldaten hatten entdeckt, daß es im Parterre noch

Räume gab. Einige waren durch die Fenster eingestiegen, das hatten die im Keller gehört. Vor dem in die Knie gebrochenen Flügel stand ein kahlgeschorener Russe, nackt, die offene Soutane eines Priesters umgeworfen, in der linken Hand eine lange, flackernde Kerze; mit seinem Schwanz schlug er immer und immer wieder dieselben Tasten und schrie im Takt dazu: «Hitlä kaputt, kaputt, Hitlä kaputt!» Die letzte Taste gab keinen Ton, einer hatte in das offene Klavier geschissen, und der Hammer fuhr schmatzend in die Knete. Der kahle schwanzhämmernde Rotarmistenpastor fiel vor Trunkenheit fast um, aber vor ihm saß einer auf dem Flügel und preßte ihm das herausgerissene Telefon vor den Mund, in das er sein «Hitlä kaputt, kaputt» lallte.

Irgendwo hinten im Raum war die Schwester. Ein Schleiersieb aus Alkohol, Brechreiz, Angst und Müdigkeitsblei hinderte Bernd, Genaueres wahrzunehmen. Der Soldat zwang ihn, etwas zu essen, und als er den Kopf wendete, sah er kaum einen Schritt vor sich den Vater im flachen Licht der Kerzen. Er kniete mit bloßem Oberkörper, auf dem Kopf eine Nonnenhaube, eine Pistole im Mund, zwischen den grauen Brusthaaren schaukelte ein Kettchen mit dem Sowjetstern. Er war klatschnaß. Bernd wüßte klar und kalt, «nun wird er erschossen». Es verging endlose Zeit, die Pistole wurde nicht in des Vaters Kopf geleert. Der kahlköpfige Schwanzpastor war umgefallen, vor den Vater hin, den das schallende Vergnügen rettete. Der nackte Klavierhämmerer riß dem Vater die Haube vom Kopf und stülpte sie sich vor den Unterleib. Der Vater versuchte, in jene dunkel gebliebene Ecke zu kriechen, in der die Schwester hingerichtet wurde. Jäh stand der «Hitlä kaputt kaputt»-Sänger vor ihm, die schwarze Soutane nur noch über einer Schulter, das weiße blutbefleckte Bäffchen neben dem immer noch ragenden Schwanz baumelnd, seine Pistole wieder dem Vater in den Mund stoßend. Geschrei, Wein,

Gestank flossen in Bernds Sinnen zusammen. Ein Schuß und ein Winseln – das mußte des Vaters Tod sein. Bernd blickte nicht auf, er lag in glitschigem Naß, in Kot, Blut, Alkohol und Urin, der Geruch hatte etwas Durchdringendes, etwas, das ihn gereizt, wach, seltsam hell und schwebend machte. Er rollte sich unter den schräg stehenden Flügel, und er sah durch die Lyra der Pedale, daß der Nacktkahlschwanzpiano-priester seinen Schwanz in eine Nonnenhaube stieß und stieß, und hinter die Leinenwolke hielt er seine Pistole und unter dem großen flatternden Schmetterling mit seinen wabernden Flügeln schwang an einer nackten Brust in grauem Haarfell ein Kettchen mit dem roten Sowjetstern, hin und her, hin und her.

Die Yuricke hat blutige Segel gesetzt

Die Schnecke haute ab. Die Gespensterfeste der Russen hatten sich nächtelang wiederholt, und das Gymnasium an der anderen Parkecke war nun Russenkaserne, Nacht für Nacht praktizierten die Soldaten, was ihnen ein Flugblatt empfohlen hatte:

> Tötet, tötet! Es gibt nichts, was an den Deutschen unschuldig ist; die Lebenden nicht und die Ungeborenen nicht! Folgt der Weisung des Genossen Stalin und zerstampft für immer das faschistische Tier in seiner Höhle. Brecht mit Gewalt den Rassenhochmut der germanischen Frauen. Nehmt sie als rechtmäßige Beute. Tötet, ihr tapferen, vorwärtsstürmenden Rotarmisten!

So widerlich ihr Wotans Gejammer über die Horden war, so widerlich waren die Horden. «Kuhauge, du mußt mir helfen, ich hau ab. Versuch, René zu finden – irgendwie schlagen wir uns durch, irgendwohin. Nach Frankreich.» Sie selber, ein junges Mädchen, konnte in diesen Tagen nicht auf die Straße.

Hitler war tot, der Krieg war zu Ende – die Menschen nahmen das ohne Bewußtsein auf. Egal war ohnehin alles, man wollte nur zu essen und Ruhe haben. Das verquere Spiel, von einem irgendwo noch funktionierenden Telefon Bekannte in weiter westlich gelegenen Vororten anzurufen, die noch in Nazideutschland lebten, während man selber schon von den

Siegern überrollt war, wenige S-Bahn-Stationen entfernt, hatte sich bald erschöpft. Nazideutschland gab es nun nicht mehr. Nicht einmal Wotans Pistole; er hatte sie auf Protest aller Kellerbewohner im Feuerlöschteich des Parks versenkt; heimlich, beim Wasserholen; wobei man die drei Leichen auf dem Grund des bald ausgeschöpften Betonbeckens sah – mit dem Wasser war immer Kaffee gekocht worden. Wotan war sehr still geworden, er fragte nicht mehr, wo Bernd sich herumtrieb, woher er einen Beutel Mehl und die Hosentasche voll Grützkörner hatte. Gemeinsam mit Haunschilds war Bernd eines Tages zu der in einem entfernten Stadtteil gelegenen, weitgehend zerstörten Brauerei gegangen – dort hatten sie eines der letzten mageren Pferde regelrecht umgebracht, mit Hämmern, Messern und einer langen Säge. Bernd kam mit einem mächtigen Stück Fell, an dem Fleischfetzen hingen, nach Hause. Ein blutiges Stück vom braunen Fohlen-Mantel aus dem Schrank der Mutter, nur die großen bezogenen Knöpfe fehlten. Er hatte tatsächlich mit einem langen Umweg René erreicht. Während die Tucke im Waschzuber Sauerbraten aus dem Mantelflicken bereitete, konnte er der Schwester gute Nachricht zuflüstern: «Mensch, Schnecke, es klappt. René lebt in einem Lager für verschleppte Ausländer und hat irgendwelche Papiere. Bei ihm ist ein deutscher Bomberpilot, noch ganz jung; der ist von den Tommies aus der Gefangenschaft getürmt, hat sich Papiere geklaut, spricht prima Englisch. Montag geht's los.»

Für die beiden war der Sauerbraten aus der Brauerei ein trauriges Festmahl. Abschied. Bernd stahl einen Leiterwagen, eine Wolldecke und zwei Schwarzblechbüchsen mit Aal in Öl. Die Ausrüstung für die Schwester. «Kuhauge – du mußt mir helfen – ich muß dem Alten einen Brief schreiben. Das kann ich nicht. Du warst doch immer so gut im Aufsatz – schreib mir das mal, irgendwas mit Abschied und nicht mehr aushalten können und nach Frankreich. Egal, nur irgendwas.»

Bernd mußte noch verschiedene Botschaften hin- und herschaffen, und eines Nachmittags Ende Mai, der Vater stocherte eigenartigerweise im Komposthaufen unter dem zerknickten Walnußbaum herum, unter dem sie den Schmuck vergraben hatten, schrieb er den Brief. In derselben Nacht half er der Schwester aus dem Fenster im Parterre, verschloß die Läden von innen und legte sich im Rollkeller in sein Feldbett.

Am Morgen stand der Vater vor ihm. Bernd hatte ihn nie so gesehen: der Vater heulte! Er hatte seinen aus den Schlafzimmertrümmern hervorgezerrten zerrissenen Bademantel aus grau und rot gestreiftem Frottee an, der immer leicht nach Haar, Franzbranntwein und Rasiercreme roch. Die «Kakteenbeine», wie seine Frau sie voll Spott genannt hatte, staken in alten Latschen. In der Hand hielt er einen winzigen Primelstrauß und einen schmalen Ring mit einem Brillanten. In der anderen ein Blatt Papier, aus einem Vokabelheft herausgerissen, über die rote Mittellinie hinweg von Hermine vollgekritzelt: der Brief.

Der Vater konnte nicht sprechen, er weinte, ein altes, faltiges Kind mit schütterem Haar, ohne Fassung und ohne Scheu. «Lies das, Bernd – das hat Hermine mir geschrieben. Sie ist weg. Einfach weg. An ihrem achtzehnten Geburtstag.»

Bernd saß auf seinem wackligen Feldbett, schüttelte die langen rotbraunen Pudelhaare aus dem Gesicht, log überrascht «Was, weg ist sie? Wohin denn?» und las ergriffen seinen eigenen Brief: «Lieber Papa, ich halte das hier nicht mehr aus, das mit den Russen nicht und das ewige Theater, die ständigen Kräche auch nicht. Ich wollte schon lange weg, es ging nicht, aber jetzt habe ich eine Gelegenheit! Ich gehe mit einem von den Deutschen verschleppten Franzosen nach Paris, zu Onkel Gedat. Dir wird es ja recht sein, wenn ich nicht mehr im Hause bin. Hermine.»

Bernd fand den Brief jetzt ziemlich roh. Seine Sätze gefielen ihm auf eitle Weise, aber er schämte sich gleichzeitig der verlogenen Situation. Das erste Mal in seinem Leben tat der Vater ihm leid. Seit jenem Bombennachmittag war ohnehin irgend etwas in ihm weicher, empfindlicher geworden gegenüber dem Vater. Er wünschte jetzt, Hermine hätte sein «Laß es Dir gut gehen. Deine Tochter Hermine» nicht weggelassen. Und er wünschte vor allem, sie hätten nicht beide in all der Aufregung den Geburtstag vergessen. Der schluchzende Vater mit seinen Primeln, dem aus dem Dung hervorgebuddelten Ring aus der Schatulle der Mutter sah zu jämmerlich aus. Der Sauerbraten stieß ihm auf. «Na», hörte er sich sagen, «weit wird sie nicht kommen. Jetzt nach Frankreich – wie soll denn das gehen. Wenn René auch Franzose ist, sie ist es ja schließlich nicht.» Er hatte sich verplappert, aber der Vater war zu aufgeregt, um das mit René begriffen zu haben. Die Tucke machte erst mal Kaffee. Bernd holte eine geklaute Russenzigarette und legte sie neben des Vaters Tasse.

Der Vater starb. Er starb ein Jahr lang. Ein Offizier ohne Armee, eingezingelt, der niemandem mehr – auch sich selbst nicht – Kommandos geben konnte. Kein Kampf, keine Gegenwehr, nicht einmal Kapitulation und weiße Flagge. Aus seinem Leben war der Sinn geronnen, die Demütigungen hatten alle Wurzeln zerfressen, fremde Maden und Käfer. Er hörte einfach auf zu leben. Gleich einem Tier, das den Tod spürt, wühlte er sich und seiner Brut eine Höhle zurecht.

Die Yuricke wurde geflickt. Dachziegel für Dachziegel von den verwaisten Häusern der Umgegend gestohlen. Handwerkszeug hatte Bernd beim Pferdemord gesehen. Der Vater erwies sich als geschickter Handwerker, zum erstenmal brachte er dem Sohn etwas bei, sprach in den immer länger werdenden Pausen mit Bernd, erzählte, wo und wie er in russischer Kriegsgefangenschaft 1916 derlei erlernt hatte. Sie hockten auf dem kleinen Flachdach, Bernd opferte manchmal eine der russischen Zigaretten mit dem langen Papiermundstück oder drehte für beide aus einer Armeezeitung und Machorka-Tabak eine. Einige Wandreste im Haus zerrten sie aus Drähten und kaputten Leitungen zurecht, behängten das Gestänge mit Teppichresten oder alten Decken. Für die Fenster hatte Bernd in einer Arztpraxis etwas Ideales gefunden: rote Kunststoffplatten, die zum Röntgen benutzt worden waren. Es war ein leicht zu zerschneidendes Material, das man ziemlich mühelos in die Fenster einpassen konnte. Die Lungen, Mägen und Darmausgänge waren im Negativ zu sehen, wenn die Sonne durch diese stumpfen, sich ein- und ausbuchtenden Scheiben schien. Das ganze Haus war in dieses rötlichviolette Licht getaucht, das anatomische Kringel an die Wände und Fußböden warf. Die Yuricke hatte blutige Segel gesetzt, die menschliche Innereien in allen Verformungen zeigten.

Blut brach häufiger und häufiger aus dem Vater hervor. Als sein Zimmer notdürftig fertig war, lag er in dem zersplitterten, wackligen alten Bett und stand nicht mehr auf. Fieber und die verfaulende Lunge hüllten ihn in eine Wolke von saurem Schweiß, Sputum und Angst; seine knöchrige Energie brach, Stück für Stück. Es blieb nur gelegentliches Mucken. So zwang er den Sohn, im selben Zimmer zu schlafen – den es oft würgte vor Ekel, wenn er die abgemagerte gelbe Hand nach gräßlich zerreißendem Husten um zerknüllte blutige Lappen gekrallt sah, die Urinflasche mit dem weißlichen Phosphorrand unter dem Bett hervorgeschurrt wurde und das dünne nächtliche Pfeifen kein Ende zu nehmen schien. Bernd zog sich zusammen zu einem Knäuel voll Abwehr. Mitleid empfand er nicht. Ihn widerte das hilflose Verflackern. Es schüttelte ihn vor dem blutspuckenden Skelett mit grauem

Bart voll schaumigem Speichel und immer größer werdenden Augen, das im Fieber russisch sprach und ihm im Wachen den Inhalt des Romans «Das vergessene Dorf» erzählte, ihm beim Schachspielen warme Fäule ins Gesicht atmete oder um Nahrung und Medikamente bettelte.

Hier witterte Bernd seine Chance; und ergriff sie. Er kaufte sich frei aus dem Blutzimmer, in dem der Generalmajor a. D. hinter rotvioletten Pankreas- und Halswirbel-Aufnahmen verröchelte. Der Schwarzmarkt bot die Freiheit.

Das Leben hatte sich normalisiert, war zu den gewohnten Regeln des Marktes, zu Angebot und Nachfrage zurückgekehrt; Texas regierte nun, nicht mehr die Steppe. Die Amerikaner hatten Teile der Stadt besetzt, waren als gummikauende, nach aseptischer Seife riechende und lässig ein Bein aus ihren Jeeps hängende sportliche Sieger eingezogen. Eine lächelnde neue Macht, kraftvoll, hell und verschwenderisch. Alles hatte wieder seinen Preis, sein Gleichgewicht – ein Busen: eine Apfelsine, ein Hintern: eine Tafel Schokolade. Bernd bewunderte alles: die sauberen Uniformen, die Haifischautos, die schnalzende Sprache, die lässigen Finger, mit denen die Kippen der nach Honig duftenden Zigaretten den gierig Wartenden vor die Füße geschnippt wurden. Statt Weißwein aus Milchkannen Nescafébüchsen, statt hirsebreiverklebter Fleischklumpen Hershey-Schokolade und statt Pistolengefuchtel ein paar Nylons als Preis. Bernd fand sich rasch zurecht. Frettchenhaft schleppte er Teile des Hausrats vor sein Gymnasium, dessen Eingangsadler nun statt des Galgen-Kreuzes die Stars und Stripes in den Krallen hielt und seine Schwingen über den Amerikanern ausbreitete, die aus dem Schulhof einen Basar gemacht hatten. Da er das Gebäude genau kannte und bald heraushatte, wann die Soldaten Appell hatten oder aßen oder durch die Straßen flanierten, konnte er mühelos Füllfederhalter, Taschenlampen, Zigaretten aus den Spinden stehlen. Das ließ sich ein paar Straßen weiter eintauschen. Äffchenrasch pickte er die wichtigen Sprachbrocken auf, zuerst konnte er die Zahlen. «How much late is it» passierte ihm kein zweites Mal. Sein Leben war eine Gleichung geworden. Zwei Stunden Freiheit vom Blutgespenst = 1 HJ-Dolch = 100 Camel-Zigaretten = 1 Pfund Kakao und 1 Büchse Schinken.

In einer Haltung, gemischt aus Kälte, Verachtung und Ernährerstolz, lieferte er zu Hause ab, was er erstohlen, erfeilscht, ergaunert hatte. Sein Gefühl war Denken, und sein Denken lief in Preiskategorien – dies war der Preis für die Freiheit, und da mogelte er nicht. Ein Empfinden sonderbar sengender Lust zog sich in seinem Magen zusammen, wenn er die Gier beobachtete, mit der des Vaters Finger von den ungewohnten Verpackungen abglitschten, von Kekspaketen oder Büchsen mit rosinengespicktem Schinken, die einen Patentverschluß hatten. Er hockte weitab vom Bett auf einem Stuhl und schlürfte stumm das Bild in sich hinein, das unbeholfene Gefinger und das sabbernde Geschmatze, wenn die Tucke aus Eipulver ein Rührei gemacht hatte, Teller vor dem verschwitzten Pyjama, der noch schmaler gewordene Mund in dem Gesicht aus Haut und Knochen, unter der grauschmutzigen Steppdecke steckten die Füße mit gelblich-hornigen Zehennägeln hervor.

Von den Negern kam die endgültige Rettung. Und von Menne. Manfred Degen, genannt Menne, war vor der Kinderlandverschickung sein Intimfeind in der Klasse gewesen, hatte ihn gelegentlich im deutschen Aufsatz abgehängt, im Handball ganz. Er war der Klassenerste, aber intelligent. Sie hatten immer in Konkurrenz gestanden, aber gehaßt hatten sie sich nie. Zwei Firmen, die dasselbe Produkt herstellten. Bernd stieß auf ihn beim Herumstreunen durch einen großen ausgebrannten Häuserblock, er suchte diese Trümmergrundstücke regelmäßig und systematisch nach irgend etwas Verwendbarem, Verkäuflichem, Eintauschbarem ab. Schätze konnte man da heben – einen Wecker, ein kaputtes Radio, ein paar Skistiefel sogar hatte er einmal hervorgezerrt. Im Moment, als er Menne sah, fiel ihm ein: der hatte da gewohnt. «Mensch, is ja auch nich viel übrig, wa?» – die Begrüßung fiel herzlicher aus als beabsichtigt. «Nee, weeßte, ick sitz hier manchmal und denke so – da haste nu Latein jemacht, dies hier muß doch mein Zimmer jewesen sein, weißte noch, und Mathe und alles – und nu bin ick wieder da, aber alles andere is wech. Meine Eltern ooch.»

Bernd kramte ein Päckchen mit drei Camel-Zigaretten hervor. Zu sagen wußte er nichts. Sie lachten, pafften, schubsten einander an den Schultern. Es war so viel zu sagen, daß nichts zu sagen war. Zwei Jahre und ein Weltende lagen dazwischen. Sie rutschten von dem verkohlten Mauerrest, gingen ziellos in die Trümmerwüste hinein, in einen Kellerrest, in dem der Bernd so vertraute Geruch von kalt gewordenem Brand, feuchtem Mörtel und Verwesungssüße hing. Sie knöpften sich mit der gleichen Bewegung gleichzeitig die Hosen auf, und als sie fertig waren, sagte Menne «Hamses bei euch im Lager auch immer um 'ne Zigarette jemacht? Bei uns kriegte 'ne Zigarette, wer's zuerst und am weitesten schaffte.» – «Mensch, Menne, ich war doch gar nicht im Lager, das weißte doch. Aber bei uns kriegte der zuerst 'ne Stulle, oder war frei vom Rundgang bei Alarm inne Schule, übers Dach.» – «Mensch, Bernd, übrigens wegen Schule – was meinste, drüben auf der annern Seite, über die S-Bahn-Brücke, da soll inne olle Mädchenpenne unsere wieder aufmachen. Haste nich Lust, wolln wir nich morjn mal hingehen und gucken? Is ja ooch langweilig, immer ohne Penne, nicha?» Bernd war begeistert. Er freute sich unbändig, Menne getroffen zu haben und vielleicht auch ein paar der anderen wiederzusehen, Ralph oder

Günter, «die Schärpe», der mit dem Hintern so wackelte und ein As in Geographie war. Menne wohnte bei Verwandten, sie verabredeten sich auf den nächsten Tag.

Am Nachmittag hörte er auf dem «Basar», daß in das alte Backsteingebäude der Bahnverwaltung am S-Bahnhof General-Pape-Straße eine Negerkompanie verlegt würde. Bernd hatte noch nie in seinem Leben einen Neger gesehen. Er bereute die Verabredung mit Menne.

Die Schule sollte tatsächlich wieder beginnen. Eine richtige Klasse gab es noch nicht, auch nur drei Lehrer – aber ihr ehemaliger Klassenlehrer war dabei, er hatte nur noch einen Arm und freute sich über die beiden verhungerten Gesichter, die da unvermutet und freiwillig auftauchten. Schüler und Lehrer beschlossen, den Schulbeginn auf den kommenden Montag zu legen. Bernd blieb noch vier Tage Zeit für Expeditionen in den schwarzen Kontinent.

Der waberte in gänzlich fremder Bewegung, fremdem Laut, fremdem Geruch. Alles war um mehrere Grade schäbiger in dieser rasch hergerichteten Unterkunft, neben dem S-Bahn-Damm, selbst die Waffen, Uniformen und Fahrzeuge wirkten ausrangiert. Bernd genoß einen ausgiebigen Zoobesuch: die Neger waren größer, lauter, hatten alles bunt angestrichen. Mit Foxtrott oder «Nachts ging leis das Telefon» hatte es nichts zu tun, was durch das Blechgeschepper der Kantine drang, dunkel und grell zugleich, «Chattanooga Choo Choo» und «Gonna take a sentimental journey, gonna take my heart at ease». Bernd begriff nichts, aber verstand alles. Sein Ratteninstinkt reagierte zuverlässig. Hier war Wärme, Freundlichkeit und ein sirrender Haß, der die Gesichter der Soldaten veränderte, tauchte ein Offizier auf. Sportlich-entspannt, wie er es aus der Gymnasium-Kaserne kannte, war da plötzlich nichts mehr. Die Offiziere waren Weiße.

Bernd sog das alles in sich hinein. Die hatten innen in der

Handfläche hellere Haut. Die gingen die Treppen anders runter, die Füße quer statt längs. Die lachten, wenn sie lachten. Die sangen. Der erste faßte Bernds rotbraunes Haar an, legte es gegen seinen schwarzen Unterarm, lachte vergnügt über das unmögliche Farbspiel und schenkte ihm eine Büchse Erdnüsse. Nur die Russen hatten ihm etwas *geschenkt,* jene nicht vergifteten Kekse, fremd wie jetzt diese salzig-bitteren Nüsse, nach denen es hier überall roch. Selbst eine braune Paste, mit der sie ihre mächtigen Weißbrotscheiben bestrichen, schmeckte so, auch leicht dumpf. Aber gut. Bernd mochte alles – und die Neger mochten ihn vom ersten Abend an. Sie lasen ihn auf, ein Hund, ein Maskottchen. Sie nahmen ihn – der Wachtposten grüßte nur – mit in die Kaserne, wo sie nicht wie die weißen Amis im Gymnasium Zweibettzimmer hatten, sondern in großen Schlafräumen auf Feldbetten mit olivgrünen unbezogenen kratzigen Wolldecken dicht nebeneinander schliefen und alles nach Öl stank. Es war eine schwere Panzereinheit, und ölige Lappen oder ein fleckiger brauner Tennisschuh lagen überall herum.

Schon am ersten Abend versteckten sie Bernd im Schlafsaal, und nach dem Essen kam jeder der schwarzen Riesen mit einem Rest im flachen Kochgeschirr, das auf grobe Weise in Fächer eingeteilt war wie früher zu Hause «das Karussell», eine drehbare Platte mit Kristalleinsätzen, auf dem Irmchen den Gästen diverse Salate angeboten hatte. Die Neger-Karussells waren viereckig, olivfarben gestrichenes Blech, und in dem einen klebte ein Rest kleiner roter viereckiger Gemüsestücke, in einem anderen backten gelbe gebratene Körner an, und Jimmy, sein Freund vom ersten Moment an, hatte das ganze Ding gestrichen voll mit Reis und Huhn in einer grüngelblichen scharfen Sauce. Bernd hatte noch nie süße rote Kartoffeln, Mais und Curry-Huhn gegessen – aber er mochte es von der ersten Sekunde an. Keiner lachte ihn aus, keiner schnippte Kippen mit den Fingern, keiner höhnte ihn mit ausgelutschtem Kaugummi. Nur Jimmy, der kleinste von allen, besonders häßlich und quirlig und leicht aggressiv, nahm ihm die Zigarette aus dem Mund. «How old are you?» fragte er, und Bernds Lüge «Fifteen» nutzte nichts. Weil er merkte, daß Bernd gekränkt war, schenkte er ihm ein Stück Palmolive-Seife.

Mit dieser kostbaren Beute kam Bernd zu Hause an. Erzählen mochte er nichts. Der Eindruck war zu stark, um ihn gleich nach außen geben zu können. Das Stück Seife genügte dem Vater, Erklärungen erwartete er längst nicht mehr, sie hätten ihn weniger als der Palmolive-Geruch erreicht in seinem verfieberten Hirn. Die Tuberkulose fraß ihn von innen auf, er bäumte sich nur mehr gegen den Schmerz der Hustenexplosionen, gegen das Sterben nicht. Vor sich auf dem zerknitterten grauen Bett hatte er Fotos von sich ausgebreitet, der Leutnant zu Pferde und der Tennisspieler, in der Badehose mit Tante Erni am See und wimpelsteckend am Ostseestrand. Der Film seines Lebens spulte sich zurück, aber er begriff auch das nicht mehr. Er hing zusammengekrümmt in Spinnwebschnüren einer Vergangenheit, die ihn umgrauten und umschaukelten, undurchlässig für Gegenwart. Meist redete er irre, oft russisch oder französisch – die umherhuschende Tucke erklärte Bernd, es seien Fieberphantasien, in denen sich Kriegsgefangenenlager und die Begegnung mit Bernds Mutter zu mischen schienen, so wirklich und unwirklich zugleich wie die rötliche Röntgendämmerung des Zimmers, die seltsam hell orangeroten schaumigen Blutfäden, die aus den Mundwinkeln in den weiß gewordenen Bart sickerten. Real war nur noch die Urin-Ente, der kleckernde Stuhl und der Abfall aus den Reste-Tonnen der Neger. Davon lebte man im Hause des Generalmajors a. D.

Bernd hatte anfangs nichts gesagt zu seinen neuen Freunden. Sie machten ihn satt, und stehlen mochte er bei ihnen nicht. Erst Jimmy fand heraus, daß da was nicht stimmte – als er Bernd nämlich einmal Fotos zeigte, auf denen vor einer mickrigen Hütte viele Neger standen: «family». Sie wirkten fröhlich, doch Bernd wurde bleischwer angesichts der lachenden Menschen, so unendlich weit weg. An jenem Abend wollte er nicht mehr «Dolmetscher» spielen; dazu war er inzwischen aufgerückt, Sprachzunge einer Naturalwirtschaft. Er beherrschte ein genaues Vokabular – «I want to fuck you» oder «Ask her whether she's going to suck my cock» übersetzte er in perfektes Handelsdeutsch: «Für Ficken gibt's drei Päckchen Luky Strike» und «Wenn du ihm einen bläst, kriegste 'ne Stange»; die Mädchen, von denen er noch manche mit grün-schwarzen oder rot-weiß geflochtenen Scharführerinnenkordeln an den weißen Jungmädelblusen kannte, hatten die grellbunten seidenen «Ami-Tücher» um, an denen sie erkennbar waren. Wenn jetzt die goldne Abendsonne sandte ihren letzten Schein, zogen viele Mädchen bei den Farbigen ein. Es war ein nüchternes Geschäft, und Bernd wurde höchstens ärgerlich, wenn sie zuviel kicherten und sich zierten und weglaufen wollten.

An jenem Abend hatte er keine Lust zum Kuppeln. An jenem Abend erzählte er in seinem radebrechenden Englisch, und von nun an mußte er nicht mehr abends aus den großen gerippten Tonnen, die wie enorme Gasmaskenbehälter vor der Küche standen, Weißbrotscheiben mit Erdnußbutter fischen, die in einer Kakao-Kaffee-Brühe schwammen. Jimmy war am nächsten Morgen mit seinem riesigen Army-Lastwagen vor der Yuricke vorgedonnert und hatte der entsetzten Tucke ein großes Paket in die Hand gedrückt.

Bernd war um die Stunde schon in der Schule. Er hatte einen genau eingeteilten Tageslauf: morgens um fünf aufstehen, zu seinen Negerfreunden flitzen, mit einem Suppengeschirr voll Kakao und einem Eier-mit-Schinken-Rest nach Hause, das war des Vaters Frühstück, dann ab in die Schule. Er hatte erreicht, was er wollte – er schlief nicht mehr im Blutzimmer, der Tag von morgens früh bis abends spät gehörte ihm. Die Besserung im Befinden des Vaters führte er auf die etwas regelmäßigere Ernährung zurück; auch hatte er meist genug Zigaretten, um auf dem schwarzen Markt Codein einzutauschen, des Vaters einzige Medizin. Daß «Besserung» bei dieser Krankheit, in diesem Stadium, das sicherste, erste, unabwendbare Berühren des Todes war – Bernd wußte das nicht. Bernd hatte keine Ahnung, was Tuberkulose eigentlich war, er kannte das Wort nicht; der Vater war krank, hatte Husten, das war alles, er würde schon wieder o. k. werden, wie das jetzt hieß – Sterben entzog sich Bernds Vorstellungswelt. Man sah ja, irgendwie ging doch immer alles weiter. Die Mischung aus Ekel und Langeweile des Vaters Zustand gegenüber hing mit diesem Loch in seiner Phantasie zusammen. Er war vierzehn Jahre alt, ein Ozean von Zeit lag vor ihm, seine Witterung war vorwärts gerichtet, seine Energie, seine Kraft, sein zäher, zu Draht gezwirnter Lebenswille. Es gab kein Einhalten und kein Zurück, ein Rückwärtsschauen schon gar nicht. Wenn alles in Scherben fällt – er hatte sich mit den Sehnen einer hungrigen Katze aus den Scherben herausgeschnellt, das zerfetzte, verbrannte, verschwärte Fell gerettet. Nun glättete es sich. Er wußte das alles nicht, weil er nicht nachdachte; er lebte es. Es gab nur hungrige, flitzende Nervosität, Neugier. Bernd hatte in diesen Nachkriegssommermonaten ein Gesicht bekommen, aus dem dicken, zu kurz geratenen kleinen Jungen mit dem kugelrunden Kopf, den abstehenden Ohren und zu großen Augen war ein dünner, kräftiger Bursche geworden, der seinen kastanienfarbenen Haarwuschel nicht bändigen konnte und der nicht wußte, daß die grünlichblauen Augen hübsch waren. Er war noch nicht eitel. Daß er den ersten ganz leichten Flaum auf der Oberlippe entdeckt hatte, gefiel ihm. Sonst nahm er sich nicht wahr.

Sein Leben, das kannte er nicht. Aber das Leben, das erkämpfte er jeden Tag. Der nächste Kampf war zu bestehen.

Die Post funktionierte wieder. Aus einem kleinen Ort im Harz war eine Karte gekommen, die erste Nachricht seit Monaten. Irmfried war vor den Russen weggemacht, lebte in der britischen Zone. «Es geht mir gut.» Eine Frage enthielt die Postkarte nicht.

Nun begann die Tucke zu mosern. Etwas kaninchenhaft Mümmelndes hatte schon immer ihr Gesicht geprägt; seit die Russen ihr den Affenpelz geklaut hatten und es keine Farbe für den Dutt gab, hatte sich das zum Blecken verzerrt. Ihr Gesichtsausdruck hatte jetzt etwas ständig Lauerndes, Witterndes – «ein abgezogenes Kaninchen», befand Bernd. Zwei Wesensmerkmale des Kleinbürgers trug sie mit der still-hartnäckigen Inbrunst einer unter der Monstranz keuchenden Betschwester vor sich her – sie war lobheischend selbstgefällig, und sie war sorgsam auf sich bedacht. Es gab keinen Handgriff, keine Verrichtung, die sie nicht kommentierte und zu denen sie nicht – mit wimpernlosen Augen blinkernd – einen Kommentar erwartete. «Sieh, wie ich die Strümpfe gestopft habe, es war schwer, Stopfwolle aufzutreiben, sieh mal hin», psalmodierte sie über eine geflickte Socke; «was ich heute wieder geschafft habe – wir können zwei Tage von dem Reis essen, es war sehr schwierig, ihn noch mal aufzukochen. Das hat deine Tante doch gut gemacht, nicht wahr?» Noch schwerer zu ertragen war die Bekümmertheit, mit der sie auf ihr Wohlergehen achtete. «Es ist ein zu kühler Wind heute, ich kann nicht auf die Straße»; «ich habe Schulterschmerzen vom Petersilieschneiden» oder «die ganze Nacht konnte ich vor Husten nicht schlafen» – Bernd hatte schon früher zu seiner Schwester gesagt, sie wollten mal ein Heftchen mit den gesammelten «Wasserstandsmeldungen» der Tucke anlegen. Ihre Jammersprüche waren Quell steter, viel parodierter Belustigungen gewesen. «Die Borsten der Zahnbürste haben mich schwer verletzt heute morgen» – «das übernehme ich ab sofort», hatte Hermine seinerzeit gejubelt.

Jetzt wollte sie sich beim sterbenden Bruder partout angesteckt haben. «Ich habe den ganzen Morgen Blut gespuckt», war die fast tägliche Begrüßung. Und tatsächlich stand sie vor dem Küchenausguß, der sich rot färbte. In Wahrheit war es ihr schlecht sitzendes Gebiß. Eine Samariterin war die in Demut Dienende nicht. Deshalb bestand sie auf Irmfrieds Rückkehr. «Hol endlich deine Frau zurück, sie gehört an die Seite ihres kranken Mannes. Was sitzt sie in Clausthal herum – man kann jetzt doch schon reisen, sie ist ja in der West-Zone, wie wir. Du siehst doch, ich kann bald nicht mehr, ich opfere mich auf, ich muß sehen, daß ich in ein Heim komme, es gibt so was für ledige Pfarrerstöchter.» Sie bohrte und bohrte an dem Kranken herum, zergelte und klagte. «Wer weiß, warum sie nicht kommt ...» Der Vater raffte sich auf und schrieb von seiner Krankheit, von der Dringlichkeit, mit der die Hausfrau benötigt würde. «Wenn du krank bist, geh ins Krankenhaus», stand auf einer Postkarte aus dem Harz. Der Vater kam vor Aufregung wieder zu Kräften. Er reichte die Scheidung ein.

Eine andere Postkarte brachte mehr Aufregung. Der Winter war vorbei; für des Vaters Zimmer hatte Bernd einen alten Kachelofen gekauft, von dem sich zu spät herausstellte, daß es ein Ziergerät war, mit dem man nicht heizen konnte, ohne Schwaden von Qualm zu produzieren. Da die Kälte den Hustenreiz verstärkte, wurde geheizt; nun brachte der Qualm die gequälte Lunge zum Kochen. So mußte der zweite, ein winziger Kanonenofen, den ihm Jimmy verschafft hatte, in des Vaters Zimmer. In den anderen Räumen bildeten sich

Eiszapfen, Bernd ging mit einer Seltersflasche voll heißem Wasser zu Bett, die er mit dem großen Zeh aufpulte – eine Eislache fror das Bett zu. Kohlen gab es nur einmal. Bernd hatte ein großes Lager Steinkohlenbrocken gleich am Bahndamm hinter den Kasernen entdeckt, schwer bewacht von Militärpolizei. In seinem Klau-Gehirn summte der Schlager «Kein Feuer, keine Liebe, keine Kohle so heiß wie die Kohle vom Gleis». Es war wohl Vorrat für die stets überheizten Ami-Kasernen. Jimmy und seine Freunde halfen ihm, fuhren mit gefälschtem Passierschein eines Nachts einen der mächtigen Achtzehn-Tonner aus dem Kasernenhof und produzierten bei laufendem Motor, Musik aus dem Autoradio und gellendem Gehupe einen lärmenden Streit genau vor der schwarzen Halde. Pfiffe und Geschrei «What's going on», «What are you doing here, get going, let's go, let's go, come on, you bloody bastards» – Bernd, schwarz wie seine Freunde, hatte einen prallen Sack voll Kohle auf dem Schlitten und verschwand. Die Angst ließ ihn husten und frieren, er rieb sich immer mehr Kohlenstaub in die Augen, schweißnaß und zitternd vor Kälte zugleich, kam er mit seinem knirschenden Schlitten an des Vaters alter Bierkneipe vorbei. Sie war jetzt «Club», und innen war es strahlend hell, Musik und Lachen wurde in Wellen von der Pendeltür ins Freie geschlagen, Wärme, Geborgenheit, Vergnügtheit schwemmte heraus. Vor dem «Club» parkten die großen Chrombiester mit ihren satten Gesichtern voll bleckender Zahnreihen. Haß schäumte über ihn hin. Er nahm Anlauf, weit, wie auf der Rodelbahn, und rammte den Kohleschlitten in die Chryslers und Packards und Chevrolets – Kotflügel, Scheinwerfer, Rückleuchten. Wo er nur hintraf. Rotz und Schweiß und Tränen verschmierten sich mit dem Ruß zu einer Maskenfratze, in der er hinter seinem Kamikazeschlitten tanzte. «Ich auch», jagte es in Stößen durch sein Gehirn, «ichauchichauchichauch. Ich will nicht mehr frieren und hungern und Peanutbutterreste fressen. Ich will auch Helle, Wärme, Lachen.» Er wollte Glück. Nur wußte Bernd nicht, daß es das war, was er wollte.

Der Tod des Vaters

Die Postkarte war ein Fetzen Glück. Die Schnecke! Sie kam von der Schnecke. Es war Frühjahr, seinen Geburtstag hatte Bernd vollständig vergessen, nur das ungewohnt frühe Rufen des Vaters morgens aus dem Nebenzimmer hatte ihn erstaunt. Als er hinüberging, fielen aus den Fingern des von einem Hustenkrampf Geschüttelten zwei winzige Steinchen zu Boden. Des Vaters Smoking-Manschettenknöpfe aus schwarzem Onyx. Das Geschenk für den nun fünfzehnjährigen Sohn. Nachmittags kam Fräulein Wilhelm, des Vaters ehemalige Sekretärin, die schicke, flinke Berlinerin mit den kurzen Rökken, die öfter zu Besuch gewesen war; beide Kinder hingen an ihr. Sie brachte die Karte, an sie war sie adressiert, aber an Bernd gerichtet. «Liebes Kuhauge – bin in Berlin und habe dich nicht vergessen. Alles Gute zum Geburtstag.»

Weg war er. Ohne ein Wort zu sagen, flitzte er auf dem Fahrrad davon. Das hatte er sich bereits zusammengeschachert, zur Wut der Lehrer ein geklautes Autoradio auf die Lenkstange montiert, das durch einen Dynamo betrieben wurde. «Daß ich das mit ins Klassenzimmer nehmen muß, werden Sie wohl einsehen – sonst ist es weg wie Schmidts Hund»; besonders den alten Englischlehrer empörten solche Redeweisen. Wußte er doch, daß das ein Trick war, um mit dem hinten angehobenen Rad und per Pedalenwirbel in der Pause zum tobenden Vergnügen der Jungens Boogie-Woogie zu fabrizieren. Bernd Walther ging dem in Oxford Erzogenen ohnehin auf die Nerven; der zeigte in großer Unverfrorenheit dem korrekten Beamten ein Camel-Päckchen oder erklärte unverblümt «Morgen kann ich nicht kommen, morgen muß ich auf den Schwarzmarkt, meine Familie ernähren». Am schlimmsten, fast unerbittlich waren die Englisch-Schlachten. Bernd sprach inzwischen ziemlich fließend – nur konnte der Lehrer das nicht als Englisch erkennen, gar akzeptieren. «I ain't no hungry», «I gotta go» und die spitze Frage «Können Sie mir erklären, was ‹Gonna› heißt?» riefen Hilflosigkeit und Wut hervor. Dessen «Das Wort gibt es nicht im Englischen» beantwortete Bernd, seinen Lieblingsschlager im Ohr, sehr lässig: «Da kann ich Ihnen aushelfen, es heißt ‹I'm going to …›, zum Beispiel ‹Gonna take a sentimental journey …›» Er trieb diesen Lehrer gern in die Enge. Alle Lehrer. Mit zwei Ausnahmen: eine junge Aushilfskraft für Geschichte, sie nannte das «Gegenwartskunde»; und einen jungen Pastor, der einmal in der Woche mit dem Fahrrad erschien und Religionsunterricht gab, der überhaupt nicht «fromm» wirkte. Die Lehrerin hatte etwas Besonderes, man munkelte von «schwerem Schicksal», aber niemand wußte Genaueres. Und der Pastor hatte «mächtig Zug» bei den Jungens, weil er als Vorbereitung des Konfirmationsunterrichts zu einem Abend ins Pfarrhaus über das Thema «Liebe und Sexualität» einlud.

Bernd war weg. Per Rad. In der einen Hand wie eine Fahne die Postkarte. «Reichskanzlerplatz 7» stand da als Absender, «Berlin-Charlottenburg». Er kannte keinen Reichskanzlerplatz. «Ooch, das wird wohl der Adolf-Hitler-Platz sein», sagte ihm schließlich jemand. Er flitzte mit seiner Glücksfahne quer durch die ganze Stadt. Er tanzte einen stählernen, chromblitzenden Boogie-Woogie an den grinsenden und bleckenden Ruinen entlang. Einen «Reichskanzlerplatz Nr. 7» gab es nicht. Es war ein Trümmergrundstück.

Erst tief in der Nacht kam Bernd wieder nach Hause. Sein Kopf gongte, seine Hände waren eiskalt, die Beine schlurften, denn er war fast den ganzen Weg zurück gelaufen. Seine Nase lief.

Aber Fräulein Wilhelm war eine Woche später wieder da. Die Schnecke hatte sich bei ihr gemeldet, «Zum Alten kein Wort, ich will mit dem nix zu tun haben. Aber das Kuhauge, was macht denn das Kuhauge?»

Es war ein großes, ehemals elegantes Mietshaus gleich neben der falsch angegebenen Adresse, am Kaiserdamm. Bernd kannte solche Häuser von früheren Besuchen bei Bekannten des Vaters. Er mochte sie nicht, ihre großen Entrees mit Spiegeln und kleinen Marmorbänken und Flurteppichen und Lifts hinter Gittern aus Blumen- und Vogelgirlanden. Sie klangen dumpf, rochen muffig, schmeckten rostig. Es wunderte ihn, daß hier alles wie früher war – nichts kaputt, nichts geklaut. Er kannte nur Trümmer, Halbtrümmer und ausgeraubte Häuser.

Als nach langem Klingeldruck auf eine bronzene Löwenzunge hinter einer mit halbnackten Holz-Nixen verzierten Tür Schritte zu hören waren, hatte es Jahre gedauert. In seinem Kopf hatten Tausende kleine Detonationen Bilder hochgeworfen, blitzgrell, scharf und flüchtig wie die «Weihnachtsbäume», die Magnesiumbeleuchtung der englischen Flieger: das Säckeschleppen im Tunnel unter dem Bahnhof in Görlitz; die Schnecke mit dem Schmink-Köfferchen auf dem Weg zum Bunker; der Zank um die BBC-Sendungen im elfenbeinfarbenen Klein-Radio; «meine Pistole, wo ist meine Pistole» in der zusammensinkenden Yuricke; die Schnecke im blutverschmierten Musselinnachthemd, sein Biomalz schlabbernd; der asiatische Russe mit dem Schnauzbart.

Die Tür zwischen zwei mit ihren Gipsspeeren auf den Bronzelöwen zielenden Jägerinnen öffnete sich. Vor ihm stand der Russe. In Uniform. Offizier, mit schrägen asiatischen Augen und einem schwarzen Schnauzbart. Viel kleiner, aber der ist ja viel kleiner, durch einen zähdicken schwarzen Schleim, der vom Magen in seinen Kopf schoß, konnte Bernd nur das denken, wieso ist er so klein? «I want to see my sister, my name is Bernd Walther», hörte er eine Stimme, die der bittere Schleim verpappte. Dann fing er an zu heulen.

Weiter hinten, am Ende eines tiefen Gangs, öffnete sich eine Tür. In einem Morgenmantel, halbfrisiert und halbgeschminkt, stand die Schwester. Es war eine lange Umarmung, bis sie in dem großen, bürgerlich-elegant eingerichteten Zimmer auf dem Sofa saßen. An der Seite, auf einem kleinen Tischchen, stand der Silberrahmen vom Schreibtisch des Vaters, darin ein Kinderbild der beiden Geschwister, sie hellblond und er nur Augen. Bernd hatte nie gemerkt, daß sie den Rahmen und das Foto auf ihre Irrfahrt mitgenommen hatte. Natürlich war gar nicht daran zu denken gewesen, einen Monat nach der Kapitulation und mitten im Chaos einfach durch Deutschland zu reisen. Bis zur Elbe waren die vier gekommen, und keinen Meter weiter. René und den deutschen Piloten mit den falschen englischen Papieren hatte man hinübergelassen, sie und Ani hatten umkehren müssen. Die Freundin kannte eine Pension am Kaiserdamm, doch als die Schnecke da nach einem Zimmer fragte, war die Wohnung beschlagnahmt vom russischen Chef des Berliner Funkhauses, der nun mit seinem Adjutanten die Pension bewohnte; das war der kleine Asiate an der Tür gewesen. «Kolja ist ganz anders, ganz groß und blond, er sieht eigentlich aus wie ein Deutscher, weißt du.» Kolja, Major Nikovenko, war Hermines Freund.

Bernd verstand anfangs gar nichts. Die fremde Wohnung, die Schwester, die jetzt wie eine Frau wirkte, der fremde Offizier, der spätabends dazukam, ein jungenhafter, sehr schlanker Mann mit Borstenhaaren und abgeknabberten Fingernägeln, fast akzentfrei deutsch sprechend und leise, freundlich, besorgt – der aber auch sehr ausgelassen wurde, als er hörte, es sei Bernds Geburtstag. Es kamen noch eine Menge Leute, es gab salzigen Hering und fette Wurst und eine sonderbare Gemüsesuppe und Wodka und süßen Sekt – von der Krim, hieß es. Aber Bernd wußte weder, was die Krim war, noch verstand er die Sprache, in der die Schwester sich zu seiner Verwunderung ziemlich mühelos bewegte. Die ersehnte Wärme und eine irgendwie scharf riechende Fremdheit verwölkten seinen Kopf. In gewisser Weise ähnelte der Abend jenen zu Hause, früher. Es gab laute Musik, Tanz, Alkohol, aufgeregt und lustig umherschwirrende Menschen, die er alle nicht kannte. Nur wurde er nicht verlacht, gar weggeschickt, auch wenn sich alle amüsierten, daß er andauernd englisch sprechen wollte – «Dein Bruder ist Mr. Bevin, hm?» Man feierte *ihn.*

Am nächsten Morgen zersprang sein Kopf. Die Wohnung war still, niemand da. Er blieb einfach im Bett der Schwester liegen, die erst mittags kam – «Ich hab nämlich vormittags meinen Dolmetscherkurs, weißt du.» Bernd mußte nach Hause, er war noch nie über Nacht weggeblieben.

Die abrupte Erklärung genügte: «Hermine zieht nächste Woche wieder her», sagte er zum Vater, «sie ist mit einem Russen befreundet, irgend so ein Rundfunkmensch, aber sie wird wieder hier wohnen. Ich ziehe runter mit ihr in dein ehemaliges Arbeitszimmer, wir bauen das irgendwie um. Jedenfalls schlafen wir zusammen in einem Zimmer.» Die Schwester hatte das von sich aus gesagt, sofort, nachdem er seinen Bericht von den Zuständen zu Hause beendet hatte. Am nächsten Montag brachte Kolja sie mit seinem alten BMW. Den Koffer trug er bis vor die Haustür – ins Haus wollte er nicht; Hermine hatte wohl zuviel vom Vater erzählt, der achtundzwanzigjährige Sowjetrusse wich der Begegnung mit dem alten, sterbenden deutschen Offizier aus.

Hermine war genau fünf Tage vor Irmfried eingetroffen.

Das Amtsgericht hatte die Scheidungsklage nach Clausthal geschickt, und die Antwort lautete «Eintreffe Samstag. Irmfried». Bernd war selig, dem nicht allein ausgesetzt zu sein. Die Geschwister hatten sich mit allen möglichen Möbelresten eine Schanze ins Haus gebaut, eine eigene kleine Wohnung. Die Bibliothek war ihr Schlafzimmer – wo sie nächtelang nebeneinanderlagen und schwatzten –, und das Zimmer nebenan, für das es kaum noch Möbel gab, war ihr Wohnzimmer.

Irmchen, das liebe Kind, zog mit enormem Gepäck ein. Kartons, Kisten, Koffer, Stoffballen – es nahm schier kein Ende. «Also Kinder, ihr müßt es ja Wotan nicht gleich petzen – ich hatte es wundervoll. Ihr wißt ja, ich kann bißchen nähen. So nähte und wusch ich für die Tommies, der ganze Hang vorm Haus war übersät von leeren Käse-Büchsen, Zigaretten-Kartons. Fettlebe, sage ich euch. Fettlebe. Und diese sauberen jungen Kerle.» Sie lachte, als habe sie in ein saftiges Steak gebissen. Die Stiefmutter sah glänzend aus, wie aus dem Urlaub kommend. Sie hatte sich Berge von Vorräten mitgebracht und kochte jeden Tag zweimal – für sich. Ihr sterbender Mann bekam nichts. Und zu den Kindern sagte sie am dritten Tag: «Soll doch Hermines Iwan sich kümmern. Schön doof, 'n junges Mädchen heutzutage – und ein Russe! Gibt's hier nicht genug Amis?» Bernd ging also weiter zu den Negern, oft nahm aber die Schwester ihn abends mit zum Kaiserdamm. Dort aß man üppig und trank, trank, trank. Etwas mitzunehmen, auch nur ein Zipfelchen Wurst, eine Scheibe Speck, einen Hering, verbot Hermine streng. «Biste verrückt, Kuhauge», fauchte sie wütend, als er in der Küche etwas einwickeln wollte, während im großen Bürger-Eßzimmer die Russen mit Musik und Kerzen und Flaschenbatterien feierten, «das kommt überhaupt nicht in Frage, hier wird nischt organisiert – ich laß mir doch nichts schenken!» – «Die Schnecke hat 'n Knall», meinte Ani, die bei den Engländern im NAAFI-Club arbeitete und so reichlich «beiseite schaffen» konnte, daß sie einen schwunghaften Handel betrieb; «den unmöglichen Kram, den ihr der Kolja da manchmal anschleppt, diese grüne Bluse oder das scheußliche Tuch – das kann sie doch sowieso nicht tragen.»

Schenken ließ sich Hermine nichts. Aber wegnehmen wollte sie sich auch nichts lassen. Der Haß zwischen ihr und der Stiefmutter, der sie sich nun, erwachsen geworden, ganz entzogen hatte, war dünn und schneidend. – Voller Mißtrauen beobachtete sie Irmfrieds Verhandlungen mit dem Anwalt des Vaters. Seltsamerweise hatte der Vater plötzlich genug Energie und Wachheit, um die Besorgnisse der Tochter anzuhören. «Du darfst dich nicht bloß scheiden lassen» – sie verschluckte ein «das hat ja sowieso nicht mehr viel Sinn» –, «du mußt sie enterben, und du mußt dafür sorgen, daß sie nicht unser Vormund wird. Wir sind beide minderjährig, du mußt das regeln, Papa.»

So wurde ohne Wissen der kochenden und bratenden Stiefmutter ein Testament aufgesetzt. Bernd, auf seiner wackligen Peanut-Wodka-Wippe, bekam wenig davon mit. Nur ein Nachmittag brachte eine unerwartete Komplikation. Der Vater rief ihn zu sich: «Bernd-Jörn, du bist nun schon groß – du hast wahrscheinlich schon eine Freundin?» Bernd wußte nicht, was ihm unangenehmer war, die klebrige Neugier, was ging den Alten das an – oder der Umstand, daß er keine hatte. Er traf sich zu Spaziergängen mit «Bienchen», Sabine, der jüngeren Schwester einer ehemaligen HJ-Führerin, die er vom Sport her kannte. Mit ihr war er öfter abends durch die Dungwege gegangen; so nannte man kleine zugewachsene Pfade, die hinter den Gärten der weniger eleganten Häuser entlangführten. Da hatte er mal Blumen, mal Obst für sie geklaut – und ein starkes Widerstreben gespürt, sie zu küssen, obwohl sie immer wieder solche Gelegenheiten herbeiführte.

Neulich bei der Verlobungsfeier einer ihrer Schulkameradinnen mit einem Ami – die wollte tatsächlich mit dem nach Amerika – war ihm von einem grünlichen, nach Pfefferminz schmeckenden Likör ganz übel geworden. Aber er wußte nicht mehr, was ihn mehr anwiderte – die Ableckerei oder das bittre, klebrige Zeug. Was ging das alles den Alten an?

«Na ja, du mußt darauf nicht antworten, mein Junge.» Mein Junge – was sollte das nun wieder? «Du mußt nur aufpassen, Krankheiten sind das Schlimmste. Aber auch sonst. Wir hatten ein altes Soldatenwort, immer wahr: ‹Wenn der Schwanz steht, ist der Verstand im Arsch.›» Der Vater versank wieder in diese blöden alten Soldatensachen, die Bernd einen Scheiß interessierten. Wozu diese Bernd-Jörn-Vorstellung? «Es gibt nur zwei schlimme Sachen, vor denen mußt du höllisch aufpassen. Man darf es nicht selber machen, und man darf sich keinen Tripper holen. Wir hatten einen in der Kompanie, der fingerte im Bett an sich herum – und da haben wir ihm mal nachts das Deckbett weggezogen – und da lag er in seiner Pracht. Hihi.»

Ein kichernder, sabbernder Totenkopf sah Bernd an, und merkwürdig, der Blick war ganz klar und gut, war weit weg von dem Casinogegeifer, das aus dem Munde troff. Bernd war berührt von der guten Sorge, die aus des Vaters Augen sprach. «Ja, Papa», sagte er sinnlos. Das brachte den Vater sichtbar wieder in die Gegenwart. Er klapste sich vor die Stirn, lächelte wie um Verzeihung bittend, was sein Gesicht in Schmerz verzog, und sagte: «Ich wollte ja ganz was anderes mit dir besprechen. Ich habe mein Testament gemacht, gegen Irmfried, nur für euch Kinder. Aber ich weiß keinen Vormund für euch. Bernd-Jörn, ich muß sterben – sehr bald –, und ich weiß nicht, wer sich um euch kümmern wird. Alle unsere Freunde sind im Westen.»

Bernd ging das Gespräch auf die Nerven. Er war mit Bienchen verabredet, er wollte hier weg. Es irritierte ihn, die Hilflosigkeit des Vaters, das flehentliche «Ich muß sterben», mit dem er nichts verband, das ihn nicht betraf; und doch spürte er den lastenden, zerstörten Ernst, mit dem der Vater zu ihm gesprochen hatte. «Nimm doch den Pastor bei uns aus der Schule, der ist in Ordnung, und auch noch jung, ich komm ganz gut mit ihm aus.»

Zu Bienchen sprach er kein Wort über das alles. Er klaute ihr Birnen aus dem Garten der Lehrerin, die meinte er in einem Nachthemd am Fenster gesehen zu haben. Nachmittags im Nachthemd. Er wußte inzwischen, was das hieß. Er wußte es nicht, aber er stellte es sich vor.

Die Birnen hingen wohl noch vom Vorjahr im Baum. Als er in die erste biß, war sie streng, hart, säuerlich, bitter und süß zugleich. Köstlich, aber ungenießbar. Es war eine Quitte. Die Geschwister feixten. «Ich sehe was, was du nicht siehst – und das endet auf …ent», kicherten sie sich zu, wenn die Stiefmutter wieder den verhaßten Speck ausbriet. Ihr Bündnis war durch einen Angstschock noch dichter geworden. Eines Morgens war Irmfried mit vorgehaltenem Taschentuch – anders betrat sie das Zimmer ihres Mannes nie – aus des Vaters Schlafzimmer getreten. «Ihr habt es gesehen, ihr müßt es bezeugen, ich habe die Nacht bei Wotan verbracht.» Beiden war nicht klar, was das Theater sollte, länger als wenige Minuten hielt sich Irmfried nie im Krankenzimmer auf – «ich ekle mich ja schon vor mir selber, wenn ich auf die Toilette gehe». Nach wenigen Tagen stellte sich die Wirkung des Tricks heraus. Einem Gesetz zufolge war eine Scheidungsklage hinfällig, wenn die Ehepartner eine Nacht miteinander verbracht haben. Die Scheidung mußte neu beantragt werden. Dazu hatte Friedrich-Wilhelm Walther nicht mehr die Kraft.

Doch eines Abends in der Kaiserdamm-Wohnung flüsterte die Schnecke es ihm ins Ohr, «Es ist perfekt, unterschrieben, versiegelt – sie ist enterbt und entmündigt.» Die beiden umarmten und küßten sich und tanzten durch die riesige Wohnung. Kolja machte das Spaß, er war über alle Maßen verliebt in Hermine und hing an deren Bruder – «wir sind schon wie eine Familie», sagte er oft, und wurde sehr traurig dabei. Bernd aß an diesem Abend alles durcheinander und spielte «Mr. Bevin», redete englisch und mixte Cocktails aus Wodka und Sirup. Hermine hatte sich die Uniform des Adjutanten angezogen, sich mit Augenbrauenstift Schlitzaugen gemalt und stampfte mit den dicken Stiefeln, Hände in den Hüften, eine Polka. Bernd konnte nur Foxtrott, aber er tanzte mit, tanzte mit Kolja, mit dem asiatischen Assistenten, der nur eine Pyjamajacke anhatte und der Früchte aus einer mächtigen kristallenen Obstschale durch die Zimmer warf. Auf dem Tisch schwammen Gräten und Fischreste, Brot und Käse im Wodka, und als Clou schleppte Kolja seinen kleinen braunen Koffer heran und schüttete ihn über Bernd aus – Bonbons, alles Bonbons, Hunderte, in grünem und rotem und rosa und gelbem Papier. Sie zertanzten die Bonbons und leckten die Gräten ab und bewarfen sich mit dem Obst, und alle rauchten die am Mundstück dreifach geknifften russischen Papirossy. Tief in der Nacht kutschierte der alte BMW sie nach Hause. «Ich sehe was, was du nicht siehst – und das endet auf …ent», flüsterte die Schnecke ihm ins Ohr. «Mensch Kuhauge, das Testament.» Sie krochen, nackt und verschwitzt und glücklich und tief verängstigt in ein Bett und klammerten sich ineinander.

Im Morgendämmer weckte ihn die Schwester. Sie saß tränenüberströmt neben ihm im Bett, ihr Heulen wurde immer lauter. «Papa ist tot.»

Sie ließ sich nicht bereden, besänftigen, befragen.

Sie wußte es. «Ich weiß es. Er ist tot. Ich weiß es einfach. Frag nicht so dämlich, dämliches Kuhauge. Er ist tot – verstehst du denn nicht. Tot.»

Sie hasteten die Treppe hinauf, vergaßen, daß sie nackt waren. Liefen in des Vaters Schlafzimmer, das Blutzimmer, das Gespensterzimmer, das Fieberröchelschwitzspeischwarzelungezimmer. Frühlicht fiel durch die rotvioletten Röntgenfenster. Auf seinem Bett lag, bloßgestrampelt, die offenen Augen starr nach oben gerichtet, im Gesicht das spiegelnde Abbild eines verformten Magens, ein Loch da, wo die Zähne des klaffend aufstehenden Mundes ihn zu verschlingen schienen, die dürren Finger wie unauflöslich ineinander verhakt, ein Skelett. Der Generalmajor a. D. Direktor Friedrich-Wilhelm Walther. Die Schwester nahm das lächerliche grüne Seidenband aus dem Haar, das einzige Stück Stoff, das sie an sich hatte. Das wrang sie ihm um den Kopf, mit einem dicken Knoten, um den Mund zu schließen. Es sah albern aus, ein fahles Osterei, zart mit einer grünen Schleife. Bernd weinte nicht.

Fremdeins

Die Schnecke war weg. Bernd konnte nicht unterscheiden, ob die Erkenntnis dieser jähen Endgültigkeit oder die fremde Weltlosigkeit des Armee-Bahnhofs ihn in einen Rausch, ein Gefühl des Kinohaften versetzten; mit der Welt des ihm gewohnten Alltags hatte das hier nichts zu tun gehabt – ein funkelnd gepflegter Zug mit Schlafwagenabteilen, deren Mahagonitüren und Messingbeschläge schimmerten, mit Speisewagen, in dem auf weißgedeckten Tischen Körbe mit Brot und mit Obst standen und kleine Weinflaschen in ringartigen Halterungen staken. Frauen im soeben kreierten New Look, auf hochhackigen Korksandaletten oder dicksohligen Pumps, die unter den knöchellangen Kleidern und Mänteln hervorragten, mit Füchsen oder Pelzcapes um die militärisch eckigen Schultern dieser Mode, begleitet von Offizieren unterschiedlicher Nationen, Armeen und Waffengattungen. Chauffeure hatten das Gepäck aus Jeeps, Buicks und Peugeots geschleppt und verstaut, Bernd hatte seinen automatischen Impuls kontrollieren müssen, als da und dort halbgerauchte Zigaretten fortgeschnippt wurden.

In diesem Glitzerding war die Schnecke verschwunden. Den Herrenzimmerleuchter an den Beinen, den Eisschrank auf dem Kopf – Nylons mit Naht und eine schicke kleine Pelzkappe. Sie hatte eine halbe Zimmereinrichtung an, und die zwei Ledersessel aus der Bibliothek lagen im Gepäcknetz, auf dem Umweg über Camel-Stangen in zwei Koffer derselben Lederfarbe verwandelt. Durch seine Tränen sah Bernd alles doppelt und unwirklich, von Erinnerung, Angst und irren Vorstellungen eines glitzernden Paris verwischt und überlagert – das ausgeplünderte Haus; den weinroten fußlangen Mantel der Schnecke, für den er selber die Leica zur dicken Emmi am Olivaer Platz hingetragen hatte; das fensterlose «Berliner Zimmer» dieser gemütlichen, aber verhandlungszähen Schieberkönigin, die zwischen Honigeimern, Zigarettenpackungen, Würsten, Palmolive-Seife und Hershey-Schokolade thronte, eine rechnende Fee. Ihm war wie in dem Film, den er noch vergangene Woche mit der Schnecke gesehen hatte, «La Belle et la Bête» von Cocteau – was er wahrnahm, zerrann, zerspiegelte. Sie hatten stumm voreinander gestanden, es war alles gesagt. Die Schnecke sah aus wie abgeführt – und doch sah sie nervös nach ihrem Abteil. Bernd fühlte sich wie ausgeraubt – und doch hoffte er, daß dieses blanke Biest nun endlich davonfauchte.

Die Schnecke war weg. Bernd hatte Hunger. Er bückte sich nach einer Kippe. Er wußte nicht genau, wo er war – sie hatten eine Taxe genommen, aber hier gab es keine Taxen, es war kein normaler Bahnhof; wo wohl die nächste U- oder S-Bahn war? Bernd hatte Durst, er wußte, es war noch ein Rest Wodka zu Hause – der Cocteau-Film war gerissen. Oder zu Ende. Wie der Benommenheit im Kino unweigerlich «The End» folgte, der Samtvorhang und das Grapschen nach Handtaschen, Jacken oder Schals, erstes Geländer zur Wirklichkeit nach der Gaukelei – so beendete ein Geräusch Bernds Rausch: Reifenquietschen, Autotürenknallen, hastiges Gerenne, grober Stiefel – Kolja.

Der stand nun vor ihm. Scheußliche sinnlose rote Nelken hingen aus der «Prawda». Sein Gesicht war leer, ein Schlafender mit offenen Augen voll Wasser. Kein Wort. Er faßte nach Bernds Kopf, eine wollige, borstige Krücke. Er drehte sich um, ging auf den von Bernd so neidisch bewunderten BMW zu, schaffte nicht mehr als ein kaum hörbares «Fahren wir». Was sonst nie vorkam – er bot dem Fahrer Papirossy an. Alle drei rauchten sie, bis sie im ausgeleerten Haus ankamen.

Es war zahnlos. Nur im Wohnzimmer stand noch eine Couch, ein kleiner niedriger Tisch, das geschuppte Sideboard. Auch das war alles verkauft, aber die Schwarzhändler hatten Einsicht gezeigt und versprochen, die drei Gegenstände erst in ein paar Tagen abzuholen. Der Fahrer trug Koljas unvermeidlichen kleinen Koffer hinein. Zwei große Flaschen Wodka, geräucherter Fisch, Dauerwurst, Weintrauben, Zigaretten. Gläser standen noch auf dem Tisch, eines hatte Lippenstiftflecken. Bernd und Kolja sahen sich an, als sie das erste Mal überschwappten. Bernd nahm das Glas, gab es ihm.

Sie waren bald betrunken. Jetzt erst brach es aus dem russischen Offizier hervor, ein unverständlicher, hilfloser Wortschwall, immer aufgeregter, immer abgehackter, als seien seine Deutschkenntnisse versunken. Scheißezuspät. Warumwirnicht. Immernienichts. Hättenwirnichtdoch. Verbotenverbotenverboten. Deutscherussennazis. Berlinhalleparis. Wegniewieder.

Bernd mußte sich das nicht übersetzen. Er wußte: Russen durften nicht mit deutschen Frauen fraternisieren. Trotz größter Vorsicht mußte etwas herausgekommen sein, die Überwachung der in Westberlin stationierten sowjetischen Offiziere war besonders perfekt. Nikolaj war nach Halle versetzt worden. Berlinhalleparis. Offiziell war es keine Strafversetzung – aber die Ankündigung, daß er bald nach Kiew zurückkommandiert würde, war deutlich genug gewesen. Die Schnecke hatte ihn jedes Wochenende, das er nicht für eine Berlinreise umlügen konnte mit Hilfe eingeweihter Kameraden hier, die ihn irgendwie dienstlich anforderten, in Halle besucht. Die Besuche in Halle waren finster – im Lift drehte Kolja schon nachmittags die Birne locker, in der Wohnung mußten sie mäuschenleise sein, gemeinsam durften sie sie nie und möglichst auch getrennt nicht am Tage verlassen. Da er ja nicht zweieinhalb Tage verschluckt und unsichtbar sein konnte, mußte die Schnecke oft in der düsteren, beschlagnahmten Beamtenwohnung stundenlang warten, bis er – meist den Betrunkenen spielend – sich vorzeitig von irgendeinem Abend bei Kameraden verabschiedet hatte. Montags schon vor Tagesanbruch saß die Schnecke fünf Stunden im Wartesaal, der Zug nach Berlin ging – wenn er ging – erst gegen Mittag. Achtzehn Stunden Holzbank und Kälte für acht Stunden Liebe. Berlinhalleparis. Bernd wußte den Sinn der Wortbrocken. Der Armee-Zug Berlin–Paris war am Wartesaal in Halle abgefahren.

Endstation Sehnsucht war für die beiden jungen Männer hier, auf dem zerschlissenen Schlafsofa, hinter sich die mit lächerlichen falschen arabischen Mäandern gewirkten Wolldecken, die als Wand zur Küche dienten, aufgehängt an den übriggebliebenen Drahtstreben der herausgefegten Rabitzwände. Vor sich den Tisch mit der zersprungenen Glasplatte, Boden eines umgestülpten, ausgelaufenen Aquariums, der ertrunkene Fische präsentierte, die aus kyrillisch bedruckten Leichentüchern wimpernlos und ausdrucksstarr mit ihren porzellanenen Knopfaugen starrten, ölig-fettig-braunglänzend, auf die zwecklosen Gurkenscheibenrettungsringe mit spitzigen winzigen Zähnen beißend. Auf der Erde lag die durchgeschwitzte Jacke mit den Majorsepauletten, das Koppel mit der Waffe. Die Mütze mit dem roten Stern voller Dauerwurst und Streichhölzer. Einkaufstasche des Nachkriegsberlin. Der Junge aus Kiew, 28 Jahre, Panzerfahrer, Germanist, Funkdirektor, Liebhaber der Schnecke im Hause des totgehusteten Generals, war schmächtig, mehr Jüngling als ausgewachsener Soldat. Zwar sah er wegen seines starken Bartwuchses stets unrasiert aus, aber auf der Brust kräuselte sich der Flaum eines Heranwachsenden; schwarze nasse Schweißwatte.

Bernd fraß. Er stopfte Räucherheringe, Weintrauben, Dauerwurst, Gurken mechanisch und nur mit der Unterbrechung in sich hinein, Wodka nachzuschütten. Kolja soff. Er leerte Glas um Glas um Glas, und wenn er es aus der Hand gab, dann nur, um das Mundstück der nächsten Papirossa – einmal längs, einmal quer – zu falten. Von den vielen schlechten, dauernd abbrechenden, verzischenden oder wegspritzenden Streichhölzern hatte er bräunlich verbrannte Fingerkuppen. Es war eisig im Zimmer, keiner hatte ans Heizen gedacht, sie froren und schwitzten zugleich. Und sprachen nicht. Bernd saß sehr aufrecht, sein Kopf zernebelte in Wolken. Er fand nichts dabei, daß Kolja aus dem Fenster schiffte, sah nur den kümmerlich mageren, nackten Mann vor den im Abendlicht schwarzviolett durchscheinenden Röntgenbildern der Fenster, ein lebendes Skelett vor gerahmten. Der Panzersieger. Richtig wach wurde er erst vom ersten Schuß. Unüberrascht, als habe er darauf gewartet. Kolja stand schwankend neben dem Ziertischchen, auf dem Gräten, Fettpapier und Gurkenreste im Wodka schwammen, und jede seiner Hände lebte weg, fern voneinander: Mit der Rechten schoß er in den Kronleuchter, mit der Linken streichelte er sich zwischen den Beinen, in einem dichten, lockigen schwarzen Gestrüpp. Bernd hat ihn noch nie nackt gesehen, und mit dem Erstaunen über diesen wilden Haarbusch, ein aufgerissenes Roßhaarkissen, aus dem der Pfahl sich hervorwindet, kommt zugleich der jähe Schreck: Die Lampe, der aus dem Keller gerettete und über den Art Déco-Tand gehängte Barocklüster, war verkauft. Er hatte acht Tafeln Schokolade, fünf Päckchen Puddingpulver und eine Stange Chesterfield dafür kassiert, in ein paar Tagen mußte er die Lampe «liefern». Der doppelte Schock blitzte in sein versoßtes Gehirn und produzierte Haß auf diesen Rest Bürgerwelt, Eigentum, Erinnerung.

Eine Fischgräte zwischen den Zähnen hatte ihm die Zunge

aufgerissen, ob das Blut daher kam oder von dem scharfen Pfeffer, durch den er erst spürte, daß er sich auf dem schnieken Armee-Bahnsteig die Lippen zerbissen hatte – so schweigend, wie er bisher dagesessen hat, nimmt er dem torkelnden Russen die Pistole weg und schießt. Der streichelt sich, sein Pelztier, behutsam wie in Gedanken versunken, umarmt den schießenden Bernd, führt ihm Hand und Pistole. Der Leuchter hatte 24 Arme, aber nur vier Glühbirnen; als drei zerschossen waren, klopft es wild an der Zimmertür – schlotternd, durch dicke Cremeschicht lächerlich, steht «Irmchen, das liebe Kind», eine löchrige Wolldecke, Parodie eines Umhangs, um die Schultern. «Mein Gott, was geschieht hier, wollt ihr mich umbringen, ihr schießt ja durch die Zimmerdecke ...», der Satz bleibt stehen, eine nicht aufgezogene Wanduhr, das Pendel hakt: Sie sieht den nackten schmächtigen Russen, seine verloren zärtliche Hand, die Pistole in der anderen, die vor Bernds rechter Schulter baumelt. Bernd eine Geisel der Traurigkeit und des Zorns. Sinnlos wie jeder Satz, jede Handlung dieses Abends ihr hastiges Türenschlagen und die keifende Drohung «Wenn hier noch einmal geschossen wird, renne ich aus dem Hause». Der Auftritt hat Bernd zwar weder wach noch nüchtern gemacht, ihn aber in rachekalte weiße Wut gestürzt; Kolja muß mit ihm ringen, um zu verhindern, daß er ihr nachrennt, auf sie schießt. Die Umklammerung wird zur Umarmung, sie streicheln sich, klammern sich aneinander, zittern vor Kälte und Nässe. Sie sitzen auf der kaputten Liege, den Offiziersmantel um sich gezerrt, zwei gerupfte, ermattete, frierende Kampfhähne. Die Yuricke dümpelt mit ihnen durch die Nacht, der schwere Militärstoff ein grünbraunes Segel, unter dem es nach der Schnecke riecht, nach Fisch und noch anders. Und Koljas Kuß bitter, fasrig, dünn. Machorka, Gurke, Wodka, Stoppeln. Kolja springt auf, schießt das letzte Magazin leer, lacht. Das Lachen spleißt, der vorletzte Schuß trifft die letzte Glühbirne, und der Klang von zersplitterndem Holz zerknäuelt Bernds Schnapsschädel. Barockpelztierpistole.

Ineinander, aufeinander, übereinander. Die Yuricke geht unter, sie sind sich Planke. Die Planke Schnecke, die Schnecke Bernd, die Pistole Haar, das Pelztier Stahl, splitternde Hüften Reling, Haar Seile, Haut Holz, Welle Woge Gischt Sehnsucht Trauer Haß Einsamkeit Vergessen Erinnern Schmerz Liebe Lauern. Fremdeins. Notnähe. Totleben.

Wo er Hände sich hinträumt

Alle Planken waren versunken. Bernd kämpfte sich von Strudel zu Strudel. Es gab keine Richtung, in die er schwamm, es gab Überlebenshast. Er sah die abtauenden Ränder der Eisscholle. Naß, erschöpft, panisch suchte der Sechzehnjährige einen trockenen, wärmenden Winkel.

Das Haus war weg, samt allen «Eingeweiden», wie sie Mobiliar und die anderen Einrichtungsgegenstände munter getauft hatten, wenn sie Stück für Stück auf dem schwarzen Markt verhökerten. Vom Eisschrank zum Kronleuchter, vom (falschen) Renaissance-Bücherschrank zur Wäscherolle – alles war verkloppt worden, als Abschiedsfest eine riesige Versteigerungsfeier; Rache und Triumph war nicht nur das Verschleudern der Dinge, Schorf alter Wunden, den man nun endgültig abriß. Der Reiz bestand auch im Heimlichen; denn beide Kinder waren minderjährig, sie hatten kein Recht, irgend etwas zu veräußern ohne Genehmigung des Vormunds. Der Pastor, den sich Bernd ausgesucht hatte, eben noch Idol und nun schon Feind, störte plötzlich. Eine Welt ohne Feind war beiden nicht lebbar. Sie hatten den jungen Theologen, der sich trotz der eigenen zwei Kinder der Bitte des Sterbenden nicht versagen mochte, buchstäblich nicht ins Haus gelassen, sich auf der Bank oder im Pfarrhaus mit ihm verabredet, wenn etwa wegen des überzogenen Stromkontingents mit dem Elektrizitätswerk verhandelt werden mußte. Der Mann stand manchmal mit seinem Fahrrad vor dem Haus, das schon vollständig ausgeweidet war; selbst die Rahmen der Doppelfenster hatten sie ausgehängt und verscherbelt. Die beiden hatten es genossen, wenn sie das lange Klingeln überhörten und sein Warten durch einen Schlitz der heruntergelassenen Jalousien beobachteten, ohne zu öffnen. Krönungsfest war jene Versteigerung geworden, weil «die Schärpe» sie veranstaltete. Das war Bernds Schulfreund, der mit den Hüften sänftlich schwingende weichliche Junge, den sich Bernd ausgesucht hatte, weil vom Vater und dessen Mutter der Umgang verboten worden war. Sie polkten die Schilder ab, die mit Reißzwecken an Straßenbäumen angebracht waren, «Biete Leiterwagen, suche Damenfahrrad» oder «Karbidlampe gegen Elektrosonne zu tauschen». Unter solche Handelsanzeigen schoben sie ihre Zettel « Bin um 16 Uhr am Bunker im Park» oder «Komme morgen nicht zur Mathe-Stunde». Schärpe war verboten – also herrlich.

Nun dirigierte sie, in weißen Tennishosen und kariertem Hemd aus einem Care-Paket, die Versteigerung der Reste – die letzte Couch, der Glastisch, ein Staubsauger. Er schwenkte den Hammer wie einen Fächer, schielte, wackelte mit dem Po und erzielte erstaunliche Schlußgewinne, etwa einen ganzen Zentner Weizenmehl.

Das war nun alles längst vorbei. Auch jenes Zweiter-Klasse-Sofa hatte die Schärpe noch losgeschlagen, das so hieß, weil es mit verblichenem olivgrünlichem geripptem Samt bezogen war wie die D-Zug-Abteile 2. Klasse, auch an die Vorhänge im Sekretariat von dem Fräulein Wilhelm mit den kurzen Röcken erinnerte. In den mürben, fransigen Samt hatte Bernd ein Loch gebohrt, es mit Roßhaar und Watte ausgepolstert und seine Erregung nachmittäglich entladen. Eine Spiralfeder hatte ihn einmal empfindlich dabei verletzt, die immer und immer wieder aufreißende Wunde heilte nur langsam; die Narbe an der Eichel blieb. Er nannte das Sofa Schweinebank, und die Schärpe verschaukelte das mit Träumen geladene Ding im Spiel. Er bekam dafür ein Paar schicke Schuhe. Nur Bernd wußte, warum sie «Schweinepantoffeln» hießen.

Seine Träume hatten ein genaues Objekt. Sie hieß Dr. Yvonne Geroldstein, war wohl dreißig Jahre alt – und nicht nur deswegen, weil sie zur Welt der verhaßten Erwachsenen gehörte, Lichtjahre entfernt: Sie gab Geschichte und Gegenwartskunde. In beiden Fächern war Bernd inzwischen der Klassenbeste.

Er schlich sich an sein neues Nest. Seine Seele rechnete. Sein Instinkt wurde Sehnsucht. Die Yuricke war versunken, der Vater tot, die Schnecke weg, der schwarze Markt von ihm nicht mehr belieferbar. Das ganze Gemengsel aus Kodder und mieser Listigkeit, krimineller Lebensenergie, Rattenkampf und schwarzer Schlupfwärme schwand hinter ihm weg, ein Schwimmer, der sich rettete, sich abstieß irgendwohin. Es gab zwei neue Welten, die er sich aufstieß – das Pfarrhaus und Dr. Geroldstein. Bei dem Pastor wohnte er, anfangs schlaflos vom ekligen Geruch sauberer Bettwäsche und krank von den regelmäßigen warmen Mahlzeiten. Er lag tagelang zu Bett, alle Lebensgeister erloschen, zerbrochen; denn Essen ohne Kampf, Wärme ohne Tricks, ein Leben ohne Betrug, Diebstahl und Rennen zerbrach die vielen kleinen Drahtseile, aus denen er bestand. Es klirrten lauter nutzlose, unverbundene, unterbrochene Kontakte in seinem Körper. Die herrlichen weißen Semmelknödel mit Vanillesauce füllten seinen Magen, aber machten ihn kotzen. Pastors Tee statt Koljas Wodka, ein Bett statt einem Lager, Frühstück statt kaltem Kaffee. Die Frau des Pastors stellte das alles hin, der zugelaufenen räudigen Katze – kein Wort, nichts Sänftigendes, nichts Erklärendes. Es mußte allein in sein System sickern. Der Pastor gab keine Predigten, keine Gebete, keine Sinnsprüche. Bücher. Ohne Bernds Wissen hatte er sich in der Schule erkundigt, wußte zwar nicht den wahren Grund, aber eben doch: Geschichte, Zeitgeschichte.

Bernds Welt drehte sich. Dieser Pastor hatte als Student im Widerstand gearbeitet. Er hatte eine große Bibliothek, neben Theologie spezialisiert auf Geschichte und Philosophie. Dr. Geroldstein hatte einen jüdischen Anwalt in der Londoner Emigration geheiratet, das war in der Schule bekannt. Sie war in Brüssel geboren, «Auslandsdeutsche», ihr Mann – man munkelte allerlei – war viele Jahre älter, kränkelnd.

Die Schildkröte Bernd schob leise, spurend, den Kopf aus dem Panzer. Hier war eine neue Küste, ein anderer Kontinent, auf dem andere, ungewohnte Gesetze galten. Er war herübergeflößt von dem Verlassenen, Versunkenen. Es war auch eine neue Wärme, eine ungestohlene, nicht-erschlichene, erschacherte, die ihn ansog. Anfangs waren die Bücher des Pastors die Planken. Sie explodierten in seinem Kopf, dessen Leere mit dem Gerümpel der Dingwelt versperrt war. Gedacht hatte Bernd noch nie, nur immer reagiert. Seine Arbeit war die unmittelbare Umwelt gewesen, seine Energie mußte die bewältigen. Fremde Welt, Phantasie und Spiel anderer – das hatte seine Grenze bei «Sigismund Rüstig» oder «Schatz im Silbersee» gehabt; Palisaden statt Grenzen. Die zerbrachen jetzt, verschoben sich. Er wußte nicht – erreichte er etwas, erreichte es ihn: etwas Sanftes, Ziehendes, anders Schmerzendes. Nicht jemand tat ihm weh, aber es. Bernd entdeckte, was er nie gekannt hatte – es war ihm nicht angeboten worden, und er hatte es nie bieten können: Gefühl. Er wußte nicht, wohin damit. Es war ein doppelter Sog: Was er las, brachte ihn zu Urteilen. Des Vaters Arbeitszimmer mit Totenmaske, Bajonetten und blöden Nackedeifotos bekam neue Konturen – er sah mehr dahinter als verwucherte Marotten, sah, daß es eine Welt der Generalmajore a. D. gab, die das da produzierte. Ob er nun John Steinbeck las oder das «Kommunistische Manifest», die Bücher wurden Schlüssel.

Mit denen schloß er einen Wall auf. Die bisherige Wehr gegen alles um ihn hielt nicht mehr. Bernd war verletzlich geworden, weil er Sehnsüchte entwickelte. Er wollte nicht mehr nur haben, sondern auch geben. Aber was? Und wem? Er war vom Anker losgerissen, aber ein neuer Halt war noch nicht da. Neue Haut auch nicht. Statt dessen Verkleidungen allerlei Art – er rannte in amerikanische Clubs, wo re-education-Offiziere über Erskine Caldwell oder James T. Farrell referierten; er sah die Gorki-Filme im russischen Kulturhaus Unter den Linden; er ging – auch weil er es schick fand – ins Maison de France am Ku'Damm und belegte einen Kursus über Cocteau, dessen «La Belle et la Bête» er dreimal gesehen hatte. Es war die Zeit der Blockade, und mit den Resten seiner Schwarzmarktinstinkte lungerte er am Flugplatz Tempelhof herum, nachts vor allem. Der Zauber der im Scheinwerferlicht alle drei Minuten landenden Flugzeuge mischte sich mit der Chance zum Klauen oder der ungerührt an eine Zeitung durchgegebenen Telefonnachricht, wenn eine Maschine von der Landebahn abkam und brannte; dafür gab es fünf Mark.

Schuppen der alten Haut. Die neue wuchs – nein, viele neue Häute wurden wie Kostüme ausprobiert: Boogie-Woogie bei Alkolat-Sekt – und eine Schüleraufführung von «Kabale und Liebe» auf dem Schulhof im Flackerlicht der Gaslaternen; elektrisches Licht gab es nur stundenweise. Bernds «Wurm» wurde der große Erfolg, er hatte alle Tücke und Gemeinheit seines Lebens in die Rolle gepreßt. Eine Figur aus Schleim. Keines dieser Kostüme paßte, jedes warf Falten, jedes war ein Stückchen Häutung. In der Schulzeitung, die er selber redigierte, wurde diese schuppige Jongliererei von einem Klassenkameraden ungelenk, aber treffend karikiert, als über eine Versammlung des Schülerparlaments zu berichten war: «Als

Unabhängiger getarnt, meldete sich ein Vertreter der SED zu Wort. Der Kleidung nach zu urteilen, hätte der SED-Redner Vertreter der hochfeudalen Bourgeoisie sein müssen. Er war ganz modern, nach amerikanischer Mode gekleidet, sein sandfarbener Zweireiher stach von den Anzügen der übrigen erheblich ab. Auch die hypermodernen Kreppsohlenschuhe hatten bei allen Fraktionen spöttische Bewunderung erregt. Unter Rufen wie ‹Salonbolschewist›, ‹Stehkragenproletarier› betrat er mit leichten Swingbubi-Schritten das Rednerpult. Seine Rede war eine Kritik an allen vier Parteien. Auch mit der SED ging er nicht ganz konform, wie er sagte.»

Aus den Rollen wurden Verhaltensweisen. Haltungen noch nicht. Das Wort «Wissen ist Macht» hatte er noch nicht gefunden – aber aus den huschenden Erfahrungen der Ratte, die biß und stahl und kämpfte, wurde Erotik. Bernds Erotik war Intellekt; den entwickelte er als neue Überlebensmöglichkeit. Er war jetzt mit dem Kopf schneller, herrschte die Lehrer an «Lassen Sie mich ausreden», wenn er atemlos und überlang Thomas Manns «Dr. Faustus» referierte, den niemand gelesen hatte. So puppte sich aus dem Kreppsohlen-SED-Sekretär Wurm ein verletzlicher Kopf. Weder Freud noch Marx waren ihm Begriffe – aber er bog Sexualität und Marxismus zusammen zu seiner Lebensbrücke.

Der Wagen nämlich, mit dem Frau Dr. Geroldstein mittags von der Schule abgeholt wurde, hatte eine russische Zulassungsnummer. Ihr Mann arbeitete in irgendeinem wissenschaftlichen Institut im Ostsektor der Stadt. Bernd konnte nicht unterscheiden, was ihn mehr fesselte: die Diskussionen mit ihr im Unterricht, die ganze Stunden bei gelangweilter Empörung der Mitschüler zu einem einzigen Dialog mit dieser Frau machten, oder die nachlässige Schlaksigkeit, mit der sie in diesen sowjetisch lizenzierten alten BMW stieg. Eine Krone an der Tür hatte er nicht.

Es war ein Parfum des Verbotenen, Unordentlichen. Wie der von ihm zum Vormund erwählte Pastor ihn damals begeistert hatte, weil er mit einem Fahrrad fuhr und kurze Hosen trug und ihm nun die «Kreutzersonate» lieh oder eine alte gelbe Leinenausgabe von «Das siebte Kreuz» – so wurde er angezogen von dieser Frau; sie hatte Irmchens Unbürgerlichkeit, aber sie hatte Gesten statt Allüren. Bernd begann, sie zu verfolgen. Er fuhr dem Wagen mit dem Fahrrad nach. Und er hatte Glück – in einem Fotogeschäft an der Jannowitzbrücke hing im Schaufenster ein großformatiges Bild des Ehepaars. Bernd begriff nicht, wieso, er hielt es für eine Reklame des Porträtkünstlers, machte sich nicht klar, daß er im Ostsektor der Stadt war und solcherlei Schaustellung eine politische Bedeutung haben mußte. Er ging in den Laden und fragte: «Können Sie paar Fotos von mir machen?» Da waren zwei buntgekleidete junge Männer, die etwas beflissen sagten: «Ja, was denn für Aufnahmen?» Bernd wußte das nicht, er hatte den Vorwand nicht ausgeplant. «Na, nur so. Irgendwelche.» So wurde er auf einen Drehstuhl gesetzt und sein Kopf, der nur bei dem Bild im Fenster war, hin- und hergewendet. «Wir machen auch gerne mal paar andere Bilder von dir.» Er kannte sich nicht, hatte sich nie mit sich selber beschäftigt, sein Äußeres war allenfalls Spielstätte gewesen bisher. Seine ausgeprägte Animalität hatte verhindert, daß er sich selber Gegenstand geworden war. Er hatte sich als Körper weder wahrgenommen noch erfahren, nur Funktionen ausgeübt. Bernd war sich keineswegs klar, daß er inzwischen ein gutaussehender junger Mann war, dessen rotbrauner Wuschelkopf zu grünlichen Augen und dunklem Teint kontrastierte. Die überflüssig langen Kuhaugen-Wimpern waren geblieben. «Was'n für andere Bilder?» – «Na, stell dich nicht an», sagten die beiden flapsig, «Paßbilder meinen wir nicht.» Hier war ein Geschäft zu machen, das war jetzt klar – und er war es, der was wollte; die beiden konnten nicht wissen, daß es ihm überhaupt nicht um Aufnahmen von sich, sondern um das Foto aus dem Fenster ging. «Kannst auch bißchen was verdienen dabei.» Da kannte Bernd sich aus, schwarze Geschäfte und Tauschwege, das war endlich übersichtlich. Das andere nicht. «Gut, mir egal, was ihr da wollt. Ich will aber auch was. Ich will das große Foto draußen im Fenster.» Auf vage Weise kam es ihm gerecht vor, mit seinem Körper dafür zu bezahlen. Die Aufnahmen, die da von ihm geknipst wurden, mal sitzend, mal stehend, holte Bernd nie ab, er war schlau genug gewesen, einen falschen Namen anzugeben. Er hatte keine Bilder von sich – aber er hatte das Bild. Den Mann schnitt er ab, das war kein großer Akt von Aggressivität, es war nur das Beseitigen von etwas Überflüssigem.

Noch denselben Abend schlich er an das Appellplatz benannte kleine Rondell in der Nachbarschaft, an dem das Haus von Dr. Geroldstein lag. Der Platz hatte einen kleinen wasserleeren Brunnen mit einer Bronzefigur in der Mitte, die nun statt eine Fontäne zu speisen stumm schrie, und war ringsum mit üppig wuchernden gelben Polyantharosen bepflanzt. Man konnte sich gut an die Brunnenfigur lehnen und in der Dämmerung das Haus beobachten, ohne selber gesehen zu werden. Bernd hatte gar nichts vor, er mußte nur dort stehen, in die Fenster starren, Schatten und Figuren sich hinter den gardinenlos erleuchteten Vierecken bewegen sehen. Er bohrte sich in das Haus, aber er sah das Foto, das ihn schwindlig und leer machte. Die Aufnahme, auch weil er sie besaß, war die reale Frau – wirklicher als die Lehrerin im Klassenraum oder der eheliche Schatten dort drüben im Haus. Ganz dick, schwer, ziehend senkte sich in Bernd ein: Ich will sie. Ich will ihr Leben, will sie besitzen, sprengen, füllen, umfließen. Er begann die Haut seiner Arme zu lecken, sich zu riechen, um sie zu schmecken, mußte ganz und gar sich erfahren, um sie begehren zu können mit der Spannung einer Stahlsaite. Bernd zieht sich aus, Foto und Fotoatelier noch einmal, Dreingabe für Besitz, kein Rausch, eine entsetzliche Klarheit im Kopf, seine Haut dehnt sich meeresweit, eine einzige fühlende Welle, die Salz und Nässe über ihn spült und die er doch selber ist, Woge und Schlund, Blut, Rotz, Rosendorn, haarverklebte Spiralwunde, die aufreißt, als er speit, und rötlichweißlichklebrig nicht ins Weiche schießt, über Dornen rinnt, die aufgefetzten Beine hinab. Die orange geränderten gelben Blütenblätter legt Bernd sich auf den großen Riß, wo er Hände sich hinträumt. Seine erste Liebesnacht: Er hatte sich erfahren, in der imaginierten Begegnung. Sehnsucht partnerlos.

Eine Erziehung in Deutschland

Der Wolkentrinker

Bernd hatte sich hier mit Yvonne zu der ersten Begegnung nach so langen Jahren verabredet. Die Leere seines Innern gegenüber der verblichenen toten Liebe sollte ausgegossen werden, eine leere Form, ein brüchiger, hohler Baum; die Äste fahle Galgen voll gehenkter, vertrockneter Blätter.

Es gab keinen Londonbesuch für ihn ohne «Tea at Brown's». Man saß in der gemütlichen kleinen Halle, die durch ihre helle Holztäfelung und solide verarbeiteten Türen mit Sprossenfenstern aus geschliffenem Kristallglas, das beim Hin- und Herschwingen blitzte, eher an einen privaten Salon erinnerte. «Brown's» war das Gegenteil von «Ritzy», hatte nichts vom Parvenuhaften der großen Luxushotels. Hier blähte sich keine Seide und glänzte kein Smokingrevers; Tweed, Cashmere, Burberry-Mäntel und die rote Gesichtsfarbe über bräunlichblonden Schnurrbärten gaben das Bild einer Familienpension, wegen ihrer Gediegenheit von einkaufenden Landbewohnern geschätzt. Sie hauchten mit konspirativer Tuschelstimme «Tea, please»; das Gesetz von «Brown's Hotel». Bernd freute sich königlich, wenn, eine perfekt einstudierte Inszenierung, jene ehrerbietiges Erstaunen heuchelnde Antwort kam, die jedem Gast das Gefühl verlieh, mit seiner ungewöhnlichen Order einen Beweis unverwechselbarer Individualität erbracht zu haben. «Oh, so you want some tea, Sir. I'll bring it right away, thank you.» Und dann begann jene wundervolle kleine Zeremonie.

Korrekt die Rangfolge von Oberkellner, Kellner, Unterkellner und Hilfskellner einhaltend, umgab alsbald in einem feierlichen kleinen Ritual das Hotelpersonal den Tisch, brachte Silber und Kännchen und cremefarbene batistene Tücher und Schälchen mit diversen Konfitüren und Schüsselchen mit Schinkenröllchen und Tellerchen mit Toastscheibchen und Beisatztellerchen mit Butterkügelchen und Glastellerchen mit winzigen Sandwichstückchen und schließlich ein silbernes Messerbänkchen, zwei Schnecken ineinander verschmelzend. Bernd genoß es, wann immer er nach England kam. Es war sein London, er hatte ein eigenes Spiel daraus gemacht.

Nun saßen sie in dieser Halle, die plötzlich dumpf schien, museal. In Bernd stieg schon bei der ersten Bloody Mary Widerwillen hoch, ein Rauchring aus ranzigem Begehren und abgestandenem Vorwurf wurde nach ihm ausgeworfen. Vor ihm die Frau, die einmal sein Leben gewesen war – eine Puppe, puderverschmiertes Gesicht, rissige Lippenstiftspuren, unsorgfältig gefärbtes Haar. Alles stieß ihn ab, der Körpergeruch, die faltenkralligen Hände, die Augen, von denen er geträumt, die Haut, die er gestreichelt hatte: alles. Ihn ekelten die Ohrläppchen mit den läppischen Löchern drin. Ein bleigrauer Abend begann. Yvonne aß nichts. Sie hatte nie aufgehört, ihn zu lieben. Sie saß in der Sackgasse der Hoffnungslosigkeit fest, hatte sein Weggehen nie verwinden, nie akzeptieren können – und nie sich beteiligen können am Kunstbau, der «normaler Umgang» hieß. Sich hatte sie aufgegeben, aber nicht ihn.

«Kannst du mir bitte meinen Mantel holen, mir ist schlecht.» – «Wozu der Mantel?» – «Bitte. Ich muß vom Tisch weg, bitte.» Als er aufstand, sah Bernd das Blut; es lief ihr linkes Bein hinunter.

Notdürftig von dem etwas altmodischen Nerz vor Blicken geschützt, erreichten sie ihr Zimmer, es lag ein Stockwerk unter dem seinen. Alles Dekor, aller stilisierte Schutz war zusammengebrochen. Seine liebevoll hingestellte Orchideenrispe krümmte sich – ein höhnischer bleicher Finger; die Schale mit Obst glich einem Glassarg voll grinsender Wachspuppen. Yvonne hatte nicht nur Blutungen, sie hatte quälende Magenkrämpfe, sie lag auf dem Bett zusammengezogen, eine falsch zusammengesetzte, gestürzte Anprobierpuppe, das Haarteil verrutscht, der Puder von schweißigen Rinnsalen durchzogen, eine fahlfette Bauchfalte quetschte sich aus dem Rock. «Ich brauche ein Klistier.» Abscheu verdrängte alles Mitleid; Bernd ging stumm aus dem Zimmer. In diesen Leib hatte er sich gewühlt, hatte jedes Härchen gekannt, jede Biegung der Hüften mit den Lippen gestreichelt, jede Wölbung der Brüste mit zitternden Fingern nachmodelliert?

Er verachtete sich frierend. Seine Vergangenheit mit Yvonne lag vor ihm, ein schmutziger Lappen. Krankheit war für Bernd stets Versagen gewesen, ohne Disziplin, Grazie. Krankheit war das Unsaubere, war Unordnung und Liederlichkeit. Von einer unerquicklichen Magenaufnahme heimgekehrt, hatte er sich einmal dabei ertappt, wie er die Intarsien der Möbel einer luxuriösen Wohnung streichelte – eine sanfte, glatte Haut; Dinge konnten sich nicht entzünden, hatten keine Pickel, Runzeln. Krankheit war für Bernd «sich gehen lassen», Bedrohung und Abgrund.

Seine Inszenierung war zerborsten, statt Kerzen und Blumen und Gläserklingen jetzt die im lila Lampenlicht feucht riechende, sich krümmende Frau, ihn nötigend – ihm tat nicht Yvonnes Schmerz weh, sondern die aufgezwungene Körperlichkeit, die Berührung der fahlen, welken Fraulichkeit, die ihm kuhhaft zu nahe kam. Er wußte nicht mehr, wie dieser Körper ihn einst entzündet hatte.

Yvonne war am nächsten Morgen abgereist.

Es lag ein Leben zurück: Da hatte der Schüler Bernd in einem kleinen Park vor Yvonnes Haus gestanden, in die Nacht seiner Sehnsucht gehüllt, eine kühle Haut über seiner erhitzten, die ihre sich erträumend. Die Lehrerin, mit ihrem Mann soeben aus der Emigration ins zerschossene Berlin zurückgekehrt, war ein Stern – so nah und so fern. Ihr Geschichtsunterricht machte ihn süchtig, ihr Haar, ihre Figur, die leger-fremdartige Weise sich zu kleiden, sog er in sich ein wie alles, was sie von Weimar, von Willi Münzenberg und Erich Mühsam erzählte, was sie mitbrachte an seltsam-verwirrenden und zugleich deutlichen Fotos eines Mannes namens John Heartfield oder Bildbänden von George Grosz. Dr. Yvonne Bärenbach war alles in einem: Kulturhaus und Rauchsalon, Flimmerbar und Kinofilm. Ein wabernder, duftender Nebel, fernnah, in dem Bernd verschwand, der ihn richtungslos werden ließ.

Es hatte nichts mit Begreifen zu tun, es war ein Hautprikkeln, ein Funke, der seinen Körper entlang tänzelte, die Poren zündelte: ihre so fremde Mischung aus Nonchalance, Ernsthaftigkeit und lässiger Eleganz. Ein Jagdhund hatte Witterung aufgenommen, die Spur ging ins Unbekannte. Er verstand nicht genau, was Dostojewskijs «Großinquisitor» mit Anna Seghers' «Das siebte Kreuz» zu tun hatte, und vielleicht war es mehr die Bewegung der linken Hand, mit der sie das Haar zu bändigen suchte, war es mehr ihre Stimme als der Inhalt ihrer Sätze, was ihn in einen Fiebergarten der Neugier jagte. Er las Feuchtwangers «Exil» – weil sie es ihm geliehen hatte. Er wollte sie lesen. Seine Gefräßigkeit war Umweg.

Sie hatte eine Klassenreise angesetzt, es sollten ein paar Schlösser der Mark Brandenburg besichtigt werden, um den Schülern deutlich zu machen, was «Preußen» einmal gewesen war; ihre undurchsichtigen Beziehungen zu den russischen Besatzungsbehörden hatten das ermöglicht, den Bus und die Reisegenehmigung und die Unterkunft. Beim ersten Abendessen in einem kleinen Herrensitz nördlich Berlins – requiriert als Erholungsheim für kommunistische Funktionäre und sowjetische Offiziere – hatte die Explosion gezündet, ein Schmerz hob die Schädeldecke, zerblähte und vertaumelte sein Hirn: Sie hatten sich angeblickt. Nackt, von diesem Sekundenblitz entkleidet, saßen sie an der langen Tafel vor Blutwurstscheiben, zerschnittenen Tomaten, Gurkenringen, blassem Brot und länglichen bleichen Käsestücken. Die Bewegungen der Klassenkameraden versanken in einem Aquarium, ihre Worte drangen durch ein Sieb – jeder Zusammenhang war gerissen.

Bernds Gang durch den Park war Flucht und Belagerung. Er witterte, voller Tücke, Gier – ein Tier auf Fang. Es war eine jener märkischen Herbstnächte, deren kühle Glasluft erst allmählich ins Grünviolett-Tintige verschwamm, die jedes Geräusch dünn werden ließ. Man meinte den Geruch der Kartoffelfeuer zu schmecken, dabei war es der bittere Duft des ersten Herbstlaubs und brennender Farbbüsche. Die kleine Burg lag, offenbar Marotte des früheren Besitzers, in ein Riesenkissen blühender Dahlien gepolstert, ein blasses Steinkleinod auf Samt aus Dunkellila und Bordeauxrot und Honiggelb und Orange, ein Katafalk im Farbschaum des vergehenden Jahres. Es war Bernds Lieblingsjahreszeit, von einer leise ziehenden Melancholie. Noch wußte er nicht, daß dieses aufschäumende Sterben Erotik war.

Das Grundstück grenzte an einen See. Weit verweht hörte er jemanden zur Laute singen,

«Es war ein König in Thule
Gar treu bis an das Grab,
Dem sterbend seine Buhle
Einen goldnen Becher gab.»

Der Klang zerstäubte, Wasser kräuselte ihn fort, spülte nur einzelne Worte wie «leert» und «Becher» und «sterben» herbei, bis jäh, laut, deutlich zu hören war:

«Dort stand der alte Zecher,
Trank letzte Lebensglut,
Und warf den heilgen Becher
Hinunter in die Flut.
Er sah ihn stürzen, trinken
Und sinken tief ins Meer.
Die Augen täten ihm sinken;
Trank nie einen Tropfen mehr.»

Es war die Stimme von Rudi Fels, einem kräftigen Burschen, der zwei Klassen weiter kurz vor dem Abitur stand und bei Dr. Bärenbach Nachhilfeunterricht nahm. Bernd war dessen unbekümmerte Sportbegeisterung immer fremd gewesen, und er wunderte sich jetzt weniger darüber, daß Rudi überhaupt hier war, als vielmehr über die verlorene Traurigkeit seines Gesangs. Aber in ihm war wenig Raum für Wahrnehmung des Fremden, so gespannt surrten die eigenen Nerven, er spürte wie nie zuvor: sich. Um ihn war nur Lockung – das wispernde Schilf, dessen kleine Säbel schnitten, die weiche Wärme des moorigen Uferbodens zwischen den Zehen, die zweite Haut des Wassers, in die er schlüpfte.

Haut, Haar, Finger, Zehen, Hüften, Hals: nicht mehr in Wasser schlüpfte er. Bernd ertrank in einem anderen Körper, schlang fremden Atem in sich, stülpte sich hinein in diese neue, andere Haut als glitte er, aufrollende Schlange, aus der seinen. Er begriff nichts und war doch so gegenwärtig wie ein erfahrener Liebhaber. Endlos angesammeltes Sehnen entlud sich in einer mächtigen Inbesitznahme, quälend und erlösend, vernichtend und erobernd. Der See zitterte, das Schilfhaar im Mund kein Schilf, die weiche Wärme kein Moor. Unter der Schädeldecke splitterte Licht, die Heftigkeit dieser ersten Umarmung war flehentlich. Während Bernd sich in Yvonne schlich, fuhr er in ihre Haut, zog sie über sich, stahl sie, ein Schutzschild gegen die Welt. Er verging in ihr, ein Feuer im

Rauch, sich selber suchend in der Spur dieses Vergehens. Ein Seebrand.

Sie erwachten voneinander, zueinander. Wollten nicht enden. Lauter kleine Wunder übersprühten ihre Körper. Kobolde tanzten aus den Hautfalten. Die Fingerspitzen funkten Takte und keine Ebbe löste sie. Ein Mund ein Haar ein Schenkel ein Bein. Diese Nacht währte fünf Jahre.

Bernd lebte mit Yvonne, deren Ehe eine noble Paßangelegenheit unter Genossen in der Emigration gewesen war. Er lebte mit Ausschließlichkeit, er dachte nicht und er verstand nichts. *Ein* Mensch war entstanden aus zweien. Er rauchte ihre Zigarettenmarke, er trug lächerlich viel Lila, überging Geklatsch in der Schule. Mit 17 Jahren war er ein Mann – und dennoch ihr Kind; «mein Junge» nannte sie ihn. Muttergeliebtesohngeliebter. Fegendes Spiel. Ernst.

Die Schule, bisher urinriechender Ort dumpfer Gleichgültigkeit, war plötzlich ein Zärtlichkeitstempel, der List bot und Versuchung, Blinzeln und Zauber; sie hatte kein Anfang und kein Ende – der Tag dehnte sich von Erfahrung zu Erfahrung: Die Lateinstunde machte Spaß wie der Religionsunterricht oder Geographie. Bernd schnappte nach Wissensteilchen und apportierte sie, lauter kleine Liebesblumen. Sein Gehirn, ein hungriger Schwamm, soff den Horizont aus. Eine einzige Kufe voll Geilheit nach Welt. Der Besuch im halbzerstörten Atelier von Arno Breker am Wannsee und Yvonnes Erzählung über den nazidienerischen Bildhauer und seinen französischen Bewunderer Cocteau, der die Pariser Place Concorde mit Muskelheroen vollstellen lassen wollte, war für Bernd so aufregend wie ihr Lager in einer spätsommerlichen Waldkuhle am Schlachtensee. Die beiden hatten keinen Ort, Bernd wohnte bei seinen Pflegeeltern und Yvonne war verheiratet. Ihr Bett war eine hellblaue Kinderdecke, die Bernd Tag für Tag in seiner Schulmappe aus dem Hause schmuggelte; die breiteten sie irgendwo in einem Waldstück, an einem See, in dichtem Gebüsch aus: «kleine blaue Decke» – das war ihr Kosewort für Liebe. Yvonne war einmal frivol genug gewesen, den Code in einer Unterrichtsstunde zu senden; so mancher habe nicht einmal eine kleine blaue Decke gehabt, als er in die Emigration gejagt wurde, hatte sie gesagt und mit der linken Hand ihr Haar zurückgestrichen. Er konnte nicht einmal darauf achten, ob die Kameraden seine Erektion sahen. Die Ameisen, die sie oft wegschütteln mußten, die Kiefernnadeln unter der Zunge, der Sand im Haar – das alles krabbelte und pikte und rieselte über seinen Körper, als er im Schülerklo auf die schmuddelig grau verschmierte Wand starrte.

«In der Berliner Fickanstalt
Werden die Mädchen festgeschnallt,
Hose runter Beine breit
Ficken ist ne Kleinigkeit»

Worte, in einen riesigen Schwanz hineingekratzt, zerprasselten seine Sehnsüchte, Hagelkörner in einem großen Traum. Bernd übergab sich.

Am Nachmittag bat er Yvonne flehentlich, ihr Kosewort nie wieder zu mißbrauchen. «Es gehört nur uns, es ist das Blinkfeuer zwischen dir und mir – niemand anders darf es sehen.» Bernds Inbesitznahme der Geliebten war von einer selbstverständlichen Totalität; eigentlich will er sie *sein*. Zumindest aber durfte es keine anderen Menschen geben, nicht nahe. In seiner Unerfahrenheit war er nicht einmal eifersüchtig – das hieße ja, auch nur die Möglichkeit einer anderen Nähe sich vorzustellen. Das konnte er nicht. Yvonnes Ehe war ihm ein lästiger Lebensumstand, eine Art unbequeme Verwandtschaft, über die er nicht viel nachdachte. Ohnehin war der Mann soviel älter, er wurde von Bernds Fühlern gar nicht wahrgenommen. Yvonne war die erste Frau, die Bernd besaß – und in seiner animalischen Naivität wollte er sie auch *besitzen.* Das war einfach so; ihre Wimpern und ihre Fältchen in den Kniekehlen, ihr Nacken und ihre Rippenbögen: «Weißt du, daß ich in dir wohne?» hatte er zu ihr gesagt, «du bist mein Haus und mein Durst, mein Dach, mein Kissen und meine Speise. Ich lebe erst seit dir.» Sein falsches Deutsch hatte sie nicht gestört. Aber die fast doppelt so alte junge Frau hatte sich etwas gefürchtet an dem Tag. Diese völlig ungebremste Heftigkeit machte ihr angst. Faltete sie ihren streichelnden Satz «So hat noch nie jemand zu mir gesprochen» auch als leise abwehrenden Schirm aus?

Es war der Ton reißender Seide. Bernd hat sein Leben diese Sekunde nie vergessen. Sie währte einen Lidschlag lang. Ewig. Es *hatte* also jemand zu ihr gesprochen? Nicht so – aber ähnlich? Hatte *überhaupt* mit ihr gesprochen, zärtlich? Ein Junge ihr Haar geleckt, ihre Brüste umkreist? Fremde Augen das Spiel ihrer Zehen gesehen? Ein anderer Mann war je in sie gedrungen?

Bernd war zwar in Tagen ein Mann geworden – aber ein dummer Bursche von 17 Jahren geblieben. In seinem Glückstanz hatte er darüber nie je nachgedacht, über ein «vorher». Er nahm die Wirklichkeit nicht für wirklich.

«Ich mochte es dir nicht gleich erzählen», sagte Yvonne stockend, «aber du hast ja damals das traurige Lied am See gehört: Ich war ein halbes Jahr lang mit Rudi Fels zusammen. Da kamst du – wir wußten es beide, bevor wir es wußten. Und er hat es an jenem Abend vorausgespürt. Es war anders mit ihm», fügte sie hinzu, als sie Bernds Gesicht sah, «mit uns – das ist das eine.»

Sehr früh, schon als Kind, hatte Bernd eine seltsame Fähigkeit entwickelt: bedrohte ihn eine wirkliche Gefahr, trennte er die einfach von sich ab; er verschloß sein Bewußtsein, ließ die Gefahr nicht in sich eindringen, machte das Wirkliche inexistent. Ähnlich gewissen Tieren, die ein Körperteil verlieren können, um sich zu retten, vermochte er ein Teilchen Wahrnehmung auszufiltern; kein Tintenfisch, der sich in seiner Wolke Feinden entzieht – vielmehr war er sich selber nicht mehr spürbar, so, als habe er die eigne Schmerzempfindlichkeit abgeschaltet.

In seiner Familie hatte es einen «spinnerten» Onkel gegeben, in Venezuela lebte der, und oft hatte man sich so amüsiert wie angstvoll von dessen «übernatürlichen Kräften» erzählt; er habe Stunden über Fotos von kranken Angehörigen gebrütet, sie besprochen – und die Verwandten seien, wenig später, Tausende von Kilometern entfernt, geheilt gewesen. Bernd konnte sich selber auslöschen, die Fahlfarbe der Nichtexistenz annehmen, wenn ihn das schützte, «heilte». Ein Moment des Somnambulen, zugleich des Willens. Denn im Moment *wollte* er lieben, *wollte* er Yvonne nicht verlieren.

Er hatte sich festgeklammert ans Glück. Und noch war es nicht erschöpft. So hatte er Yvonnes Geständnis stumm verkapselt, ein eingepuppter Tuberkelbazillus. Lügen konnte Bernd nicht – aber eine Lüge *sein*, das konnte er perfekt.

Noch war übrigens ein Ziel zu erreichen: das Abitur. Das war viel mehr als eine Hürde. Ein sportliches Hindernisrennen, das man irgendwie zu schaffen hatte. Irgendwie: denn es *gab* allerlei Hindernisse.

Seit Beginn des Jahres 1948 war Berlin eine blockierte Stadt. Die Sowjetunion hatte den Westalliierten die Zufahrtswege zu den von ihnen kontrollierten Sektoren gesperrt: Vom Januar 1948 an hatten die Alliierten begonnen, die westliche Hälfte der Stadt durch die Luft zu versorgen. Ab Juni war das die einzige Möglichkeit. Bis März 1949 wurden 147 605 Flüge gezählt, eine «Luftbrücke», über die Eipulver und Margarine, Trockenmilch und Reis, Waschpulver und Zigaretten für mehr als zwei Millionen Menschen eingeflogen wurden. Das

Kriegsende war drei Jahre nach Kriegsende wiedergekehrt: keine Kohle, Stromsperre, Gasrationierung.

Bernds Abiturvorbereitung lief buchstäblich im Dunkeln ab – bei flackerndem Bunkerlicht und mit Handschuhen gegen die eisige Kälte im Zimmer. Ohne Hemmungen fuhr er zwischendurch mit der U-Bahn in den Ostsektor, wo es Braunkohle-Briketts gab und Kartoffeln und Roggenmehl. Diese Hamsterer waren bei den Westberlinern verpönt, sie wurden in den Zügen angepöbelt und gelegentlich auch auf dem ersten Westberliner Bahnhof, wo sie mit Handwagen, Rucksäcken und mächtigen Hamstertaschen anlandeten, verprügelt von denen, die wieder einmal Frontstadt-Geist hatten und forderten. Bernd scherte das wenig – sein krasser Egoismus und die Rattenerfahrung des letzten Kriegsjahrs im zerbombten Berlin machten ihn taub und tüchtig. Ungerührt rannte er zu einer Telefonzelle, wenn eines der alle dreieinhalb Minuten landenden Flugzeuge verunglückte: Wer eine solche Nachricht als erster an eine Agentur durchgab – «Gerade brennt 'n Rosinenbomber» –, bekam 5 Reichsmark. Mit derselben geradeaus laufenden Rücksichtslosigkeit bereitete er sich auf die letzte Kurve im Hindernisrennen vor: Er mußte einen Trick finden, wie er das Abitur bestehen konnte, obwohl er die letzten drei Jahre den Mathematikunterricht so konsequent geschwänzt hatte, daß er – als er einmal die Uhrzeiten verwechselt hatte – die Tür zum Klassenzimmer, in dem die Kameraden über einer Arbeit gebeugt saßen, mit einem «Oh, Verzeihung» wieder schloß und spazierenging.

Mit Yvonne hatte er darüber nie gesprochen. Sie mußte es aus Lehrerkonferenzen wissen – aber ohne Verabredung galt bei ihnen eine Übereinkunft: kein Wort über Schule, Lehrer, Schüler. Ohne die geringsten Skrupel hatte er im Spätherbst seinen Mathematiklehrer erpreßt. Als Bernd es einmal nicht rechtzeitig geschafft hatte, nach dem begehrten Schulspeisungskakao mit Keksen fortzuschleichen und «Ollepup», der Mathe-Lehrer, etwas zu früh vor Beginn der Stunde auftauchte, saß er in der Falle. Mit Behagen holte ihn Dr. Mechsler an die Tafel, «Bitte konstruieren Sie eine Ellipse». Bernd nahm ein Stück Kreide, malte ein ungefüges Ei an die Tafel und setzte sich im Gelächtergeprassel. Am Ende der Stunde hieß ihn der Lehrer warten und stellte ihn eher besorgt als wütend zur Rede: «Was denken Sie sich – wie wollen Sie auf diese Weise je das Abi bestehen. Sie nehmen seit drei Jahren nicht am Unterricht teil. Was meinen Sie, wenn ich das melde?» Bernd sah sofort seine Chance, der Lehrer hatte sie ihm mit dem letzten Satz gewiesen. «Das tun Sie man getrost», sagte er unverschämt ruhig, «mal sehen, für wen von uns beiden das unangenehmer wird. Hauptsache, ich komme nicht ins Mündliche.»

Das war inzwischen seine Strategie, so einfach ausgespäht wie gemein. Der Beste in Mathematik war hilflos in Deutsch; und er rauchte heimlich, viel. Aber es gab noch Zigaretten- wie Lebensmittelmarken. Bernd besorgte Zigaretten aus dem Ostsektor, 200 R 6 aus dort freigegebenen Kriegsbeständen – und machte ein Geschäft: «Ralph, hier sind hundert Zigaretten. Die zweiten hundert kriegst du hinterher. Du mußt mich in Mathe abschreiben lassen. Ich schreib dir den deutschen Aufsatz. Das Technische regle ich.»

Das Technische war aber kaum zu regeln: er mußte Yvonne umgehen. Sie schwamm außerhalb seiner Schmutzwasser, es war selbstverständlich: sie durfte nichts wissen. Sie durfte vor allem am Tage der schriftlichen Abiturarbeit in Mathematik nicht Aufsicht führen. Bernd hatte exakte Pläne. Yvonne aber paßte nicht hinein. Die Tage für die einzelnen schriftlichen Klausuren in Englisch, Latein, Deutsch und Mathematik lagen fest. Aber welcher Lehrer zu welcher Stunde an welchem Tag Aufsicht führte im für die Abiturarbeiten ausgeräumten

Turnsaal – das lag nicht fest. Bernd wußte: War Yvonne da, dann fiel er durchs Abitur. Er mußte den Menschen, dessen Nähe sein Glück war, fernhalten, er mußte sie vor sich bewahren; aber wie?

Bernd hatte auf einem wackligen Bauzaun balancierend am Abend, bevor die Parallelklasse dran war, durchs Fenster des Saals gesehen: Die Pulte waren weit auseinandergeschoben. Abschreiben konnte da niemand. So hatte ihm an den langen Abenden und in den frühen Morgenstunden, wenn unentwegt die Dakotas, Yorks oder Skymaster über die Dächer rumpelten, der Mangel seine Idee eingegeben: Er besaß, von vielen Mitschülern darum beneidet und heimlich wohl auch von den Lehrern bewundert, einen dicken silbernen Vierfarbstift; Erbstück des Vaters. Kaum ein Schüler hatte farbige Stifte, schon im Zeichenunterricht oder in Geographie hatte seine Trophäe stets die Runde gemacht. Die Lehrer waren es gewohnt, daß der Farbstift während des Unterrichts ausgeliehen wurde. Jetzt hatte er die Lösung.

Es war ein kühles Frühjahr nach dem Winter ohne Heizung und ohne Licht. Yvonne und Bernd hatten ein winziges, schmutziges Bürozimmer für ihre Liebe, ihren «Stall», wie sie es nannten: Im Ostsektor hatte man ihrem Mann einen Forschungsauftrag für Exilliteratur angeboten – und in diesem Bücherlabor trafen sie sich heimlich. Sie hatten die Alternative: Schreibtisch oder Fußboden. Statt der kleinen blauen Decke nun die gelben Bände des Malik-Verlags, die roten Heftchen der «Weltbühne» oder die schwarze Pappe von Alfred Kantorowicz' Broschüre «Verboten und verbrannt». Es war mehr die unbequeme Umständlichkeit als das Gefühl der Unanständigkeit, was sie schon im März «ausziehen» ließ.

Zwei Tage vor dem Abitur vergaß Bernd die kleine blaue Decke. Sie lagen im dünn wegdämmernden Frühlingslicht, winzige Spinnen und Raupen fielen von den knospenden

Blättern der Birken und Weiden, das vermooste Gras war feucht wie sie beide; Bernd hüllte sich in Yvonnes Mandelgeruch und spann sie in seine unersättliche Begierde, immer und immer noch einmal. Er war der hauchzarte Liebhaber und der rechenhafte Verbrecher, der da stieß und streichelte und leckte und Weidenkätzchen ins Haar flocht. Bernd erfickte sich sein Abitur.

Am nächsten Tag lag Yvonne mit einer schweren Erkältung zu Bett. Beim Kontrollieren der Mathematikarbeit wechselten sich Zeichen- und Geographielehrer ab. Sie kannten Bernds Stolz – den dicken, kantigen Silberstift mit den vier farbigen Minen. «Darf ich mal den dämlichen Vierfarbstift von Bernd haben», meldete sich verabredungsgemäß nach eineinhalb Stunden Ralph, und nach weiteren dreißig Minuten erbat Bernd sich den zurück. «Würden Sie mir wohl meinen Stift wiedergeben?» Der Lehrer übergab freundlich die Schmuggelware – der Stift war leer. Vielmehr gefüllt: mit hauchdünnem Seidenpapier, das hatte Bernd von jenem Schreibtisch geklaut – und darauf standen die Lösungen seiner Aufgabe, mit eingearbeiteten Fehlern; besser als mit einer mittleren Note wollte, durfte er nicht abschneiden.

Der Rest war leicht. Das Gegengeschäft, der deutsche Aufsatz, wurde in der Klopapierrolle versteckt – und zur eigenen Erleichterung, als Tanzspiel nach der Angst des Vortags, aber auch zum Schrecken der Lehrer verfaßte Bernd in den vier Vormittagsstunden gleich alle drei Aufsätze, statt ein Thema auszuwählen. Am meisten Spaß hatte ihm gemacht, Stefan Zweigs «Verwirrung der Gefühle» als wichtiger, moderner und daher junge Menschen eher betreffend darzustellen als die Pappklassik von Goethes «Iphigenie». Yvonne mochte ihm zu dem «Seelenparfüm» nicht raten.

Ihr war es aber gelungen, eines der seltenen Exemplare des soeben erschienenen, auf dickem Holzpapier gedruckten, in

Karton gebundenen «Dr. Faustus» von Thomas Mann zu ergattern. Den hatte Bernd – wie alles, was sie ihm gab – verschlungen, nächtelang, je zwei Kerzen rechts und links neben dem Buch. Ein Wunderkind mit drei Abituraufsätzen wollte sich das Lehrerkollegium nicht entgehen lassen. So war der letzte Vormittag von Bernds Schulzeit ein Abgang auf federndem Trampolin. «Über Thomas Manns neuen Roman ‹Dr. Faustus›», sagte er tückisch bescheiden, als der Schulrat ihn fragte, worüber er mündlich nach den drei eher fehlgegangenen Aufsätzen referieren wolle. «Denn Stefan Zweig in allen Ehren, mein Lieber – aber das gegen Goethe zu setzen, war wohl ein ziemlich plattes Spiel.»

Yvonne saß zwischen dem Schulrat und dem Mathematiklehrer. Sie hatte einen violetten Rollkragenpullover an, spielte mit einem silbernen Drehbleistift, und als Bernd begann, den Untertitel «… erzählt von einem Freunde» als vorgeschobene Identität des Emigranten Thomas Mann zu erläutern, der schon im zweiten Satz von «unserer umdrohten Festung Europa» spricht und von «den Geheimnissen unserer Einsamkeit», schob sie sich mit der linken Hand die Haare aus der Stirn. Da sprach klirrend, federnd, hart und eigensinnig, ein Mann: Es war jetzt seine Frau, sie signalisierte das Ende des Versteckens, und er herrschte den nach dreißig Minuten unterbrechenden Schulrat an: «Lassen Sie mich bitte ausreden – ich muß hier eine längere Passage zitieren dürfen, um die komplizierte Personenkonstruktion, die Frage, mit welcher Stimme spricht der Autor, zu verdeutlichen. Hören Sie:

‹Aber lieben? Wen hätte dieser Mann geliebt? Einst eine Frau – vielleicht. Ein Kind zuletzt – es mag sein. Einen leichtwiegenden, jeden gewinnenden Fant und Mann aller Stunden, den er dann, wahrscheinlich eben weil er ihm geneigt war, von sich schickte – und zwar in den Tod. Wem hätte er sein Herz eröffnet, wen jemals in sein Leben eingelassen?

Das gab es bei Adrian nicht. Menschliche Ergebenheit nahm er hin – ich möchte schwören: oft ohne sie auch nur zu bemerken. Seine Gleichgültigkeit war so groß, daß er kaum jeweils gewahr wurde, was um ihn her vorging, in welcher Gesellschaft er sich befand, und die Tatsache, daß er sehr selten einen Gesprächspartner mit Namen anredete, läßt mich vermuten, daß er den Namen nicht wußte, während doch der andere ein gutes Recht zur Annahme des Gegenteils hatte. Ich möchte seine Einsamkeit einem Abgrund vergleichen, in welchem Gefühle, die man ihm entgegenbrachte, lautlos und spurlos untergingen. Um ihn war *Kälte* –»

Die Abiturfeier war Bernd ein lästiger Karneval. Ein etwas stockiger Stolz in ihm hatte schon seit der Kindheit Verkleidungen abgelehnt – Indianerfederhauben oder Seeräubermützen und Augenklappen: Er hatte das nie gemocht. Er war immer in seine eigene Rolle verliebt. Nun sollten sie «Die Laune des Verliebten» im Schulhof spielen und er in einem lächerlichen Rokoko-Kostüm mit Schnallenschuhen, weiß gepudert und eine dicke schwarze Warze auf die Nase geschminkt, den Eridon mimen. Der Hof war beleuchtet von sechs großen Gasleuchtern, die Bernd besorgt hatte – von «seinem Ami»: ein fetter, bleicher Armeepriester; der hatte einmal beim Konfirmandenunterricht über Amerika erzählt, und zum Entsetzen der Jungens aus einem großen Paket nicht Schokolade oder Kaugummi hervorgekramt, sondern – lauter kleine kitschig-bunte Taschenbücher. Bibeln.

«Det nehm ick nich», hatte Bernd empört gefaucht und hinterher zu seinem Freund Günter gesagt, «Dis kostet den teuer, den nehm ick noch aus.» Da kamen also die Armeescheinwerfer her, die vorne das Gelispel – «Hier sind die Blumen» – «Gut» – «Seht doch, wie schön sie sind! Die Nelke brach ich dir» – fahlgrell bestrahlten und hinten den Kartoffelsalat mit Schrippen und die Pappbecher mit Alkolat, aufgebaut auf einem großen Tisch aus dem Biologiezimmer. «Weicher Schanka, was?» hatte Bernd das Buffet getauft und sich absichtlich Senf auf das Spitzenjabot gekleckert. Er fühlte sich zu einem «Biologie-Witz» verpflichtet, weil er gänzlich unerwartet noch in Biologie mündlich geprüft worden war und, mit unverschämter Geschwindigkeit über Goethes Farbenlehre schwatzend, sich eine Eins und damit ein Sehr Gut fürs gesamte Abitur ergaunert hatte; die Kameraden waren darüber so belustigt wie wütend.

Bernd schlich sich von diesem Abend fort wie viele Jahre von der Schule: gleichgültig, leer, etwas frierend. Jetzt war es endlich vorbei. Vorbei aber auch die doppelbelichteten Stunden, in denen Yvonne am Katheder stand und mit ihrem leicht fremd klingenden Ton von Hugenbergs nationalistischem Zeitungskonzern sprach – während er sie nackt sah, ihre Stimme in so anderer Melodie hörte und, schrieb sie Strasser oder Ufa an die Tafel, auf ihre Fuchsschweife unter den Achseln starrte. Es war wunderschöner, sirrender Unvernunftsunterricht gewesen, der nur ihm gehörte, nur seine Poren nahmen alles ineinander auf; nur sein Hirn fotografierte allesaufeinmaldurcheinander, GeschichteundLust: HorstWessellippe und Thälmannbauchnabel und NiekischLeberfleck und HitlerVotzenlöckchen und AIZfick.

Auch das vorbei?

Vorbei und anders neu. Den nächsten Abend hatte Yvonne ihn zu sich nach Hause eingeladen. Er war ein paar Mal kurz dort gewesen, hatte auch flüchtig und ohne Interesse Dr. Bärenbach begrüßt und nie Schwierigkeiten gehabt «Ist Ihre Frau da?» zu fragen. Der Mann war ihm so wichtig wie irgendein technisches Teil – es gab ihn, er war wohl nötig, wie Glas im Fensterrahmen: es ist da, es hält Regen und Kälte ab, aber man nimmt es nicht wahr.

An diesem Abend öffnete Dr. Bärenbach, lächelte, sagte sehr nebenbei: «Meine Frau macht sich noch schön für uns – sie ist wohl recht stolz auf ihren Meisterschüler. Ich habe uns eine Maibowle zum Feiern gemixt, ganz international: Krimsekt und ungarischer Riesling und jugoslawischer Kognak und polnische Erdbeeren. Was sagen Sie nun, Herr Tonio Kröger?» Bernd hatte gelernt, Schreck durch Frechheit und Verwunderung durch Geschwindigkeit zu tarnen. «Na, toll», sagte er und ließ sich nicht anmerken, wie sehr ihn das zweimalige «uns» ärgerte, «da machen meine Lucky Strike die Sache ja komplett. Übrigens wars der ‹Faustus›», schob er noch nach – schnippte aber dem Gastgeber aus dem nach Ami-Art nur an der Ecke aufgerissenen Päckchen eine Zigarette heraus. Das konnte ja ein komischer Abend werden mit dem Alten, spulte sein Gehirn. Gar nicht unsympathisch, auf schräge Weise ähnlich lässig in den Bewegungen wie Yvonne, auch diesen leichten Sington in der Stimme. Wirkt ein bißchen wie ihr älterer Bruder, dachte Bernd und trank von dem zugleich klebrigen wie scharfen Erdbeerzeug.

Die Wohnung sah wie eine Buchhandlung aus, in der die letzte Lieferung noch nicht ausgepackt ist – Kisten, Kartons, Bücherhaufen überall, hinter einem altmodischen Sofa in einer Art Glasvitrine Halbleder- oder Leinen-Ausgaben, Klassiker offenbar, und neben dem Schreibtisch ein Regal voll mit den blauen und braunen Papp- und Kunststoffbänden, von denen er schon einige kannte: Makarenko, Alexej Tolstoi, Lenin, Gorki. Gerade wollte Bernd etwas Schnippisches über «Meine Kindheit» sagen, da kam Yvonne die Treppe herunter, in einem blaulila Wollkleid, eng wie ein zu lang geratener Pullover, eine vielfach geschlungene endlos wirkende Kette aus schwarzen Holzperlen um den Hals und mit der linken Hand, die eine kleine blaue Seidentuchflagge hielt, die Haarsträhne bändigend. Ihr Code machte Bernd übermütig, er drehte eine Rokokoverbeugung, wie er es für die gestrige Schüleraufführung gelernt hatte, sein rostbrauner Wuschelkopf berührte fast den Boden. In Dr. Bärenbachs Lachen und Applaudieren hinein sagte Yvonne, «Dem Herrn Einser-Abiturienten» und reichte Bernd ein graues Pappbändchen: Arnold Zweig, «Allerleirauh», auf dessen Titelblatt stand «25 Jahre nach ihrer Gründung beginnt die Büchergilde Gutenberg mit diesem Buche eines großen Erzählers ein neues Kapitel ihrer Geschichte in einer neuen Zeit».

«Wieso, was, wer ist denn das nun – *Arnold*?» – Bernd hatte nie Scheu gehabt, Yvonne ganz direkt zu fragen. «Ja, mein Herr», sagte offenbar gut gelaunt Dr. Bärenbach, «wer gegen den armen alten Geheimrat von Weimar den Stefan Zweig ausspielt, der soll dann aber auch den Arnold kennenlernen. Der ist nämlich gerade von dort zurückgekommen, wo wir auch waren – aus der Emigration. Und deswegen konnten wir auch gestern abend nicht – da war ein Empfang für Arnold Zweig im Ostsektor ...» – «Und ich habe mir, nein dir, diese Ausgabe seiner Erzählung von ihm signieren lassen», unterbrach Yvonne ihren Mann, «das ist mein Geschenk zum Abitur. Gratuliere – und auf die Zukunft.»

Da hob nun jeder ein sehr anderes Glas. Dr. Bärenbach wollte Bernd gewiß nicht kränken mit seinem ewigen «wir» und «uns». Nur hämmerte in Bernds Kopf ein kleiner Kolben unsunsunsuns – das sind doch WIR – Yvonne und ich. Was quasselt der Kerl mit seiner Erdbeerbrühe denn ständig dazwischen? Zugleich spürte er eine Zusammengehörigkeit der beiden, die anders war als sein Durst, mit dem er Yvonne in sich hineintrank; der da war – für Bernd sogar beruhigend – ernst und heiter und gelassen, alles auf einmal. Eigentlich ein tolles Paar, die beiden, fuhr es ihm durch den Kopf, der alte Bursche sieht ja auch ganz gut aus mit seiner grauen Strubbel-Tolle, der hohen Stirn und dieser ulkigen, geheimrätlichen

Goldrandbrille; Yvonne scheint größer, weil sie so schlank ist und diesen schwebenden, geradezu herrischen Gang hat – während er in seiner dunkelgrünen exotischen gerippten Samtjacke stämmiger wirkt. Daß sie keine Eheringe trugen, fiel Bernd erst auf, als er – was er noch nie bei einem Mann gesehen hatte – den schmalen Goldring mit einem kleinen lila Stein am kleinen Finger von Dr. Bärenbachs Hand bemerkte. Eigentlich könnte ich mit dem Alten ganz gut auskommen. Scheint ja auch nicht doof zu sein. Jedenfalls geht's mir hier besser als gestern abend in Lackschühchen und Puderperücke und dem widerlichen Kartoffelsalat auf Papptellern mit Mostrich ohne Würstchen. Ulkiger Kumpel, dieser Bärenbach, ob er wohl Bescheid weiß?

«Zu Tisch, bitte», rief in dem Moment Yvonne aus dem Nebenzimmer. Das war dann doch eine Überraschung. Ein Tisch mit Gläsern, Kerzen, knitterfarbigen Servietten – Batik nannte Yvonne das –, und in der Mitte eine Glasschale, in der blühende Seerosen schwammen. Alles auf dem Tisch war fremd, die Zuckerschale aus rubinrotem Glas mit einer Art Silberfigur als Löffel, die kleinen schuppigen Bronzeschlangen, mit denen die Servietten beschwert waren oder eine mächtige Salatschüssel aus Holz.

Yvonne war aus seinem See fortgeschwommen, zurück an ein nur ihr bekanntes Ufer. Ihre leicht schräg stehenden Augen, deren irisierendes Schimmern zwischen Grün und Blau ihm so vertraut war – «Opal», hatte sie einmal lachend gesagt, «ein Stein, der Tränen bringt» –, schienen größer im Kerzenlicht und ihre Backenknochen malten kleine Schatten in die Wangen. Indianisch, dachte Bernd plötzlich, sie sieht wie eine Indianerin aus. «Das sind die paar Sachen, die wir von drüben mitgebracht haben, aus unserer Exilheimat Bogotá», erklärte Dr. Bärenbach; er hatte wohl bemerkt, daß Bernd ziemlich ratlos an dem kleinen runden Tisch saß, vor den Schlangen und Blumen und Silbermännlein als Kerzenhalter; Jahrmarkt und Geheimnis zugleich. Spielten die beiden Menschen mit ihm – der eine ihm so fremd, der andere so Teil seiner selbst wie die rotbraunen Haare auf seiner Brust, die er verloren in einer unbewußten Geste der Selbstversicherung zwischen Zeige- und Mittelfinger der linken Hand unter dem Hemdausschnitt zwirbelte; wer gehörte hier zu wem und wer wohin?

«Wir fangen mal mit dem Salat an», sagte Yvonne und füllte einen dunkelblauen Glasteller, «das tun wir ollen Indianer gerne – zuerst was Frisches.» Das Zeug schmeckte scheußlich: salzig, pfeffrig, sauer, ein scharfes Durcheinander von bitteren roten Scheiben, leider keine Tomaten, irgendwas süßlich Weißlichem und ein paar öltropfende grüne Blätter – das einzige, was Bernd als Salat ausmachte. Paprika und Fenchel hatte er noch nie gegessen, und Salat war für ihn eben Kopfsalat in süßer Sauce mit Milch dran, so aß man das in Berlin zur gebratenen Scholle oder auch zu «Hoppelpoppel» – Rühreier mit Schinken. Alles machte ihn hilflos und aggressiv, auch hinterhältig. Er brauchte jetzt erst mal etwas Klarheit. «Erzählen Sie doch – ich weiß zwar dank Ihres Unterrichts –» er wußte nicht, ob er seine Geliebte duzen oder siezen sollte und verfiel in eine manieristische Anrede in der dritten Person – «ein paar Dinge über Exil und Emigranten. Aber eigentlich sehr wenig. Was ist Bogotá? Wo waren Sie und wann denn?» – «Weißt du, das ist eine lange, vielleicht zu lange Geschichte für einen Abend» – Bernd hörte nur, daß Yvonne ihn ohne Umstände duzte; sie darf also: bin ich hier eigentlich das Kind? Aber er verbarg seine Verletzlichkeit und die Neugier war nicht einmal vorgetäuscht: «Ach, eine letzte Geschichtsstunde kann ja nicht schaden – dann hab ich's ja hinter mir – oder?»

«Wissen Sie, es ist einfach und schwierig für uns, darüber

zu sprechen», Dr. Bärenbach schenkte ihm etwas Plattenseer Riesling ein, «als Geschichte ist es rasch erzählt und als Erfahrung kompliziert wiederzugeben. Sie wissen vermutlich –» was Bernd *nicht* wußte – «daß wir beide jüdisch sind, das heißt Yvonne ‹halb arisch›, wie das Goebbels und Co. nannten; ihre Eltern leben noch, beide im französischen Sektor: von denen haben wir übrigens, aus einem französischen Armeeladen, auch die Delikatessen, mit denen wir heute abend schlemmen. Wo gibt's sonst Pastete und Cornichons und Camembert. Meine Eltern haben die Nazis umgebracht.»

Bernd spürte Schwindel. Er wußte nicht, ob von dem ungewohnten Essen, vom Wein, von der Lakonie des Berichts. Er spielte mit der kleinen Bronzeschlange, die böse Augen hatte; sie konnte jeden Augenblick zubeißen. Es war dämmerig in dem kleinen Zimmer und die Luft süßlich-verbraucht. «Wir trafen uns in Menorca, Yvonne und ich, gleich 1933; das ist eine kleine spanische Insel, und Spanien war damals ein freies Land, wo man sich vor den Häschern gut verstecken konnte. Meine Frau, ein junges Mädchen aus begütertem Hause, ich hatte eine angeknabberte, verpfuschte Hochschullaufbahn, sie etwas Schmuck von der Großmutter und ein wenig Geld, ich ein paar dürftige Spanisch-Kenntnisse. Unser Startkapital. Wir wollten eine Hühnerfarm aufbauen. Dann kam der Spanische Bürgerkrieg, Franco – für Sie wird wohl ‹Legion Condor› eher das Stichwort sein?»

Eine steigende Aggressivität merkte Bernd in der fahrigen, kurzatmigen Erzählweise des Mannes. «Ich war nicht in der Legion Condor, Herr Doktor», sagte er ziemlich scharf, «ich weiß wenig von den Dingen, die Sie erzählen, und ich wüßte gerne mehr, als aus dem ‹Alkazar›-Film, den ich als Kind sah, aber ich habe nicht vor, mich für etwas zu entschuldigen, das mit mir nichts zu tun hat.» Er war unversehens noch schärfer geworden, hatte das Gefühl, das bittere Zeug mit Schinken umwickelt, das Yvonne ‹Chicorée› genannt hatte und das halbroh schien, war mehr daran schuld als Dr. Bärenbachs Erzählung. Oder der Umstand, daß Yvonne einfach das Zimmer verlassen hatte.

«Hier, sieh dir das mal an – ein Foto von uns aus dem Spanischen Bürgerkrieg.» Sie kam mit einer abgewetzten Ledermappe, vollgestopft mit zum Teil zerknitterten Fotos. Bernd sah einen sehr jungen bärtigen, schlanken und ziemlich verwahrlosten Mann neben mehreren fast zerlumpten Kerlen, Kakteen, Palmen – und ein kleines Mädchen in Hosen mit Pagenkopf. Das war mal Yvonne gewesen? Sah aus wie deren kleine Schwester. In ihm quirlten Neugier und Abwehr. Er wollte das alles nicht wissen – und doch wieder genau wissen. Vor allem das nächste Foto machte ihn böse, traurig – trieb ihn weit weg. «Sieh mal, ist das nicht absurd – hier sind wir in Paris, nach Francos Sieg, zu arm, unser winziges Zimmer zu heizen. Eine gemeinsame Freundin, Schriftstellerin im Exil, hat das Wackelfoto gemacht. Liegen im Bett, vor Kälte, und wir stricken – jeder an seinem Ende eines langen Schals. Wenn du das siehst, weißt du, was Exil hieß. Elend, Armut, Kälte – aufeinander angewiesen sein.»

Und er? Was dachten sich diese beiden Schalstricker? Und sein Elend, seine Kläglichkeit, seine Armseligkeit? Sein Magen schrie, die Kehle ein Stein – Bernd ertrank in einem Wirbel: Er liebte Yvonne, er mochte sogar diesen fremden Mann, der nach einer strengen Seife roch, er spürte auch, daß ihm da etwas Wichtiges, Ernstes, Schreckliches erzählt wurde; aber es widerte ihn zugleich an, er wollte keine Vertraulichkeiten, wollte sich nicht zwischen Falsch oder Richtig entscheiden müssen.

«Etwas Camembert und einen Schluck Rotwein zum Schluß?» – Yvonnes Stimme weckte ihn. «Weißt Du, oft war es natürlich auch komisch – als wir in Südamerika ankamen, hatten wir ja keine Ahnung, was uns erwartet, wie und wo und wovon leben. Und da fiel mir ein: Ich hatte mich als Kind besonders gern heimlich in die kleine Schokoladenfabrik meiner Großeltern geschlichen, nicht zum Naschen, sondern um zuzusehen, wie dieses oder jenes Konfekt hergestellt wurde – alles mit der Hand: wie da eine Walnuß eingewikkelt wurde und dort eine Kirsche im Marzipan verschwand, immer in dieser braunen Schokoladenmasse. Daran erinnerte ich mich – nun in einem Land des Kakaos. So fing ich an, in einem alten Ziegenstall mit einem klapprigen Eisenofen in leeren Blechbüchsen herumzukochen, Datteln oder Feigen zu kaufen, Kaffeebohnen auszuprobieren, zu panschen und zu rühren ...»

«Hier sind welche von Yvonnes ‹handtipped candies›, sie zaubert sie jetzt manchmal noch, eine Schattenbeschwörung» – Dr. Bärenbach brachte auf einem bemalten Holzteller kleine Konfektstücke, Datteln in Marzipan und Schokolade. Bernd war inzwischen leicht betrunken, fand die Vorstellung, seine Geschichtslehreringeliebte in einem südamerikanischen Ziegenstall mit alten Nescafébüchsen hantierend sehr komisch, hob ein Konfektstückchen als Trophäe hoch und sagte «Auf unsere Squaw».

Doch die Stimmung war umgekippt. Durch den Alkoholnebel nahm Bernd nur vage wahr, daß Yvonne gar nichts mehr sagte, weder aß noch trank – und daß sie in diesem Schweigen zu Dr. Bärenbach hinüberschwamm. Die beiden Entronnenen saßen nicht mehr im Westberliner Eßzimmer mit französischer Pastete und ungarischem Wein; sie klebten unter der sengenden Hitze eines fernen Landes, sie waren nicht beschienen von den herunterkleckernden Kerzen aus dem PX-Store, sondern vom beinernen Mond hinter den Anden. Bernds «unser» war Einmischung. Auch Dr. Bärenbach war jetzt ziemlich betrunken, er hatte sich in sein Schutzschild

Arbeitszimmer zurückgeschlichen, eine Kampfkröte hockte auf einer Lehne des blöden, verschlissenen Samtsofas mit den Büchern in Glas dahinter und schnappte durch die offene Verbindungstür unüberhörbar: «Komisch – komisch war es nun ganz und gar nicht. Kein Geld, keine Wohnung, keine Arbeit, keine Freunde, nichts zu essen – Wildnis, Dschungel, fremd, alles fremd, die Sprache, die Menschen, ihre Kultur, ihre Sorgen, ihre Freuden. Komisch – in einem alten Chevrolet die Botschaften der Vereinigten Staaten, Belgiens oder der Schweiz abzuklappern, mit einem Karton Schokolade vorm Bauch? Komisch – ein Hausierer, dessen Frau im Ziegenstall panschte und rührte? Komisch – von der Tür gewiesen zu werden, das in der Hitze zerfließende Schokoladenzeug im Cornflake-Kästchen? Komisch – ‹Heute nix für Sie, Mister, vielleicht morgen. Herrschaft nicht zu Hause, Mister›?

Es war die bitterste Schokolade der Welt, die ‹unsere Squaw› da zusammenpanschte, junger Mann – derweil Sie ja wohl mit Papa und Mama in den Ostseeferien Hakenkreuzfähnchen an den Strandkorb klemmten. Laß mich ausreden –» der Wein schwappte aus seinem Glas, als er Yvonnes Versuch zu unterbrechen, beiseite fegte – «die hatten ja sogar recht: wir *hatten* morsche Knochen, und wir zitterten. Unsere Angehörigen verschleppt oder ermordet, unser Vermögen gestohlen, unser Land ‹aberkannt›, verjagt in die letzten Winkel dieser Erde, paßlose Niemande, Aussätzige, Läuse, Ungeziefer. Nein, Yvonne, es war *nicht* komisch; und wenn einer es weiß, dann bist du es; wir wären nicht einmal verheiratet, wäre es komisch gewesen.»

Bernd wollte nur noch weg. Er war hier überflüssig, Fremder, Feind, Eindringling. Er war zu jung, um zu wissen, wie man das macht, einfach zu gehen. Er hatte auch das merkwürdige Gefühl, daß der betrunkene Dr. Bärenbach recht hatte, war gar nicht beleidigt – nur fehl am Platze. Irgend etwas stimmte auch zwischen diesen beiden nicht; er wußte nicht, was es war, dieser Widerspruch zwischen dem «uns» – das ihn so gestört hatte – und einer Art Trennwand zwischen den beiden: sie waren Freunde; kein Paar. Dr. Bärenbachs überschwappendes Glas gab ihm die rettende Idee ein: «... und ein letztes Glas Rotwein hatte sie vorhin gesagt. Vielen Dank dafür – und für alles. Die Geschichtsstunde ist immer meine Lieblingsstunde gewesen. Dies war wohl auch eine. Und die letzte.» Er sah Yvonne an, daß sie verstanden hatte. Dr. Bärenbach blieb auf der Sofalehne hocken, seine bohemehafte grüne Cordjacke war in der Dunkelheit schwärzlich und ließ die grauen Haarbüschel weiß scheinen über den unmäßig buschigen schwarzen Augenbrauen. «Tja, Herr Abiturient», sagte er ganz unaggressiv, «es war ein Stückchen Geschichte. Und es war vielleicht Ihre letzte Stunde, wie Sie es nennen. Wir ziehen nämlich mal wieder um. In den Ostsektor.»

Blitznacht Feuersturz Finsterstern Kreiseltosen. Weg. Bernd war weg und ganz da. Seine Haut war gebläht, ein schlotternder Anzug um ihn, er konnte den eigenen Körper nicht fassen, das Haar floh die Schädelhaut und die Augen saßen im Mund. Keinebeinefüßearmehände. Die Nacht ein Abschied und eine Ankunft – Entsetzen drehte sich in Lebensgier zu einem dicken festen Tau. Bernd hatte Glück in sich gesogen mit Yvonne, er wollte es nicht loslassen. Und er hatte unter dem Haß dieses Mannes Freundlichkeit gespürt, Traurigkeit.

Gelandet war er in dieser Nacht in «seinem Club» – das war ein amerikanischer Offiziersclub, unauffällig in einer Kurfürstendammetage untergebracht. Anders als in dem vornehmen NAAFI-Club der Engländer am Reichskanzlerplatz, wo nie ein Deutscher und Zuhälter Zutritt hatten, ließen die Amerikaner allerlei Schwarzmarktschieber in ihr Etablissement; denn nicht nur der Chrom ihrer Straßenkreuzer blitzte vor der Tür, sondern auch so manches schimmernde Schmuckstück, so manche Leica, so manches Tafelsilber verwandelte sich da oben in Camel, Nescafé oder Hershey-Schokolade. Der Club war Markt und Messe. Man kam hinein, wenn man die Rituale kannte: Protzige Kleidung und dickes Trinkgeld für den «Door-Man». Bernd hatte sich für diesen Zweck, um den geliebten grünklebrigen Pfefferminzlikör genießen zu können wie die Glenn-Miller-Musik, eine Uniform entworfen: des toten Vaters dunkelbrauner Zweireiher mit Nadelstreifen, blau-gelb-orange gestreifte Krawatte und geknöpfte weiße Wildledergamaschen zu glänzenden Halbschuhen – alles abgestimmt auf seinen rostbraunen Haarschopf. Perfekte Mischung aus Zuhälter, Schieber und Strichjunge.

Heute abend leistete er sich die teureren Pall Mall und trank scharfe Gin-Martinis. «Lemon-Twist» bestellte er trotzig. Die süße Klebrigkeit aus den verbeulten Büchsen im Ziegenstall lag noch als Leim auf der Zunge und im Magen. Ein pfeildünnes Boot ritt auf dieser Welle zurück. In dem Gewölk aus Angst, Alkohol, Qualm hielt er sich an einem einzigen Gedanken fest: Ich lasse sie nicht los. Auf ein Foto, ganz zu Anfang, hatte sie ihm geschrieben:

«Amicus fidelis, protectio fortis; qui autem invenit illum invenit thesaurum. Ecclesiasticus 6,14
Yvonne-Leben»

In diesen Schatz krallte er sich hinein, torkelndwach hellbenebelt – es war sein Zentrum, das gab er nicht auf und nicht her, glückstoll, verliebt, berechnend: Ein besitzgeiler, habsüchtiger Bankier, noch im Schiffsuntergang seine Schatulle an sich pressend.

Aber es ging kein Schiff unter. Es stampfte vielmehr eines von Rostock nach Hiddensee, und ein seliger Irrwisch kletterte und tobte durch die Gänge und über die Decks des alten Kastens: Die Bärenbachs hatten ein Haus auf der Ostseeinsel gemietet und Yvonne war dort, um es einzurichten. Bernd hatte drei Wochen vor sich, in denen sie das erste Mal wirklich gemeinsam sein konnten, in einem Haus, einem Bett, einem Ort nur für sich. Keine heimlich verabredeten Treffs und kein Ausnutzen von Kinostunden, Dienstreisen oder Vortragsabenden: Als der Dampfer in Klosters in den Hafen schlingerte, war Bernd über die winkende Figur an der Mole so erregt, daß er seine schnieke Sonnenbrille, teuer erscherbelt bei den Amis, zum Gruß über die Reling warf.

Das Haus lag hoch oben an der Steilküste von Klosters, ein halbrunder, flacher Bau, weiß verputzt, mit altem Reetdach, runden Bullaugen an der Wetterseite und dunklen Holzsprossenfenstern. Es stand in einem gelblich-weißen Flammenmeer blühender Ginsterbüsche, so hoch wie zottelige kleine Bäume, und der Rasen voller fetter Butterblumen war begrenzt von einer dicken Hagebutten-Rosen-Hecke. Yvonne hatte gerade angefangen, das lange verwaiste Haus zu richten, «ich muß das erst peu-à-peu in Schuß bringen», sagte sie, «es gibt hier fast nichts zu kaufen, es gehört Glück dazu, einen alten strohgeflochtenen Stuhl oder einen schönen Holztisch zu finden. Hier, diese friesischen Keramikvasen habe ich in einem Ramschladen entdeckt. Und die Lupinen habe ich auf dem Feld gepflückt – welche Phantasie die Natur hat: Orange und Blau, Lila und Gelb in einer Blüte. Passen sie nicht seltsam zu dieser Picassoarbeit? Die habe ich mir erobert. Du weißt das vielleicht nicht: Dieses Emblem aus vier Gesichtern – schwarz, gelb, rot und weiß – hatte Picasso als Symbol der Völkerverständigung für Brechts Berliner Ensemble entworfen. Aber die hohen Herren verboten das als ‹formalistisch›, so kam die graue Taube auf Brechts Theatervorhang. Aber ich mauere das hier ein – direkt über der Eingangstür –, damit die Leute gleich wissen, zu wem sie kommen. Kein Schiff in der Buddel. Sondern das.»

Für Bernd war es erst einmal zuviel. Hagebuttenpicasso, Ginsterensemble, Brechtkeramik – es vermengte sich, es bedrohte ihn auch, fremdelte. Er wollte das andere nicht in sich hineinlassen. Er nahm es nicht wahr – ein in sich geschlossenes System, das nur für den einen Energiestrom Kraft hatte: Die Liebe mit Yvonne. Nie bisher in seinem Leben hatte er geliebt, war er geliebt worden – was da in ihm nun aufgebrochen war, eine Inbesitznahme von zerstörerischer Kraft, gebar beides: Zärtlichkeit und rohesten Egoismus. Wie ein ihm lange vorenthaltenes Recht trank er Glück, eignete sich diesen Menschen an, einen Fetisch, den er täglich und nächtlich neu verhexte, umtanzte: ihm opferte, indem er sich darbrachte. Yvonnes lange, etwas zu dünne Beine mit schwarzem Flaum an den Innenseiten der Schenkel ließen ihn zittern, nicht nur, wenn er sie leckte, eine zu heilende Wunde. Yvonnes Haar, ein von Kupfertönen durchschimmertes Schwarz, machte ihn benommen vor Begehren. Obszönität kannte Bernd nicht, aber seine Phantasie war schamlos, ein Spiel unentwegt neuer Dimension: Er zwirbelte ihre und seine üppig-buschigen Schamhaare zu winzigen schwarz-roten Zöpfen ineinander und lachte wie ein Kind dazu, «nun kommen wir nie mehr auseinander. Wir sind ja auch beide rothaarig»; denn er bestand darauf, daß sein kastanienfarbenes Haar «rot» sei und sie, obwohl schwarz, «eigentlich rothaarig» sei – «Du hast eben diese durchsichtige Haut aller Rothaarigen», sagte er wie ein Mann voller Erfahrung, und als triumphierenden Beweis zog er ihr da und dort ein kupferleuchtendes Haar aus. Er bestrich ihre Brüste so dick mit warmer Schokolade, bis die zu großen Warzen nicht mehr hervorstanden und leckte sie ganz langsam ab, ein lasterhaftes Kalb im Ziegenstall von Bogotá auf Hiddensee. Er kaufte zu seinem achtzehnten Geburtstag – «Mensch, Yvonne, jetzt bin ich großjährig, mein ganzes Leben lang, und niemand kann mir je wieder etwas sagen» – eine Flasche roten

Krimsekt, füllte ihn auf dem Nachttisch in modische, flache Rauchglasschalen, die Yvonne scheußlich fand, schäumte ihn mit seinem steifen Schwanz auf und beträufelte sie. Er pfeilte sich ins Leben, surrend von einer seit Jahren gespannten Sehne. Pfeil Surren Sehne: Er war es alles zugleich.

Auch so roh. Und sentimental. Eine Woche vor seinem Geburtstag hatten sie einen flimmernden Tag verbracht. Morgens *mußte* Yvonne – «Ich *muß* dir das zeigen», war eine ihrer stehenden Redensarten – ihm das Haus zeigen, in dem Gerhart Hauptmann gelebt hatte; «wie schön und wie traurig zu denken, daß der mal als Revolutionär begonnen, das wütende Publikum warf eine Geburtszange bei der Premiere von ‹Vor Sonnenaufgang› auf die Bühne und der alte junge Fontane rettete als Kritiker den Dramatiker – und dann mußten wir Fotos sehen, ‹Gerhart Hauptmann hebt die Hand zum Hitlergruß›». Bernd maulte nie über diese Exkurse, «Nachhilfestunden», hatte er längst diese kleinen Lektionen für sich getauft, «Du schneidest mit deiner klugen Zunge immer ein Scheibchen meiner Dummheit ab.»

Dann waren sie hinuntergegangen in das kleine Fischerdorf Vitte, dessen Häuser behaglichen Kühen gleich sich ins Gras lagerten, nirgendwo ein Zaun, manchmal ein knorriger, windzerzauster Rotdornbaum neben dem Stall und Klatschmohn in winzigen Gärten vor den niedrigen Fenstern. Viele Türen waren noch zweigeteilt, die obere Hälfte konnte man zum Klönschnack nach innen aufklappen. «Die Zeit steht still, das ist ein dummes, kitschiges Wort», sagte Yvonne, als sie in einer warmen Kuhle hinter dem Strand lagen; Bernd streichelte den blonden Strandhafer in ihre dunklen Haare hinein und rieselte, die Hand eine Sanduhr, den feinen Glimmer über ihren Körper. «Aber weißt du, ein kleines bißchen steht und stand die Zeit doch still. Meine Mutter hat hierher, auf diese winzige vergessene Insel meinen Vater in den ersten

Nazijahren gerettet. Ganz am Anfang durfte er ja noch in seinem Beruf arbeiten – er war Theaterfotograf und war engagiert beim Jüdischen Kulturbund; den gab es noch bis 1940. Aber, dann wurde es schlimm in Berlin: Gelber Stern und keine Lebensmittelmarken und Gestapo und Zwangsarbeit für Mischehen. Hier gab es das alles nicht – und paar Blaubeeren oder eine Kanne Milch vom Bauern konnte man immer ergattern. Da stand ich schon im Ziegenstall von Bogotá …» Bernd hatte ihren Mund verschlossen, hatte sie zugedeckt mit sich aus dem zwanghaften Gefühl «ich will sie beschützen». Von weit her schlug ein Kuckuck ihre Atemstöße, er hörte nicht auf und nicht auf. «Wir sind unsere Blaubeeren und unsere Milch.»

In einer kleinen Teestube gab es markenfreien Streuselkuchen und Hagebuttentee und es gelang ihm, aus den langen Pall Mall-Zigaretten Ringe um ihren Mund zu atmen, ihre Nase, um den kleinen Finger. Seltsamerweise bediente sie ein junger Mann, lustig und fremd mit einer schiefsitzenden Baskenmütze und strubbeligem Bart. «Hätten Sie nicht Lust, meine Bilder anzuschauen», fragte der ganz unvermittelt. «Was'n für Bilder?» – «Ich hab da hinten im alten Stall 'ne kleine Ausstellung, nur so für mich, nix Akademie oder Kunstschule oder so – ich mal für Liebe.» Aus Liebe meinte er wohl, dachte Bernd – aber eigentlich ist *für* Liebe viel schöner. Bernd war das erste Mal in seinem Leben in einer Ausstellung. Bisher kannte er nur das Wort, die Sätze, die Bücher als Lasso um die Welt. Hier nun, im Ohr noch den rauhen Raubschrei der Möwen, in den Augen noch die Wellenrippen des nassen Sands, in der Nase noch den fischigen Geruch des Tangs und in den Poren das Salz und den Wind und die kleinen Säbel des Sichelgrases – hier nun riß etwas auf. Da war das alles auf einmal: Wolkenfetzen und das Silberglitzern des Mondes auf spitzer Gischt und man hörte man schmeckte man tastete mit den Augen die brüllende Brandung und das Wispern der Pappeln und das schwarze Hummelbrummen um die Lupinenkerzen. «Mein Gott, ist das schön», sagte Bernd ganz still; er atmete die Schönheit des Tages nur aus. Und wollte sie *besitzen.* Wie seine Liebe. Immer, wenn etwas ihn berührte, regte sich in Bernd auch eine rasende Besitzgier.

«Was kostet denn das große Bild dort mit den Mondwolken?» Es war eigentlich gar keine echte Frage, nur ein Nachgeben dem Habenhabenhaben-Gefühl; denn der frischgebackene Abiturient, ohne Beruf, ohne Eltern, ohne Einkommen – kaufen konnte der kein Bild. Der junge Maler freute sich über die Freude. Er nannte einen Betrag – aber jeder Betrag wäre zu hoch gewesen für Bernd. Drei Tage lang ging er jeden Nachmittag zu dem Baskenkäppibartmann in den Stall, er nahm das markenfreie steinharte Stück Streuselkuchen und die henkellose Tasse Hagebuttentee mit dort hinein, setzte sich auf eine Kiste, die in groben Druckbuchstaben eine englische Aufschrift trug und wanderte in «seinem» Bild umher. «Ich liebe es»; mehr sagte er nicht. Am vierten Tag war neben dem Bild ein dicker roter Kreidestrich an der Wand. «Was soll denn das?» fragte er den Bart. «Ich habe es heute früh verkauft – stell dir vor, endlich hat jemand was gekauft!» – «Nnnein!» Bernd war vollkommen außer sich. «Verkauft! Aber Sie können doch das Bild nicht einfach verkaufen. Mein Bild! Der Mann versteht das Bild doch gar nicht – es *kann* niemand sonst verstehen. Nur weil irgend so ein Kerl Geld hat, wer weiß woher, irgendein Scheißkerl, mir ganz egal, der hängt sich jetzt mein Bild dahin, irgendwohin, der hat doch keine Ahnung, meine Wolken, mein Mond, meine dahinjagende Nacht.»

Bernd rannte davon, hinauf nach Klosters, verschwitzt, wütend, Steine mit den Fußspitzen beiseite spritzend. «Mein Bild ist verkauft», schrie er Yvonne an, «stell dir vor, irgendein reicher Idiot hat es gekauft, einfach gekauft, man kann doch nicht einfach so Bilder kaufen, nur weil dieser Schimpanse Geld hat, Geld haben alle, was ist das schon – ach, Scheißscheiße.»

Den nächsten Abend, so war es verabredet, wollten sie seinen Geburtstag vorfeiern. «Ich mach uns was Besonderes zum Abendessen – aber du darfst nicht vorher gucken», hatte Yvonne gesagt. «Geh mal noch ein bißchen runter an den Strand. Wir essen in deinem Zimmer – wegen ‹volljährig› und so, der Herr.»

Als Bernd zurückkam, hatte Yvonne eines dieser langen «Pulloverkleider» an, eine Art Woll-Mantel, beigegrau wie der Sand am Meer, um den Hals die endlose Kette mit den schwarzen Holzperlen und das kleine blaue Tuch angesteckt. «Nun komm», sagte sie und drehte eine Rostlocke aus seinem Schopf um ihren Finger. Da jagte die Wolkenmondnacht. Da hing das Bild. Sein Bild. Der idiotische reiche Scheißschimpansenmann mit dem Geld wer weiß woher: Yvonne.

«Ich möchte bei dir bleiben.» Sie lagen in einem blau sich wellenden Meer, ein bis zum Boden hinabbröselndes, lang ausschwingendes Feld kleiner blaßblauer Blüten, die ein brummendes Lied sangen: Tausende dicker schwerer Hummeln hingen in den duftenden Büscheln aus winzigen zarten Kelchen, jede einzelne schneckenförmig nach außen geringelt und an den Stengeln ganz zarte, fächrige Blätter wie Distelhaare. «Unsere kleine blaue Decke – ganz groß. Es gibt sie.»

Bernd hatte sich in Yvonne eingerollt, nuckelte an ihr, ein rotwollenes Lämmchen. «Aber was ist nun mit Ostsektor und so. Zieht ihr weg?» Yvonnes Hand, mit der sie sein Brustfell gelockt hatte, ganz leise die Naht bis zum Bauchnabel hinabgleitend, einmal herum und wieder hinauf, wurde hart. «Ja, wir ziehen um, noch diesen Herbst. Es hat mit Stephan zu tun – und damit auch mit mir.» – «Also gehört *ihr* zusammen, eben doch ihr beide – nicht wir. Du gehst nie von ihm weg, kommst nie zu mir?» Bernd, der Schüler, hatte das nie gefragt; seit einem Monat war er ein Leben älter. Gut, daß der Wind diese namenlosen Blumen fächelte und die Hummeln ein schwirrendes Netz über dieses blaue Meer schwangen. Weit hinten zog ein tuckernder Trecker seine wallende weiße Schleppe hinter sich her, gewebt aus tausend flügelnd vibrierenden Möwenfedern. Der Horizont war zugenäht von einem Zaun, auf dem graue Wolle blühte, die Schafe hatten sie in den Stacheln hängen lassen. Niemand konnte sein leises Zittern merken. Jetzt war auch Yvonnes Stimme hart. «Nein, ich werde von Stephan nicht fortgehen. Und von dir auch nicht. Stephan hat mir das Leben gerettet. Stephan macht sich nichts aus Frauen. Stephan liebt mich. Stephan weiß, daß wir uns lieben. Stephan ist Jude, Kommunist und homosexuell. Ich gehöre zu ihm.»

«Homosexuell?» Bernd hatte soviel nicht verstanden von diesen hervorgepreßten Sätzen, ein trotziges, trauriges Märchen aus fremder Welt; nun wollte er erst mal das Simpelste verstehen. «Ich habe das auch in der Schule schon gehört, das Wort, es war ein komisches Neck- und Schimpfwort – aber ich weiß nicht genau, was es heißt.» – «Du weißt es auch noch nicht, wenn ich es dir erkläre. Es klingt einfach und ist kompliziert: Ein Mann, den der Körper einer Frau kalt läßt, der die Hüften und Schultern, den Nacken und die Schenkel eines Mannes schön findet, streichelt. Für eine Frau ist es schwer und leicht zugleich, das zu verstehen – sie liebt ja selber den männlichen Körper, aber sie kann zugleich schlecht verwinden, daß der Mann ihren nicht liebt.»

«Ich finde das alles gar nicht so kompliziert» – Bernd war selber überrascht, daß er so wenig überrascht war. «Ich kann mir vorstellen, einen Mann zu lieben – wenn ich dich nicht liebte. Aber warum habt ihr geheiratet?»

«Das hat viele Gründe. ‹Geheiratet› haben wir übrigens gar nicht. Du weißt ja sehr wenig von Stephans und meinem Leben. Er ist noch in der Nacht des Reichstagsbrands verhaftet worden, Februar 1933, egal ‹als› was, und im Columbia-Haus am Potsdamer Platz halb totgeprügelt worden. Zufälle, Beziehungen, sein Name – er war schon als junger Mann durch einige Publikationen sogar im Ausland bekannt – halfen ihm zu entkommen. Als ich ihn in Spanien traf, war er ein todkranker Mann – der Fuchs, der knapp der Falle entronnen war. Er ist heute noch schwer krank, die zwei Monate Gestapokeller hat sein Herz nie überstanden. Ein Stück davon war in der Falle hängengeblieben.»

«Aber was ist nun», Bernds Neugier war roh und direkt, «seid ihr nun oder wart ihr verheiratet, ja oder nein?»

«So hör doch zu, ich erzähl es dir doch gerade. Wir waren zusammen in den Internationalen Brigaden, davon hat Stephan ja neulich abends gesprochen, im Kampf gegen Franco. Nach dessen Sieg flohen wir nach Frankreich – erinnerst du dich an das klägliche Schalstrick-Foto aus Paris? Dann kam der Krieg – ich wurde interniert, zusammen mit Tausenden deutscher antifaschistischer Emigranten.»

«Wieso interniert? Von wem? Wo? Ihr wart doch *gegen* die Deutschen, ich meine, die Nazis?»

«Ja, aber für die Franzosen waren wir Deutsche – Antifaschisten oder nicht. Wir wurden eingesperrt, in KZ-Lager. Stephan nicht. Er hatte einen tschechoslowakischen Paß. Die Tschechoslowakei unter Masaryk war ein liberales, demokratisches Land, und sie hat vielen Emigranten geholfen. Heinrich Mann, weißt du das, hatte zum Beispiel einen tschechoslowakischen Paß, auch Thomas Mann. Und mit diesem Paß hat Stephan, mit Hilfe des tschechischen Konsuls, in Marseille ein Papier gefälscht – eine rückdatierte Heiratsurkunde. Ich war Tschechin und ich war seine Frau. Oder umgekehrt. Ich kam aus dem Lager Gurs in den Pyrenäen, kurz bevor die vormarschierenden Nazis mich dort geschnappt und in ein deutsches KZ deportiert hätten. Es war – wie soll ich es dir beschreiben – alles auf einmal: Solidarität unter Genossen; Hilfe unter Juden; Liebe unter Freunden; auch ein Geschäft – denn über Stephan gab es irgendein Dossier wegen einer Jahre zurückliegenden Affäre mit einem Studenten in der Schweiz, das konnte die Einreise in die USA verhindern, solange er Junggeselle war. Und ich hatte noch etwas Geld. Das half uns bei der Bestechung und verschaffte uns die Tickets für die Luxus-Überfahrt im glühenden Bauch des Bananendampfers nach Südamerika, drei Wochen ohne Luft, kaum Wasser, kaum Nahrung, kein Medikament für Stephans Herzanfälle. Ich weiß nicht, ob du das jetzt verstehst, Bernd: Stephan ist mein Mann, egal wie, und ich bin seine Frau, egal wie.»

«Und *ich* bin auch, egal wie, dein Mann», sagte Bernd leise, liebevoll, genau. Die Sonne ging unter im Bodden, eine violette Blutorange, die ganz oval wurde als sie aus dem grünen Glas schmolz in das schäumende Blei. Aber es zischte nicht. Und weil er Yvonne in diesem Augenblick übermächtig stark liebte und begehrte, fügte er hinzu: «Ich könnte mir vorstellen, mit Stephan zu schlafen.»

Diese Frühsommerwochen machten aus der kleinen Ostseeinsel ein vielfach Ding: Liebesboot, das durch die nie endende Brandung gischtete, und historisches Seminar, Debattierclub und Volkshochschule; denn mit lasziver Gier saugte Bernd die zweiunddreißigjährige Frau aus: «Und wie war das nun mit Chagall?» bohrte er, oder «Hast du noch andere Gershwin-Platten?» Im Haus gab es einen kleinen in die weiße Wand gemauerten Kamin aus roten Backsteinen, und Holz lag in Mengen zwischen den sturmverkrüppelten Koniferen; da saßen sie lange Abende, Yvonne zeigte ihm dicke Kunstbände oder legte Schallplatten auf, eine Decke aus tausend kleinen bernsteinfarbenen Fellflicken umgehängt – da saß wieder seine Squaw vor dem Flackerfeuer mit den Schatten unter den vorstehenden Backenknochen, und Bernd, ein Wesen ganz und gar aus Löschpapier von rötlichen Fäden durchzogen, kauerte auf einem riesigen weißen Schafwollkissen und hörte, sah, roch, schmeckte; schlang es alles in sich hinein.

Er lernte, daß man zu Rotwein Käse aß (den scharfen mageren Ziegenkäse holte er mit dem Fahrrad aus Neuendorf) und daß «Lotte in Weimar» der Sehnsuchtsroman des Emigranten Thomas Mann war; daß es einen großen chilenischen Poeten namens Pablo Neruda gab und daß der Schauspieler, den er noch kürzlich im Deutschen Theater als Ödipus so bewundert hatte, von Thomas Manns Sohn Klaus wegen seiner Nazilakaienkarriere zur Hauptfigur eines Romans umgedichtet worden war; daß Klaus Mann, der in amerikanischer Uniform nach München eingezogen war, dort feststellte, daß die Nazis aus Thomas Manns Villa ein SS-Bordell gemacht hatten. Und immer wieder landeten sie bei seiner Frage «Und was ist nun mit dem Osten? Wieso zieht ihr um?»

«Aber begreifst du denn nicht, daß jemand wie ich manchmal geradezu Atemnot bekommt? Das goldene Parteiabzeichen der Nazis gilt ja im Westen fast schon wieder als Befähigungsnachweis: der ‹größte Bildhauer Deutschlands›, wie Arno Brekers Verteidiger, der seine Einstufung als ‹Mitläufer› erreichte, ihn nannte, habe es nur ‹pro forma› getragen; kurz zuvor – auch er trug das Ding – wurde Hitlers Finanzier Hjalmar Schacht entlassen, begrüßt mit Applaus und einem großen Gladiolenstrauß; der dritte mit dem goldenen Bonbon, Ferdinand Porsche, gründet gerade eine neue Autofabrik. Ach, Bernd – bin ich wirklich in dieses Land zurückgekehrt? Und ein Anwalt namens Gritschneder möchte die tote Eva Braun als ‹entlastet› eingestuft sehen.»

Es war kein Weinen. Aber Bernd sah, daß Yvonne fror. Sie zog die Schultern mit dieser ganz eigenen Bewegung ein, als wolle sie etwas abwälzen. Ihre Kälte legte auch die Distanz zwischen sie, er spürte, daß sie sich in einen Schatten zurückzog, wo sie für ihn unerreichbar war. Seine Hilflosigkeit machte ihn aggressiv. «Aber Yvonne – du tust, als würden im Osten nur Rosen ohne Dornen gezüchtet. Ich muß dir sagen: Ich schäme mich sogar manchmal, in der FDJ zu sein – wenn ich höre und lese, wie man Rollkommandos gegen bürgerliche Politiker einsetzt.»

Die absurde Berliner Situation des Jahres 1949 wollte es, daß das noch tagende Berliner Stadtparlament seinen Sitz im Ostsektor hatte. Dort waren unter Plakaten «Weg mit dem bankrotten Magistrat» und «Raus mit den Westmächten aus Berlin» Abgeordnete verprügelt, Sitzungen gestört, ein AP-Korrespondent als «Ami-Schwein» beschimpft worden. Mit Rammböcken hatten die herangefahrenen Jugendlichen Saaltüren und Fenster zersplittert. Die tumultuarischen Szenen, belächelt von SED-Funktionären und überwacht von Ostberliner Polizei, waren deutliche Vorbereitung einer politischen Spaltung der Stadt. «Als der amtierende Bürgermeister zu zivilgekleideter Kriminalpolizei sagte, ‹Ich fordere Sie auf, mit Ihren Leuten das Stadthaus zu räumen. Wenn Sie sich weigern, halten Sie sich hier illegal auf›, sagte ein Kommissar lässig: ‹Also: wir bleiben.› Willst du so was in Schutz nehmen, Yvonne – dich so und von denen beschützen lassen? Ist das gemeint, wenn sie da neulich in ihrem Radau sangen, ‹Völker, hört die Signale, auf zum letzten Gefecht›?»

«Bernd, bitte, ich bitte dich herzlich – laß uns nicht Streitworte gegeneinanderscheppern. Du weißt, daß ich *das* nicht meine. Du kennst mich gut genug, um zu wissen: Wenn ich sage, das ungebärdig um sich schlagende Neue ist mir näher als das leise – faule – Alte, dann meine ich nicht das gräßliche deutsche Wort, ‹Wo gehobelt wird, fallen auch Späne›. Ich hoble nicht, ich hasse diese Späne. Aber ich hasse noch mehr die Nachrichten, die ich jeden Tag höre und lese und die mich verkleben; denn ich bin, solange ich hier lebe, ein Teil davon: Die Familie Himmler hat ihr kostbares Gut Lindenfycht unbeanstandet behalten; ehemalige Soldaten marschieren im Parademarsch vor dem ehemaligen Oberbefehlshaber des deutschen Heeres, Generalfeldmarschall von Brauchitsch – Munster, Lüneburger Heide, September 1948. Selbst die Teilnehmer dieses merkwürdigen Kongresses in Herrenchiemsee, der dem Vernehmen nach die Verfassung eines westdeutschen Separatstaates berät – tragen sich in das Gästebuch des Schlosses ein, in dem wenige Seiten davor, mit goldenem Hoheitsemblem verbrämt, die Signatur ‹Adolf Hitler› steht. *Das* soll mein Staat sein oder werden? Ich bin unter einem anderen ‹Hoheitsemblem› geboren, Bernd – und ich *kann* es bald nicht mehr hören: Veit Harlan filmt wieder, Ilse Werner pfeift wieder, Werner Krauß spielt wieder Theater, und Camilla Horn, unter der Überschrift ‹Wie erwartet platinblond› tritt wieder in Conférencen auf. Daß Goebbels' Ersatz-Marlene Zarah Leander wieder Triumphe feiert – wen wundert das noch? Bei ihrem Auftritt in Heidelberg jubelten ihr bei ‹Der Wind hat mir ein Lied erzählt› tausend Menschen zu, und als sie ihr Durchhaltelied ‹Ich weiß, es wird einmal ein Wunder geschehn› röhrte, brach der Saal vor Beifallstrampeln bis unters Gebälk fast zusammen. Ich weiß schon gar nicht mehr, ob ich das schauerlich finden soll – oder die Nachricht, daß Martha Goebbels' erster Mann Günther Quandt, neben Flick Deutschlands reichster Mann, im Dritten Reich Hauptaktionär und Aufsichtsratsmitglied von fünfzig Waffen-, Metall- und was weiß ich für Gesellschaften – natürlich ebenfalls als ‹Mitläufer› eingestuft wurde; er war also kein ‹Nutznießer› des Regimes. Bernd, Bernd, geliebter Bernd – mir ist manchmal, als müsse ich ersticken. Da formiert sich etwas, ich weiß selber noch nicht, *was* es ist – zäh, braun, süßlich, eine moorige parfümierte Schokoladenpampe, schlabberig – schmatzend. Es sind die alten, umgeschmolzenen Weihnachtsmänner, nur das Goldpapier ist abgepellt.»

Ein Hauch, ein Schatten, ein klebriges Spinnweb hing zwischen beider Haut, als sie zueinanderkrochen. Das schöne Schiff hoch oben auf der Steilküste von Hiddensee – schwankte es in fletschenden Riffen? Krächzte der Wind plötzlich, erzählte ein Lied, das Gift in sie goß? In Yvonnes Haar lag Salz.

Zurück in Berlin zeigten sich sehr handfeste Schwierigkeiten. 1948 hatte die Währungsreform wie ein undurchschaubares, schlecht inszeniertes Spiel gewirkt. Niemand traute dem über Nacht aufgetauchten Geld, dessen grünliche, schmale Scheine den Dollars so ähnlich sahen, die man vom Schwarzmarkt und anderen krummen Geschäften kannte. Es war unseriöses Geld, fischig, flüchtig, mit dem verglichen die biederen Reichsmarklappen solide schienen, gemächlich, deutsche Kupferstiche, zuverlässig. Es hieß sogar, es sei in Übersee gedruckt worden – aus Transportproblemen sei deshalb die errechnete Umtauschquote pro Kopf in zwei Raten ausbezahlt worden. Im vom Geldwechsel überraschten Ostsektor gab es zuerst gar kein Geld. Aber eine Entwertung, ebenfalls im Verhältnis 10:1 hatte 24 Stunden später auch stattgefunden: auf die alten Reichsmarkscheine wurden briefmarkenähnliche Aufkleber gepreßt; «Tapeten-Mark» tauften die mundschnellen Berliner sie. So war ein Hunderter eben nur noch zehn Demark, wie das neue Zeug in West und Ost jetzt hieß, wert. Als Yvonne ihm einen Hut kaufen wollte – tagelang hatte Bernd von diesem dunkelbraunen Modell mit extrabreiter Krempe geschwärmt, am Hutband ein paar blaue Eichelhäherfedern und in Bernds Träumen wohl eine Ergänzung zu seiner Amiclub-Schieberuniform –, da hieß es in dem schicken Laden Niquet am Kurfürstendamm: «Nein, um Gottes willen, dieses neue Amigeld nehmen wir nicht. Wir liegen doch mitten in der russischen Zone – das lassen die Russen keine paar Tage zu. Nur gegen Tapeten-Mark.» Aber so verspielt nervös blieb die Situation nicht. Inzwischen hatte die Stadt einschneidende Veränderungen erlebt.

Im Ostteil war unter dem Vorsitz von Friedrich Ebert, dem Sohn des ehemaligen Reichspräsidenten, eine eigene Verwaltung installiert worden. «Ich wünschte, ich könnte ihn einen würdigen Sohn seines Vaters nennen», bemerkte der US-Militärregierungschef General Clay. Eberts Partei, die SED, stellte sich in Westberlin nicht zur Wahl – dort siegte die SPD mit über 60 Prozent und nominierte mit dem ehemaligen kommunistischen Emigranten Ernst Reuter, der 1918 Sowjetkommissar der Wolga-Republik und später unter dem Namen «Friesland» Generalsekretär der KPD gewesen war, den Oberbürgermeister. Berlin wurde ein Plural. Deutschland auch. Die Anzeichen für das Erdbeben grollten seit Monaten. Der Frage eines englischen Korrespondenten, «Ist es ein Junge oder ein Mädchen», als sich im Juli die Türen einer Geheimsitzung im amerikanischen Hauptquartier, dem Frankfurter IG-Farben-Haus öffneten, und der Antwort eines amerikanischen Beraters, «Ich glaube, es sind Zwillinge» – diesem merkwürdigen Patenspruch eines staatsähnlich konsolidierten Westdeutschland waren hektische Monate vorausgegangen.

«Wir wissen nicht, wo unsere Männer sind», hatten des Jammerns gewohnte deutsche Hausfrauen geantwortet, wenn sie von Journalisten nach dem Aufenthaltsort von Finanzsachverständigen und Staatsrechtlern befragt wurden. Die saßen, mit kleinem Gepäck, auf einem amerikanisch bewachten Fliegerhorst der alten deutschen Luftwaffe. Und als der Sprecher der CDU-Fraktion im Frankfurter Wirtschaftsrat die Währungsreform als «unmittelbar bevorstehend» bezeichnet hatte, kommentierte eine Zeitung lapidar, «Neu ist daran nur die Offenheit, mit der hier der Sprecher der stärksten Wirtschaftsfraktion eine Frist von drei bis vier Wochen fixierte.» Es gab sogar Plakate, die «2000 Mark in neuer Währung» dem versprachen, der die Frage «Wann kommt die Währungsreform» beantworten könne. Als es im Juni soweit war, herrschte in der Öffentlichkeit eine Alarmstimmung wie im Mai 1945: Zusammenbruch oder Befreiung war die Frage bei der «Kapitulation der Reichsmark». Die Zigarettenwährung stürzte über Nacht, eben hatten «Amis» noch 40 Mark gekostet, jetzt notierten sie zu 60 Pfennige; eben hatte man für ein Pfund Butter 800 Mark bezahlt, da kostete es plötzlich 10 Mark; Kaffee verschwand, tauchte auf, wurde knapp, teuer, billig, stieg über den alten Reichsmarkkurs, und zum erstenmal seit Jahren warfen die «Damen» am Frankfurter Hauptbahnhof oder am Kurfürstendamm in Berlin ihre Augen auf deutsche Freier. Gehamstertes Hartgeld war der große Renner, denn Münzen waren nicht abgewertet und nicht neu geprägt, für das alte Zwanzigmarkstück bekam man 10 000 alte Reichsmark – die man aber nicht los wurde. Zwanzig Zentner Zehnpfennigstücke beschlagnahmte die Polizei bei einem Hamsterer, der damit um 360 000 Mark ärmer war.

Zahlreiche Berliner lebten in dem einen Währungsgebiet, arbeiteten aber in dem anderen – bei der S-Bahn oder im Elektrizitätswerk, an der Universität oder im Theater. Die anfängliche Regelung, daß das jeweils anderswo verdiente Geld einfach auf einer postamtähnlichen «Umtauschstelle» gewechselt wurde, war nicht lange durchzuhalten: Das über Nacht aufgetauchte üppige Angebot offenbar die Hungerjahre hindurch gehorteter Waren im Westen machte das «Amigeld» soviel attraktiver, wertvoller. Ein gigantisches Durcheinander von schwarzen, grauen und offiziellen Kursen bewirkte unter anderem, daß in Westberlin lebende Ostgeldverdiener einen kleinen Prozentsatz 1:1 umgetauscht erhielten. In gewisser Weise zu Recht. Denn wer im Ostteil der Stadt arbeitete, bekam nicht nur die dort gültigen Lebensmittelmarken, sondern konnte auch alles andere – Möbel oder Buttercremetorte im HO-Laden, Radioapparate oder Fischkonserven – einkaufen. Die Praxis, als Bewohner Westberlins das gesamte in Ostberlin verdiente Geld in Westgeld zu tauschen, dann zum Kurs 1:4 das Westgeld wieder zurückzutauschen, vervierfachte so manches Gehalt – und schaffte geradezu luxuriöse Vorteile. Alsbald wurde eine Umtauschquote eingeführt; so konnten die Westberliner Ostgeldverdiener ihre Miete, Gas- oder Telefonrechnung in Westgeld bezahlen und mußten alles andere «drüben» kaufen. Eine so konfuse wie komplizierte Lebenssituation: Man stand vor den inzwischen attraktiven Geschäften Westberlins, voller Kienzle-Uhren, Sarotti-Schokolade, Kreppsohlenschuhen oder Jacobs-Kaffee, und konnte, obwohl in Dahlem oder Tempelhof lebend, nichts davon kaufen; statt dessen mußte der Bibliotheksangestellte oder die Maskenbildnerin, der Museumskustos oder die Philosophieprofessorin, der Klempnermeister oder Schneider in überfüllten Ostberliner Läden Schlange stehen und um Waren von schlechter Qualität kämpfen, die sie dann auf endlosen U- und S-Bahn-Fahrten in Beuteln und Taschen und Säcken nach Hause schleppten. Sie waren unverschuldet Menschen zweiter Klasse geworden. Die meisten von ihnen hatten ja keineswegs politisch optiert, lediglich in dem Betrieb weitergearbeitet, in dem sie seit Jahren, oft ein Leben lang tätig waren – in einer Buchhandlung oder einem Frisiersalon in der Friedrichstraße, in der Universitätsbibliothek Unter den Linden oder im Lampengeschäft in der Leipziger Straße; es war üblich und normal in Berlin, «in der Stadt» – wie man das Zentrum nannte – zu arbeiten und «draußen» zu wohnen. Nun waren das zwei Währungsgebiete – als verdiente ein Münchner, der in Grünwald wohnt, aber in der Maximilianstraße arbeitet, nur Lire, oder ein Hamburger, der in Volksdorf wohnt, aber am Ballindamm arbeitet, nur Dänenkronen. Die Stadt zerfiel, nein: war zerschnitten worden in zwei Länder. U- und S-Bahn verbanden die Hälften – aber wer morgens zur Arbeit fuhr, zahlte die Hinfahrt in anderer Währung als abends die Heimfahrt.

Im Frühjahr 1949 wurden 5 892 000 «Haltet-aus-Zigaretten» von britischen Flugzeugen gebracht – der Volksmund sagte, «Mehr Rauch aus den Straßenbahnabteilen als aus den Fabrikschornsteinen». Schon nach drei Monaten hatten amerikanische Piloten eine Strecke bewältigt, die sie 66mal zum Mond oder 630mal um die Erde geführt hätte. Die Engländer hatten inzwischen ihre viermotorigen York-Maschinen und die größten Luftfrachter der Royal Air Force ‹Handley Page Hastings› eingesetzt, sogar Sunderland-Wasserflugzeuge, die in Gatow landeten. Im Winter 1948/49 lagen fast 7000 Betriebe in Westberlin still, 12 000 arbeiteten verkürzt, mehr als 120 000 Menschen waren arbeitslos oder Kurzarbeiter. 8000 Tonnen war der tägliche Bedarf an Gütern in der blockierten Stadthälfte, aber mehr als 5000 Tonnen schafften die «Puddingbomber», selbst die amerikanischen «fliegenden Güterwagen» nicht – darunter 2500 Tonnen Kohle, was weder für die Industrie noch für die Haushalte reichte. «Luise, Ernst und Ferdinand – die sichern uns den Haushaltsbrand» sangen spöttisch die frierenden Berliner; auf die Vornamen der drei Bürgermeister Schröder, Reuter, Friedensburg waren nämlich drei Kohleflöze getauft worden, die man allen Ernstes im Bezirk Reinickendorf angebohrt hatte. Das Stadtparlament verabschiedete ein Bergbaugesetz.

Das Währungsgefälle betrug anfangs 1 Westmark = 3 Ostmark, nach ein paar Monaten bereits 1 Westmark = 4 Ostmark. Bald nannten die pfiffigen Berliner es die DeMarkationslinie: Ostgeld war zwar nicht verboten, aber niemand brauchte es mehr zu nehmen – kein Arbeiter als Lohn, keine Marktfrau als Bezahlung. Man munkelte von einem bevorstehenden Kurssturz 1 : 15, wodurch das Ostgeld – auf knapp 300 Millionen wurde der Umlauf in Westberlin geschätzt – automatisch verschwinden würde. Eine Zeitung schrieb: «Mit der Einführung der Westmark als einzigem legalem Zahlungsmittel in den Westsektoren wurde eine Trennungslinie durch Berlin gezogen, die an Schärfe fast einer internationalen Grenze gleichkommt.» So waren es bald auch politisch zwei Welten. Wie in einem Magnetfeld die Eisenspäne ordneten die Menschen sich dem jeweiligen Pol zu. Ganz deutlich waren politische Erwägungen Teil des Finanzplanes – oder umgekehrt.

Im März 1948 war die Zusammenarbeit in jenem alliierten Kontrollrat geplatzt, der seit 1945 im Gebäude des ehemaligen Preußischen Kammergerichts, Elssholzstraße 31–32 tagte, wo Freisler die «Verbrecher» des 20. Juli verurteilt hatte. Seit jenem 30. Juli 1945, an dem General Eisenhower, Marschall Schukow, Feldmarschall Montgomery und General Koenig dort konferiert hatten, war dies der Sitz der Viermächteverwaltung für Deutschland – eine etwa tausendköpfige viersprachige Regierung für das besetzte Land. Nachdem der kettenrauchende Sowjetmarschall Sokolowski im März 1948 die Sitzung des Kontrollrats verlassen hatte – «Westmächte sprengen Kontrollrat» tickerte die sowjetische Nachrichtenagentur –, begann die Lawine zu rollen. Die sowjetischen Behörden beanspruchten ganz Berlin für sich, Londoner Zeitungen fragten besorgt, wie Berlin – durch die Luft? – versorgt werden könne, wenn die Russen die Zufahrtsstraßen sperren. Im April berichtete die sowjetisch lizenzierte «Tägliche Rundschau» von «Grenzverbrechen» und die (Ost) Berliner Zeitung «Berliner Zeitung» von «der Pest der Interzonenschieber». Sokolowski beanspruchte Kontrollrecht für alle – auch für alliierte – Transporte von und nach Berlin. Politische Verlautbarungen benutzten schon jetzt die Begriffe Währungsreform und separater Weststaat. Während der Londoner «Observer» schrieb «In Berlin wird Deutschland gewonnen oder verloren», berichtete am 8. April 1948 Reuter aus London, die USA-Regierung habe ein Fünf-Punkte-Programm zur Bildung einer westdeutschen Regierung vorgeschlagen; die amerikanische «Neue Zeitung» sprach ebenfalls von Plänen für die Bildung einer deutschen Westregierung. «Die Bildung eines Weststaates und die Spaltung Deutschlands ist die größte Gefahr für den Frieden» rief bei der Mai-Kundgebung im Berliner Lustgarten der Gewerkschaftsfunktionär Hermann Schlimme. Das rote Löwenmäulchen im Knopfloch des Ostberliner CDU-Politikers Otto Nuschke, der die «Richtlinien für die Verfassung der Deutschen Demokratischen Republik» im August vor dem Ostberliner Parlament vortragen sollte, war sprichwörtlich geworden. Laßt Blumen sprechen.

Das alles waren keine finanztechnischen oder wirtschaftlichen Fragen mehr; es ging nicht um Schwarzmarkt-Camel, Reichsmark-Butter oder D-Mark-Kaffee. Das waren politische Optionen. Für Yvonne und Stephan Bärenbach war der Umzug in den Ostsektor zwar auch ein Ende der Geldlästigkeiten, aber vor allem ein Anfang: mit dem Abschied vom Westen hatten sie eine Entscheidung gefällt. Sie sahen im amerikanisch dominierten Westen den Kalten Krieg und im sowjetisch inspirierten Osten die Chance für Humanität und Sozialismus. Es war ihre Konsequenz aus Vertreibung und Flucht, aus Lager und Exil. Die sie vertrieben hatten, saßen im Westen wieder in Ämtern oder genossen ihre Pensionen; die Flüchtlinge aus Schanghai oder Amsterdam, Moskau, London oder New York kehrten zurück – in den Osten der Stadt.

Stephan Bärenbach war einer der renommiertesten Rückkehrer aus der Emigration. Seine literaturtheoretischen Arbeiten während der zwölf Jahre in zahlreichen deutschsprachigen Exilzeitschriften, aber auch in entlegenen englischen, spanischen und französischen Publikationen erschienen, hatten ihn zu einem Gerücht gemacht; kaum jemand kannte den Mann im fernen Bogotá persönlich, die Zentren der Emigration waren Moskau, Kalifornien und Mexiko gewesen. Man empfing ihn mit großen Ehren in Ostberlin, das anfangs provisorisch zurechtgezimmerte Institut wurde auf direkten Beschluß des ZK als zentrales «Institut zur Erforschung der Exilliteratur» gegründet, verankert zwischen Universität und Akademie der Künste. «Der Künstlerforscher», spottete Yvonne, der man einen Lehrauftrag zur Geschichte der Arbeiterklasse angeboten hatte.

«Karlshorst? Ihr zieht nach Karlshorst? Wo liegt denn Karlshorst?» fragte Bernd so verblüfft wie ratlos. Wie die meisten Berliner kannte er von Berlin nicht mehr als sein «Quartier» und die Innenstadt. «Wie kommt man denn da überhaupt hin? Von hier aus? Scheint ja reichlich weit weg von Dahlem.» Das erste Mal holte Yvonne ihn mit dem Wagen ab, ein alter BMW mit russischer Zulassungsnummer. Sie hielten in einer kleinen Nebenstraße vor einer großen, vernachlässigten Villa, deren brauner Putz in großen Fladen abblätterte, windschiefe, ehemals grüne Fensterläden hingen vor ungestrichenen Fenstern. «Das wär's» – Bernd schien, als klinge Yvonnes Stimme bedrückt. «Bis vor kurzem hat hier ein hoher sowjetischer Offizier gewohnt, der Besitzer – ein mittlerer Fabrikant von irgendwelchem Eisenzeugs – ist geflohen, das Haus enteignet. Es gehört sozusagen niemandem. Hier werden wir wohnen.»

Bernd war erst einmal überrascht, daß in diesem ihm unbekannten Stadtteil Berlins so großzügige Villen existierten. Eine große, halbrunde Terrasse führte in einen tiefen, vollständig verwilderten Garten mit einem mächtigen Walnußbaum, hohen Kiefern und allerlei Flieder- und Goldregenbüschen, und um ein leeres Wasserbecken standen üppige Kastanien. Neben dem Haus war eine große Garage und darüber, durch einen eigenen Eingang zu erreichen, eine winzige Wohnung mit Blick in den Garten, zweieinhalb Zimmer mit einem kleinen Bad und einer elektrischen Kochnische. «So was war wohl mal eine ‹Chauffeurswohnung› – jetzt ist es mein Reich. Sieh mal –» Yvonne war deutlich bemüht, ein Fremdgefühl zu verscheuchen – «das ist doch geradezu komisch, dieses Aquarium. Wer das wohl so perfekt installiert hat?» Tatsächlich bestand die Wand neben dem Durchgang zum zweiten Zimmer aus einem beleuchteten Aquarium voller Pflanzen, ohne einen einzigen Fisch. «Die Fahrt hierher ist übrigens gar nicht so umständlich, du fährst mit der U-Bahn von Dahlem-Dorf bis Wittenbergplatz, dann steigst du um in Richtung Warschauer Brücke und von dort nimmst du die S-Bahn nach Karlshorst. Oder du fährst von Dahlem mit der U-Bahn bis Alexanderplatz, von dort bis Lichtenberg und dann weiter mit der Straßenbahn Nr. 69 nach Karlshorst.» Gar nicht so umständlich – es war so ziemlich eine der weitesten Strecken, die das Berliner Verkehrsnetz bieten konnte, von einem Ende der Stadt zum anderen. Wegbeschreibung als Bitte. Es wurde eine lange Reise.

Inzwischen war Bernd entschlossen zu studieren. Er wollte Journalist werden. «Bloß das nicht», hatte Yvonne ihm entgeistert abgeraten, «da kannst du nie sagen, was du denkst. Im Westen nicht wegen Geld, im Osten nicht – na ja. Ich habe eine bessere Idee: Archäologie. Du hast Interesse für Geschichte, und du hast eine ausgeprägte Sensibilität für Formen. Ein verlockendes Gebiet, es ist das Einst und das Heute zugleich. Probier's doch einfach mal.»

Auf ihren Rat hin hatte er einen kleinen Aufsatz für den Zeitungswettbewerb der FDJ über «Die Kunst der Sklavenhaltergesellschaft» eingereicht und den zweiten Preis gewonnen. Das verschaffte ihm eine Stelle als Aushilfskraft im Archäologischen Institut in Ostberlin, eine Mischung aus Bücherbote und Quellensucher für die wissenschaftlichen Mitarbeiter. Allerdings löste das nicht nur Probleme, sondern schuf auch neue.

Wo sollte Bernd eigentlich studieren? Und wovon? Er hatte bisher vom Erbe seines Vaters gelebt, 100 000 Reichsmark, die er in einem raffiniert ausgeklügelten System aus Zinsen und geringer Kapitalentnahme langsam auffraß. Es hätte ausgereicht, bis er selber verdiente, aber es waren nach der Währungsreform nur noch 10 000 DM, die Zinsen nicht der Rede wert. Geld für allerhöchstens zwei Jahre. Arbeit gab es in Westberlin nicht. Für seine Aushilfsarbeit im Osten bekam er Ostgeld. Die soeben in Dahlem gegründete Freie Universität lag nahe; aber für Bernd war es eine «Yankee-Uni», eine Art pseudowissenschaftlicher Kalte-Kriegs-Schule. Sein bißchen Bildung stammte von Yvonne, war marxistisch geprägt, und das rasche Umschmelzen von Schokoladenosterhasen in Maikäfer, wie er den hurtigen Wechsel von Nazis zu demokratischen Antikommunisten nannte, ekelte ihn. Er sah im Osten den radikaleren Neubeginn und immer wieder auftauchende Zweifel bekämpfte er mit dem ihm lieb gewordenen Thomas-Mann-Satz vom Antikommunismus als Grundtorheit unserer Epoche. Weil er sich nicht entscheiden konnte, bewarb er sich an beiden Unis; einmal in West-, einmal in Ostberlin, zumindest eine würde ihn ablehnen, das war dann die Entscheidung.

Er bekam die Zulassung von beiden. Die Humboldt-Universität, 45 U-Bahn-Minuten entfernt, bot ihm die Immatrikulation für Geschichte und Kunstgeschichte, den Erlaß der Gebühren, weil Bernd Vollwaise, aber kein Stipendium, da er kein Arbeiter- oder Bauernkind war. Die Freie Universität wollte ihn für dieselben Fächer zulassen, ohne Gebühren und mit dem Stipendium einer amerikanischen Foundation für die Dauer der ersten vier Semester.

Die Entscheidung lag nun bei Bernd. «Lies mal die Schriebe», sagte er zu Yvonne, nachdem er durch regennasse Scheiben 85 U- und S-Bahn-Minuten lang in die beiden Städte gestarrt hatte, von Dahlem nach Karlshorst. War das nun sein Lebensweg?

Ein Weg durch die deutsche Geschichte war jede U- oder S-Bahnfahrt in Berlin jedenfalls. Dies Spinnennetz überspannte die Stadt, es waren ihre Ganglien – ob die Züge nun über den Landwehrkanal rumpelten, am Art-Déco-Postamt Skalitzer Straße vorbei oder kurz vor dem Halleschen Tor sich vom Hebbeltheater wegschwangen, wo Bernd vor kurzem Joanna Maria Gorvin in Jürgen Fehlings Inszenierung von Sartres «Fliegen» bewundert hatte. Erinnerung überall; die Reklame brüllte zahnlos durch den abgebröckelten Putz der Häuserwände «Pommersche Meiereien» – aber es gab kein Pommern mehr. Die Stationen hießen Kottbusser Tor oder Schlesisches Tor oder Görlitzer Bahnhof – doch Kottbus war ferner denn je, Schlesien war weg und Görlitz Grenzstadt. Der Bahnhof dieses Namens existierte so wenig wie Zündapp-Motorräder, und die schlanke, wehende Dame im weißen Hut, die über den altmodischen Schriftzügen «Persil bleibt Persil» schwebte, trug ein wie von Motten zerfressenes Kleid. Die alten Eisentreppen hinauf und hinab trabten rastlos, eilig wie alle Berliner, die Frauen in ihren dreiviertellangen Jacken, abgeschnittene Mäntel meist, manchmal aus Persianer, fast immer mit einem Krimmerkragen. «Wieso nur haben alle Berlinerinnen über fünfzig O-Beine», dachte Bernd oft; und alle Männer tragen Schals, ordentlich unter dem Mantelkragen von rechts nach links gelegt. Nie andersrum, nie geknotet. Die Frauen Einkaufstaschen in der linken Hand, die Männer Aktentaschen in der rechten. In den besseren Vororten aus Leder, je mehr man sich dem Stadtzentrum näherte, desto seltener wurden die Persianer und desto häufiger die Kunstledertaschen. Bernd konnte, ohne auf die Stationsschilder zu sehen, erkennen, ob der Zug noch Heidelberger Platz hielt oder schon Spichernstraße passierte, ob Wittenbergplatz schon vorbei war, gar Gleisdreieck. Ab Kottbusser Tor gab es kein Leder mehr, fast nur noch O-Beine, und unter der sich billig kräuselnden Dauerwelle leuchtete die rötlich entzündete Kopfhaut.

«Klassenreise» nannte Bernd es, wenn er mit der Bahn «spazierenfuhr» – jede Linie hatte ihre eigene Klassenstruktur; auf der U-7 waren spätestens nach Bayerischer Platz die mit übereinandergeschlagenen Beinen lässig ihre Rocklänge korrigierenden rauchenden Damen von fetten alten Dackeln verdrängt, auf der S-2, egal in welcher Richtung, ob sie in Papestraße einstiegen oder in Wollankstraße, hatten alle Männer Warzen im Gesicht und Haare in den Ohren, und die S-1 fuhr, von Anhalter Bahnhof quer durch die ganze Stadt bis Wannsee, durch eine gleichbleibend dichte Wolke von Chanel No. 5.

Man mußte auch gar nicht die länglichen Schilder sehen, um zu wissen, daß diese Station nicht auf die Kaiserin Augusta getauft war, sondern auf Rosa Luxemburg oder jene nicht auf Kurt Schumacher, sondern auf Karl Marx: Die Politik hatte die Gesichter geprägt. «Ostmenschen haben genauere Gesichter», hatte er einmal zu Schorschi gesagt – und etwas anderes gemeint; eine sonderbare, manchmal lastende Ernsthaftigkeit, die Männer mit kantigen Zügen, viel Elend hing oft über den Augen. Weniger geschminkte Plappermäulchen der Frauen.

Beide Universitäten gefielen Bernd bei einem Probebesuch nicht. Die Dahlemer wirkte wie ein Barackencamp der US-Army, bunt, hell, provisorisch auf Rasenflächen und zwischen Villen; alles schien zu heiter, kariert, zwitschernd-unseriös. Eine Universität hatte er sich anders vorgestellt – schon eher wie die Unter den Linden, ein ehemals pompöser, jetzt halbzerstörter Bau. Hier ging man noch regelrecht über Trümmer, Mörtelschutt; allenthalben geborstene Säulen, mit Sperrholz vernagelte Glasstürze der früheren Eingangshalle, die jetzt mit einem Pappschild «Vorsicht. Einsturzgefahr» versperrt war: ein kläglich-kümmerlicher Ort, in dem unendlich viele mürrische und besorgt oder zumindest ernst blickende Menschen in schäbiger Kleidung, oft waren es noch die umgefärbten Uniformjacken, herumirrten. Die Bibliothek war geradezu furchterregend, wenn er sie mit der hellen Kasino-Atmosphäre des Dahlemer Lesesaals verglich, wo man an leichten Metalltischen kleine farbige Karteikarten durchblätterte; hier waren die Kataloge riesige in Leder gebundene Folianten, in denen handschriftlich mit Feder und Tinte die Titel eingetragen waren, hinter einer säuberlich mit Lineal gezogenen Linie die Signatur; sie bedeckten ganze Wände. Der Lesesaal eine Gruft, möbliert mit uralten langen Tischen, Bronzelampen mit grünen Kugeln und kerzengeraden Armsesseln. Eine Lese-Charité, in der weißbekittelte, bebrillte und blasse Bibliotheksärzte und -pflegerinnen stumm umherhuschten. Alles wirkte auf geheimnisvolle Weise uralt, auch die Studenten.

Bernd war von den beiden Versuchsgängen so angewidert, der grellen modischen Clubfrivolität hier und der fahl modernden Schuttkühle dort, daß er den Gedanken ans Studieren fallenlassen wollte. Aber was sollte er tun? Er hatte kein Geld, keine Eltern, keine Verwandten, keine Wohnung, keinen Beruf. Erbittert und niedergedrückt saß er in seiner winzigen Bude, aus Sparsamkeit von einer Fünfundzwanzig-Watt-Birne nur kümmerlich beleuchtet, und starrte ratlos auf die Schreiben der beiden Universitäten. Nicht studieren – das allein war ja auch noch keine Lösung. Die einzige Richtung, die sein Leben kannte, war die auf Yvonne zu. Die Intensität, mit der er las, in Kinos, Theater, Vorträge, Museen oder Ausstellungen rannte: Es war eine permanente Liebeserklärung – er lebte für sie, in ihr, aus ihr; eine kleine, gierige, verängstigte und egoistische Zecke.

Am Abend nach seinem mürrisch-hilflosen «Lies das mal» sagte Yvonne: «Der Alte Lerchenweg ist fertig. Stephan meinte, ob wir nicht morgen zusammen essen wollen. Er muß dann für ein paar Tage nach Leipzig, irgendeine Bibliothekstagung oder so was. Komm doch – es muß ja nicht wieder Streit geben.» Bernd hatte den Streit des komischen Abiturabends gar nicht als so ernsthaft in Erinnerung. Und wenn schon – besser ein Streit als gar nichts.

Das Haus hatte sich äußerlich überhaupt nicht verändert. «Fertig?» dachte Bernd, als er die Fladen des fehlenden Putzes sah, die abgeblätterte Farbe der Fensterkreuze und die hängende Klinke in der offen stehenden, klemmenden Gartenpforte, «sehr fertig wirkt es ja nicht.» Dann war er aber doch überrascht. Eine Insel. Ein Floß hatten sich die beiden gezimmert – weil die Heimat ihnen fremd geworden war, hatten sie die geborgte Heimat, das Fremde der bitteren Jahre benutzt, sich ihr Nest zu bauen. Lateinamerika in Berlin-Karlshorst. Das ganze Erdgeschoß war mit dicken Sisalhanfmatten ausgelegt, im Flur stand nichts anderes als eine große Korbflasche voller Gräser, an einer Wand hing eine bunt grimassierende Maske. Der große Wohnraum mit dem Halbrund zur Gartenterrasse hatte keine Gardinen, keine Vorhänge, nur da und dort waren über einen Stuhl indianische Decken geworfen. Bevor der Raum sich ausbuchtete zu dem Terrassenfenster, stand quer ins Zimmer eine große flache Couch mit einer Felldecke, wie Bernd sie schon aus Hiddensee kannte, nur aus dunkleren und noch kleineren Fetzen. Über der Couch an der Wand der hornschimmernde Panzer einer Riesenschildkröte und davor ein niedriger, langgestreckter Tisch aus dünnem geflochtenem Bambus. An einer Wand am anderen Ende des Raumes, gruppiert auf einem langen, ganz schmalen Glastisch sonderbare große und kleine Figuren, Brotschrate aus dem Märchen: Tiere mit Vögeln im Geweih und Frauen mit mehreren Brüsten, Reiter mit Schlangen im Haar und Jäger auf Kühen und katzenhafte Fabeltiere. «Indianische Terrakotta-Figuren, herrlich, nicht wahr?» Dr. Bärenbach wirkte anders, heiterer und älter zugleich. Er hatte sich einen dichten, buschigen Schnurrbart stehen lassen, der die untere Partie seines Gesichts so beherrschte wie die Stirn von den Augenbrauen bestimmt wurde. «Unsere strengen Kunstoberen würden es wohl formalistisch nennen – was ihnen aber in diesem Falle schwer fiele: es ist ja originale Volkskunst.» Mit spöttischem Lächeln, in der linken Hand eine Pfeife, begrüßte er Bernd – herzlich, salopp und ein klein wenig reserviert. «Kommen Sie, ich zeige Ihnen noch rasch meine Bibliothek; Yvonne braucht noch ein paar Minuten für ihre Paëlla.»

Fast die ganze Wand zum Nebenzimmer konnte man aufschieben – und stand nun in jener damals unausgepackten «Buchhandlung»: ein großer, etwas länglicher Raum, die Wände bis zur Decke mit Bücherregalen bedeckt, als Schreibtisch ein altes Möbel, eigentlich nur eine große, dicke Schreibplatte auf Beinen und in einer Ecke noch einmal solch ein fellbedecktes Canapé mit zwei Sesseln und einer mächtigen Messingschale voller Früchte. «Nicht reinbeißen», lachte der Gastgeber, «das ist alles bemaltes Holz. Früchte spielen in diesen Ländern, aus denen wir das alles mitgeschleppt haben, eine große Rolle – Nahrung, Fruchtbarkeitssymbole … ach was weiß ich!» Unwillig, als habe er sich bei einer Taktlosigkeit ertappt, unterbrach sich der Hausherr. Das ist er hier wirklich, ging es Bernd durch den Kopf, der Mann ist verändert. Der ist hier zu Hause. Von da, wo er nicht zu Hause war, hat er sich alles mitgekarrt, sein Getier und Gefell und Gebimmel und Gebammel – um die alten und neuen Uniformknöpfe nicht scheppern zu hören.

«Das sind Votiv-Amulette» – endlich Yvonnes Stimme, «Tag, mein Lieber, und herzlich willkommen im Indianerzelt von Neurußland. Diese kleinen Silberarme und -beine und -ohren und -bände: das stiften die Indianer und lassen es sich weihen; damit das kranke Körperteil, Arm oder Bein, Ohr oder Hand geheilt werde. Stephan hatte dieses mystische schwarze Schmetterlingskästchen mit den Silbergliedern schon auf seinem Schreibtisch stehen, als er drüben endlich einen hatte – und es wurde erst jetzt ausgepackt und aufgestellt. Von hier ist gut Votivsprüche bannen –»

Bernd wußte nicht, war das nun heiter oder auch ein bißchen skeptisch-traurig. Yvonne war so anders hier, gemessener, fraulicher – selbst ihre Stimme schien ihm anders zu schwingen. Oder lag es nur am Gang, an den schlaksiger wirkenden Bewegungen? Er hatte sie noch nie in Hosen gesehen, und der enge Anzug aus dunkelbraunem, grobem Leinen machte sie zwar noch schlanker, zerbrechlicher – aber auch eigentümlich herb, ja herrisch. War es nun Yvonne oder Frau Dr. Bärenbach?

«Sogar ich weiß, Herr Dr. Bärenbach», begann Bernd bei Tisch vor der großen Schüssel mit dem undefinierbaren Essen – aber er wurde heiter-unwirsch unterbrochen, «Lassen wir das bitte mit dem Herrn Doktor, wenn's geht. Sagen Sie Stephan zu mir, ich nenne Sie ja auch Bernd.»

«Gut, Herr – ich meine: Stephan. Also, was ich sagen wollte. Ich weiß schon, daß es ungehörig ist, als Gast und als soviel jüngerer, Streit vom Zaune zu brechen; und bitte glauben Sie mir, daß ich gar keinen Streit suche. Aber mich macht das hier alles ziemlich hilflos: Votivtafeln oder wie die Dinger heißen und Felldecken und bemalte Holzananas und das Zeug hier, Entschuldigung, das wir essen – bin ich nun in Karlshorst, bei den Russen, oder in Kolumbien oder wo? Verstehen Sie – ich finde das alles auch wunderschön, die terraweißderteufelwie Figuren und den Schildkrötenpanzer und die Strohstühle hier am Tisch. Und dieses ulkig bemalte Porzellan. Aber geht denn das? Yvonne sagt, ‹Indianerzelt in Neurußland› – aber hier sind keine Indianer. Hier sind bloß die Russen. Und zu denen wollten Sie doch?»

«Nein, mein Herr Archäologiestudent, das wollten wir keineswegs – zu den Russen. Was wir wollten, was wir getan haben, ist: in dem Teil Deutschlands leben – wenn es schon zwei davon gibt –, in dem ich mich nicht dauernd fragen muß, was hat der 1941 getan, dem ich gerade die Hand gebe …» – «Verzeihung, wenn ich Sie unterbreche. Sie kennen mich ja wenig, aber soviel wissen Sie von mir wohl doch, daß ich sogar als Schüler schon Ärger in meinem feinen Gymnasium hatte, weil ich – na ja, ich will hier nicht angeben. Aber die alten Nazis hören doch am U-Bahnhof Kochstraße nicht auf zu existieren? Mitgemacht und ‹Heil Hitler› gebrüllt hat man doch nicht nur in Berlin-Grunewald oder Köln oder München? Doch auch in Magdeburg oder – Berlin-Karlshorst?»

«Hör mal, Bernd», griff Yvonne jetzt ein, und er war gespannt auf wessen Seite, «darum geht es nicht. Gewiß haben alle mitgemacht, mitgebrüllt, mitsiegen wollen und keiner hat meinem Vater, als er den Gelben Stern trug, auch nur ein Päckchen Zigaretten zugesteckt. Nur: hier, in diesem Teil der Stadt und des Landes sitzen die nicht in Ämtern. Sie leiten nichts mehr. Mag sein, daß mein Briefträger hier Blockwart war und meine Friseuse BDM-Führerin. Aber sie haben hier nichts zu sagen. Kannst du dir nicht vorstellen, wie wichtig das ist, nach allem? Wer immer Stephans Eltern umgebracht hat – der hat keine Pension verdient. Und hier kriegt er keine.»

«Weiß ich, übrigens wohl auch mit Ausnahmen. Aber was mich so irritiert, ist ja nicht, daß ihr hier leben wollt, sondern daß ihr hier und zugleich drüben lebt. Was immer das sein mag, was ich hier esse – und, ich gebe es ja zu: köstlich finde – hier habt ihr das nicht gekauft.»

Stephan Bärenbach war eigenartig unaufgeregt, Yvonne schien viel gereizter. Er zündete sich seine Pfeife an und lachte. «Auch dieser Tabak ist englisch. Und was wir essen, das heißt Paëlla und das ist aus Reis und Huhn und Muscheln und allerlei Gemüse und Gewürz. Und nun will ich Ihnen mal was sagen – bitte, gar nicht gegen Sie gerichtet, aber hören Sie gut zu: Niemandem, absolut niemandem gestatte ich für die nächsten tausend Jahre – also zwölf –, mir vorzuschreiben, was ich esse, trinke, rauche. Sie haben uns eingesperrt, verprügelt, beraubt, um den halben Erdball gejagt, die Herren vom Herrenvolk. Yvonnes Mutter hat ihren Mann buchstäblich jede Woche einmal neu aus der Erde gekratzt, hat geweint und gedroht und gelogen und geschrien und gebettelt, war Hure und Marketenderin, sie hat sich in der U-Bahn vor ihn gestellt, damit man den Gelben Stern nicht sah und sie hat jahrelang ihre kleinen Rationen mit ihm, dem man zu leben das Recht absprach, geteilt, das bißchen Brot, das bißchen Margarine, das bißchen Magerquark und sie hat mit ihm die letzte Zigarette gebrochen, in der Mitte durch: Wenn diese Frau jetzt, weil ihre Familie aus Frankreich stammte, bei der Französischen Militärkommandantur zu essen kriegt – wer hätte mehr Recht auf dieses Essen? Wenn Yvonnes Mutter, die Jahre, endlose Jahre, nicht wußte, ob und wo und wie ihre einzige Tochter lebt, diesem Kind jetzt ein lächerliches Huhn, eine Handvoll Muscheln oder ein Pfund Reis schenkt, von mir aus auch Seife oder ein Paar Strümpfe, und Kognak und Tabak für mich: für wen auf aller Welt gibt es das Zeug, wenn nicht für die Yvonnes dieser Welt? Bernd, verstehen Sie mich – oder uns – nicht falsch; wenn ich erregt bin, nun doch wider meine Absicht, dann nicht *gegen* Sie. Wir kämpfen doch um Sie – wissen Sie das nicht?»

Das war plötzlich sehr leise, nicht direkt bittend, aber ernst. Bernd wollte gerade ziemlich schnippisch sagen «Ach lassen Sie man, ich kämpfe schon für mich selber», da fügte Yvonnes Mann noch etwas hinzu:

«Sehen Sie – Yvonne hat mir erzählt, daß Sie Thomas Mann sehr verehren, daß Sie ihm als Schüler spontan geschrieben haben und er Ihnen sehr freundlich aus Kilchberg geantwortet hat. *Das* meine ich. Mir ist die Literatur von Mann nicht so sympathisch; aber das ist eine andere Frage. Daß so jemand Ihnen, dem Schüler Bernd Walther 1950 handschriftlich antwortet – das heißt: Hier kämpft jemand, der auch verjagt und verhöhnt wurde um Sie, nämlich um die Jugend, oder für die Hoffnung, daß es mit euch anders werde. Und nun hören Sie, was Ihre führende Zeitung, die ‹Frankfurter Allgemeine›, vor ein paar Tagen – am 6. Juni 1950 – über diesen Ihren geliebten Thomas Mann schrieb: ‹Es geht nicht an, in Geburtstagssentimentalität zu vergessen, was uns von Thomas Mann scheidet. Er tritt uns als Exponent einer bis zur Dummheit gehenden Abneigung gegen Deutschland entgegen und diesem Affekt, der ihn zu verzehren scheint, antworten aus dem Volk, dem er einmal angehörte und von dessen Schicksal er sich nicht 1933, sondern 1945 trennte, Verachtung und Wut›.» Das herausgerissene Zeitungsblatt knisterte in seiner Hand. «‹Dieser Schriftsteller ist eine Linse, die die Strahlen der Partisanen-Bosheit sammelt – aber freilich einer besonders gearteten. Wie seinem Werk, seinem Denken, seiner Sprache alles Elementare fehlt, so ist auch dieser Haß kein flackerndes, sondern ein schwelendes Feuer, Vernichtungslust in Form von moralischen Urteilen, kein freier Ausbruch, sondern ein Würgen des Kloßes, der sich in der Kehle verklemmt hat. Zudem ist der Haß weltgeschichtlich nicht mehr aktuell, er ist Thomas Manns private Lust und nichts anderes als die Außenseite einer maßlosen Eitelkeit, wie sie sich nicht nur in jedem seiner sich in sich selbst spiegelnden, sich selbst Beifall klatschenden Sätze, sondern etwa auch in der Behauptung ausspricht, er repräsentiere heute den deutschen Geist. Der Clan Mann ist eine Giftzisterne geworden, und es tröstet nur, daß die Zahl derer, die aus ihr schöpfen, immer geringer wird. In einem freilich, im Haß, ist er echt – der Giftlack, den er über seine Figuren spritzt, ist ihre eigentliche Wirklichkeit.›»

Schwarze Schweigefittiche hingen im Raum, bis Bernd sagte: «Ich bin nicht so gerne ‹die Jugend›, wissen Sie; vor kurzem hieß das ‹Jungvolk›. Ich bin ich. Und vielleicht sind mir die anderen schnurzpiepe. Ich habe Sie ja auch nur gefragt, weil ich selber unsicher bin. Gut, vielleicht haben Sie recht, vielleicht gibt es dieses Ausnahmegesetz für Menschen, die durchgemacht haben, was Sie durchgemacht haben: die Muscheln von den Franzosen und der Tabak von den Tommies und was weiß ich von wem noch was. Das Haus ja wohl von den Russen.»

«Du weißt, daß das nicht stimmt, Bernd», jetzt war Yvonne offenbar gekränkt. «Das Haus untersteht der deutschen Stadtverwaltung und der zahlen wir Miete. Der uns gewährte Vorteil ist, daß man Leuten wie uns ein so großes Haus zuweist.» – «Ist mir auch egal.» Bernd lachte sogar. «Wir hatten doch verabredet, uns nicht zu streiten. Ich frage ja nur. Und Huhn oder Reis, das interessiert mich im Grunde überhaupt nicht. Aber Sie, Stephan – wie ist es in Ihrem Beruf? Sagen Sie da auch ‹In den nächsten zwölf Jahren möchte ich mir von niemandem vorschreiben lassen … zum Beispiel, was ich lese?› Sehen Sie, ich weiß nicht, wohin mit mir, was wo aus mir wird, wie, wovon leben, auch *was* ich überhaupt – oder ob ich überhaupt *nicht* – studieren soll. Der Westen kotzt mich an, der Osten macht mir angst. Ich habe hier was mitgebracht, einen Aufsatz aus der ‹Täglichen Rundschau›, was damit doch ziemlich sowjet-offiziell ist, oder? Also hören Sie mal …»

Diesmal unterbrach Yvonne. «Ich hatte mir eigentlich was Lustiges ausgedacht, aber nun sind wir so ernst geworden. Ich wollte nämlich zwischen die Holzfrüchte eine echte Ananas legen und mal sehen, wer die falsche und wer die richtige wählt. Aber das Spielchen wäre jetzt zu blöd – trotzdem können wir aber die Ananas schlachten. Für uns war das jahrelang das Billigste und Selbstverständliche, aber hier ist es eine große Sache, selbst in Büchsen. Also laßt uns erst mal das Messer an das Obst legen – bevor du es uns an die Gurgel legst –»

«Ach Quatsch, Messer, ich bin nur neugierig, das weißt du doch …» Irgendwie wußte Bernd nicht weiter. Die Situation war ihm immer wieder unklar, unbehaglich, bedrückend auch. Ging das, hier so zu dritt sitzen, «Fettlebe machen» – wie das Berlinische solche Mahlzeiten nennt –, und mit dem Mann seiner Geliebten diskutieren, als sei er fremd und sogar, im Gegenteil, kein Fremder. Dabei war er beides. Ihm offenbar freundlich gesinnt, aber auch ein Rivale. Nicht «so»; Bernd war sich da seiner Sache ganz sicher, die beiden waren Freunde, Genossen. Liebende: das waren er und Yvonne. Dennoch. Warum verschwendete dieser fremde Mann mit seinen vielen Funktionen Zeit an ihn, den Geliebten seiner Frau? Er könnte fast sein Vater sein, er hatte zwei – wenn nicht mehr – Leben hinter sich, er hatte anscheinend kein Privatleben. Das fiel Bernd ganz plötzlich ein, von ganz weit weg fiel dieser

Stein in seine Phantasie: wie lebt der eigentlich? Der weiß zwar, daß ich an Thomas Mann geschrieben habe – aber ich weiß überhaupt nichts, nichts von seiner Gegenwart, einiges aus der Vergangenheit. Herrn Dr. Bärenbachs *Gegenwart*, das war für Bernd Yvonne. Er ärgerte sich. Seit drei Tagen, eine Ewigkeit, hatte er nicht mehr mit ihr geschlafen – und hatte sich auf den Abend gefreut. Gut gut, ein kurzes Abendessen, «Schloßbesichtigung», ein «Tag, wie geht's» für den Herrn Doktor – aber gesehnt hatte Bernd sich nach ihren Füßen, den Zehen, die er so gerne ganz lange und zart streichelte und dann langsam mit kaum ihre Haut berührenden Fingerspitzen die Beine hinauf – ein Flirren, das sie beide brennen machte. Statt dessen saß er hier und hantierte an der Ananas herum, noch nie hatte er so was gegessen und wußte auch nicht, schneidet man von der Scheibe erst diese verwarzte Schale ab oder das Ding erst in Stücke und aß man das Harte in der Mitte mit oder wie? Sie saß ihm gegenüber – sie saßen sich alle drei gegenüber an dem runden Eßtisch –, und doch hörte sich im ersten Augenblick ihre Stimme weit weg an:

«Du wolltest doch irgendeinen Artikel vorlesen? Oder daraus? Was denn für einen Artikel aus der ‹Täglichen Rundschau›? Den müßten wir ja auch kennen – aber wir waren viel unterwegs und der Umzug und das Herrichten hier.» Dr. Bärenbach hatte sich ein dickes Kognakglas genommen und vor Bernd ringelte sich der fette braune Warzenwurm der Ananasschale.

«Tja, keine Ahnung, wer das ist, ich kenne den Namen nicht, und er wird auch nicht erklärt. Orlov heißt er.»

«Ach der, ja, natürlich kenne ich den», sagte Dr. Bärenbach, «der stammt nicht von *einem* Autor. Das ist das Pseudonym für ein sowjetisches Kollektiv – immer Zeichen, daß es sich um etwas Hochwichtiges und Hochoffizielles handelt. Mehr eine Verlautbarung als ein Artikel.»

«Was die Sache eher schlimmer macht. Hört doch mal zu.» Sie waren alle drei erschöpft und angespannt – wach, zugleich erotisiert, spürte Bernd; es war nichts Feindseliges zwischen ihnen, nur Elektrizität. «Ich muß leider weg», sagte Dr. Bärenbach, «ich hab' mir noch den Wagen bestellt, die Sitzung geht morgen früh in Leipzig schon um sechs Uhr los, da ist es besser, ich breche jetzt auf, als hier in aller Herrgottsfrühe um drei Uhr. Das Thema wird uns, fürchte ich, erhalten bleiben.»

Drüben in Yvonnes «Laube», wie Bernd die kleine Wohnung über der Garage getauft hatte, war alles ganz anders, lichter, leichter. Das konnte damit zusammenhängen, daß Yvonne ihr kleines Reich ohne jede Farbe ausgestattet hatte: die Möbel, die groben Leinenbezüge der Sessel, die Schrankwände und Bücherregale, die Fußbodenplatten aus Stein – alles in einem grau schimmernden abgeschliffenen Weiß; sogar zwei schmale Halb-Reliefs an einer Wand – ganz stolz hatte sie ihm die kürzlich gezeigt: «Gipsgüsse nach Oskar Schlemmer-Arbeiten» – lebten nur durch die Schatten, die ihre Linien warfen. Die winzigen Mansardenräume waren eine Fassung, eine Vase für eine einzige Blume-Yvonne. Eine tätowierte Blume; denn das Licht für die beiden Zimmer kam von dem großen Aquarium: über Yvonnes Körper glitten die Fische, ihre Haar-Algen wellten sich im lautlosen Fließen des Wassers und die schwankenden kleinen Bambuspflanzen und Lianen spielten mit ihren Brüsten. Bernd, ein kräftiger roter Raubfisch, schlang das alles in sich hinein, sein Körper eine einzige gefräßige Zunge; er atmete mit den Augen und seine Kiemen dürsteten nach jedem Wispern, jedem Seufzer. Die Spannung der letzten Stunden entlud sich in einem Begehren voller Roheit. Es war seine Rückeroberung. Er drängte sich nicht in Yvonnes Körper, sondern in ihre Existenz, wollte alles, ganz und gar haben, sich an ihre Stelle zwängen – die Muscheln und das Huhn, den feuchten Wintermantel mit dem Gelben Stern und Stephans Schnurrbart mit dem ironischen Lächeln und die Pfeife. Er wollte das alles sein. Und das sollte ihr gehören. Er wollte Indianer sein und warzige Ananas und Terrakottafabelwesen mit Engeln im Haar und kleinen Ziegen auf den Flügeln. Nach ihrer ersten Erfüllung, noch immer voller Begierde, drehte er den Hiddenseer Schokoladenspieß um. Bernd bestrich sich von oben bis unten den Körper mit bittersüßer Pampe – «Du sagst doch immer, nackt habe ich etwas Negerhaftes» – und tanzte im grünlichen Licht des Aquariums vor Yvonne seine Explosion. Er zerrte sich ihr Kopfkissen hervor, zerriß es, überschneite sich mit Bettfedern, sie klebten sich an die dunkelbraune Haut, setzten ihm eine weiße Perücke auf, wo immer er Haare hatte – ein schwarz-weiß gefiederter Faun, ein Derwisch tanzte der russischen Indianerin sein Glück, seine Sehnsucht, seine Geilheit. Als beide ruhig lagen, sagte Bernd, «ich studiere bei euch».

Der Beginn des Studiums war ein Hürdenlauf. Die Erleichterung über die eigene Entscheidung, sich an der Ostberliner Humboldt-Universität zu immatrikulieren, wich bald einer Bedrückung, die zu vage war, um sich leicht auflösen zu lassen. Da gab es ein FDJ-Sekretariat im Hauptgebäude mit ständig eiligen, kurzangebundenen Funktionären, die von einer unbekannten Sitzung zur nächsten flitzten, aber in den Seminarräumen oder bei den Vorlesungen nicht zu sehen waren. Eine ferne Regierung. Nur wenn Bernd, ohne Funktion, aber neugierig, da hineinging, hatten sie Zeit, fragten nach Westberlin und ob er auch mal an der Freien Universität gewesen sei und mit wem er denn hier so spräche. Bernd war Mitglied der FDJ – aber in Westberlin, wo er Versammlungen oder Kulturabende leitete, an einer wütenden RIAS-Schülerparlament-Debatte teilgenommen hatte. Da er aber den gräßlichen «Bonbon» nie trug, konnten die hier in dem geschäftigen Zimmer das nicht wissen. Ein dämmerndes Mißtrauensgefühl hielt ihn davon ab, eines seiner ersten Gespräche mit zwei Kommilitonen zu erwähnen, das ihn geradezu schockiert hatte. «Wieso denn? Sie sind doch Westberliner? Dann müssen Sie doch nicht?» hatten die entgeistert reagiert, als er denen erzählt hatte, er sei FDJ-Mitglied. «Was heißt ‹müssen›? Versteh ich nicht – kein Mensch ‹muß› in der FDJ sein. Ich *will* das, finde es richtig, es ist meine Sache. Sie müssen ja nicht, wenn Sie nicht wollen.»

Die beiden hatten ihn verletzend spöttisch angesehen mit einer Handbewegung, mit der man einem jungen Hund einen Klaps gibt, gesagt, «Na ja. Vielleicht ziehen Sie ja mal um. Sie werden dann merken, daß das Brot hier anders schmeckt.» Was für ein Blödsinn, fand Bernd – Brot ist Brot; und außerdem *aß* er ja Ostberliner Brot und es schmeckte ihm. Offenbar zwei reaktionäre Heinis. «Jedenfalls scheint es hier 'ne Menge Reaktionäre zu geben», hatte er unbestimmt auf die Frage, mit wem er hier wohl so spräche, geantwortet, «So wie Sie aussehen, können wir uns gut vorstellen, daß Sie mit denen leicht in Kontakt kommen». Hörte sich an wie eine Rüge. Bernd wußte auch, was die meinten. Schon in einer der ersten Vorlesungen war ihm ein anonymer Zettel durch mehrere Bankreihen auf sein verritztes Klapp-Pult geschoben worden. «Warum legen Sie sich nicht gleich lang?» Er hatte sich nämlich, wie aus der Schule oder seinen Clubs gewohnt, ziemlich schräg in seinen Sitz geflegelt und das linke Bein auf den freien Platz neben sich gefläzt. Und in einer Vorlesungspause war «der mit seinen Amisöckchen» nicht zu überhören gewesen. Karierte Socken oder Kreppsohlen-Schuhe oder eine dicke blau-rot-grün gemusterte Wolljacke mit schrägen Reißverschlüssen, eine seiner liebsten Schwarzmarkt-Erwerbungen, galten hier nicht als Kleidungsstücke, sondern als Signale. Aber sie wiesen in die falsche Richtung: Sie lockten Studenten an, die sich nach dem Westen sehnten und die in dem Kommilitonen aus Westberlin einen Gesinnungsfreund wähnten; verblüfft und leicht verärgert wandten sie sich rasch von ihm ab – wie man den Hörer bei ‹Falsch verbunden› auflegt –, wenn sie ihn reden hörten. Umgekehrt war er für die Arbeiter- und Bauernstudenten, in denen nun Bernd Gleichgesinnte wähnte, ein bürgerlicher Papagei; sie konnten mit diesem «Laffen» nichts anfangen, hatten nie Jugendliche aus bürgerlichen Verhältnissen und ihre gewisse Sicherheit im Auftreten erlebt. Selbst seine Wendigkeit in Seminardiskussionen, sein lebhaftes Nachfragen oder rasches Widersprechen verdroß sie; machte ihnen wohl die ungewohnte Welt der Großstadt, der eiligen Betriebsamkeit und die eigene Schwerfälligkeit besonders bewußt.

Bernd war diese ersten Monate vollkommen außer Balance. Einerseits war er schon sehr erwachsen, ein «verheirateter Mann», den Albereien und Witze nicht interessierten. Das Gekicher war ihm so fremd wie die heimliche Zettelschreiberei. Oder die Kritzelei der Abortferkeleien – er brauchte das nicht, denn er *lebte* das ja. Andererseits hätte er sehr gerne gleichaltrige Freunde gefunden. Auch die Anforderungen, das Lehrangebot, ließen ihn gleichgültig. Nur Yvonne hatte er sich getraut zu fragen: «Die Geschichte der Kunst ist eine Paläontologie des Geistes» – so stand der allererste Satz seiner allerersten Vorlesung in seinem allerersten Kollegheft. Aber er verstand ihn nicht. Bernd war profund ungebildet. Er hatte seine Neugier, Schnelligkeit auf die paar Themen konzentriert, an denen er Spaß hatte – Geschichte, Kunst, Literatur. Wilhelm Liebknechts grün gebundenes «Fremdwörterbuch» aus dem Dietz-Verlag, das Yvonne ihm am nächsten Tag schenkte, war so willkommen wie angebracht.

So lebte er neben der Universität her. Anfangs hatte er

begeistert in den vom Vorführen kümmerlicher Privatdias unterbrochenen Kunstgeschichtsvorlesungen von Richard Hamann gesessen, er liebte dessen schmalen Kopf mit dem weißen Haar, den leisen Vortrag, und bewunderte den Enthusiasmus, mit dem dieser berühmte Gelehrte seine beiden Lehrstühle – in Marburg und in Ostberlin – ernst nahm. Doch bald merkte er, daß er nicht zuhörte; die Gedanken schweiften ab, er ertappte sich, daß er seiner Traurigkeit, «Nie werde ich das alles selber sehen, nie werde ich in Rom sein», nachhing beim Vorführen eines Bernini-Brunnens, statt mitzuarbeiten. Er war ein besserer Leser und das Durcharbeiten der zweibändigen «Geschichte der Kunst» von Hamann war interessanter, befriedigender als die nachmittägliche Dämmerstunde in dem eiskalten Hörsaal. Er nahm den Universitätsbetrieb nicht ernst, belegte zwar «Frühgeschichte der Philosophie» – aber ging dann während der Vorlesungsstunden lieber in das herrliche alte Tageskino unter den S-Bahn-Bögen des Bahnhofs Friedrichstraße, wo jeder Mord oder jeder Kuß zerdonnert wurde von den drüber wegrasenden Zügen. Er gehörte nirgendwo hin: Die Frau, die er liebte, gehörte zu einem anderen Mann – er blieb der Liebhaber, der Gast; die Universität, an der er studierte, lag in einem mehr und mehr sich von ihm weg-entwickelnden Land; aber von den Begriffen, Werten, Inhalten der Welt, in der er lebte, entwickelte nun er sich weg; die Professoren, die ihm noch am meisten Eindruck machten, waren bürgerliche alte Herren in abgeschabten Jacken und mit speckigen Mantelkragen, unförmige, zerschlissene, ausgebeulte Mappen mit sich herumschleppend – aber er wollte doch fort von der Bürgerwelt; die Studenten wiederum, die gerade diese ernsten, um ihre Schüler besorgten Lehrer «reaktionäre alte Säcke» schimpften, konnte er überhaupt nicht verknusen – obwohl es seine Genossen waren. Er fand ihre militante Fortschrittlichkeit so mies und verdächtig wie die Geheimbündelei einiger älterer Semester, die heimlich mehr und mehr Vorlesungen an der Freien Universität hörten – in Dahlem, von wo aus Bernd jeden Morgen nach Ostberlin fuhr. Er wollte unbedingt mehr vom Marxismus verstehen, dessen Thesen und Konsequenzen auf die Frühzeit anwenden, mit der er sich ja sein Leben lang beschäftigen würde – aber der junge, etwas flotte Dozent, bei dem er die Vorlesung «Einführung in die Probleme des Materialismus» hörte, stieß ihn ab. Viele Studenten vergötterten den brillanten Kopf, nannten ihn genial, andere veralberten ihn als linken Dandy, der in Westberliner Boulevardzeitungen mondäne Theaterkritiken schrieb und hier ebenso schick in Marxismus machte. Daß eine berühmte Schauspielerin ihn kürzlich wegen einer flapsigen Kritikerflegelei geohrfeigt hatte, erzählte man sich eifersüchtig-amüsiert. Bernd schien der Mann oberflächlich; er hatte für alles eine Erklärung – und Bernd eben nicht.

So kam es auch schon bei seinem ersten Referat zu einem Eklat. Bernd wollte die Arbeit des 1942 verstorbenen Archäologen William Matthew Flinders Petrie erläutern, der weniger mit vorgefaßten Ideen jongliert als durch objektive Grabungsfunde die Wichtigkeit des Alltäglichen hervorgehoben hatte. Bernd nannte das eine «materialistische Methode», die den Forscher unter anderem dazu geführt hatte, 1889 in Khun und Gurob ägäische Keramik zu identifizieren, die damals noch nicht einmal in der Ägäis als solche erkannt worden war.

«Trotzdem», hatte Bernd geendet, «sind die Person von Petrie und seine Arbeit ein gutes Beispiel für Unsicherheiten und Unwägbarkeiten. Seine bedeutendste Entdeckung, 1894, die prädynastische Nekropole im oberägyptischen Negade lehrte ihn – und damit uns –, mit allzu exakten Datierungen vorsichtig zu sein. Daher Petries System der ‹Staffeldatierung›.»

Die Debatte im Seminar trug alle Anzeichen der Entrüstung. Wo er denn nun stünde, ob er denn die Kategorie Geheimnis wieder in historische Abläufe einschmuggeln wolle, fragten empört seine Jugendfreunde von der FDJ. Wogegen einige der Älteren den Begriff «materialistische Methode» als zu übertrieben und zu einseitig rügten; gewiß, man kenne ja Petries Buch «Seventy Years in Archaeology», in dem er diese exakte Arbeit am Beispiel der Erforschung von Stonehenge darstellt, aber ...

Bernd war schockiert und amüsiert zugleich. Er hatte von seiner Suche, seiner eigenen Unsicherheit sprechen wollen, wäre am liebsten noch auf das Problematische der Stratigraphie eingegangen – und die hier wollten nur Fertiges auf Flaschen abziehen, eine rechts eine links. Auch die Intervention seiner Professorin – die als zweiten Titel noch einen Dr. theol. hatte für ihre Arbeit über Bibelarchäologie, in der sie Grabungsfunde mit biblischen Aussagen konfrontierte – konnte ihn nicht beruhigen. «Ich möchte den Kommilitonen, wenn ich darf, doch ein paar Sätze vorlesen, auf die ich bei der Vorbereitung des Referats stieß, und die etwa die Unvereinbarkeit des Hermes mit der Crédit Mobilier, des Jupiter mit dem Blitzableiter betonen; also die Einmaligkeit des Kunstwerks. Diese Äußerungen geben vielleicht keine Antwort – aber man sollte über sie nachdenken», schloß Bernd hochmütig, «auch und weil sie den Begriff ‹Geheimnis›, wenn nicht benutzen, so doch meinen.

‹Bei der Kunst ist es bekannt, daß bestimmte Blütezeiten derselben keineswegs im Verhältnis zur allgemeinen Entwicklung der Gesellschaft, also auch der materiellen Grundlage, gleichsam des Knochenbaus ihrer Organisation stehen. Zum Beispiel die Griechen verglichen mit den Modernen oder auch Shakespeare. Von gewissen Formen der Kunst, zum Beispiel dem Epos, ist es sogar anerkannt, daß sie in ihrer Weltepoche machenden klassischen Gestalt nie produziert werden können, sobald die Kunstproduktion als solche eintritt; also daß innerhalb des Bereichs der Kunst selbst gewisse bedeutende Gestaltungen derselben nur auf einer unterentwickelten Stufe der Kunstentwicklung möglich sind. Wenn dies im Verhältnis der verschiedenen Kunstarten innerhalb des Bereichs der Kunst selbst der Fall ist, ist es schon weniger auffallend, daß es im Verhältnis des ganzen Bereichs der Kunst zur allgemeinen Entwicklung der Gesellschaft der Fall ist ... Die griechische Kunst setzt die griechische Mythologie voraus, das heißt die Natur und die gesellschaftliche Form selbst schon in einer unbewußt künstlerischen Weise verarbeitet durch die Volksphantasie.›

Der Text, aus dem ich hier zitiere, heißt ‹Einleitung zur Kritik der Politischen Ökonomie›. Sein Autor heißt Karl Marx.»

Bernd hatte den Kampf aufgenommen. Attacken bereiteten ihm Genuß; daß er auf so harsche Ablehnung gestoßen war, integrierte ihn. Es war ja sein eigener Widerspruch, in dem er lebte und den diese Diskussion nur deutlich gemacht hatte. Er kannte Brechts Gedicht «Fragen eines lesenden Arbeiters», der schöne, schmale Band mit seinen Gedichten, den Yvonne ihm zur Immatrikulation geschenkt hatte, war zerlesen und zerknittert und voller Anstriche, viele Zeilen kannte er auswendig:

«Das große Rom
Ist voll von Triumphbögen. Wer errichtete sie? Über wen
triumphierten die Cäsaren? Hatte das vielbesungene Byzanz
Nur Paläste für seine Bewohner? Selbst in dem
sagenhaften Atlantis
Brüllten in der Nacht, wo das Meer es verschlang,
Die Ersaufenden nach ihren Sklaven.»

Aber das hing in seinem Kopf; es war Wissen. Dagegen

stand ein Widerstreben, ein undefinierbares Unbehagen – er witterte etwas wie Gefahr; das war Gefühl.

Doch stets, schon als Kind, hatte Bernd logisch verkehrtherum reagiert: Entweder war er die Eidechse, «verlor» eine Bedrohung; oder tat das, wovor man ihn warnte. «Faß nicht in die Kerze, du verbrennst dich» war für den Sechsjährigen eine zwingende Aufforderung gewesen – die Narbe an der Nagelkuppe des linken Zeigefingers hatte er jetzt noch. Auf einer Kindergeburtstagsfeier hatte der Zehnjährige in einem Knallbonbon den Spruch gezogen, «Fällt auf den Rücken im Grase und bricht sich die Nase»; ein Lebensmotto. Bernd überquerte immer bei Rot die Straße, verkehrt, wie die laichenden Lachse den Fluß stromaufwärts springen. Ein Lebensgesetz, das ihm noch tiefe Wunden schlagen sollte. Es war wie ein verbogener Instinkt: statt nach einer Warnung zu fliehen, ging er in die Gefahr wie in eine Lockung hinein. Und war nicht der seltsame Gesang des blonden Schulkameraden, damals am See, auch eine Art Warnung gewesen?

Bernd zog nach Ostberlin.

Er zog zu Yvonne, zu seiner Arbeit, zu einer Aufgabe, zu neuen Freunden; zog er auch zu sich? Zuerst einmal zog er weg: aus einer Welt, an die ihn nichts mehr band, die er verachtete, die nicht einmal die Spannung des Widerstands bot. Ein Flußspringer, der von Eisscholle zu Eisscholle geschnellt war – und nun am anderen Ufer stand.

Der Abschied war ein Hautabriß, etwas blieb kleben am vereisten Blech des Vergangenen. Traurigkeit war es nicht, aber ein Fetzen Erfahrung, Erleben. «Partir, c'est mourir un peu» hatte Bernd irgendwo einmal gelesen. Dieses leise Ziehen im Magen hatte er, als seine paar Sachen und Bücher gepackt waren.

Die Ankunft, das Neue war ein Strudel. Bernd hatte sich

listig in ihm so gedreht, daß er ohne Schaden auftauchte: Das Schwierigste in Ostberlin, eine Wohnung, hatte er im Handstreich erobert. Mit ziemlich viel Frechheit.

In jenem Institut für Archäologie hatte er inzwischen Fuß gefaßt. Er war nicht mehr nur der Bote, der die Bücher aus der Bibliothek holte, sondern durfte nach einem Jahr selbständig bibliographieren, kleinere Texte übersetzen und wurde zu den Planungen einer archäologischen Vierteljahresschrift hinzugezogen. Das hatte verschiedene Ursachen. Zum einen waren junge Leute mit bürgerlichem Wissensstand in Ostberlin eine Rarität, vor allem mit Sprachkenntnissen. Zum anderen war ungewöhnlich rasch eine Freundschaft zu den beiden leitenden Mitarbeitern des Instituts gewachsen. Der Direktor, Wolfgang Leszek, war kein Archäologe, sondern ein Berliner «vom Spittelmarkt», was, wie jedermann in Berlin wußte, eine Umschreibung für «Konfektionsbranche» war. Der Mitinhaber einer kleinen Tuchwarenfirma war 1935 emigriert und auf abenteuerlichen Wegen in Schanghai gelandet. Dort hatte er mit Maos «Fischen im Wasser» illegal gegen die Kuomintang gearbeitet und war auf diese Weise mehr und mehr in die konspirative kommunistische Arbeit geraten. In einer Stadt, die nicht nur von chinesischen Spionen jeglicher Couleur wimmelte, sondern auch von deutschen, englischen, amerikanischen und russischen; für den jüdischen Tuchhändler aus Berlin eine schwer überschaubare Bühne, auf der er auch prompt stolperte. Irgendein «Schatten» war auf seine Legende gefallen, man munkelte von einem schwebenden Parteiverfahren, das ihn schließlich von Schanghai bis Berlin verfolgte. Für eine wirklich führende Position war der vor drei Jahren nach Deutschland Zurückgekehrte deshalb nicht geeignet; andererseits konnte die Partei es sich nicht leisten, einen bewährten und gebildeten Genossen überhaupt nicht einzusetzen. Da Leszek – wie viele mittelständische jüdische

Unternehmer in Berlin – zeitlebens kulturelle Interessen gehabt und da er sich in den Jahren in China mit wahrer Leidenschaft auf die Spuren der versunkenen Reiche begeben hatte, wurde er zum Chef des neu gegründeten Archäologischen Instituts berufen. Der kleine, dicke Zigarrenraucher mit einer hohen Stirnglatze, Hamsterhängebäckchen und kleinen Knopfaugen, die selbst dann noch lustig zwinkerten, wenn er wütend war, schien über diese Lebensvolte ständig zu schmunzeln.

Als Bernd sich dem Mittvierziger vorstellen mußte, damals nach seinem ersten kleinen Aufsatz, blieb er mit dem linken Fuß in den Fransen einer falschen Perserbrücke an der Tür des viel zu pompösen Dienstzimmers hängen, rutschte aus, fiel und schlitterte in mächtigem Schwung bis vor den hellen Kirschholzschreibtisch. «Kein so guter Anfang, was?» sagte er rasch, um die eigene Verlegenheit zu überspielen, und Wolfgang Leszek, ein tweedbespannter Teddy, hatte gegrinst: «Besser als beim Abgang zu stolpern.» Sie hatten beide gelacht.

In Schanghai hatte Wolfgang Leszek eine Wienerin kennengelernt, Dr. Stephanie Bornstein, eine in Innsbruck promovierte Kunsthistorikerin, die sich und ihren Mann, einen seinerzeit in Wien bekannten Kabarettisten, in der Emigration durchbringen mußte, indem sie im Schanghai-Museum den englischsprachigen Katalog ergänzte. Sie war eine filigran-zarte, winzige, flinke Person mit einer empfindlichen Porzellanhaut, ähnlich den damals von ihr betreuten Keramiken, einem Kopf voller kunstvoll aufgetürmter grauer Wipplöckchen und einer Vorliebe für weiße, plissierte Seidenjabots und schwarze Satinkostüme. Eine entzückende, in die Un-Zeit geratene Schnitzler-Figurine – ein Autor, den sie ständig zitierte, über den sie einen nicht enden wollenden Schatz von Anekdoten zur Verfügung hatte. Sie war die Unruhe des abgelegen in einer Etage der Taubenstraße untergebrachten Instituts, für

Bernd die süchtig belauschte Inszenierung einer fernen fremden Welt: ob sie von den Wochenendausflügen erzählte, die «man» von Wien nach Venedig zu machen pflegte oder davon, daß Französisch zu sprechen in bürgerlichen Kreisen eine Selbstverständlichkeit gewesen war – «Was haben wir über Fehler im deutschen Proust gelacht, ein Ausruf bei einer Vernissage, ‹Un Monde, un Monde›, war mit ‹O Welt, O Welt› übersetzt statt mit ‹schrecklich überfüllt›». Venedig, Proust, Schanghai – Bernd war in Bilder und Gefühle gestürzt, die er aufregender fand als die Dias im weiß gekalkten, verdunkelten Seminarraum.

Hier hüpfte dieser schwarz-weiße Vogel umher und zwitscherte den ganzen Tag auf zwei Telefonen, die sie liebevoll im Arm durchs Zimmer trug, alte Kästen mit silbernen Hebelchen und Knöpfchen, auf denen sie so zärtlich spielte, als wolle sie Katzen zum Schnurren bringen. Das schnurrte und miaute den ganzen Tag, wobei sie es fertig brachte, ständig eine Zigarette zu balancieren, während die letzte vergessene noch ein weiteres kleines Loch in die Schreibtischplatte glühte. Stephanie Bornstein bestand darauf, schwerkrank zu sein, überall in ihrem chaotischen Büro lagen angeknabberte Zwiebäcke herum zwischen großen Thermosflaschen mit Tee. Das war Bernds Chance gewesen; denn Zwieback und Zigaretten waren knapp in Ostberlin, Tee gab es überhaupt nicht. Dr. Bornstein hatte zwar einen österreichischen Paß, aber sie fuhr nie nach Westberlin; wie die Parteirüge über Wolfgang Leszek lag über ihr und den Jahren in China – das letzte Land, das 1938 noch eine «Quota» für die bedrohten Juden eingeräumt hatte – etwas Unausgesprochenes, Dunkles. Ihr Mann – «Wir waren ein Jahr verheiratet, ich wußte gar nicht, daß er Kommunist war, damals in Wien waren alle alles: Freudanhänger oder Mahlerfeinde oder Schönbergverehrer oder eben Marxisten» – war von Schanghai als Kurier nach Moskau beordert worden und nie zurückgekehrt. Darüber wurde nicht gesprochen. Diese Menschen hatten Schatten. So brachte Bernd ihr gelegentlich etwas Tee oder ein Paket Zwieback mit, auch mal «Aktive», wie die besseren Westzigaretten immer noch hießen, und ganz unverhohlenen Jubel hatte ein Karton Roger-Gallet-Seife ausgelöst, Bois de Santal.

Das alles war ein Spiel mit komplizierten Regeln. Zwischen den beiden Schanghai-Rückkehrern gab es die Gemeinsamkeit der vergangenen Elendsjahre und des Knicks in der politischen Biographie. Ein unsichtbares hohes Gericht hielt die ständig mögliche Bestrafung parat. Auf makabre Weise verlieh die Gefahr eines besonders strengen Urteils – etwa Parteiausschluß, gleichbedeutend mit völligem Zusammenbruch der Existenz – einen gewissen Adel; es war die erlesene Gefahr für auserwählte Genossen, wie einst Tuberkulose die elegante Krankheit der besseren Bürger. So war Wolfgang Leszek der Chef von Stephanie Bornstein geworden. Er spielte mit ihr, ein melancholischer Bär mit einer possierlichen Maus. Die Mäanderlinien der Komplizenschaft waren aber noch verschlungener.

In listiger Unschuld hatte Bernd gleich zu Beginn von seiner Freundschaft mit den Bärenbachs gesprochen – und die winzige Atempause bei Wolfgang Leszek wohl wahrgenommen; Dr. Bärenbach war ein berühmter Mann mit hohen Verbindungen und ohne Schatten, allein das Wort «Karlshorst» signalisierte anderes als eine Wohnadresse. Es gab ein ameisengenau funktionierendes Codesystem in diesem entstehenden kommunistischen Staat, damit genaues Abbild der denunzierten westlichen Klassengesellschaft, in der «Avenue Foch» oder «5th Avenue» oder «Eaton Square» auch nicht eine bloße Adresse waren. Ganz genau wußte das Bernd noch nicht – doch was er wußte, setzte er schamlos ein. Diese beiden Entronnenen mochten den ehrgeizigen, frechen Weststudenten mit der gerüchtedunklen Verbindung zu höchster Parteiprominenz. Diese beiden unter der Drohung Lebenden brauchten ihn aber auch, denn sie waren zur Bewährung verurteilt. Das war ihnen allen nützlich. Bernd hatte kürzlich einen kleinen Artikel über die Peu-Richard-Keramik gebracht, deren mit Rillen- oder Bandmustern verzierte Exponate, 3. Jahrtausend vor Christi Geburt und namengebend für eine französische Kultur des späten Neolithikums, in der projektierten Vierteljahresschrift nur durch seltene Aufnahmen zu illustrieren waren; solche Aufnahmen hatte er aus dem Maison de France am Kurfürstendamm besorgt und gleich beigelegt. Nicht nur vom Schwarzmarkt wußte Bernd, wie man etwas verkauft. Er war kein Erpresser, aber er setzte seinen Preis hoch.

«Ich brauche eine Wohnung», hatte er im Anschluß an die Projektsitzung gesagt, «ich will weg aus Westberlin. Ihr müßt mir dabei helfen. Ich ziehe in kein Studentenheim. Eine winzige, kleine eigene Wohnung will ich, egal wo. Wer aus dem Westen zuzieht, hat da doch gewisse Vergünstigungen?» Sie waren zwar aus dem fernen Osten zugezogen, aber Stephanie wie Wolfgang wußten, was er meinte. Den silbernen Vierfarbstift.

«Ein Schloß, Mensch, Schorschi, ein richtiges Schloß» – Bernd jubelte, ein beschenktes Kind in seiner glückserfüllten Habgier. Er tanzte durch die Wohnung. Zum erstenmal in seinem Leben besaß er etwas Eigenes, etwas, darüber nur er verfügen konnte: eineinhalb Zimmer, Küche, Bad, Balkon. Für eine Künstlerkolonie war in den dreißiger Jahren diese kleine Siedlung im Zentrum Berlins entstanden, moderne funktionale Wohnungen um einen Innenhof gruppiert. Die Friedrichstraße Nr. 129 war nicht eigentlich eine Straße, eher eine Mischung aus Hinterhof und Platz, mit alten Kastanien bestanden, eine Art Toreinfahrt ging zur Friedrichstraße, man war in wenigen Minuten im Deutschen Theater oder im Berliner Ensemble oder in der Oper, die im alten Admiralspalastkino untergebracht war. Zur Uni, zum Archäologischen Institut, zum geliebten vermufften Tageskino – alles ein «Katzensprung».

«Und niemand kann mich mehr anöden ‹Mach das Licht im Flur aus› oder ‹Du hast im Bad Wasser laufen lassen› – ich mach jetzt erst mal sämtliche Lampen an und drehe alle Wasserhähne auf und das brennt und rauscht die ganze Nacht.» Viel mehr als Lampen gab es im «Schloß» noch nicht und Georg Müller, genannt Schorschi, sollte beim Einrichten helfen. Es war Bernds neuer Freund, ein gleichaltriger Kommilitone, den er bei der Einführung in den Materialismus kennengelernt hatte; das war die einzige übergreifende Vorlesung, die von Studenten der verschiedenen Disziplinen besucht wurde. Schorschi war Germanist. Die Freundschaft basierte auf einem Irrtum. Bernd hatte den ungelenk wirkenden, quadratschädeligen und immer allein sitzenden Burschen schon länger beobachtet und sich im stillen über ihn lustig gemacht – seine billige Aktentasche aus imitiertem Preßleder, graue Sandalen und eine schlabberige Strickjacke mit so großen Holzknöpfen, daß sie gähnende Löcher gerissen hatten. Der ganze Mann war irgendwie falsch zusammengewachsen, das dünne blonde Haar zu kurz und brav gescheitelt, Schultern und Hände zu mächtig und die enorme viereckige Stirn sah sinnlos kämpferisch aus. Nur das vorspringende Kinn verlieh dem Gesicht etwas Zupackend-Genießerisches. Bernd bemerkte aber auch, daß dieser Student zwar linkisch, aber nicht mürrisch war; er schien nicht eifervoll Kontakt zu suchen, setzte sich stets abseits, eher diskret als verdrossen. Eines Tages erschien er in einer besonders scheußlichen neuen Jacke, offenbar teuer im Westen erstanden, ein Ding aus gelbem Cordsamt mit olivgrünen Strickbünden an Kragen und Ärmeln, die dem sonst so selbstverständlich ernsten Kerl einen Ton des Tangobubihaften verlieh. Bernd konnte gar nicht wegsehen von diesem lächerlichen Fetzen. «Was haben Sie für eine todschikke Jacke an», sagte er beim Hinausgehen, «sieht ja toll aus.» Das Gesicht des Kommilitonen riß auf. «Wirklich, finden Sie das wirklich? Daß ausgerechnet Sie das sagen.» Bernd schämte sich, er war in Sekundenschnelle umgekrempelt von dieser arglosen Freude über seine Gemeinheit. «Wissen Sie, Sie sind doch Westberliner, hat man mir erzählt» – das klang so, als sei Bernd zuständig für jede Kleiderordnung. Bernd war reichlich verblüfft über diese unerwartete Kompetenz – und darüber, daß irgendwer offenbar über ihn geredet hatte. Aber der stolze Jackenbesitzer ließ ihn nicht zu Wort kommen. «Sie werden lachen, aber jetzt kann ich es Ihnen ja sagen: Ich hab die Jacke für ein Vermögen gekauft, drüben, verstehen Sie, und hab dabei allen Ernstes gedacht, ob der die wohl gut finden wird? Der – sind Sie.»

Eine kleine Liebeserklärung – unter Männern. Die Einfachheit, mit der da jemand auch nicht die geringste Sorge hatte, sich etwas zu vergeben, aber auch nicht den geringsten Verdacht, belogen worden zu sein, stülpte Bernd um. Der hatte wohl keinen Geschmack, war aber kein Simpel, war nur ehrlich. Eigentlich war die Jacke gar nicht so häßlich.

«Haben Sie was vor jetzt oder wollen wir zusammen essen?» – «Nein, vor habe ich nichts, Vorlesung ist ja erst wieder um drei – aber essen, wissen Sie ...» Bernd begriff das Zögern. «Quatsch», sagte er, «ich habe auch kein Geld. Ich wohne zwar im Westen, aber ohne Dollarpapa. Aber ich verdiene ein bißchen – los, ich lade Sie ein, hier Unter den Linden hat ein neues HO-Lokal aufgemacht, da kann man ohne Marken essen. Wir probieren das mal.» Eine Mischung aus schlechtem Gewissen, Angeberei, aber auch Werben um jemanden, den er jäh sehr sympathisch fand. Vielleicht wäre das endlich jemand hier an der Uni?

«Das ist ja seltsam, was Sie da erzählen – übrigens, ich heiße Müller, Georg Müller», sagte der Jackenmann vor einem großen tschechischen Pilsner, dessen Schaum ihm einen lustigen Schnurrbart aufgeklebt hatte, «oder vielleicht sollte ich besser sagen, ich bin seltsam, weil ich automatisch Westen mit Geld gleichsetze. Ich dachte immer, Sie hätten Geld – auch wegen der Kleidung. Und nun sagen Sie, Sie *verdienen* Geld – ja, wie denn das? Studenten verdienen doch nichts. Arbeiten Sie denn irgendwas?» Was Bernd ihm dann bei dem markenfreien Gulasch mit pappigem Reis und einem ertrunkenen Salat erzählte, war für seinen neuen Freund geradezu abenteuerlich. Ein Student, der regelmäßig ‹ins Büro› geht, der andauernd schwänzt, der lieber liest als Vorlesungen hört oder am Tage im Kino sitzt. «Und wie machen *Sie* das, haben Sie ein Stipendium?» Bernd fand rasch heraus, daß er einen Antipoden kennengelernt hatte. Konsequenz einer Unaufrichtigkeit. Georg Müller war der Sohn eines sächsischen Eisenbahnwärters, hatte als Holzfäller gearbeitet, dann in Crimmitschau einen russischen Dolmetscherkursus glanzvoll absolviert und war dabei dem sowjetischen Lehrgangsleiter aufgefallen. «Holzfäller, du studierst», hatte der Major gesagt und sich dafür eingesetzt. Georg Müller war, was Bernd bisher nur als Gattungsbezeichnung kannte, ein Arbeiterstudent.

Alles an diesem Mann war anders, fremd und richtig zugleich. Er hatte kein Abitur, er war bis vor einem Jahr noch nie in einer größeren Stadt gewesen und er hatte noch nie mit einer Frau geschlafen. «Wissen Sie, daß ich Berlin gar nicht richtig kenne, mich auch immer noch verfahre, falsch umsteige oder die Busnummern verwechsle? Mir ist diese Menge Menschen fremd und manchmal macht sie mir auch angst. Wie soll man da überhaupt mit jemandem sprechen?

Ich habe Sie ja auch schon eine Weile beobachtet – aber nie hätte ich es fertiggekriegt, Sie einfach anzusprechen. Und eine Frau – schon gar nicht. Es ist blöd, immer nur arbeiten – aber ich wüßte nicht mal, wie man das macht mit Huren oder so, obwohl ich schon oft dran gedacht habe.» Bernd kam sich vor wie ein bunter, lockerer Vogel, er fühlte sich keineswegs überlegen, als er erzählte, er lebe schon seit längerer Zeit mit einer verheirateten Frau; er konnte es nicht recht benennen, warum er sich fast unterlegen vorkam gegenüber Schorschis Geradlinigkeit; ihm kam vieles an sich selber flatterhaft, vertänzelt vor, unernst und hurtig. Alles war zu früh bei ihm, nicht ausgereift, nicht organisch gewachsen: schon als Kind ohne Eltern, schon als Knabe eine Geliebte, schon als Student Arbeit und Wohnung.

In der standen sie nun, reichlich albern. Schorschi und Bernd sahen sich fast täglich, der eine erzählte von der Romantik, die er besonders liebte, vom «Goldenen Topf», «Klein Zaches», «Undine» und «Kater Murr», der andere von den Etruskern, die er gerade zu entdecken begann. Schorschi wollte ihn unbedingt überreden, Russisch zu lernen. «Wo du nun nach Rußland gezogen bist.»

Vorerst mußte sein russisches Schloß erst mal aufgedonnert werden, wie Bernd das nannte. «Da laß mal 'n alten Holzfäller ran», hatte Schorschi ohne Umschweife erklärt, «ich möchte doch wetten, daß du nicht Gardinen aufhängen kannst.» Auf die war Bernd nämlich besonders stolz – er hatte sich im Westen billigen Kleiderstoff gekauft, dunkelbraunen, dünnen Cordsamt, und daraus Gardinen nähen lassen –, wenn man sie zuzog, sähe die ganze Wand wie mit Samt bespannt aus. Die dem Fenster gegenüberliegende Wand wurde beklebt mit einer Riesenvergrößerung von Hieronymus Boschs «Das jüngste Gericht», zur Zeit Bernds Lieblingsbild; das war

Yvonnes Einstandsgeschenk – ihr Vater hatte die Fotografie und Vergrößerung hergestellt. «Irgendwo muß ich noch eine ordentliche Couch und viele Blumenkübel erjagen», meinte Bernd, «mehr ist im Moment nicht drin fürn Salong.»

Die Blumen brachten ihm die Kommilitonen mit. Denn durch die Freundschaft mit Schorschi hatten beide mühelos andere Studenten kennengelernt: Gerda, eine patente, dickliche und offenbar in Schorschi verschossene Theaterwissenschaftlerin mit puppenhaft winzigen Ohren und Nase und leicht hervorquellenden Augen; Ute, eine Kunststudentin, die bereits in der «BZ am Abend» ein paar Ausstellungsberichte veröffentlicht hatte und über die der Klatsch wissen wollte, sie habe ein Verhältnis mit dem smarten Materialismus-Dozenten – ein großes vollbusiges Mädchen, das sich ständig in den Hüften zu wiegen schien und das vor allem durch eine höchst kunstvoll ineinandergeflochtene, dichte schwarze Haarkrone auffiel, die sie größer wirken ließ. Ein Archäologiekollege hatte Bernd kürzlich mächtig imponiert, weil der – daher auch sein Interesse daran – nur mit einem Zettel in der Hand, ohne ausgearbeitetes Manuskript, ein Fünfundvierzig-Minuten-Referat über die Etrusker frei sprechend bewältigte. «Mein Gott, woher wissen Sie das alles, so aus dem Kopf», diesmal log Bernd nicht, als er den Kommilitonen ansprach. Aber das Wunder ließ sich erklären. «Na hören Sie mal, ich habe immerhin bald zehn Semester auf dem Buckel, irgendetwas muß doch hängenbleiben, nein? Ich wundere mich umgekehrt über Sie – Sie sind doch Erst- oder Zweitsemester, nicht wahr? Dies ist doch ein viel zu schwerer Kurs für Sie? Entweder sind Sie ein Genie oder ein Hochstapler. Aber immerhin, Ihr Referat neulich war dufte.» – «Also einigen wir uns auf genialen Hochstapler, ja?» Sie sprachen jetzt öfter miteinander, und Bernd machte kein Hehl daraus, daß er den Älteren bewunderte, obwohl ihm nicht klar war, was ein Archäologe am Rundfunk wollte – das war nämlich Joachim Stehlers Berufsziel.

«Volle Pulle» hatte Bernd seinen Einstand getauft und richtige kleine Einladungsbriefe verschickt, fünfzehn insgesamt. Die Badewanne war halb voll Kartoffelsalat, in der Küche stapelten sich Bier und ein paar Flaschen Wein, obendrauf das Juwel: eine Flasche Wodka. Die brave Gerda hatte Bernds Blumenkübelwunsch verbreitet und kam nun, eine große Philodendronpflanze balancierend, als erste die Treppe herauf, hinter sich einen «schwankenden Wald von Birnam», wie sie die Gummibäume und Zimmerlinden und Kentiapalmen schleppenden Kommilitonen bildungsbeflissen nannte. «Du hast eine große Karriere als Souffleuse vor dir, mein Schatz» – Schorschi pflegte sie ziemlich grob zu necken, seine Form, sich dem Pummel zu entziehen. S- und U-Bahn waren ihm unheimlich – Frauen auch. Wie eine Schutzhaut zog er sich einen Alkoholnebel über; zwar waren alle bald betrunken, Bier und Schnaps und Wein durcheinander und schließlich noch drei Flaschen roten Krimsekt, den der ältere Archäologiestudent und zwei seiner Freunde mitgebracht hatten – die Korken schossen sie vom Balkon in den Himmel. Immer und immer wieder spielten sie Lys Assias «O mein Papa» und tanzten zwischen den großen Pflanzen, am wildesten Ute. Sie hatte ihr Haar aufgelöst und wirbelte die lange Mähne zwischen Pflanzen und Männern, ein Torero mit schwarzem Tuch, die Stiere lockend und ihnen mit Hüftschwung ausweichend.

Schorschi war schon vor Mitternacht verschwunden – bis Bernd ihn fand, nackt in der Badewanne zwischen den Kartoffelsalatresten schlafend, eine dünne Rotzbahn lief aus seiner Nase in die getrockneten Senfflecke um den Mund. Erst die kalte Dusche weckte ihn, aber «Scheiße, Mensch, ich hab genug» brummelnd torkelte er in Bernds Bett, fand sich mit Mühe und Not in einem von Bernds Pyjamas zurecht. Gegen zwei Uhr früh waren alle gegangen – nur Ute nicht. Sie war überdreht, tanzte ohne Schuhe, allein, mit erhobenen Armen das Haar zu einem Schleier auffächernd, sprang auf die Couch und sang «Ich bin die fesche Lola, der Liebling der Säsong ...» gegen eine alte Platte an, auf der Marlene ihren populärsten Schlager rauchte. «Isn hier los?» – Schorschi stand im Zimmer, in weinrot-grauen Flanellhosen, die zu eng und zu kurz wie gestreifte lange Unterhosen an ihm klebten und die nur sein Ständer daran hinderte, hinunterzurutschen. «Na, hier ist es ja jetzt gemütlich, kein Wunder, daß ich wach werde.»

Es hatte aber die Wirkung der Nadel, die in einen Ballon sticht – die Luft war raus. Zu trinken gab es nichts mehr, niemand legte eine neue Platte auf, Ute begann, sich mit nachlässiger Selbstverständlichkeit auszuziehen, mit der graziösen Sanftheit einer großen Katze, Schorschi kratzte sich an den Beinen und Bernd suchte in den zerquetschten Päckchen nach einer letzten Zigarette. Ihr Übermut war Asche, Beklemmung, Ratlosigkeit. Keiner wußte so recht, wie es weitergehen sollte. Schließlich stand Bernd auf und holte das Bettzeug aus dem Schlafzimmer. «Hier, Ute, du kannst hier schlafen. Ich hab drüben noch eine große Wolldecke, die können Schorschi und ich uns teilen. War 'n schönes Fest.»

Natürlich konnten die beiden keineswegs sofort einschlafen. «Mensch, Bernd, das war doch nun klar. Toller Busen. Aber was ist denn mit dir, willst du nicht oder kannst du nicht? Ist ja nun wieder ulkig – die will mit dir pennen und ich liege hier und hab' einen Steifen. Soll ich dir helfen?» Bernd verstand das Angebot nicht. In seinem Kopf schaukelten die Bilder durcheinander – Utes schwarze Lockmähne, Schorschis grau-rot gestreifter Flanellschwanz, der rote Sektschaum auf dem Balkon, nach dessen süßlichem Parfüm er aufstieß, und der Aufmarsch der Gummibäume im Treppenhaus. «Mensch, ich schlaf nicht mit andern Frauen, verstehst du das nicht? Es ist gar nicht Treue oder so», komisch, das konnte er ganz klar denken, «Treue muß man sich ja vornehmen, ist so was wie ein Willensakt. Bei mir ist das anders. Es ist außerhalb meiner Phantasie, mit der kann ich eine andre Frau nicht mal streicheln. Ich nehme mir gar nichts vor – aber ich *kann* gar nicht. Da züngelt nichts. Es gibt für mich nur eine Frau, meine.»

Die beiden lagen, Löffelchen in Löffelchen, und trieben in den Schlaf. «Du bist und bleibst eine komische Nudel. Ganz ist mir das ja nicht klar, deine Frauengeschichte. Ich denke immer: Loch ist Loch.»

Bernd war angekommen. Ein Pfeil, der sich selber ins Schwarze geschnellt hatte, noch zitterte von der Anstrengung, vor Begierde. Oder zitterte in ihm etwas anderes? Wohnung und Studium und Freund und die erste Sprosse der Karriereleiter. Und Yvonne. Woher die Unruhe, die in ihm pochte?

Sein Lebensgefühl hatte sich verdreht. Die Uhr des Jahres 1950 zeigte jetzt in umgekehrte Richtung, wenn er die Trümmermauer des früher so prächtigen Hertie-Kaufhauses in der Leipziger Straße zum Potsdamer Platz entlangging. Die Wechselstuben und Nackedeiheftchen, die Schokoladenbuden und Tabakkioske waren nun Ziel einer Expedition in die Fremde. Früher nur komisch, picklig-farbiger Teil seiner Welt, Hautausschlag der Stadt Berlin; nun mit bösen Lefzen grinsend, von vulgärer Feindlichkeit. Als habe er eine Stimmgabel am unteren Ende angeschlagen klangen alle Töne in Bernds Leben anders.

Auch im FDJ-Zimmer, diesem Taubenschlag in der Uni. «Hör mal, Jugendfreund, du mußt dein Mitgliedsabzeichen tragen», herrschte ihn ein langer Dünner an, «du darfst hier nicht rumlaufen wie und wann du willst. Du hast auch ab jetzt regelmäßig Donnerstag an unseren Sitzungen teilzunehmen, abends ab sechs.» Bernd war in Sekunden voll ohrenrauschendem Zorn, eine Welle von Wut schäumte über seinen Kopf, drückte alle Vernunft heraus. «So – ich muß, ich darf nicht und ich habe? Und wer, bitte sehr, bist du überhaupt? Sind wir hier in der HJ und du bist mein Fähnleinführer oder wie? Damit das ein für allemal klar ist – ich muß überhaupt nichts, und ich darf, was ich will. Guten Morgen, meine Herren.» Wie war das noch gewesen, dieser Satz mit dem Brot? Er sah die Kommilitonen noch gelegentlich, die so verblüfft abweisend damals reagiert hatten, «die zwei Reaktionäre».

Schorschi erzählte ihm am nächsten Tag, daß die Sensation bis zu den Germanisten gefunkt worden war, daß es irgendeine geheimnisvolle Leitungssitzung gegeben habe, schon am Morgen, und daß die Affäre gewiß noch Folgen haben werde. «Aber was für Folgen denn? In meinen Zulassungspapieren steht nichts von FDJ, Geld kriege ich auch keins – also dann eben ohne die» – Bernd brauste selbst jetzt noch auf. Eine Woche später kam im Seminar ein etwas älterer Student, den er nur vom Sehen kannte, zu ihm. «Sag mal, Jugendfreund Walther, wir haben da morgen abend eine Diskussion über dich und deine Faschismus-Unterstellungen. Es wäre wohl richtig, wenn du da anwesend wärst.» Das war so grau gesagt, daß es Bernd nicht klar war, ob man ihn vor ein Gericht zitieren oder zu einer Debatte einladen wollte. «Natürlich unterhalte ich mich gerne mit euch. Ich weiß zwar nicht, was du mit Faschismus und Unterstellungen meinst, aber gut. Ich bin da.»

Feindseligkeit bestimmte anderentags die Atmosphäre. Von seinen Freunden war niemand da, die gehörten alle zu anderen Studiengängen. Die Archäologen waren ohnehin ein kleiner Haufen innerhalb des Fachs Kunstgeschichte, und die meisten waren älter, wie der mit dem Etrusker-Krimsekt. Die Begrüßung war dünn. Der lange Hagere begann sofort mit großer Schärfe vorzutragen, daß man wohl Disziplinarmaßnahmen überlegen müsse. «Wir können nicht hinnehmen, daß ein Jugendfreund die FDJ mit der HJ gleichsetzt.»

«Moment mal», unterbrach Bernd ganz schnell, «ich weiß zwar nicht, was Disziplinarmaßnahmen sind, aber ich weiß, was ich gesagt habe. Das nämlich nicht.» – «Du hast mich Fähnleinführer genannt.»

«Also wollen wir uns vernünftig unterhalten oder wollen wir Streit? Ich sage sogar gerne: es tut mir leid, wenn du das so aufgefaßt hast. Aber *gesagt* habe ich was anderes. Nämlich, daß ich mich nicht herumkommandieren lasse, und *gefragt* – nix gleichgesetzt – habe ich, ob wir hier eigentlich in der HJ sind …» – «Ja, eben, das ist doch unzumutbar, das muß nicht nur zurückgewiesen werden», mischte sich jetzt der Student ein, der ihn eingeladen hatte. «Zurückgewiesen werden muß gar nichts.» Bernd spürte, wie diese Wutwelle in ihm hochstieg, «weil man nur etwas zurückweisen kann, was jemand behauptet hat. Wenn ihr richtig zuhören könnt, oder wollt, heißt meine Formulierung ja genau das Gegenteil: daß für mich, für mein Verständnis, die FDJ eben *nicht* ähnlich ist der HJ.»

«Wir sind hier nicht bei den Jesuiten, sind auch nicht im Westen …» Da war's. Da war es ausgesprochen. Hier galt also anderes Maß? Gab es eine West- und eine Ost-FDJ? Hatte man ihn ertragen, mit seinen karierten Söckchen und Kreppsohlen und ohne Abzeichen, solange er der «Jugendfreund West» war? «Ich seh hier auch wenig betende Hände», meinte Bernd schnippisch, «und in welchem Stadtteil die Humboldt-Universität liegt, weiß ich auch. Was sollen die albernen Belehrungen? Was soll überhaupt das Ganze?»

«Hör mal, Jugendfreund», sagte jetzt eine sehr hübsche junge Kommilitonin, deren kupferrotes Haar Bernd schon oft in Vorlesungen oder bei der Einführung in den Materialismus aufgefallen war; Schorschi hatte da auch schon Feuer gefangen und amüsiert das Berechnende der Person bemerkt, ihre eng anliegenden grünen Pullover oder ein schalartiges, großes grünes Umhängetuch – immer den Kontrast zu dem herrlichen Flammenschopf betonend –, «Hör mal, dir ist wohl der Ernst der Situation nicht klar. Wir sind hier nicht irgendein Verein, in dem jeder machen kann, was er will.» Sie hat auch eine ‹rote Stimme›, schoß es Bernd durch den Kopf, scharf, aggressiv, metallisch. «Die FDJ ist so etwas wie eine politische Partei und hier wird Disziplin verlangt.»

«Irgendeiner spinnt hier.» Jetzt war Bernds Stimme auch ziemlich schrill, und er sprach viel zu schnell wie immer, wenn er aufgeregt war. Durch einen Doppelhall, ähnlich wie bei falsch geschalteten Lautsprechern, hörte er sich selber: «Wenn ich nämlich in eine politische Partei eintreten will, dann trete ich in eine politische Partei ein. Ihr habt ja nicht alle Tassen im Schrank, was? Disziplin? Wo steht das? In welchen Statuten? Ich hab nix mit Disziplin unterschrieben, das Wort kommt in meinem Fremdwörterbuch nicht vor. Ich bin doch nicht meschugge. Ihr wollt wohl demnächst die Leute strammstehen lassen oder was?»

Niemand sagte ein Wort. Da kam aus der hinteren Hälfte des Raumes, zwischen den Aktenregalen und Schreibmaschinentischen ein junger Bursche mit strubbeligem Haar hervor, der hatte fast die ganze linke Hälfte seines Gesichts entstellt durch violettroten Blutschwamm, was ihm ein seltsam gutmütiges, behagliches Mienenspiel verlieh. «Absonderlich», dachte Bernd, «er sieht ja ganz absonderlich aus – er hält die Hände wie auf seinem Parteiabzeichen, als gäben sich zwei fremde Menschen die Hand.» – «Also gut», klappten scherenscharf die Worte aus diesem freundlich unbewegten Gesicht –, «du mußt dir klar werden, wohin du gehörst. Bist du einer von uns – oder willst du Extrawürste gebraten haben. Die Zeit der Extrawürste ist vorbei.»

«Also gut», äffte Bernd die Scherenworte nach, «ich bin in diesen Laden eingetreten aus Vergnügen, aus eigener Initiative, dort, wo man diesen Verein überhaupt erst suchen mußte; nämlich im amerikanischen Sektor. Ich habe da eine ganze Menge gearbeitet, schon als Schüler, wie ihr wohl wißt, und hatte mir vorgestellt, hier an der Uni viel Spaß dabei zu haben, zu lernen, vielleicht auch mal selber solch einen Abend zu machen über Geschichte der Arbeiterbewegung – das ist ja so ein Thema von mir.» Bernd wußte in dem Augenblick nicht, ob er bewußt diese Drohwaffe hervorgeholt hatte, diese hier gewiß als Gerücht bekannte Verbindung zu einflußreichen Leuten. «Politik – na klar. Deswegen bin ich ja hier und nicht anderswo – aber auch Spiel und Gemeinsamkeit und Spaß. Aber Partei und Disziplin und Du mußt und Du darfst nicht – nicht mit mir. Extrawürste hin und her: da bin ich wohl in der falschen Würstchenbude gelandet. Muß ja alles nicht sein. Also gut, hast du eben gesagt – aber übrigens nicht, wer du überhaupt bist – also schlecht; offenbar bin ich dann keiner von euch. Hier ist das kleine blaue Heft, mein Mitgliedsbuch, das sah wohl dann im Westen auch anders aus. Ihr könnt's behalten. Ich trete aus aus eurem Verein.»

«Ich heiße Bernhard Franke und bin der Sekretär der SED hier an der Uni.» Das paßte gar nicht mehr – aber niemand reagierte. Das kleine blaue Kalikoheft lag auf einem Pulttisch vor Bernd. «Na, da hast du ja heute tolle Arbeit geleistet», sagte er und ging.

Bernds Leben glitt aus dem Gleichgewicht, er jonglierte mit zu vielen Bällen, die sich bald nicht mehr in der Luft halten ließen, ihm vor die Füße platschten. Im Institut galt er als guter Student, an der Uni war der Rumor seiner erfolgreichen Institutsarbeit sein Schirm und an beiden Arbeitsstätten schützte ihn die allen unklare, aber überall herumgeklatschte

Beziehung zu hohen Funktionären. Mit seinem Chef Leszek verband ihn ein Komplott, das sogar den spektakulären FDJ-Austritt trug wie ein Brückenpfeiler: Bernd hatte vor kurzem gefragt, ob er Koestlers «Sonnenfinsternis» kenne und der von einer Parteirüge bedrohte Genosse hatte gesagt, «Das werde ich nie lesen» – in einem Ton, mit einem Gesicht, die Bernd richtig verstand als «das werde ich nie zu lesen kriegen, nie lesen dürfen». Kurz darauf legte Bernd in einem verschlossenen Umschlag das kleine, grellbunte Taschenbuch während einer Sitzung auf Wolfgang Leszeks Schreibtisch. An einem Sonntag hatte er ihn in seiner gemütlich-verkramten Junggesellenwohnung besucht, weil sie ein besonders schwieriges Thema der minoischen Kleinplastik für die geplante Zeitschrift besprechen wollten.

Sie hatten sich gegenseitig einen amüsanten Streit versprochen, weil die Forschung keine exakte Antwort auf die Frage hatte, ob die Hieroglyphenschrift der rassisch stark gemischten Kreter nun einer semitischen oder anatolischen oder frühgriechischen Sprache zuzuordnen sei. «Ich bin auch rassisch sehr gemischt und schwer zu entziffern», hatte Wolfgang Leszek ihn begrüßt, sich in seinem braunen Trainingsanzug grinsend zwischen die Sofakissen gelümmelt und Bernd das Buch zurückgegeben – «wie das da; das ich nie gelesen habe». Beide hatten schweigend verstanden. Diese listige Gemütlichkeit bewahrte Bernd jetzt vor unangenehmen FDJ-Diskussionen im Institut.

Mit Yvonne wurde es ein lastender Abend. Er kannte das schon: wenn sie stakste statt glitt, mit dem linken Daumen unter der Hand weg jenen Ring am Ringfinger drehte und drehte und drehte – dann leitete sie eine Unrast ab, die sie sich nicht eingestehen mochte. Als Bernd die Stufen zur «Laube» heraufschlich, hörte er Lotte Lenya Brechts Ballade «Vom ertrunkenen Mädchen» singen; das war ein Zeichen.

Yvonne wollte ihm verzeihen, sie wußte, daß er dieses Lied liebte; statt Attacke signalisierte sie Gemeinsamkeit, Weichheit. Mit jeder Stufe stieg aber auch der Ärger in Bernd hoch – er wollte sich nichts «vergeben» lassen, ihm war die Zärtlichkeit klebrig. So gab er nur nach, gab nicht sich – ein winzig kleiner Willensakt statt der großen Unersättlichkeit. Als er bei ihr lag, ging ihm durch den Kopf, wie sehr es ihn störte, daß in seinem Kamm immer Haare von ihr klebten. Erst als sie zu sprechen begann, war Bernd da. Sie hatte eine andere Platte aufgelegt, Ernst Buschs zart klirrende Metallstimme hißte die Flaggen der Geschichte, die mit seinen Kampfworten zu ihm herüberwehten: «Spaniens Himmel breitet seine Sterne über unsre Schützengräben aus. Und der Morgen grüßt schon aus der Ferne, bald geht es zum neuen Kampf hinaus. Die Heimat ist weit, doch wir sind bereit. Wir kämpfen und siegen für dich, Freiheit.» Die Glut von Yvonnes Zigarette irrlichterte im Aquarium, sie begann leise zu sprechen.

«In mir ist eine seltsam ziehende Angst. Dabei weiß ich gar nicht, hat sie mit dem Lied zu tun oder mit uns. Plötzlich erinnere ich mich daran, was meine Mutter erzählte: wie eine etwa siebenjährige Nachbarstochter, von uns oft gehätschelt und mit kleinen Geschenken verwöhnt, meinen Vater unbedingt mit ‹Heil Hitler› begrüßen und ihm vorsingen wollte, ‹Als die goldne Abendsonne sandte ihren letzten Schein, zog ein Regiment von Hitler in das kleine Städtchen ein›. Mein Vater, damals noch Fotograf im jüdischen Kulturbund, war gerade von der Beerdigung Max Liebermanns gekommen, Februar 1935; Publikum war verboten, aber er hatte heimlich Aufnahmen gemacht, von den sieben Menschen hinter dem Sarg, von der Witwe, dem Rabbiner, einem Anwalt. Die Fotos – heimlich per Diplomatenkurier außer Landes geschmuggelt – gingen um die Welt.»

«Aber Yvonne, du erzählst in einem Satz wieder zuviel, versteh doch, daß ich's nicht verstehe.» Bernd war ganz wach – die Gier, die ihn verlassen hatte, kam als Welle von Neugier zurück; eine hirnliche Zärtlichkeit statt der von Haut und Haar.

«Es ist zuviel, Lieber, es sind lauter doppelt und dreifach belichtete Fotos, die meine Traurigkeit aus dem Gedächtnis schöpft. Ein Obernazi, Staatskommissar Hinkel vom Reichsministerium für Volksbildung und Propaganda, war der Schirmherr dieses makabren Jüdischen Kulturbundes – ‹Der Jude Abraham Aron ist berechtigt, im Bereich des Jüdischen Kulturbundes fotografische Aufnahmen zu machen› stand auf Papas Ausweis, ‹gezeichnet Hinkel›. Liebermann war aus der Akademie, deren Präsidentschaft er 1932 niedergelegt hatte, gleich zu Beginn der Naziherrschaft ausgetreten. Deswegen mußte der weltberühmte Mann – einen alten Baum kann man nicht mehr verpflanzen; mit diesen Worten hatte er die Emigration abgelehnt – auf dem Friedhof am Senefelder Platz verscharrt statt beerdigt werden. Einer seiner Kollegen, Emil Nolde, fand es passend und angebracht, dem Reichspropagandaminister Goebbels zu dieser Zeit zu schreiben, er habe schon vor Beginn der Nationalsozialistischen Bewegung als fast einziger deutscher Künstler in offenem Kampf gegen die Überfremdung der deutschen Kunst, gegen das unsaubere Kunsthändlertum und gegen die Machenschaften der Liebermann- und Cassirer-Zeit gekämpft. Liebermanns Witwe schluckte übrigens Gift, als man sie wenige Jahre später in den Zug fürs KZ verfrachtete. Kurz zuvor hatte sie noch entsetzt mitangesehen, wie ein Kind neben seiner Mutter hopste, lachte und lustig herumsprang – es hielt die Deportation für ein Spiel.

Max Liebermanns berühmtes Bild ‹Fischmarkt in Amsterdam› verbrannte im November 1938 in der Berliner Synagoge – 176 brannten in Deutschland. Am Tage zuvor begrüßte Renate von nebenan meinen Vater mit ‹Heil Hitler›, weil sie in der Schule und beim Spielen auf der Straße das sentimentale Lied gehört hatte; und am Tage danach sitzt Herr Hinkel mit ausländischen Journalisten in der Loge des jüdischen Theaters, um der Weltpresse zu zeigen, es ginge alles seinen normalen Gang. Die jüdische Hauptdarstellerin Elfriede Borodin mußte zwischen den Auftritten dieser Komödie Herzspritzen bekommen, der Leiter Fritz Wisten war 24 Stunden vorher aus dem KZ Sachsenhausen wieder herbeigeschleppt worden – Papa hat ihn noch am Abend, kahlgeschoren und um Jahre gealtert, fotografiert.»

«Fritz Wisten? Den kenne ich doch?» Bernd rettete sein Entsetzen ins Neugierig-Sachliche. «Ist der jetzt nicht Intendant der Volksbühne? Das ist ja verrückt. Seine Tochter studiert bei uns Theaterwissenschaft; sie macht aber einen sehr reichen Eindruck, Haus am Schlachtensee und so ...»

«Ja, Wistens Frau, eine, wie man damals sagte ‹arische› ehemalige Schauspielerin, hat Geld. Beides – und daß sie mit Emmy Sonnemann, Görings Frau, einmal auf der Bühne gestanden hatte, bewahrte Wisten vor dem endgültigen Verschwinden im KZ. Es war anders und ähnlich bei uns. Papa und mein Bruder mit dem Gelben Stern, Mama konnte ihnen nicht mal zu Weihnachten eine Freude machen. Als sie Heiligabend in der Sophienkirche Ruhe finden wollten, schreitet der Pastor von den Altarstufen herab, auf sie – die deutsche Frau mit den Sternträgern – zu, breitet die Arme aus: aber nicht Segen spendend, sondern sie aus ‹seinem› Hause weisend. Das Haus, in dem der Spruch, Eli, Eli, lama asabtani – Gott, mein Gott, warum hast Du mich verlassen – ein so häufig interpretiertes Predigtmotto war.»

Bernd war ganz Igel, stellte sich tot. Die leergelaufene Schallplatte schliff ein stumpfes Geräusch durch den Raum, die Fische im Aquarium schwebten grimassierend, nur sein Aschenbecher lebte voller rotglühender Würmer. Er konnte Yvonne nicht berühren. Er konnte nur etwas Dummes sagen. «Ich wäre nicht geblieben.»

«Ach, was wißt ihr schon?» Bernd hörte das «ihr». «Eben gab's noch einen ‹Volksbund jüdischer Frontsoldaten›, der 1934 mit Tausenden von Menschen ‹unsere Gefallenen› ehrt und einen Heldengedenktag begeht – da tragen Rheindampfer schon schiffslange Aufschriften ‹Wer beim Juden kauft, stiehlt Volksvermögen›. Eben noch der Fahnenappell einer jüdischen Jugendgruppe zum Jahresgedächtnis von Hindenburgs Todestag – da schreibt man einer Bekannten unserer Familie schon, Absender ‹Pestalozzi-Fröbelhaus›, ‹die augenblickliche Lage zwingt uns leider, Sie zu bitten, den Unterricht einstweilen nicht zu erteilen, um jeder Beunruhigung in unseren Häusern die Grundlage zu entziehen›. Eben kriegt mein Vater noch ein Angebot von United Press nach Indien – da kommt schon die Verordnung, daß die arische Frau und die Kinder nicht mitdürfen. Eben noch, kurz vor der Olympiade 1936, Joseph Schmidts letztes Konzert von Papa fotografiert, da kommt schon eine Denunziation: Er hatte in der Stehbierkneipe der Münzstraße sich mit Illegalen aus der Gruppe der Arbeiterfotografen getroffen; früher frühstückten da die Müllkutscher, draußen ihre dicken schwitzig-schweren Pferde vor den riesigen Metallwagen – jetzt Spitzel. Eben noch wird das jüdische Museum verwüstet – da ‹dürfen› sie, um zu überleben, diesem Aushängeschild ‹Jüdischer Kulturbund› dienen – wo Jessner Richard Beer-Hofmann oder Stefan Zweigs ‹Jeremias› inszenierte oder Hans Wilhelm Steinberg dirigierte; jetzt ist er als William Steinberg in Amerika berühmt. Eben noch wird die jüdische Sportlerin Helene Meier, aus USA kommend, von dieser verdammten Olympiade ausgeschlossen – da lehnt die berühmte Schwimmerin Judith Deutsch mit einem spektakulären Brief ihre Teilnahme ab: Sie wolle nicht in einem Becken schwimmen, an dem noch vor wenigen Wochen ein Schild hing ‹Für Hunde und Juden verboten›, in dieser Reihenfolge.

Hör nur das Lebenszickzack eines einzigen Freundes meines Vaters. Der Schauspieler Herbert Grünbaum kommt 1934 aus Zürich nach Berlin. Um seine Eltern herauszuholen. Der Vater stirbt. Die Mutter wird deportiert. Grünbaum bleibt, spielt am jüdischen Theater des Kulturbunds – den Edom in Zweigs ‹Jeremias›, den Rabbi Moshe in der ‹Goldenen Kette› von Perez – viele Rollen. 1939 emigriert er in die Niederlande, flieht 1940 vor den Nazis nach Palästina, arbeitet im Kibbuz – und jetzt spielt er wieder bei Fritz Wisten an der Volksbühne.

Meine Mutter hat um Papa gekämpft wie eine Tigerin, eine heulende und kreischende Kindertruppe eingesetzt. Ihr eigener Vater hatte dem Schwiegersohn und den Enkeln verboten, das Haus zu betreten, und als sie in Panik eine Nacht Unterschlupf für sich und ihren Sohn bei einer Cousine suchte, stellte deren Mann ihr die beiden Pappkoffer vor die Tür und schob sie samt meinem Bruder hinaus. Meine Mutter hat – als das Wort ‹Mischehen Rosenstraße weitersagen› durch eine Februarnacht des Jahres 1943 wisperte – mehrere hundert Frauen alarmiert und ist mit denen zu dem ehemaligen Haus der jüdischen Gemeinde gezogen, zwischen Littenstraße und Spandauer Straße, unter der S-Bahn durch zum Hackeschen Markt: die einzige wirkliche Demonstration in der Nazi-Zeit. Die Frauen kämpften um ihre jüdischen Männer – eine schweigende kleine Armee in Kopftüchern und mit Henkeltaschen; die Straßenbahn bimmelt – sie weichen nicht; Polizei kommt – sie schwappen in die Heidereuter Gasse, in die Burgstraße, in die Spandauer Straße. Der mitternächtliche Bombenangriff, bei dem die Hedwigskirche, die Münze, die Reichsbank zerstört wurden, beendete die grause Szene. Der Spuk war vorbei, um Platz zu machen dem nächsten.

Bürgschaften aus den USA, Affidavits, Visa: mal war das eine verfallen, mal kam das andere zu spät. Und als alles da war, abgeschickt von einer jüdischen Hilfsorganisation aus Fermingdale in New Jersey und meine Mutter in die ehemalige Friedrich-Ebert-Straße rast, die nun Hermann-Göring-Straße hieß: ist die Botschaft geschlossen. Deutschland hat den USA den Krieg erklärt. Aber sie wußten das nicht. Jüdische – auch ‹jüdisch versippte› – Familien durften kein Radio haben, keine deutsche Zeitung abonnieren. Manchmal gingen sie zum Ullstein-Schaukasten am Hackeschen Markt und lasen den Aushang. ‹Ich wäre nicht geblieben›, wie leicht sich das sagt. Wohin? Mit was für Geld? Israel – für viele war das eine Wüstenei in Palästina. ‹Wir waren und wir sind Deutsche› dachten und sagten viele. Sie wollten sich von biertrunkenem Pöbel nicht ihre Heimat absprechen lassen. Aber in Wahrheit waren wir ausgesetzt und Aussätzige. Der ‹Kulturbund› war aufgelöst, das Feigenblatt für eine Nation, die sich anschickte, die Welt zu erobern, nicht mehr nötig. Der letzte Auftritt der jüdischen Schauspieler fand in der Oranienburger Straße Nr. 31 statt: da durften sie die Mitgliederkarten der nun verbotenen jüdischen Gemeinden sortieren und die Listen für Abholen und Abtransport anlegen, unter ihnen auch der letzte jüdische Chefredakteur in Berlin, Leo Kreindler. Zu ihm trat der SS-Obersturmbannführer Brunner und sagte, ‹So, und nun setzen Sie Ihren Namen noch als letzter auf die Liste, dann ist sie fertig›. Kreindler hatte Glück – er starb in derselben Sekunde am Herzschlag.

Und Papa wird zur Zwangsarbeit in einer Wäscherei und Färberei abkommandiert, das war die ‹Freiheit›, die meine Mutter ihm erstritten hatte. Kügler & Kruse reinigen und flicken die zerschossenen, blutgetränkten Uniformen von

Deutschen, Franzosen und Russen, damit sie wieder verwendet werden können. Auf dem Weg bis S-Bahnhof Lichtenberg trägt Papa *seine* Uniform – den sechszackigen Stern. Nie hat dem von Schwerstarbeit zermürbten Mann auch nur jemand einen Sitzplatz angeboten, eine Zigarette, irgend etwas. Und Herr Kruse hatte diese schöne deutsche Gemütlichkeit: ‹Frieha warn meine Kundn fast allet Judn. Da wer ick dem hier schon nischt tun, wenna orntlich arbeetet. Aba Zucka inn Arsch pust ick ihm ooch nich.›

Mein Vater schleppt die schweren Uniformpakete, damit Eure Soldaten wieder wohlgekleidet in andere Länder einfallen können. Mein Vater, der Jude, steht an Maschinen, die man Juden gestohlen hat, und arbeitet, ein Sklave, für die deutsche Wehrmacht. Und mein Vater, als die ersten Fremdarbeiter beim gutmütigen Herrn Kruse ihr Blut aus Jacken, Hemden, Hosen waschen dürfen, ist der Dolmetscher. Towarischtschi ist das erste Wort, mit dem er die Verhungerten, Verlausten, Abgerissenen begrüßt. Er hat das Wort nie vergessen. Und ich auch nicht. Es heißt: Genossen.»

Bernd war weg. Ohne Wort, ohne Reaktion; das Davonschleichen war seine Reaktion. Yvonne hatte ihm Unrecht getan – indem sie recht hatte. Er fühlte, daß sie ihr Recht gegen ihn als Waffe benutzt hatte, daß dieses «Ihr» und «Eure» auf schlimme Weise richtig und auf böse Weise falsch war. Diese «Towarischtschi» hatte er nun wohl gekränkt mit seinem FDJ-Austritt? Aber das waren ja keine zu Untermenschen erniedrigten Arbeitssklaven und auch keine Befreier – das waren miese Wichtigtuer, neue Blockwarttypen, Kleinbürger, die ihre lächerliche kleine Macht mißbrauchten; nirgendwo ‹der neue Mensch›. Yvonnes lange Schattenlinie, ihr Bericht vom Schrecken – so hätte er nicht eingesetzt werden dürfen. Bernd spürte den Mißbrauch von Wahrheit, die dadurch umkippte in Lüge. Er war verletzt.

Nun war alles so perfekt – er hatte sein «Schloß» und Freund Schorschi, da war Yvonnes Laube und die Arbeit am Institut und er studierte ein Fach, das ihm immer wichtiger und aufregender wurde: zugleich zerspliß etwas. Noch kaum merklich, mehr ahnbar als spürbar gab es da einen Haar-Riß, einen dunklen Bodensatz von Alleinsein. Eine Dünung, so dünn wie stetig ziehend. Bernd wußte nicht wohin.

Eines Tages, er kam mit Schorschi vom Potsdamer Platz, dem nächstgelegenen «Westpickel» am Rande Ostberlins, wo sie Nußschokolade und «nackte Weiber» gekauft hatten, wie Schorschi die westlichen Illustrierten taufte – da sah er den BMW mit dem sowjetischen Nummernschild an der Ecke Dorotheenstraße parken. Hastig verabschiedete er sich, «muß noch mal rasch in die Staatsbibliothek» – weil er sich diesen «Besuch» nicht erklären konnte. Allerdings hatte er Yvonne seit zwei Wochen nicht gesehen, nicht angerufen – und er selber hatte ja kein Telefon.

Im Wagen saß Dr. Bärenbach. Bernd stieg ohne Umstände zu ihm, und sie fuhren, ohne ein Wort zu wechseln, bis zum ehemaligen Schloßplatz. «Yvonne ist sehr krank, sie liegt seit zehn Tagen in der Charité. Man weiß nicht genau, was es ist, sieht aus wie Schilddrüse. Dann käme eine sehr heikle Operation auf uns zu.»

Uns – Bernd begriff in seinem Schreck nur dieses «Uns». Stephan Bärenbach rauchte seine Pfeife, blickte ihn nicht an, dünner Regen würmelte langsam ziehende Spuren auf der verdreckten Windschutzscheibe. Es war ein ziemlich tonloser Abschied – «Ruf mal an», hatte Yvonnes Mann noch gesagt.

Die Besuche in der Charité waren quälend. Yvonne lag nicht allein im Zimmer. Der Raum war überheizt, es hing in ihm der penetrante Krankenhausgeruch nach Schweiß, Urin, verblühten Blumen und Karbol. Zwischen ihnen war etwas Unaufgelöstes. Seit seinem stummen Auszug standen die Towarischtschi zwischen ihnen, beide hatten sich in Trotz und Gekränktheit eingesponnen, hatten die eigene Wahrheit dem anderen angelastet. Bernd hatte Mitleid mit der elend aussehenden, schwitzig-verklebten Frau, ihr Haar ohne Knistern, stumpf, die Lippen pellten sich leicht und am Hals sah man deutlich eine starke Schwellung; aber er spürte keine Sehnsucht. Obwohl er unter der ungewohnten sexuellen Enthaltsamkeit litt – etwas Fremdes, Gläsernes hatte sich zwischen sie geschoben. Er witterte in der Krankheit eine Falle, als würden die Schläuche und Drähte nach ihm ausgeworfen. Es hatte sich etwas gedreht: Bernd war dieser Frau nachgelaufen, verliebt in ihr Wissen wie in ihren Körper; und nun flackerte nicht Behutsamkeit, sondern es zuckte ein Flämmchen des Auf-der-Hut-Seins. Weil Yvonne mißbrauchte, was ihn so vollkommen fasziniert hatte an ihr, ihren Geist, ihr politisches Engagement, ihr persönliches Geschick – trieb er fort von ihr. Ungerecht, weil Kälte in ihm Platz griff, hielt er ihr innerlich die Krankheit vor, als sei sie ein Lasso, mit dem er eingefangen werden sollte. Der Funkentanz der tausend glimmenden Glühwürmchen begann zu ersterben zum Regen verbrannter Insekten.

Sein Anruf war Erinnerungslecken. «Stephan, darf ich mal herauskommen zu Ihnen, irgendwann in diesen Tagen? Ich schwänze sowieso fast alle Vorlesungen – kann mich also ganz nach Ihnen richten.»

«Das trifft sich prima – ich wollte auch einen Tag blaumachen, Luft schnappen, ich bin ziemlich überarbeitet, überraucht, zuviel getrunken, zuviel Staub im Kopf. Wollen wir übermorgen mal rausfahren – ich kenne einen kleinen verschilften See, wo kaum ein Mensch sich blicken läßt. Der Herbst ist ja noch wunderschön.»

Bernd holte Yvonnes Mann in Karlshorst ab, verlegen präsentierte er eine kleine runde Dose Pfeifentabak. Sie wußten nicht, worüber reden. Über Yvonne, ihre Krankheit – eine Scheu vor Indiskretem hielt beide ab; Bernd hatte ohnehin keine Lust, mit dem Mann seiner Frau über sie zu sprechen. Noch immer empfand er den anderen da als Eindringling.

Erst am See löste sich die wortlose Klammheit, als Stephan Bärenbach sich ohne Umschweife auszog, ein überraschend sportlicher, schmaler Körper. Nackt wirkt er viel jünger als in seinem Tweed, hinter seinen Büchern, vor diesen ganzen Töppen, Fratzen und bunten Fetzen, fotografierte Bernd. Leicht geniert schaute er den fremden Mann kaum an, aber er nahm ihn das erste Mal wahr als eigenes Wesen, nicht als den Herrn Doktor. Sie schwammen in weit getrennten Bögen, als wollten sie von dem menschenleeren See Besitz ergreifen, ein unsichtbares Netz zwischen sich schleppend – der stumme Dialog schnitt eine Riesensichel ins kühle Wasser. Bernd war als erster wieder am Ufer, legte sich in das kleine Stückchen Gras hinter dem Schilf und die dicken fetten Herbsthummeln tanzten Schattenbilderträume durch seinen Kopf. Er war anderswo in einer anderen Zeit, weit weg und peinigend nah. Wie unangebrachte Musik drang jäh ein Rufen über den See, erst schüttelte er es ab, läßt keinen Ton in sich dringen, eine aufdringliche Berührung, die seinen Gefühlsdämmer belästigt. Doch plötzlich hört er einen Schrei gurgeln, versinken, erstikken. Das ist nicht Musik noch Rufen noch Belästigung – der Mann da draußen ertrinkt. Mit der ihm eigenen Fähigkeit des blitzschnellen Umschlagens von Kopfversunkenheit zu reiner Körperlichkeit rast Bernd zum See, taucht, krault, schäumt die ganze weite Sichellinie zurück und sieht, ohne zu begreifen, was eigentlich vor sich geht: Stephan Bärenbach kämpft weit draußen im flüssigen Metall des Sees gegen das Untergehen.

Als er ihn erreicht, ist es der letzte Moment. Der Mann

kann nur noch prusten und röcheln – Bernd schleppt einen bewegungslosen, zentnerschweren Fisch, den er am Ufer nicht mehr bis zum Grasflecken hieven kann. Im geknickten Schilf liegt ein wassererbrechender grauhäutiger Halbtoter, dem Bernd in linkischer Schwimmunterrichtserinnerung die Arme auseinanderfaltet und über der Brust wieder zusammenpreßt. Da sieht er, während das Wasserkotzen mehr und mehr in Luftholen übergeht: Eine Narbe zieht sich vom linken Schlüsselbein quer über den ganzen Leib, durch das dichte schwarzflockige Brusthaar wie ein dicker Regenwurm ringelnd bis hinunter zum rechten Leisten. Ein Schulterriemen, schießt es Bernd durch den Kopf – und er weiß im selben Augenblick: Potsdamer Platz. Yvonnes Stimme ist in seinem Ohr, «Sie haben ihn dort halb totgeprügelt».

Schock sänftigt sich zu Sorge, zu Fürsorge. Er faltet dem Mann der noch immer die Augen in tiefer Erschöpfung geschlossen hat den rechten Arm beiseite kriecht hinein und legt sich neben ihn fährt mit dem Zeigefinger die Narbe entlang – väterlichbrüderlichmütterlichsöhnlich streichelt er den «Towarischtsch» streicht in das Flimmern einer Zigarette im Aquarium hinein der tief fauchende Plattenteller-Atem schneidet das Schilf der Laube Olympiadeschwimmer über den Potsdamer Platz für Hunde und Juden verboten Reißverschlußnarbe Abraham Aron darf fotografieren in BerlinZürichAmsterdamPalästina StefanArnoldZweig auf der kleinen blauen Decke.

Bernd ist die Decke, eine einzige Riesenfotografie in der Dunkelkammer Lüsternheitangsthautgeschichte schwimmt Decke See Wolke Bernd ist eine ungestüme Regenwolke regnet nach oben in den Himmel er reißt Stephan durch See Wolke Himmel – er dürstet und tröstet und trinkt und strömt.

Bernd erfuhr: das Andere.

Er sprang auf und lachte. Frech, verlegen, glücklich. Neben dem muskulösen Männerkörper erschien er sich selber, bisher so selbstgewiß seiner Männlichkeit, lächerlich knabenhaft; aber es gefiel ihm. Alles gefiel ihm – der fremde Geschmack nach Tabak, das ulkige Kitzeln des buschigen Schnurrbarts, der behaarte Körper mit den harten Rippenbögen statt der Weichheit, wie er sie kannte. Es war alles so anders – fremd und eben nicht fremd, und er hatte animalisch schnell erfaßt: Eine Lust, die ihm vertraut ist – die eigene. Was er eben erlebt hatte, war nicht die ständig neue Eroberung des Fremden, der andere Himmel mit seinem Klima von Gier und Erfüllung; es war die eigene Lust: doppelt. Er kannte den Begriff narzißtische Befriedigung nicht – aber er hatte sie erlebt. Die Identität jedes Haarfunkens und jeder Fingerkuppe. Bernd hatte noch nie Intimität mit einem Mann sich auch nur ausgedacht. Was da geschehen war, ein spontaner Vulkanausbruch ohne Besinnung, Denken, Vorfühlen, mußte sich lange in ihm aufgestaut haben; denn er spürte ein tanzendes Glück, sein Schädel streifte die Wolken, seine Hände zischten durch die Gischt von Sternmillionen, noch nie hatte er die eigene Haut Pore für Pore als geschmolzenes, salziges Feuer empfunden und seinen Schwanz als unersättlich, unermeßlich. Daß ein Mann schön sein könnte, war ihm nie in den Sinn gekommen. «Mein Gott, er ist schön», schoß es durch sein System, «wie herrlich, wie sonderbar – ich verstehe es nicht, aber ich liebe diesen schwarz behaarten Körper, die lockigen Schatten, die die Beine überziehen bis zu den Hüften. Und ich liebe die Narbe.» Oder wegen der Narbe. Bernd legte sich behutsam auf Stephan, der zu schlafen schien – ihm später gestand, nur deswegen die Augen nicht geöffnet zu haben, weil er nicht wußte, wie weiter.

Bernd war gänzlich ohne Hemmungen, ohne Scham, ohne Verlegenheit. Er hatte eine neue Dimension Seligkeit entdeckt, eine vollständige Entzündung seiner Sinne. Weder wollte noch konnte er dies Feuer löschen, in dem er sich feierte.

Als sie spät abends in Karlshorst auf jener Felldeckencouch in Stephans Bibliothek kauerten, kam ein erster Moment der Besinnung. Nicht bei Bernd; er züngelte wie die Flammen im Kamin, die Stephan entfacht hatte, bewegte sich nackt durch die Wohnung, mit selbstgefälliger Sicherheit, holte Wein und ein Stück Wurst, war sich der koketten Obszönität so wenig bewußt wie des ersten Du, als er Stephan eine Pfeife anzündete und die süßliche Bitterkeit schlürfte.

Stephan Bärenbach hockte in einem dunkelbraunen Frotteemantel auf dem Fell und schüttelte den Kopf. «Diesmal versteh ich den Bernd nicht – hast du keine Angst?» – «Angst? Wovor sollte ich Angst haben?» Stephans Lächeln irritierte ihn. «Was gibt's da zu grinsen? Etwa Angst vor dir? Nein, ich hab keine Angst, vor dir nicht, vor uns nicht. Weißt du was – ich habe vor gar nichts Angst. Doch, vielleicht, daß du welche hast.»

«Ich habe keine Angst – aber du hast mich überrumpelt. Ich weiß nicht …»

«Laß uns jetzt nichts wissen. Wissen weiß ich auch nichts. Wir sind ineinander explodiert, und was ich allenfalls weiß – es war, nein es ist, wunder-wunderschön. Dich finde ich schön …»

Stephan hielt das Rotweinglas, er trank nicht, rauchte sich einen schweigenden Vorhang, sah diesen unbekümmert sich bewegenden Jungen; Schatten fielen in sein Gesicht.

«Laß uns nicht viel sprechen. Sagen mag ich auch nichts. Da ist was passiert – ich wußte nicht, daß das geht, ich weiß aber, daß ich mehr davon will, mehr von dir. Dich. Ich habe dich durch den See zu mir geschleppt. Nun sind wir am Ufer.»

Sie fielen ineinander, ertrinkend sich Rettende, Bernd mit einer hilflosen Gereiztheit, seinem erotischen Hunger Nahrung holend wo und wie es ihm im Feld dieses Körpers gefiel.

Tief in der Nacht, die rote Glut des Kaminfeuers war in sich zusammengesunken, sah Bernd eine Sekunde den Stein in Stephans Ring schimmern; er wußte am nächsten Morgen nicht genau, ob er es geträumt oder ob Stephan wirklich gesagt hatte, «Du bist ein seltsamer Mensch – lieb und unberechenbar und ganz frei; du erinnerst an Yvonne.» Bernd war in den schwarzen Wolken versunken, der Himmel gerissen. Kein Halt nirgendwo.

Niemanden gab es, mit dem er sprechen konnte. Schorschi frotzelte ihn lediglich, wie lange er wohl die Abstinenz aushalten werde, wenn Yvonne noch Wochen im Krankenhaus bliebe. Bei ihm war endlich «der Knoten geplatzt», wie er es nannte, und Studentinnen, aber auch Friedrichstraßenmädchen wechselten im Zirkustempo durch sein Bett. «Dieses Semester wird gefickt», hatte er verkündet, als ginge es um ein Examen, und das Programm hielt er ein, dabei voller Behagen die komischsten Geschichten erzählend, wenn sie in der Mensa ihren Grünkohleintopf oder Apfelmus mit laschen Rosinen löffelten.

Häufiger saßen sie in Bernds «Schloß», abends, bei Plattenseer Riesling oder auch dem öligen ungarischen Kognak. Schorschi brachte kumpelhaft selbstverständlich irgend etwas mit, «für Deinen Haushalt»: einen Schlauch für die Dusche, eine alte Blechschütte für die Briketts oder einen Gasanzünder für den Herd. Dafür bot Bernd «Küche und Keller». Er hatte per Annonce eine Zugehfrau gefunden, Helenchen; es hatte eines Abends geklingelt – vor der Wohnungstür stand eine kleine Frau mit grauem Dutt unter dem schief sitzenden Kapotthütchen, in der Hand ein altes Einkaufsnetz mit Gurken und Tomaten. «Ich bin sehr faul und liederlich und ziemlich dumm, heiße Helene Schultz und kann gleichmal was kochen» – Bernd konnte vor Lachen gar nicht viel fragen. Sie kam rein als sei das längst verabredet, «so, das ist also die Küche» und fing an herumzuhantieren. Helenchen kam und blieb, mit einer hohen Singsang-Stimme erzählte sie so krause wie grause Geschichten. «Mein Heiner ist tot. Auf'm Schubkarren hab ich ihn die Frankfurter Allee runtergefahren, jetzt nennen sie die ja Stalinallee, der Kopf lag daneben, war ab. Es war der letzte Kriegstag.» Es war nicht Lakonie, sondern das berlinische Plusquamperfekt: Sachen, die nicht zu ändern sind. Helenchens einziger Sohn war unehelich gewesen, «der Kerl stand morgens auf aus meinem Bett und hat gesagt, ‹hoffentlich ist nichts passiert›. Da hab ich kein Mux gesagt – und ihn nie mehr wiedergesehen.»

Nun wandte sie ihre grau und alt gewordene Mütterlichkeit an Bernd. Sie erjagte an der einen Ecke der Stadt die letzten Gummiadler für ihn, wie die dürren polnischen Hühner bei ihr hießen, und Weißkohl für Kohlrouladen an der anderen. «Lassen Se man», wehrte sie Einwände ab, «ich hab ja nix zu tun und geh einfach immer spazieren, dabei eräuge ich immer was für uns.» So kamen Bohnerwachs oder Zwiebeln, mal ein Stück Salami oder auch ein selbstgebackener Streuselkuchen ins Haus, zu «uns».

Schorschi fand das besonders herrlich, vor allem, seit Bernd einen kleinen Eisschrank besaß, Prunkstück im «Schloß». Daß es das Weihnachtsgeschenk von Stephan Bärenbach war, konnte und mußte Schorschi nicht wissen – er stürzte sich jedenfalls als erstes immer auf das ungefüge Emailleding, «mal sehen, was Helenchen uns wieder gefangen hat» – irgendein Stück Sülze, Edamer Käse oder ein zähes Entenbein mit faltiger Haut fand sich schon. Schorschi nahm das mit derselben Selbstverständlichkeit, mit der er stets irgend etwas anschraubte, eindübelte, nagelte, «laß man, dazu bist du zu doof».

Und ebenso selbstverständlich nahm er seine oft komischen Abenteuer, erzählte davon ganz ungerührt, auch nicht schlüpfrig – ein junges, männliches Helenchen. «Eines Abends hat Heiner zu mir gesagt, ‹Mutter›, hat er gesagt, ‹pack mir zwei saubere Unterhosen ein, heut abend geh ich bei einer Frau schlafen›, und ich dachte, ‹na ja, so isses eben, nu isser soweit›.» In dem berlinischen Singsang von Helenchen, nur sächsisch getönt, berichtete Schorschi von dem krummen Schwanz des alerten Marxismus-Dozenten, «Du, die Ute hat's mir selber erzählt – der kann sozusagen um die Ecke ficken, gebogen wie 'n Ofenhaken, sagt sie» oder von Schweinchenaugen-Gerdas Fiepstönen, «die läßt dich nicht rein, verstehste das, sie macht alles, was du willst, nur das eine will sie nicht, und wenn sie dir einen bläst, piepst sie zwischendurch – komische Nudel. Damals, als ich in deiner Badewanne einschlief, hat sie mir's das erstemal gemacht – du, mit all dem Mostrich und Kartoffelsalat ringsum, sie nahm mein Ding wie 'n Wiener Würstchen.» Doch Schorschi war nie vulgär, er hatte das nun gelernt wie das Umsteigen von der S- auf die U-Bahn, hatte sich ein volles Semester dafür reserviert, «statt Gotisch», sagte er, «wer wird schon mit Ulfilas je reden?» Es hatte nichts Kichriges, Kasinohaftes, er lernte das, sachlich, genau, wie die Sprache eines anderen Landes. Einmal nur hatte er sich einen frivolen Witz geleistet – als für eine Nutte in der Friedrichstraße sein Geld nicht mehr reichte, hatte er ihr eine von Bernd gemauste Visitenkarte gegeben und drauf geschrieben, «Gut für 100 Mark, morgen früh». Das Mädchen stand wirklich am nächsten Morgen vor Bernds Tür und selbst sein «Du mußt doch sehen, daß ich es nicht bin» war ihr egal. «Dat is mia schnurzpiepe, Schätzchen, wat weeß denn ick, wat du da mit deene Kumpel abkarterst – ick will meine Mäuse, basta. Erst an meine Muschi ran wie irre und dann nischt berappen – nich bei mia, Kleena. Hea mit dem Zasta, sonst mach ick Rabatz.»

Schorschi hatte sich sehr amüsiert, als Bernd ihm etwas vergrätzt diese «Schloß»-Geschichte erzählte. «Das hast du davon, wer läßt sich auch Visitenkarten drucken», war sein einziger Kommentar und ein ungläubiges Kopfschütteln, daß Bernd dem Mädchen wirklich 25 Mark und ein Päckchen Pall Mall gegeben hatte. «Wo du nun schon so lange solo lebst ...» hatte Schorschi noch hinzugefügt.

Bernd konnte ihm nicht erzählen, was los war. Er wußte es selber nicht genau. Nie wäre er auf die Idee gekommen, sich nun schwul zu nennen oder homosexuell – das hatte überhaupt nichts mit dem zu tun, was er erlebte. Wie ein Sturz in die umgekehrte Richtung, nach oben, hatte diese jähe Männerliebe ihm die Schwerkraft geraubt – zu definieren hätte er das nicht vermocht. Er lebte es, in fast täglicher Steigerung, unersättlich drang er in diesen zugleich fremden und vertrauten Kontinent ein. Das hier war alles nur seins, er hätte abgelehnt zuzugeben, daß es derlei schon vor ihm gegeben habe auf der Welt. So wenig er den Begriff homosexuell auf sich angewandt hätte, so sehr hätte er sich auch gegen die Übernahme des klassischen Musters älterer Mann – jüngerer Mann gewehrt. Hier gab es nicht Benennungen und es gab nicht Muster. Es gab nur die Verbrennung durch Stephan Bärenbach.

Und das Gespräch mit Yvonne. Schon am nächsten Tag – «nach dem See» datierte seine neue Zeitrechnung – hatte er alles vor ihr ausschütten wollen. Aber genau an dem Tag wurde sie operiert, ein schwerer Eingriff, vor dem sie sich wochenlang gefürchtet hatte, das Herausschälen einer Schilddrüsenwucherung; die Schwellung hatte man in der letzten Zeit deutlich gesehen. So fand Bernd sich mit pelziger Zunge in einer unreinlichen Situation – er besuchte Yvonne, die sich nur langsam und schwer erholte, die sich unendlich über seine

Besuche freute; aber er war gereizt, nervös, erdichtete tausend kleine Unaufschiebbarkeiten, um die ihm unerquicklichen Minuten an dem hohen weißen Krankenhausbett zu verkürzen. Er roch nichts von Yvonnes Haar oder Haut, sie schienen ihm stumpf, brüchig, glanzlos. Das Zimmer war nicht nur steril, sondern auch säuerlich, das Eisenbett festgefahren in ranziger Zeit. Ein zerschnittenes Gehirn spaltete Bernds Vorstellungen und Wahrnehmungen – während er Yvonne die Haare aus der Stirn strich, fühlte er durch die Finger strubbelnd die schwarze Kräuselwolle zwischen Stephans Schenkeln. Aufrichtigkeit und Unaufrichtigkeit verzwirnten sich unentwirrbar in Bernd – jeder Tag, den er sich sagte, «sie ist noch zu schwach», rettete ihm einen anderen Tag der ungebeichteten Lust. Zugleich war ihm diese Form des Lügens durch Verschweigen fremd und widerlich. Oft schlich er aus dem Krankenhaus mit einem Widerhaken im Gewissen. Liebe ich denn zwei Menschen? Geht das? Kann man einen Mann und eine Frau lieben, noch dazu, wenn sie Mann und Frau sind? Verrät ein kruder Ästhetizismus da meine Liebe zu Yvonne, weil sie faltig und fahl und strähnig aussieht, verweint, und unter den Achseln die Schweißflecken im Nachthemd? Weil Stephan in seinem pfeifenrauchduftenden Tweed, der buschige Schnurrbart leicht nach Kognak schmeckend und die lustigen schwarzen Haarbüschel an den Fingergelenken, appetitlich ist? Bin ich ein geiler kleiner Markthändler geworden, der die festeren Tomaten und Pfirsiche ohne Druckstellen wählt? Lüge ich mir mein Leben zurecht und flicke mit meinen Streichelfingern die Narbe zurück in jene Vergangenheit, weil Yvonne ihre Erzählung davon kränkend gegen mich benutzt hat? Habe ich Yvonne noch, Stephan schon – oder nur mich?

Alle Rastelli-Kugeln lagen vor seinen Füßen. Der schöne Jongleur war eine klägliche Figur geworden.

«Darf ich etwas Ernstes mit dir besprechen, Yvonne?» Er

hatte es nicht mehr ausgehalten – doch ihre Augen, die hinter ihn zu fassen schienen, hatten schon geantwortet. «Ich habe mit Stephan geschlafen. Nein, nicht: ich habe. Nicht einmal – ich schlafe mit ihm. Er ist meine neue Haut – ich liebe ihn.»

Er hatte nicht gemerkt, wie hart und schnell er alles hervorgestoßen hatte. Und daß er weinte, ein wütendes, bockiges, schuldbewußtes Kind. Er hörte auch nicht, was Yvonne sagte, es drang durch ein Rauschen in seinem Trommelfell, er spürte nur, daß ihre Stimme schepperte, daß es der Ton von Vorwurf, Zurückweisung und Ansprüchen war. Seine Tränen ließen sie grimassieren und seine Hände hielten die ihren – zwei kleine kalte tote Vögel. Worte wie Untreue, Verrat und Betrug faßten überhaupt nicht, was sich in ihm ereignet hatte; es war etwas Größeres, Elementares, weit jenseits von Treulosigkeit. Jäh wurde ihm klar: Yvonne verstand nicht. Sie sah den Wirbel nicht, in dem er lebte, sie sprach von hintergehen – aber er war doch dabei, *fort*zugehen. Seinen Nacken hoch zog sich ein Faden von Nüchternheit, ein Eisgerinnsel schob sich unter die Kopfhaut. «Aber sag mal», fragte er kühl, «wie ist das eigentlich mit euch beiden? Ich habe da wohl neulich etwas falsch gehört; du hast doch immer gesagt, zwischen Stephan und dir sei nichts? Aber Stephan hat kürzlich etwas so Seltsames gemurmelt – es hörte sich so an, als hättest du vor kurzem mit ihm geschlafen?»

«Ja. Stimmt. Habe ich.»

Ja stimmt habeich. Jastimmt – habeich. Jastimmthabeichjastimmthabeich. Die Pleuelstange rotierte dröhnte mörserte in Bernd. Jabetrogenstimmtbelogenhabeichhintergangenich. Es zerrte und wuchtete in ihm noch am nächsten Abend in der Staatsoper.

Es war das erste Konzert, das David Oistrach in Ostberlin gab, an Karten kaufen war nicht zu denken. So hatten Schorschi und er sich möglichst ruppig angezogen und sich im Rollkragenpullover hinter einem DEFA-Team in die Staatsoper geschlichen; hinter den mächtigen Scheinwerfern im obersten Rang des alten Admiralspalasts durften sie unentdeckt schwitzen. Aber Bernd hörte weder Brahms noch Paganini und vom Beethoven nur den zweiten Satz, das schmelzende, traurige Adagio, das in ihm klagte. Sonst pulste in seinen Ohren nur dieser Stampfrhythmus jastimmthabeich. Es war noch immer nur ein wahrnehmendes Echo – begriffen, ganz innen angenommen hatte er den Satz nicht. In der Pause, die durchschwommen war von fein gemachten Bürgersozialisten im Silberschlips und jungen Heldinnen der Arbeit in bestickter chinesischer Seide kam zierlich rokokohaft, eine zarte schwebende schwarz-weiße Note, Frau Dr. Bornstein auf sie zu in einem schwarzen Satinkostüm, aus dessen schmalen Ärmeln weiße Spitzenmanschetten schäumten. «Na, ihr Proletkultanhänger», begann sie ein heiter-strenges Verhör der «richtigen Ohren», wie sie das nannte. Ihr Entsetzen war keineswegs gespielt, als Bernd sagte, «Am liebsten sind mir immer Beethovens Violinkonzerte». «Ich muß mich seiner musikalischen Bildung wohl etwas annehmen», meinte sie zu Schorschi und wehte davon.

Wenige Tage später lud sie ihn ein zu einem Konzert im sowjetischen «Haus der Kultur» Unter den Linden. An diesem Abend begann eine Freundschaft; denn bei einem Essen im Presseclub, eine Bonzenetage in der Friedrichstraße, deren Sesam-öffne-dich die kleine diskrete Mitgliederkarte war, zeigte die stets flink-schwebende Wienerin sich nicht als Chefin, Genossin, Ältere, sondern als eine zarte und behutsame Frau.

Bernd log eine Beichte. Er *mußte* auf irgendeine Weise seine Bedrängnis los werden, konnte aber zugleich doch nicht die Wahrheit sagen. Die Liaison mit einem hochgestellten Funktionärsehepaar, das Verhältnis mit einem Mann – undenkbar, davon in der eben gegründeten DDR zu sprechen. So erfand er eine verheiratete Frau in Westberlin, mit der er ein Verhältnis habe und nahm an, in scharfe Ermahnungen hineinzulaufen. Doch Stephanie Bornstein legte leise eine Hand auf die seine. «Bleib bei ihr, so lange es gut geht. Vielleicht ist es für sie wichtiger als für dich.»

Es gab eine schwierige Lektion zu lernen an diesem Abend bei gedünstetem Lachs und frischem Obstsalat: daß Menschen sich einem anderen nur nähern können, indem sie sich selber nähern. Hinhören, Rat, Freundschaftlichkeit kann jemand offenbar nur bieten, wenn in der Ratlosigkeit des anderen ein eigenes Problem berührt wird. Bernd begriff, daß Nähe nur eine Versuchsanordnung ist.

Da saß diese zierliche, gebildete Filigrankommunistin aus Schanghai mit dem Wiener Paß, auch hier im Ostberliner Nomenklatura-Club auf ihren Krankheiten bestehend, die Haut vom Fisch abziehend und Reis ohne Butter bestellend und – «Obstsalat übersäuert meinen Magen» – Zwieback in ein Glas Kamillentee tauchend; dabei balancierte sie fast ohne Unterbrechung eine seiner extralangen amerikanischen Zigaretten – und erzählte ihm, daß sie seit einem Jahr ein Verhältnis habe mit Eduard Matthias, Spanienkämpfer, Emigrant und einer der bekanntesten Autoren der DDR. Sie schob ihr Geständnis in seine Beichte wie in eine Hohlform, kam ihm nah, indem sie ganz bei sich blieb. Unberührte Nähe. «Vielleicht ist es für sie wichtiger …» war ein Satz über sich selber gewesen, nicht über die vermeintliche Westberliner Geliebte. Denn natürlich war der Genosse Nationalpreisträger verheiratet und eine «Affäre» dieser Art streng verpönt, vor Fahrern, Sekretärinnen, Parteiobleuten peinlich geheimzuhalten. Seine Liebe mit Yvonne hatte Bernd nicht Zeit gelassen für die Beobachtung, daß dieser graue Sozialismus keimfrei unerotisch war, wie viele Schweinchengerdas bei Schorschi auch zipfeln und fiepen mochten.

Stephanie und Bernd waren sich nahe gekommen, indem sie sich fern blieben. Eine Freundschaft begann, die auf Lüge gründete. Sie blieb sehr stabil.

Mit nur einem Menschen konnte Bernd über die Wahrheit sprechen: Stephan; denn der war Teil der Unwahrheit. Obwohl neben seiner Demütigung eine jiepernde erigierte Gier nach der nächsten Nacht mit Stephan wetzte, hatte Bernd einige Tage gewartet. Er meinte, das eine Feuer austreten zu können. Doch beide fraßen sich ineinander.

Stephans Freude, als er, bekleidet mit Hose und Pullover, öffnete, war unübersehbar. «Es schien mir endlos, daß du nicht da warst.» – «Und endlos weit weg war ich auch», antwortete Bernd. Stephan hatte offenbar schon getrunken, er schmeckte nach dem Kognak, der offen auf dem Tisch stand, gegilbte Pfeifenreiniger und ein Aschenbecher voll schwarzer Pfeifentabakkohlenklümpchen daneben. Nur unbewußt nahm Bernd die Signale der Ungeduld wahr; für ihn war die erotische Spannung so stark, daß er für Bilder und Überlegungen keine Aufnahmebereitschaft hatte. Doch schon beim Entkleiden doppelte sich Bernds Tastsinn: Yvonne war plötzlich dabei. Er kostete den begehrten Körper und genoß jede der so überraschend behutsamen Liebkosungen des älteren Mannes – und sah, roch, schmeckte zugleich Yvonne. In Wut schlich sich hauchgeile Neugier, in das erotische Spiel mengte sich etwas gänzlich Neues: Denken. Seine Verletztheit mischte sich mit der Gier: bisher waren Yvonnes und sein Körper das Eine gewesen. Sein Körper und Stephans Körper das Andere. Aber nun galt seine Yvonne gestohlene Zärtlichkeit diesem Mann, der Yvonne gekostet hatte. Diese Achselhaare – seine? Ihre? Wessen Lust gehörten das ihn so erregende Wollhaar, der eigene rotbraune Wuschelberg, Bein und Hüfte, die Hände? Verzweiflung oder Begeisterung, Bernd hätte es nicht unterscheiden können, setzte seine Zunge in Brand. Er stieß voller Traurigkeit, Geilheit, Schmerz aus sich heraus. Er wollte weh tun, indem er sich weh tat – ein Fechter, dessen Klinge tändelt und tötet. Als er Stephans Schwanz im Mund hatte, schoß der durch Stirn und Schädel, eine sengende Sternschnuppe bohrte sich in ihn: War das mit Yvonne genauso gewesen? Lauter kleine Morde.

Lange Zeit sagte keiner ein Wort. «Es war, als wolltest du mich töten heute», sagte Stephan. Er bewegt sich wie ein Spartakuskämpfer, dachte Bernd, als Stephan die Pfeife suchte, seine Silhouette stand gegen das Dämmerlicht der Terrassentür, er hat etwas Animalisches, Lüsternes; das ist nicht der Körper, es kommt von innen. Ich liebe ihn. «Ich liebe dich.» Bernds Kopf war leer und voller Spannung, sein Herz hämmerte. «Was war mit dir und Yvonne? Ich war gestern bei Yvonne – sie hat mir erzählt – von sich, von dir, von mir; von uns.» Seine vom Glimmen der Pfeife schimmernden Barthaare haben ihre Farbe, schien es Bernd, die Farbe ihrer Schamhaare, buschig, dunkel, einen rötlichen Schein. «Es ist schwer zu erzählen, das mit Yvonne und mir – es ist fast wie Inzest. Kein Begehren, ein Sichtrösten eher. Es ist so vollkommen anders, daß keiner von uns den Gedanken ‹Betrug› auch nur dachte. Na ich –» Stephan lachte etwas – «schon gar nicht: Wen sollte ich betrügen? Dich? Wir kannten uns doch kaum.»

Aber ich kannte Yvonne, was heißt kannte – ich lebte mit ihr; und er wußte das. Einer Hintergrundmusik gleich zogen die Gedanken durch Bernds Kopf, Rauchschwaden einer Bedrücktheit, die er verscheuchte. Bernd *wollte* nicht traurig sein, vielmehr glücklich. Im Traum wickelte die schreckliche Narbe, eine Nabelschnur, sich um seinen Tastfinger, und als er sie entlangglitt, hing am anderen Ende Yvonne. Ein Stein sank in das wegsackende Bewußtsein: und ihr wollt die neuen Menschen sein? Spielt ihr mit mir? Habe ich ein steinernes Ei ausgebrütet?

Bernds psychologische Kompaßnadel schlug wild aus, ein Privat-Seismograph, unendlich viele winzige Erdbeben anzeigend. An der Uni hatte er ein Seminar «Ästhetik der Revolution» belegt, wegen und «mit» und für Yvonne; denn sie hatte ihm ja die Namen Majakowskij und Lissitzky beigebracht, den alten Pappband «Ecce Homo» von George Grosz geschenkt und von Tairow, Eisenstein und Piscator erzählt. Aber von Yvonne schmeckte er nur noch einen bitteren gelben Nebel auf den Lippen, wenn er sie im Krankenhaus besuchte, er sprach in ihre erwartungsvoll großgerissenen Augen vom Studium und vom Institut; nicht von sich. Damit, schweigend, von Stephan. Seine kleinen Gaben waren erstorbene Zeichen, Flaggen ohne Wind. Herbariumsblumen.

Das Seminar wurde ihr gemeinsamer Käfig. Was immer er da tat, es glich einem Rennen gegen Stäbe. «Ich will noch verstehen, daß das Berliner Schloß abgerissen werden mußte, gut; oder vielleicht nicht gut. Aber kann mir hier einer erklären – unter dem Thema unseres Seminars –, wieso dann nicht gleichzeitig das Rosa-Luxemburg-Denkmal von Mies van der Rohe neu aufgestellt wird? Welche Ästhetik welcher Revolution diskutieren wir hier eigentlich? Ich melde mich für ein Referatthema ‹Willi Münzenberg, die AIZ und John Heartfield›.»

Genau wußte Bernd nicht, wie krachend seine Provokation war. Er hatte in der Buchhandlung unter dem S-Bahnhof Friedrichstraße ein paar alte Exemplare der AIZ aufgetrieben, Yvonne hatte ihm von der Hungerhilfe für die Sowjetunion erzählt, mit der Münzenberg sein Presse- und Verlagsimperium begonnen hatte – aber daß Münzenberg am Ende seines

Lebens sich aggressiv und öffentlich von Stalin abgewandt hatte, wußte er gar nicht. Sowenig wie er das dubiose Ende des kommunistischen Zeitungszaren kannte. 1941 auf der Flucht vor den Deutschen aus dem französischen Internierungslager bei La-Tour-du-Pin. «Münzenberg hat die erste deutsche Lenin-Broschüre geschrieben», fügte er seinem Vorschlag trotzig hinzu. Der Seminarleiter Bernhard Franke, jener Assistent mit dem blaurötlichen Gesichtsschwamm, sagte fast atemlos, «Referatsthemen vergebe ich, da kann sich nicht jeder wählen wie oder was er will.»

Da Bernd die Uni nicht ernst nahm, ließ ihn das noch ziemlich gleichgültig. Er wußte, daß er alles, was ihn interessierte, irgendwo nachlesen konnte. Und auch Schorschi brachte ihm, von seiner Jagd nach germanistischen Schwarten, gelegentlich Funde aus den Antiquariaten mit. «Sieh mal, was unser Kulturminister früher so gedichtet hat» – damit präsentierte er ihm den Kurt-Wolff-Band «Zion» aus dem Jahr 1920 von Johannes R. Becher oder «Frag doch mal nach Erich Mühsam, der hat immerhin in München mal Revolution gemacht und die Nazis haben ihn schon 1935 umgebracht; hier habe ich ein paar uralte Exemplare seiner Zeitschrift ‹Fanal› aufgetrieben – nimm die mal mit in euer komisches Seminar.» Besonders stolz waren beide, als sie bei einem Streifzug einen Band Kurt Tucholsky «Deutschland Deutschland über alles» fanden, ein großformatiges Pappbuch mit Illustrationen und Montagen von John Heartfield – – «prima geeignet für dein Referat», kicherte Schorschi; «aber sag mal, wußtest du, daß die Russen heimlich deutsche Truppen in der Sowjetunion ausgebildet haben, in den zwanziger Jahren? Das waren doch die gleichen, von denen sie dann 1941 überfallen wurden. Wer erklärt einem das?»

Niemand erklärte es ihnen. Sie fraßen sich heimliche Gänge durch den Beton der offiziellen Geschichtsschreibung.

Jeden der zusammenhanglos aufgeschnappten Beutehappen schleppte Bernd Stephan an; vielmehr warf er ihn Stephan vor – denn seit einiger Zeit mochte er nicht mehr nach Karlshorst kommen. Yvonnes Rückkehr aus der Klinik stand unmittelbar bevor, und Bernd war krank bei dem Gedanken, ihr dort zu begegnen. Früher hatten sie darauf gewartet, daß Stephan auf Dienstreisen oder zu Konferenzen mußte, hatten sich Wein oder Zigaretten oder ein Stück Salami rübergeholt in die «Laube», hatten abends spät auch gelegentlich im verwilderten Garten gesessen, sich durch ein silbern schimmerndes Spinnweb geträumt oder über ein possierlich-freches Eichhörnchen gelacht. «Sieht aus wie du», hatte Yvonne einmal geflüstert und mit liebevoller Lüsternheit auf den rötlichbraunen buschigen Schwanz gezeigt. Bernd hatte solche heitere Frivolität sehr gemocht.

Und nun etwa umgekehrt? Warten, bis die «Laube» leer war, damit Kognak oder Pfeifentabak oder ein Stück Käse aus der Küche geholt werden konnte, er und Stephan auf der Pelzcouch, Eichhörnchenlachen und Spinnwebentraum? Nein. So hatte er zu Stephan gesagt, «Bitte komm zu mir, es ist klein, aber lustig und hat genug Platz für uns zwei». Er freute sich sogar darauf, als habe er vergessen, wessen Geschenk er vorführen wollte, was Stephan wohl zu der Riesenreproduktion des Bosch-Bildes sagen würde, zu dem kleinen Eisschrank und dem Ofen im Bad, den man mit Briketts heizen mußte. Mittels einiger Bambusstangen und allerlei Grünpflanzen hatte Bernd es sogar geschafft, eine kleine Eßecke im Zimmer abzuteilen, das im übrigen aus Couch, Tisch, Bücherregalen und einer als Schreibtisch dienenden Zeichenplatte auf Böcken bestand. Bernd war sehr stolz auf sein «Schloß», die Gipsreplik des «Dornausziehers» und die eines winzigen unbekannten Frauenkopfs, den er für minoisch hielt und vor einen kleinen Spiegel montiert hatte; so sah man den besonders schönen Hinterkopf. «Das ist *meine* Nofretete», pflegte er zu sagen. Im Schlafzimmer hingen die Hiddensee-Wolken.

Die kleine Wohnung war ein lustiges Gemisch aus Kitsch-Schnickschnack und Anspruch. Den Nierentisch mit schwarzer Glasplatte und abgespreizten Beinen, unten in Messingtüllen, fand Bernd besonders schön, auch die Bastkörbchen mit Hängepflanzen an den Bambusstäben und die beiden verstellbaren Wandlampen mit durchlöcherten Tütenschirmen aus rot- und blaulackiertem Metall. Das Geschmackschaos zeigte Bernds Unbalanciertheit – auf den halbhohen Bücherregalen einige schöne alte mecklenburgische Keramiken und ein paar hölzerne polnische Volkskunsthandpuppen, aber neben der Couch ein scheußliches Rauchbesteck aus falschem grünem Onyx. Muschelkalk von Bernds Lebensschiff. Seine Bude schlingerte.

Stephan hatte sofort, offensichtlich erleichtert, Bernds Vorschlag zugestimmt. Ein Schiff dreht sich im Wind: Mit Yvonne war er hier nie zusammen gewesen, mit einer eigenartigen Scheu hatte sie die Autarkie seiner Studentenbudenwelt respektiert, sich über die Geschichten von Schorschi, dem knallenden Sektkorken oder dem Kartoffelsalat in der Badewanne amüsiert; aber ihrer beider Ort – das war die «Laube». Im Karlshorster Haupthaus wiederum war Bernd eine Art offizieller Gast gewesen, eingeladen vom «Ehepaar Bärenbach». Erst «seit dem See» war das anders, aber es hatte nie aufgehört, zu fremdeln.

Dies hier war seins. In Bernd klang ein stummes «Kikeriki», der Kamm war ihm geschwollen: *seine* Bücher, *seine* Philodendronpflanze, *seine* «Nofretete» und *seine* Rauchglasgläser.

Stephan brachte an diesem ersten Donnerstagabend einen antiquarischen Bildband Ernst Barlach mit, auf dem Umschlag eine Fotografie der Skulptur «Heimkehr des verlorenen Sohnes». Bernd begriff sofort – und freute sich; diese Rolle in der Rolle berührte ihn tief; wenn Stephan – seltsam: auch er – zu ihm im Dunkeln manchmal «Mein Junge» sagte, fühlte er sich väterlich umarmt, geborgen. Er war nur einmal jemandes «Junge» gewesen, nun holte er sich in Stephan einen Fetzen Vater zurück und selbst gewählte Heimat. «Na, das ist ja eine sehr passende Pointe», sagte Bernd statt dessen angriffslustig, «ich wollte ohnehin von dir wissen, was das wieder für ein Quatsch mit eurer Kulturpolitik ist; an der Uni jedenfalls hält sich hartnäckig das Gerücht, ihr wollt eine Ernst-Barlach-Ausstellung verbieten? Was für ein edler Wettstreit mit den Nazis.»

Bernd hatte seine Aufregung, zum erstenmal Stephan bei sich im «Schloß» zu sehen, in Aggressivität umgebaut. Bisher war diese Wohnung ja emotionsfrei gewesen. Seit Tagen war er nun hin und her gerannt, hatte dort etwas umgestellt, da etwas weggeräumt; Helenchen hatte eine Holzschale mit Radieschen, Gurke und Tomaten gefüllt und ohne die Stimme anzuheben gesagt, «So, wir bekommen also Besuch». Einmal war Bernd etwas druselig geworden, die Ohren drückten und das linke Auge zuckte – das schöne Foto von Yvonne in Hiddensee: wegräumen oder stehen lassen? Er hatte es stehen lassen; man sah es nur, wenn man am Schreibtisch saß.

In seinem «Schloß» war Bernd alles auf einmal: Gefährte eines älteren Mannes; Geliebter von dessen Frau; mittelloser Student; Gastgeber – und ein mehr und mehr Zweifelnder an der Welt der Genossen. Zu der aber gehörte sein Gast, einflußreicher Funktionär, Ehemann seiner Geliebten und Liebhaber des jungen Studenten. Ihre Liebe war Schnitt in der Diagonalen, verband alle Gegensätze – und zerschnitt alles Gemeinsame. Bernds «ihr und euer», seine unwillkürliche Wiederholung des Nazivergleichs; es war die Kriegserklärung in der Liebeserklärung. Zögernd.

«Stephan, du mußt mir helfen, ich weiß da manchmal nicht

aus und ein. An der Uni fühle ich mich meist verloren. Ein Student, mit dem ich mich seit langem einmal in der Woche bei mir hier traf, um das Ästhetikseminar vorzubereiten, war in der letzten Sitzung plötzlich von denunziatorischer Feindseligkeit. Eben hat er noch hier auf dem Stuhl gesessen und sich bei mir bedankt, weil er noch nie etwas von Büchner gehört hatte – und wenige Tage später, er hat da irgendeinen neuen Posten bekommen, macht er irres Theater, weil ich was zum ‹Danton›-Stück sage, das ja nicht direkt eine Hymne auf Revolution ist –» Stephan unterbrach ihn leise.

«Bernd, vielleicht machst du den Fehler, zu menschengläubig zu sein. Weil jemand hier bei dir einen Keks bekommt, ist er noch nicht dein Freund. Und weil jemand sich irgendwo ein Pöstchen besorgt, und kleine Wortgaunereien begeht, ist wiederum der Sozialismus noch nicht verraten.»

«Aber Stephan, an was soll ich mich halten, wenn nicht an Menschen. Daß ich hier bin, von West nach Ost gegangen bin, hat doch mit beidem zu tun – damit, daß mir der verlogene Altnazi-Westen auf den Wecker ging, daß ich hier bei euch an einem richtigen Neubeginn teilhabe –, aber es hat auch, ist ja grotesk, ausgerechnet dir das zu sagen, mit Menschen zu tun.»

Bernds Stimme versickerte in Verzagtheit. «Du weißt es doch am allerbesten, und das macht mich ja so wirre; ohne Yvonne, und nun ohne dich, wäre ich nicht hier. Du bist für mich der Osten, dem ich vertraue. Ja, ja, es gibt noch Wolfgang Leszek, den ich sehr mag, und meine kleine Wiener Chefin, vor der ich großen Respekt habe – aber in dir wohne ich, dich streichle ich mit meinem Kopf. Aber genau in den will es nicht rein, daß ihr einen Barlach verbieten wollt – nur mal als Beispiel.»

Er hatte sich ganz in Stephans Armbeuge gekuschelt, er suchte Schutz, aber er wollte sich auch verstecken. So hörte er Stephans Stimme aus weiter Ferne. «Es ist falsch, alles auf einen Menschen zu bauen, Bernd. Es gibt keinen Menschen, der nicht versagt, lügt, ‹falsch Zeugnis redet›, wie es im alten Buch heißt. Du machst mich sehr glücklich mit diesem jungen Vertrauen, es hat das in meinem Leben nie gegeben – dieses ‹mit dem Kopf streicheln›, wie du es so schön nennst. Aber sei auch vor mir auf der Hut; ich bin nicht der Sozialismus, und ich kann nicht Basis und Ziel deines Verstehens von Politik sein. Mit deinem Beispiel hast du Gott sei Dank unrecht, was sogar dein System bestätigt, auf Menschen zu bauen: Bertolt Brecht hat schließlich interveniert, was die Barlach-Ausstellung retten wird. Ich habe hier das Manuskript, das er an entscheidende Funktionäre verschickt und das er auch veröffentlichen wird. Hör mal: ‹Ich halte Barlach für einen der größten Bildhauer, die wir Deutschen gehabt haben. Der Wurf, die Bedeutung der Aussage, das handwerkliche Ingenium, Schönheit ohne Beschönigung, Größe ohne Gerecktheit, Harmonie ohne Glätte, Lebenskraft ohne Brutalität machen Barlachs Plastiken zu Meisterwerken. Es heißt, Barlach habe seine ‹Lachende Alte› gemacht, als er hörte, daß viele seiner aus den Museen als ‹entartet› entfernten Plastiken in die Schweiz verkauft wurden, Devisen für die Herstellung von Kanonen zu angeln. Es ist interessant, wie die historische Sicht den Genuß an solchen Werken vertieft.»

«Ja, aber ...»

«Nein, Bernd, laß mich erst noch sagen: Gut, dieses eine Mal hat es geklappt und ein anderes Mal wird es nicht klappen und irgendwer wird irgendwas falsch machen, falsch entscheiden, gar verbieten. Ich weiß, glaube mir, wovon ich rede. Ich weiß aber auch, daß es zu dem hier, wofür ich mich entschieden habe – und wofür du dich auch entschieden hast – keine Alternative gibt. Ich meine nicht das verächtlich-kalte Wort von Strategie und Taktik ...»

«Klar, ich weiß auch was – nämlich, welches Wort du vorziehst, du hast es mir schon einmal gesagt: Lenin beim Anhören der Appassionata, ‹Man möchte die Köpfe der Menschen streicheln, aber leider muß man auf sie schlagen, oder abschlagen oder so …›»

«Auf sie …»

«Gut, gut, meinetwegen auf sie. Aber Stephan, das ist es ja, wogegen sich bei mir alles aufbäumt, nicht gegen dies Pimpfengetue eines blöden Studenten: Wer ist denn Herr Lenin, daß er entscheidet, man – also: er – muß auf die Köpfe der Menschen schlagen? Wer gibt ihm das Recht, auf *meinen* Kopf zu schlagen? Ich *kann* das nicht akzeptieren.»

Die Wellen, die sie eben noch ineinander gewirbelt, miteinander verschlungen hatten, trieben sie weit voneinander fort, spülten Sand und Stein zwischen sie. Das Riff war noch verborgen. Es hieß Geschichte.

An der Uni hatte Bernd sich einen Moment Ruhe verschafft: indem er nämlich im Seminar aus dem Brecht-Manuskript vorlas und sagte: «Ihr seid ja nun mit allen möglichen Argumenten gegen Barlach vorgegangen. Mir sind die hier lieber. Das erscheint demnächst in ‹Sinn und Form›, der Zeitschrift der Akademie der Künste, sozusagen zur Eröffnung der Ausstellung – die stattfinden wird.» Das war den Kommilitonen unheimlich geworden, sie konnten ihn nie richtig einschätzen.

Mal schlug er sie mit einem Marx-Zitat oder der Frage nach dieser Rosa-Luxemburg-Statue, die sie nicht kannten – mal holte er Westzigaretten raus, besaß also die seit einem Jahr verbotene Währung, oder erzählte unverblümt von einem Marlon-Brando-Film. Nun wußte er sogar vor Veröffentlichung von Brecht-Interventionen und einer Ausstellungseröffnung. Sie schrieben es seiner Arbeit am Archäologischen

Institut zu, durch die er wohl mit allerlei Autoren, Verlagsleuten und Journalisten verkehrte. Von seiner Beziehung zu den Bärenbachs wußte so exakt niemand außer Schorschi – und der kannte auch nur die zu Yvonne.

Die Arbeit im Institut nahm Bernd sehr ernst, er hatte dort inzwischen einen Vertrag als Redakteur, begutachtete Manuskripte und entwickelte das Projekt eines archäologischen Lexikons, dessen Stichworte unter dem Aspekt des historischen Materialismus vollkommen neu erarbeitet werden mußten. Ein Vorhaben, für das große Mittel eingeplant wurden und das, wenn irgend möglich, mit einem westdeutschen Verlag in Coproduktion realisiert werden sollte. Vorläufig, in diesem Stadium der Planung, ließ Wolfgang Leszek ihm vollständig freie Hand; Bernd korrespondierte mit ausländischen Akademien, dem deutschen Archäologischen Institut in Rom und verschiedenen westdeutschen Verlagen. Er hatte drei Pläne: Die Haupteinleitung für das Lexikon zu schreiben als theoretische Grundierung der Methode; ebenso einige der wichtigen Stichwortbeiträge; und nebenher langsam seine Dissertation voranzutreiben, die als Publikation des Instituts erscheinen sollte. Er war nicht ehrgeizig, aber eitel. Damit verschaffte er sich Privilegien, die er zugleich ablehnte und als Waffe einsetzte. «Ich habe noch eine Verabredung im Presseclub» oder «seit Wochen warte ich auf Antwort aus Paris wegen bestimmter Fotos der Höhlen von Lascaux» – solche Sätze ließ er sehr bewußt nebenher in der Mensa fallen; es genügte, daß ein Kommilitone sie hörte – dann erfuhren es alle anderen. Bernd zog sorgfältig aufgeworfene Wälle um sich, in die er nur ganz wenige Zugbrücken einbaute.

Eine hieß Telefon. Er hatte es mit unendlichen Listen erreicht, sich diese in Ostberlin rare Installation zu verschaffen. Üblicherweise wartete man Jahre auf einen Anschluß. Aber inzwischen war er Angehöriger der «fortschrittlichen Intelligenz». Auch an diesen Sprachgebrauch mußte Bernd sich erst gewöhnen: «Intelligenz» war nicht eine Eigenschaft, sondern eine Kaste. Sie bestand aus denen, die Lenin «nützliche Idioten» tituliert hatte – Ingenieure oder Museumsdirektoren, Professoren oder Schauspieler, Mediziner oder Bibliotheksleiter; meist Menschen aus dem Bürgertum, die aber linke Sympathien hatten oder eine antifaschistische Vergangenheit und deren Mitarbeit dem seit einem Jahr entstehenden Staat unentbehrlich war. Das Wort «fortschrittlich» meinte, daß sie nicht in der Partei waren, aber auch keine Opposition betrieben.

Es gab «I-Siedlung» genannte Einfamilienhäuser für diese «Intelligenz», «I-Karten» zusätzlich zu den Lebensmittelkarten, «I-Scheine» für Kohlen, «I-Heime» an der Ostsee, «I-Pakete» mit Wurst und Schnaps und Reis und Seife und auch einen «I-Club» – das alles in sich noch einmal gestaffelt nach streng geordneten hierarchischen Kategorien: ein Intendant erhielt größere «I-Pakete» als ein Schauspieler, ein Schriftsteller eher ein Haus in der «I-Siedlung» als ein Museumsmann und man mußte zumindest Lektor eines großen Verlages, Redakteur im Rundfunk oder mehr sein, um den schmalen aufklappbaren Ausweis in dunkelblauem Kaliko zu bekommen, mit dem man den dunkelgetäfelten, zweigeschossigen alten Herren-Club betreten durfte von Hitlers ehemaligem Vizekanzler Franz v. Papen, der jetzt als «Club der Kulturschaffenden» diente; mit einem eleganten Restaurant für teures, aber markenfreies Essen, Clubräumen, Vortragssälen und einem Lesezimmer, in dem immerhin Aragons «Les Lettres Françaises» auslagen oder die linke amerikanische Monatszeitschrift «Masses and Mainstream». Das eine war immer die Sprosse zur nächsthöheren Stufe – weil Wolfgang Leszek inzwischen diesen kleinen Ausweis für ihn beantragt hatte, konnte Bernd wiederum das Telefon beantragen; ein per Lichtbild und blauem Kaliko ausgewiesenes Kastenmitglied.

Für Bernd hatte das eine besondere Bedeutung: Er konnte Yvonne anrufen oder sie ihn. Ihre Beziehung war zerstört, aber ihre Verbindung nicht zerborsten. Bernd hatte ein Flattern im Magen, wenn sie sich in der Stadt trafen, und einen Geschmack auf der Zunge, wie ihn der versehentlich aufgeknackte Kern eines Pfirsichs in die Schleimhäute beißt. Bittersüß. Yvonne hatte sich verändert. Sie hatte die schwere Operation überstanden, aber nicht überwunden. Die Mundpartie ist ganz verschoben, dachte Bernd, als sie sich zum erstenmal wiedersahen, sie erinnert an eine französische Schauspielerin, die ich neulich gesehen habe – herb, abweisend und traurig in einem. Dünne Faltenlinien rannen den Hals herab, die knäbisch-grazile Person hatte etwas Schwerfälliges, Langsames, Plumpes bekommen.

Bernds Augen waren nicht erbarmungslos, aber schonungslos. Seine Liebe war nicht verschwunden, nur abgesunken. Yvonne war zu mächtig in ihm gewesen, um gänzlich verflakkern zu können. Ein Fotoalbum, er blätterte in ihr, schockiert über vertraute Spuren – sei es eine Tasche, ein Kleid, der Ring. Es war alles dasselbe, und es war alles anders. Früher waren die Dinge und Yvonne eins gewesen, nun hingen sie an ihr, tote Signale, deren Zeichensprache für Bernd erloschen war.

Yvonne hatte etwas Zaghaftes bekommen, Zögerndes; manchmal schien es Bernd: etwas Lauerndes. Die frühere Spannung zwischen ihnen war nun nur noch ihre Gespanntheit. Es gab nicht einmal mehr Streit. Keine Beiß-Nähe. Gelegentlich konnten sie zusammen lachen. Kürzlich hatte er sie, nicht ohne Stolz, in den Club zum Abendessen eingeladen, und sie waren Zeuge einer so grotesken wie lächerlichen Szene geworden: jener smarte junge Dozent war in Begleitung von Bernds Kommilitonin, der schwunghüftigen Katzentänzerin mit dem schwarzen Haarvorhang erschienen, in einem kleinen Nebenraum gab es ein Essen offenbar für eine italienische «Delegation»; Bernd hatte davon gehört, ein kommunistischer Maler und ein junger Dichter wurden erwartet, deren «formalistische Kunst» man ablehnte, die man aber als Genossen brüderlich begrüßen mußte. Schließlich erschien, Bild einer Provinzinszenierung, der schwankend-betrunkene Marxismus-Experte im Türrahmen, hinter sich den Lärm der Gäste, vor sich seine Begleiterin, vor der er auf die Knie fiel, im selben Moment hochhechtete und – willentlich oder stolperndes Versehen – mit dem Zipfel des Tischtuchs sämtliche Gedecke, Gläser, Blumen herunterriß. Eine Metall-Porzellan-scheppernde Fahne offenbarer Eifersucht, die er um sich schwang, wütend, glorios, impertinent.

Yvonne und Bernd waren erst angeekelt von der groben Wodkaprotzerei. Doch das Bild der hilflosen Studentin und des Stelzenden, so behutsam, als wolle er die Scherben nicht zertreten, die er zugleich in einer teppernden Schleppe hinter sich her zerrte, ein langes, weißes Fischnetz voll Blumen, Früchten, Fleisch und blutender Sauce, war auch so komisch-unspießig hier im braven Privilegierten-Club, daß sie lachen mußten. Die Kellner im dunklen Anzug mit Silberschlips, empörte Bahnwärter «aus Ilmenau», an denen ein heiter-aufgelöstes Speisewagenfest vorüberrauschte, blickten das lachende Paar strafender an als den historisch-materialistischen Bacchus. Zwischen Yvonne und Bernd tanzte ein winziger Blitz seinen elektrischen Draht entlang und im Ton alten Einvernehmens sagte sie: «Weißt du, mein Vater wird ja demnächst fünfundsechzig. Er bekommt da zwar irgendeinen Orden, möchte aber keine offiziellen Feiern. Wir wollen ihm bei uns einen kleinen Abend geben – komm doch auch. Ihn wird das freuen.»

Bei uns, wir wollen, ihn wird das – Bernd hörte genau, was ihm da gesagt wurde. Aber der Magnetismus war da, minutenlang hielt Yvonne ihn in ihrem Bann. «Ich hab eventuell Gelegenheit zu einer aufregenden Reise, nach Hamburg, aber es fehlt noch die letzte Genehmigung. Wenn die klappt, kann ich nicht, du kennst das ja, man kann so was nicht einfach verschieben. Sonst komme ich.»

Eigentlich waren es zwei Reisen, auf die Bernd sich mit großer Erregung freute. Stephan hatte eine Erkundungs- und Vortragsreise durch verschiedene Bibliotheken und Institute in Sachsen, Thüringen und im Harz vor, er suchte ständig nach Material für sein Exilinstitut, Erstausgaben, Briefwechsel, Tagebücher, Nachlässe. Erst vor wenigen Tagen hatte er zu Bernd gesagt, «Komm doch mit, ich hab einen Wagen zur Verfügung – und wir können ein paar Tage in Weimar oder Quedlinburg für uns herausschneiden, es müssen schöne alte Städte oder Reste davon sein, ich kenne sie nicht.»

Gleichzeitig begann im Institut bei und mit Bernd sein erster heftiger Kampf. Er war inzwischen großer Verehrer von Schliemann geworden. Der hatte sich – nach Versuchsgrabungen im Jahre 1876 – einen lang gehegten Wunsch erst acht Jahre später verwirklicht: nämlich den Palast von Tiryns zu erforschen. Diese wohl im 13. Jahrhundert v. Chr. vollendete Burg- und Palastanlage hatte es auch Bernd angetan. Die letzte zusammenfassende Darstellung war 1915 erschienen. Bernd wählte Tiryns als ersten Stichwortartikel für das geplante Lexikon; es sollte sein Probelauf und sein Modell werden. Seit Wochen hatte er sich in das Material eingewühlt, Argos, das Zentrum der geschichtlichen Entwicklung Griechenlands in der ausgehenden Bronzezeit, studiert und sich in die Mythen der Dynastie von Argos vertieft: Proitos, Bruder des Königs von Argos, und seine einäugigen Riesen, die Kyklopen, oder Perseus – Zeus' Sohn – als Gründer von Mykene; das fand er «im Winkel des rossenährenden Argos» in der Odyssee, und er versuchte, sein eigenes System zu entwickeln, indem er Mythos und Politik und Landwirtschaft aufeinander bezog. In den homerischen Worten «rossenährend», «üppiges Ackerland» oder «sehr durstig» sah er Chiffren für landwirtschaftliche oder bewässerungspolitische Probleme, und die damals nur wenigen hundert Meter, die Tiryns vom Meer entfernt lag, waren für Bernd nicht nur Möglichkeit für Fischfang und Handel, sondern auch der gegenseitigen Durchdringung der ägäischen, mykenischen und alter östlicher Kulturen. Die Übernahme der Schrift aus Kreta galt ihm als Beweis ebenso wie der Name Tiryns, der einem vorgriechischen, vermutlich ägäischen Sprachstamm zugeordnet wurde.

Bernd versuchte – «mein Mythenkrimi», pflegte er zu Schorschi zu sagen –, durch einen Katalog von Fragen sich und den vorgesehenen Lexikonbenutzern Klarheit, zumindest Kenntnisse zu verschaffen. Wieso ist Tiryns schon zur beginnenden Bronzezeit (2800 bis 1900 v. Chr.) ein dominierender Siedlungsplatz? Warum hebt die Geschichtsschreibung die Rolle Agamemnons von Mykene so hervor, während Palastarchitektur und Befestigungssysteme von Tiryns zur selben Zeit gleichbedeutend sind? Was ist die oft beschriebene «Rückkehr der Herakliden», nachdem die Zitadelle von Tiryns ungefähr 1200 v. Chr. zerstört wurde? Von wem zerstört? Welchen historischen Kern enthält der jeweilige Mythos? Was befähigt die Tirynthier nach ihrer Vertreibung im 5. Jahrhundert v. Chr. und Neuansiedlung an der Ostküste (nahe dem heutigen Porto Cheli), eigene Münzen zu prägen mit der Aufschrift «Tirynthier»? Weshalb rühmt sie der Spartanerkönig Pausanius als Teilnehmer am Sieg über die Perser, indem er sie auf der bronzenen Schlangenleiberstütze eines Dreifußkessels verewigt?

Er konnte sich nicht satt fragen, betrachtete Keramiken und las, was Schliemanns Mitarbeiter Wilhelm Dörpfeld über die Baugeschichte beigesteuert hatte; 1880 war die erste große Untersuchung «Tiryns. Der prähistorische Palast der Könige in Tiryns» erschienen. Erschöpft und erleichtert brachte er sein Manuskript und einige Abbildungen der Wehranlagen, der Nekropole und verschiedener Fresken und Friese ins Institut. So sollte das Ganze werden – erzählerisch, spannend sogar für Laien, Kunst nicht als Widerspiegelung, sondern als autonomen Bestandteil innerhalb eines Geflechts von Politik, Wirtschaft und mythischer Überlieferung begreifend. Eitel und erfolgssicher sonnte sich Bernd in seinen Funden und fragend hergestellten Bezügen.

Aus dieser Sonne schlug der Hagel. Zwei Wochen nach der Manuskriptabgabe lag eines dieser dienstlichen Umlaufkuverts aus häßlichem, dickem braunem Packpapier auf seinem Tisch, auf denen durch Linienaufdruck und Kästchen Absender, Empfänger und Datum kenntlich gemacht wurden. Von Wolfgang Leszek. An Bernd Walther. 13. Januar 1953. Bernd wußte, daß in diesen «Einschreibebriefen», wie er sie nannte, immer Unangenehmes steckte; in allen Büros lagen altmodische dicke Registriermappen, in denen Ausgang und Eingang sorgfältig notiert wurden, sogar die Uhrzeit. Es war, ohne Anrede, gez. W. L., eine Vorladung zu einem «Leitungsgespräch», in Form einer Aktennotiz:

Betr. Projekt «Lexikon der Archäologie»

1. Kollege Bernd Walther hat als Modellschema für das von ihm betreute Projekt «Lexikon der Archäologie» einen Artikel über Tiryns eingereicht.
2. Die Arbeit ist unbrauchbar und schädlich, weil sie
   a) vollkommen unkritisch den bürgerlichen Begriff des Mythos übernimmt
   b) ohne historisch-materialistischen Ansatz Aufstieg, Herrschaft und Verfall von Dynastien zur historischen Datierung benutzt

c) auf Vorarbeiten bürgerlicher Forscher wie Schliemann basiert, ohne fachspezifische sowjetische Arbeiten zu berücksichtigen
d) sich ausschließlich auf die Analyse von Herrschaftsarchitektur beschränkt und an keiner Stelle die Frage erörtert, wer hat wen beherrscht; wo bleibt der Klassenstandpunkt?
e) damit jeglicher Problemerörterung einer Sklavenhalterkultur ausweicht, wie sie schon von Marx und Engels charakterisiert wurde.

3. *Fazit:*

Kollege Bernd Walther – der bezeichnenderweise ständig den Terminus «vor Christus» verwendet statt «vor der Zeitrechnung» – kann dieses Projekt nicht weiter selbständig betreiben. Er ist schriftstellerisch begabt und kenntnisreich – aber es muß ihm ein Kollektiv zur Seite gestellt werden, das peinlichst die Einhaltung des Klassenstandpunkts garantiert. Vorschlag: die Genossen Bialek und Grössner.

4. Kollege Bernd Walther hat diese Arbeit ohne Erlaubnis bereits an unseren prospektiven westdeutschen Coproduzenten geschickt. Um Schaden vom Institut und der Sache abzuwenden, wird ihn – vorbehaltlich der noch ausstehenden Genehmigung des Ministeriums – die Genossin Dr. Bornstein auf der Reise nach Hamburg begleiten.
5. Leitungssitzung zum konkreten Ausdiskutieren aller anstehenden Fragen im kleinen Sitzungsraum, 20. Januar. Teilnehmer: Genossin Dr. Bornstein, die Genossen Bialek und Grössner, Kollege Bernd Walther und der Unterzeichnete.

Bernd reagierte mit seinem typischen Hasen-Zickzack; obwohl er wußte, daß dies ernst war und er das Gewicht bestimmter Worte wie «schädlich» oder «Klassenstandpunkt» und der obligatorischen Hinweise auf Marx und Engels und sowjetische Forschungen durchaus kannte – amüsierte er sich.

«Na, dann sollen sie das Ding mal schön allein entwickeln», feixte er. Doch erst Tage später spürte er im Magen, wie tief er getroffen war: das gönnerhafte «eingereicht», das oberlehrerhafte «unbrauchbar», der unpersönliche Kommandoton von jemandem, mit dem er sich doch in zwinkerndem Einverständnis wähnte. Sie haben alle zwei voneinander abgespaltene Persönlichkeiten. Sie stehen weder zu Freundschaft noch zu Verrat. Sie schielen.

Zur Empörung der Fahrgäste mußte Bernd während der Fahrt die Türen des U-Bahn-Zuges aufreißen – er kotzte gelbe Brühe in den dunklen Tunnel. «Der Junge hat ja janz scheen een uff de Lampe jekippt», sagte gemütlich-verständnisvoll ein dicker Mann mit einem Handwerkskasten auf dem Bauch, «is ja man nur jut, dassa mia nich ins Klavier jespuckt hat, wa?»

Bernds Klavier war gründlich verstimmt. Er konnte und konnte die Doppelgesichtigkeit nicht verdauen. Wider alle taktische Vernunft hatte er auf eine seiner Visitenkarten gekritzelt, «Lieber Wolfgang, ich versteh' Dich nicht – bist wirklich Du das, der so schreibt? Dann von mir aus einen anderen ‹dynastischen› Satz: ‹Macht Euch euren Dreck alleene.› Traurig. Bernd.»

Das Kuvert mit der Karte schickte er an Leszeks Privatadresse; wie immer mischte sich in Bernds Verletztheit eine Berechnung; er wußte ganz genau, daß sie niemanden hatten, der ihnen dieses devisenbringende Prestigeprojekt ‹durchziehen› konnte, wie es im Jargon hieß. Seine Drohung niederzulegen war die beste Attacke und die einzige Rettung – für ihn, für das Lexikon und für die Hamburg-Reise.

Jene Sitzung hatte Bernd noch bravourös durchgestanden, mit ziemlichem Zynismus – er hatte sich hinter dem großen Schatten Stalins versteckt. Fast eine Stunde hatte er gar nichts gesagt, während der verschiedenen Vorhaltungen nur demonstrativ Zigaretten aus dem Pall-Mall-Päckchen geschnippt und keine einzige Notiz auf dem bereitgelegten Block mit dem gespitzten Bleistift neben der Apfelsaftflasche gemacht. Dann rekelte er sich belästigt hoch, zog ein Blatt aus der Tasche und gab seiner Stimme bemüht einen gleichgültig näselnden Klang: «Die Runde von Experten beeindruckt mich natürlich. So bin ich gerne bereit, Einzelheiten zu überprüfen oder zu korrigieren. In der Grundfrage allerdings überzeugt mich eine andere Autorität; die Grundfrage nämlich – wenn ich es recht verstanden habe – betrifft ja die gesamte Anlage des Projekts und nicht, ob man ‹vor Christus› sagen darf. Sie heißt: ist Kunst Widerspiegelung der Realität, der Klassensituation der Sklavenhalter- und Ausbeutergesellschaft, oder ist sie autonom. Da wir hier kein Seminar abhalten können, beschränke ich mich auf ein Zitat – bei dem ich Sie bitte, das Wort Sprache durch Kunst zu ersetzen:

‹Frage: Ist es richtig, daß die Sprache ein Überbau der Basis ist?

Antwort: Nein, das ist nicht richtig.

Die Basis ist die ökonomische Struktur der Gesellschaft in der gegebenen Etappe ihrer Entwicklung. Der Überbau – das sind die politischen, juristischen, religiösen, künstlerischen, philosophischen Anschauungen der Gesellschaft und die ihnen entsprechenden politischen, juristischen und anderen Institutionen.

Jede Basis hat ihren eigenen, ihr entsprechenden Überbau. Die Basis der Feudalordnung hat ihren Überbau, ihre politischen, juristischen und sonstigen Anschauungen und die ihnen entsprechenden Institutionen, die kapitalistische Basis hat ihren Überbau, die sozialistische den ihrigen. Ändert sich die Basis und wird sie beseitigt, so ändert sich anschließend ihr Überbau und wird beseitigt; entsteht eine neue Basis, so entsteht anschließend auch ein ihr entsprechender Überbau.

Die Sprache unterscheidet sich in dieser Hinsicht grundlegend vom Überbau.›

Geschult wie Sie sind, meine Herrschaften, werden Sie den zitierten Autor sofort erkannt haben. Stalin heißt er.»

«Eine Fahrkarte, Mensch, du hast eine Fahrkarte geschossen!» Schorschis Stimme krächzte und quäkte, auch ein wenig feixend. «Weißt du, was das heißt?» Er bog sich vor, aber nicht vor Lachen, er starrte Bernd ins Gesicht, sie saßen im «Schloß» und tranken Kaffeelikör; Bernd fand das besonders schick. «Klar weiß ich, was das heißt – nämlich eine Fahrkarte nach Hamburg habe ich geschossen.» – «Ach, Mensch, du bist eben nicht zu retten. Jemanden wie dich darf es gar nicht geben – du wirst immer siegen, aber schließlich verlieren. Eine Fahrkarte schießen, das heißt bei uns unfeinen Leuten, was ihr feinen Leute, glaube ich, einen Pyrrhus-Sieg oder so ähnlich nennt. Du magst mit deiner Frechheit eine Schlacht gewonnen haben, aber du beginnst, deinen Krieg zu verlieren – merkst du das denn gar nicht? An der Uni bist du ohnehin schon der bunte Hund, deine Paradiesvogel-Existenz da ist doch nur möglich, weil sie dich für eine große Nummer in diesem Institut halten; und nun knackst du dir selber diese Säule weg. Die werden dir das nie vergeben. Überlegene sind immer verhaßt. Und bilde dir bloß nicht ein, daß sie dich so furchtbar brauchen. Kein Mensch ist unersetzlich und deine Töppe und Treppen und Scherben – glaub doch nicht, das sei wirklich wichtig. Solch ein Lexikon kann man auch sein lassen, und den Herrn Bernd Walther kann man auch sein lassen. Was bist du herrlich dämlich. Aber nun komm, die Bienen warten auch nicht endlos.»

Sie waren mit Fieps-Gerda und einer Freundin von ihr verabredet. Bernd war so aufgedreht, daß er Schorschi verführte. «Weißt du was, wir gehen heute mal im Westen aus. Ich hab zwar auch kein Geld», nahm er Schorschis Einwand vorweg, «aber ich kenne einen Dreh, wie man sich auch ohne Piepen amüsieren kann wie Bolle auf dem Milchwagen.»

Also zogen sie los – in «Remdes St. Pauli» an der Joachimsthaler Straße. Schräg gegenüber vom Bahnhof Zoo, ein «Tanzpalast» im 1. Stock, den die drei anderen, für die Westberlin ein fremdes Terrain war, wie eine Steilwand erklommen. Sie landeten in dem mies-glitzernden Amüsierschuppen, an den kleinen runden Tischchen – schwarze Holzkatzen mit weißen Pfötchen, an deren gerecktem Schwanz Salzbrezeln aufgesteckt waren, Aschbecher in Form kleiner Porzellanklos und in der Mitte jeweils eine Messinglampe mit gefaltetem Seidenschirm – saßen beringte Gebrauchtwagenhändler, toupierte Friseusen und Verkäufer von Herrenoberbekleidung in Pepita; dazwischen ein paar ältliche Nutten. An der Decke drehte sich eine durchlöcherte Metallscheibe, die abwechselnd rosa, orangefarbenes und grünes Licht durch den Raum sprenkelte, der vor einer Bühne mit schwarzen Wolkenstores eine ovale Tanzfläche feilbot.

Das Geld hatte gerade gereicht für den Eintritt und eine Mark für den Einlasser in grüner Phantasieuniform mit silbernen Litzen und Troddeln und schwarzer Lack-Schirmmütze. «Was soll denn das?» fragte mißtrauisch Gerdas Freundin Linda, eine nördlich-blaßblonde, etwas streng und hager aussehende Musikstudentin, als Bernd großmäulig auf die Frage des Kellners, «Was darf's sein, die jungen Herrschaften», antwortete: «Das werden wir gleich haben – muß nämlich noch verdient werden.»

Der Clou des Etablissements waren Darbietungen. Eine rundliche Blondine im hellblauen Miniröckchen trat vor den schwarzen Vorhang und verkündete: «Ja, meine Herren, nun wollen wir mal sehen, wer von Ihnen Mumm in den Knochen hat und Erfahrung, eine Frau anzuziehen.» Sie machte neckisch eine routinierte Pause, weil sie das «Hähä» kannte, das darauf von den Brezelschwänzen schallte. «Hier oben haben wir die rassige Ramona aus Madrid und die mondäne Françoise aus Paris» – der Vorhang wurde hochgezogen und da standen, in langmähnigen Perücken, mit einem winzigen straßbesetzten Slip bekleidet zwei Verkäuferinnen aus Neukölln. Neben jeder lag ein Stoffballen, lila für die Dunkle, tiefblau für die Blonde. «Sie sehen, meine Herren, die Damen frieren» – Hähähä –, «wer traut sich zu, sie rasch und elegant anzuziehen? Die Spielregeln: Hier liegen jeweils zwölf Meter Stoffbahn, damit müssen die Damen von jeweils einem Herrn schnieke eingekleidet werden. Dahinten sehen Sie eine große Uhr hängen. Wer am schnellsten fertig ist –» auch diese flache Anzüglichkeit löste Wiehern an den Tischen aus – «hat gewonnen. Preis: eine Flasche Mon Cheri-Sekt.»

Das war Bernds Moment. Damit ihm keiner zuvorkommen konnte, sprang er sofort, von prasselndem Beifall begleitet, auf die Bühne und zeigte von oben auf Schorschi: «Der Herr da hat sich als zweiter gemeldet», sagte er zur blauen Blondine. Entgeistert tapste Schorschi in einen ohrenbetäubenden Tusch hinein und fauchte Bernd an: «Bist du verrückt geworden?»

Aber da ging es schon los, die Uhr begann mit großen Zeigern die Zeit zu schneiden, Bernd griff in den lila Seidenballen, drehte, wickelte, drapierte. Seine Ramona, den Rücken zum Publikum, flüsterte ihm zu, «Nich so uffjerecht, Kleena. Spendierst mia hintaher paar Zigaretten – dann helf ich dia.» Heimlich zog sie aus ihrer Löwenmähne ein paar Stecknadeln, befestigte sie in den rutschenden Stoffbahnen; ein Piks am Busen, hinten am Hals, an der Taille – und schon drehte sie sich in Siegespose mit hochgereckten Armen, Miss Remdes, zum Publikum, vier Minuten waren beim leisen Schirpen der Jazzbesen vergangen, und Schorschi murkelte noch immer an seiner nackten Pariserin aus Neukölln herum, stand da mit einem blauen Seidenfluß im Mund.

Trompete, rosa Scheinwerferlicht, Johlen, Beifall, Knicks, Verbeugung – und neben dem Tisch bereits die Flasche Sekt im Kühler, als Bernd sich setzte. Schorschi war beleidigt und Bernds Erklärung – «Mensch, versteh doch, das ist ja die Masche: einer von uns beiden mußte ja die Pulle gewinnen, begreif doch den Trick», nützte nichts. Aber Bernd gab nicht nach. Er mußte die innere Spannung loswerden und war wild entschlossen, sie aus sich herauszuschütteln, zumal er schnell feststellte, daß die Musikstudentin seine beiden Lieblingstänze, Samba und Tango, ganz fabelhaft phantasievoll beherrschte.

«Paß auf, Schorschi, nun sei doch nicht so mufflig – ich hol uns noch eine Pulle Rum.» Bernd kannte den Laden, er wußte: wenn zur allgemeinen Begeisterung und von den meisten mitgesungen «Bei Capri die rote Sonne im Meer versank», kam die nächste Nummer. Vor einer mit Palmen, Nachthimmel, Mond und Sternen bemalten Leinwand, auf der rechten Seite der Bühne drei schwarz angemalte Elektrolehrlinge mit roten Wulstlippen und Riesenblechohrringen, schwarzer Fransenperücke und Rumbarasseln, mußten sich wiederum zwei männliche Gäste eine Konkurrenz liefern. Unter dem «Olé»- und «O sole mio»-Geschrei der rasselnden Negerlehrlinge sollten sie sich bis auf die Unterhosen ausziehen, ein bereitgelegtes Röckchen aus Bastfransen anziehen, zwei riesige Pappbananen ergreifen und nach eigener Erfindung einen Solotanz vorführen. Imitation von Rita Hayworth' aus allen Grammophonen jaulendem «Put the blame on Mame» aus dem Film «Gilda». Der Sieger wurde auf dreifache Weise gekürt – wer hatte sich am schnellsten an- und ausgezogen, wer hatte sich am verrücktesten bewegt, wer bekam den meisten Applaus.

Die ausgesetzte Flasche deutschen Rum hatte Bernd schon zweimal gewonnen; er wußte ziemlich genau, daß die Männer sich in Peinlichkeit verheddern, daß sie sich nicht ungeniert bewegen und daß er sich des Applaus des weiblichen Publikums sicher sein konnte. Die anderen behielten auch nackt die Sockenhalter an und die Hosenträger über ihren schwabbeligen Bierbäuchen – er war groß, schlank, sein rotbraun gelocktes Brustfell und der dicke Haarschopf, den er abwechselnd ins Gesicht und ins Genick warf, machten ihn zum Faun von der Joachimsthaler Straße. Er wollte zwar den Rum, aber Kaffeelikör und der süße Sekt quirlten schon in seinem Kopf herum. Er wollte eigentlich etwas ganz anderes: geliebt werden. Auf der allerbilligsten schamlosesten Ebene wollte er sich zurückholen, was ihm entglitt – Yvonne, das Institut, die Uni; auch schon Stephan?

Bernds Einsamkeitssolo war versunken und eruptiv zugleich. Er raste, tobte, drehte Pirouetten, das lächerliche Baströckchen ein fahler Strohteller um die Hüften, die Pappbananen, riesige gelbe Papageienschnäbel, hackten aus ihrem Wirbel in den Rotschopfmop und schrien Jahabeich. YvonneStephanBernd. TirynsKlassenkampf. KalikoPorzellan. GenossinDr.RitaHayworth. KleinerSambaKonferenzraum. WennbeiArgosdieRoteFahneinKarlshorstversinkt.

Der zweite Mann war längst von der Bühne. Bernd fror schwitzend, er trieb die jaulenden Negerlehrlinge fingerschnippend zu immer schnellerem Tempo, er hing in den Fäden der eigenen Begehrlichkeit, die seine Glieder zerrte, klappte, öffnete und hatte zugleich die Begier der parfümierten, bereits in tosendem Rhythmus klatschenden Gaffer an seinen Fingerschnüren. Bernd, so oft weggeworfen, warf sich weg, in den gepuderten Dreck von «Remdes St. Pauli». Er zitterte in seinem Schweiß und spürte, daß er einen mächtigen Steifen hatte. Jäh hielt er ein, die Musik riß. Er machte einen

Handstand. Sein Mast, eine starre in Leinen geblähte Leiche, schrie in die Strohhalmmäuler. Es gab zwei Flaschen Rum.

Hamburg begrüßte sie mit gebleckten Zähnen. Eishagel hatte den schimmernden Panzer der Stadt poliert, die Dächer der Häuser glänzten metallen, die Straßen graue Eisenbänder, und die beiden Alsterbecken, die der Zug zum Bahnhof Dammtor überschnitt, zwei stählerne Pfannen. Dr. Bornstein und er hatten die in letzter Minute genehmigte Reise ungesprächig begonnen. Stephanie hatte sich liebenswürdig-altmodisch feingemacht: ein Reisekostüm aus taubenblauer gewachster Seide, dessen Plisseerock sie noch zierlicher erscheinen ließ, und eine dieser duftigen Organzablusen, rosa, mit einem kleinen Stehkragen, und dazu passende rosafarbene Handschuhe. Im Gepäcknetz lag ein runder Hutkoffer aus schwarzem Lackleder mit gelben Riemen und zahllosen halbabgepellten, zerfaserten Hotelaufklebern. Aber ihr war die Bewacherrolle sichtlich unbehaglich, und Bernd hatte einen Flattermagen, wenn er an die schwierige Verhandlung dachte: Er sollte einen Lizenzvertrag für ein Projekt aushandeln, das sein Institut so nicht wollte. Die Stahlstichakkuratesse der Häuser um die Alster schien ihm ein Filter. Schon während der kurzen Taxifahrt zu ihrer kleinen Pension am Klosterstern hatte er das Gefühl: Diese Stadt kann man nicht aufklappen. Ein lächelnder Haifisch im schäbigen Blazer wies ihnen die Zimmer.

Der Verlag entsprach überhaupt nicht ihren Vorstellungen von dem so modernen funktionstüchtigen Westen. Er hauste in einer kleinen Straße in der Nähe der Universität, verteilt auf mehrere Häuser, eingemietet in alte Wohnungen mit langen, dunklen Korridoren, in denen Schränke mit Akten standen und Bücher oder Zeitschriftenjahrgänge sich auf dem Boden stapelten. Für die beiden Besucher, die genormte Solidität ihrer stillen, großen Büros gewohnt, mit falschen Perserbrücken,

Kunstleder-Sitzgarnituren und mächtigen Schreibtischen, wo in jedem Zimmer die gleichen Preßglas-Aschbecher standen, die gleichen Terminkalender mit Landschaftsfotos nach Jahreszeiten geordnet hingen und die gleichen pappenen Postmappen lagen – grün für «Eingang», braun für «Ausgang» –, war dies hier auf erschreckende Weise unseriös. Es hatte etwas von Zirkus, etwas Zigeunerhaftes.

Die Sekretärin war über den eigenen Fehler so entgeistert, daß sie wütend schnappte: «*Sie* sind das? Heute? Wieso kommen Sie heute? Wir haben Sie morgen erwartet.» Stephanie Bornstein versuchte sich unsichtbar zu machen, ein in gewachste Seide plissiertes Chamäleon; aber Bernd sagte überaus liebenswürdig: «Aber bitte, wenn Ihnen das lieber ist, kommen wir gern morgen wieder; obwohl wir etwas knapp mit Westmark sind. Nur – verabredet waren wir heute. Wenn ich Ihnen den Brief von Herrn Dr. Wohltat zeigen darf.»

Dr. Wohltat war da, nein, war nicht da, «er muß irgendwo im Haus sein, bitte nehmen Sie einen Augenblick Platz», war nicht zu finden, die plötzlich sehr höfliche Sekretärin bot Kaffee an, telefonierte, sauste ins Nebenhaus, «er kommt bestimmt jeden Moment». Er kam, war im dritten angemieteten Haus um die Ecke bei einer Besprechung gewesen, war genauso überrascht wie die Sekretärin, hatte wohl nicht nur nicht mit heute, sondern überhaupt mit gar keinem Besuch aus Ostberlin gerechnet, «Korrespondenz? Haben wir korrespondiert? Ein Lexikon? Wirklich? Ach so, ja, jetzt erinnere ich mich – ja, dann schießen Sie mal los.» Bernd fühlte sich vor Dr. Bornstein wie ein Hochstapler. «Aber Sie kennen doch mein Exposé, Herr Dr. Wohltat? Ich habe Ihnen doch vor drei Monaten zwölf Seiten Exposé und eine Art Musterstichwortmanuskript geschickt. Darauf haben Sie doch auch geantwortet – und zwar mit dem Vorschlag, die Sache in Hamburg zu besprechen.» – «Ach, mein Gutester –» sprach der Mann auch noch Sächsisch? – «das werden wir schon hinkriegen. Ich sehe ja, Sie haben Ihre Unterlagen dabei. Wissen Sie was – ich finde meine bestimmt nicht. Gehen wir erst einmal zusammen essen, da bespricht sich das alles viel angenehmer.»

Der Mann war nett, konfus, aber – wie sich rasch herausstellte – hochintelligent, ein listiger und lustiger Profi, dabei ein großer Charmeur, der hinter der Wand seiner liebenswürdigen Umgangsformen blitzschnell sortieren konnte. Sie kannten diese Art Geschäfte zu machen, ohne von Geschäften zu sprechen nicht, aber Bernd begriff, daß er diese Gangart einhalten mußte, um zu seinem Ziel zu kommen. Er fing die Anekdoten und Pointen auf, lauter freche, leichte Pingpong-Bälle, tat lässig, als seien Steinbutt und Scampi in Weißwein mit gebratener Petersilie seine tägliche Mahlzeit, und bemerkte nicht, daß er tapfer und forsch in lauter kleine Fallen lief. «Noch einen Gin Tonic?» hatte Dr. Wohltat sie beide nach dem ersten Drink gefragt und nach Stephanie Bornsteins erschrockenem «Bitte. Danke. Wirklich nicht» hatte Bernd bestellt: «Nein. Ich nehme lieber einen Whisky Tonic.» – «Das nenne ich Individualismus, junger Mann.» Bernd hörte die Ironie nicht, weil er keine Ahnung hatte, was Tonic ist. Doch der Mann in dem etwas zu tailliert geschnittenen hellgrauen Flanellanzug mit gelber Seidenkrawatte und gelben Frotteesöckchen, ein freches orangegrünes Tuch in der Brusttasche, hatte flinke Augen. Mit schneidender Eleganz hatte er Dr. Bornstein auf dem Gleis «Liebe, sehr verehrte, gnädige Frau» abgestellt; wann immer sie sich an dem fachlichen Gespräch beteiligen wollte, wurde sie mit einem so öligen Höflichkeitsparfüm überschüttet, daß sie abglitt, eine Fliege im Glas. Dr. Wohltat hatte nach dem Hauptgang gescherzt, «also zum Dessert ein DDR-Exposé, ja?» Und sich sofort kritisiert, «Spaß beiseite, Sie müssen unbedingt das Champagnersorbet hier probieren – Sie sind natürlich meine Gäste, wohl verstanden –, aber vorher schießen Sie mal los, junger Mann.» Dann schlug er sich nach kurzem Blättern in den Schreibmaschinenseiten knallend mit der flachen Hand an die Stirn, «Mein Gott, ich Ochse – pardon, liebe, gnä' Frau –, ich bin ja wirklich total idiotisch, natürlich hab ich das alles gelesen, auch Ihren Tirynsartikel, großartig, ganz fabelhaft. Sie müssen mir verzeihen, ich komme gerade aus Amerika, wir wollen da eventuell eine der führenden Archäologiezeitschriften in Lizenz übernehmen, da ist mir diese Sache vollkommen aus dem Gedächtnis gerutscht. Zumal, wissen Sie, unser eigentlicher Fachberater für ein solches Projekt am Starnberger See sitzt. Wissen Sie was, lieber Freund: Das Beste ist, Sie fahren da mal runter dieser Tage, der soll alles mit Ihnen besprechen und mich dann anrufen. Nur vergessen Sie nicht meinen Wahlspruch – sehen Sie, hier ist er gedruckt.» Der Bär mit der Wieselzunge öffnete sein Päckchen Players-Navy-Cut-Zigaretten; innen war ein Aufdruck «It's the tobacco that counts». «Bei mir heißt es: ‹It's the money that counts›. Verstehen Sie – wenn Sie in Starnberg waren, dann müssen wir erst mal kalkulieren.»

Der Whisky Tonic und das orange-grüne Tüchlein, der Sancerre – «Nehmen Sie Sancerre, der ist hier besonders gut, ein 48er, guter Jahrgang, ich trink' den immer zum Butt, gnä' Frau» – und der Starnberger See mit dem Tobacco-Money: in Bernds Kopf drehte sich alles. «Wissen Sie», Stephanie Bornstein hatte sich beim Kaffee aufgerafft, «so einfach ist das nicht für uns. Wir können hier nicht mal so eben in der Gegend herumreisen ...» – «Ach, was», unterbrach der Wieselbär, «wissen Sie – Sie sind doch Wienerin, sagten Sie?, meine Frau ist auch Wienerin, die wird sich sehr freuen, Sie kennenzulernen. Warum sagen Sie ‹wir›? Bleiben Sie doch einige Tage in Hamburg, kaufen Sie sich ein paar schöne Sachen, bei Ihnen gibt es doch so vieles gar nicht, hört man immer, ich weiß es nicht, war noch nie da – übrigens, da fällt mir ein, mein Lieber: Wenn Sie mir einen Gefallen tun wollen und mir mal ein, zwei Ernst-Busch-Platten aus der DDR schickten, da wäre ich Ihnen mächtig dankbar, die wieder gibt es nämlich hier nicht. Also, wo waren wir stehengeblieben, was wollte ich sagen, ach ja: Also Sie machen hier drei Tage Einkaufsbummel, meine Frau wird entzückt sein, sie fährt selber, ich muß Ihnen nicht mal meinen Fahrer aufdrängen – und unser junger Freund hier: ab an diesen bayerischen See. Dann werden wir weitersehen.»

Im Verlag gab es eine ziemlich peinliche Stunde, Bernd mußte mit Wolfgang Leszek telefonieren, die Verbindung über zwei Fernmeldeämter, ein westdeutsches und ein ostdeutsches, dauerte endlos, er mußte in Gegenwart des rauchend Briefe diktierenden Dr. Wohltat seinem Chef klarmachen, daß er drei Tage länger im Westen bleiben, nach Bayern reisen, Geld borgen müsse, wenn sie das Projekt nicht gefährden wollten. Er wußte, das war eine schwierige Entscheidung für Wolfgang Leszek, zumal die Bewacherei nun völlig hinfällig wurde. Aber die Differenzen waren eine Sache – das ehrgeizige Projekt, das Wolfgang Leszek für das Institut bisher ja vertreten hatte, eine andere. Der lächelnde Flanellsachse mit den ewigen Navy-Cut-Zigaretten, von dessen Apparat Bernd telefonierte, tat, als merke er von den Schwierigkeiten nichts; nur einmal schien er Bernd zuzublinzeln, als der ziemlich heftig hervorstieß, «Aber Wolfgang, es ist ja auch mein Projekt …». «Überhaupt kein Problem, warten Sie, ich rufe gleich mal in der Kasse an –» unterbrach Dr. Wohltat, als Bernd beklommen sagte, «Tja, also, es ist mir peinlich, verstehen Sie – aber ich habe jetzt zwar die Genehmigung für die Reise – aber kein Geld. Wir kriegen 40 Mark Westgeld pro Tag, die Rückfahrkarte ist von Berlin aus bezahlt, und Ostgeld …» – «Kommen Sie mit 500 Mark aus?» fragte Dr.

Wohltat, «die Fahrkarte lasse ich über unser Reisebüro besorgen, Schlafwagen-Double, ist doch recht, ja? Und im übrigen: Sie täten mir beide eine große Freude, wenn Sie heute abend meine Gäste sein könnten. Wir haben ein Abendessen zu Ehren eines sehr erfolgreichen Autors unseres Hauses, ein ehemaliger Journalist, für dessen jüngstes Buch über neue Grabungen sich verschiedene ausländische Verlage interessieren, deren Inhaber oder Chefs wir eingeladen haben. Das ist doch vielleicht auch für Sie interessant, Herr Walther?»

Als Bernd Stephanie in ihrem Zimmer abholen wollte, saß sie weinend auf einem grünen Kunstseidenpuff vor der Frisiertoilette – schwarze Krähenfüße rannen unter den Augen hervor, der Lippenstift war ausgerutscht und hatte einen Blutstrich aus dem rechten Mundwinkel gezogen, magere, fahlweiße Ärmchen hingen unter ihrem türkisfarbenen Frisierumhang hervor: die gebrochenen Flügel eines verängstigten Vögelchens. «Mensch, Bernd Walther, ich fühle mich gedemütigt und auch ertappt.» Sie sprudelte, unterbrochen von einem lächerlichen spitzen Schluckauf, einen Wortschwall hervor, «du machst das hier alles, ganz kalt, ganz souverän, was bin ich eigentlich dabei – glaubst du, ich merke nicht, wie dieser elegante Verlagsmensch mich überhaupt nicht ernst nimmt, mich abspeist mit seinem ewigen ‹Gnä' Frau› hinten und ‹Gnä' Frau› vorne. Der denkt wohl, ich bin nur die mitgeschickte SED-Dame – und ich bin's ja auch.» Stephanie Bornstein war flatternd aufgeregt, trippelte zwischen den blau-gelben Veloursrhomben des Teppichs hin und her, Papiertaschentücher verschneiend, der Frisierumhang vom Hals flatternd wie ein zu hoch gerutschtes Röckchen, und sinnlosheftig eine große, runde, rosa Puderquaste verstäubend. «Ich weiß gar nicht mehr, was ich bin. Sind wir Kollegen, Freunde gar, Bernd, oder bin ich hier die Aufpasserin, die Wiener Beschließerin, zu der mich dieser sächselnde Hamburger in seiner Eisstadt macht. Ich schäme mich vor ihm, vor dir, vor mir. Die Verhandlungen führst du über meinen Kopf hinweg, ‹mein Exposé›, sagst du, und ‹mein Stichwortartikel› – und es stimmt ja auch. Du hast recht. Aber ich fühle mich ertrinken in diesem fremden Westwasser. Ich will nach Hause.»

Bernd hatte sie in den Arm genommen. «Heißt das Wien oder Berlin», sagte er ohne zu überlegen. «Du weißt ja nicht, was du sprichst. Ich war, seit ich Wien verlassen habe, das ist jetzt gleich zwei Jahrzehnte her, nicht mehr im sogenannten Westen – mir ist die Luft hier dünn, die Gesten der Menschen sind mir fremd; ich verstehe, was sie sagen – aber sie sagen es anders und Lächeln heißt hier nicht Lächeln und Essen nicht Essen und was sie freundlich sagen meinen sie vielleicht hinterlistig und wenn sie listig wirken bestellen sie nur was zu trinken. Wir hatten früher so mechanisches Spielzeug», Stephanie bohrte mit einem langen Augenbrauenstift ein kleines schwarzes Loch in die Puderquaste, «da konnte man kleine Menschen hinten mit einem Schlüssel aufziehen, dann bewegten sie sich, ‹wie natürlich›, sagten die Verkäufer dazu. So kommen mir die Menschen hier vor. Sie werden von außen bewegt. Sie werden gelebt. Schon diese zwei Tage machen mir angst. Aber ich weiß wohl, warum du gestern gesagt hast, wir wollen uns hier ein paar Barlach-Plastiken ansehen, ich hab bei uns auch Angst, Bernd.»

Sie waren sich noch nie so nahe gewesen; das kleine miese Pensionszimmer im eisigen Hamburg, auf einem leeren Regal ein Segelschiff in einer Flasche, an einer Wand ein altes Foto vom Hafen und über dem schmalen Bett mit seiner zum Frisierpuff passend bezogenen grünen, kunstseidenen Steppdecke ein Rosenstich von Redouté: Es war zum Iglu für zwei Verirrte, Richtungslose geworden. Sie gaben es sich einander nicht zu, sie machten es sich vielleicht selber nicht klar, aber jeder von ihnen witterte: Wie war diese Welt hier? Lebbar?

Nur kalt – glitzernd oder auch lockend? War es nur die alte Welt, ein frierendes Wien, dem man knapp entrinnen konnte, oder Zipfel eines Kontinents, der noch immer zur Eroberung einlud? «Ich habe auch Angst hier», hatte Bernd schließlich zu Stephanie gesagt, «laß uns fröhlich unsere Angst verbergen und in Dr. Wohltats MailandParisLondoner Zirkuswelt paradieren. Weißt du, Stephanie, irgendwie ist das Ganze auch komisch. Komm, du machst dich jetzt fein, ich hol dich in zwanzig Minuten ab, dann keine Tränen mehr, geschminkt, gepudert, frisiert – die ‹gnä' Frau› bitte, du sollst mich zwar bewachen, aber ich beschütze dich.»

Das Taxi glitt an den Eiszapfen einer dichten Tannenhecke entlang; in einer kleinen Nebenstraße der Elbchaussee lag am Ende der kurvenden Auffahrt ein hufeisenförmig geschwungenes Fachwerkhaus mit Reetdach. «Ah – da kommen ja die Herrschaften aus dem Osten. Ich freue mich, daß Sie da sind. Hoffentlich war's nicht zu glatt unterwegs? Darf ich Sie mit meiner Frau bekannt machen?» Der Hausherr in einem sehr eng geschnittenen, anthrazitfarbenen Zweireiher mit Nadelstreifen trug eine gleißend lila Krawatte, und Bernd wurde sofort neugierig, ob er wohl auch wieder lila Frotteesöckchen dazu anhätte; das kunstvoll-sorglos gebauschte Seidentüchlein war grün mit ein paar lila Rauten darin. Dr. Wohltat stand in der weißen Eingangshalle, ein strenges Ausrufezeichen auf dem schimmernd gebohnerten weißen Marmorfußboden, schräg über ihm – eine schwarz-lila-grüne Verlängerung – hing eine Jugendstillampe, drei mächtige Glaslibellen griffen nach dem Licht, das ihre groß quellenden Augen zu Bernstein färbte. In der geöffneten Tür zu einem Raum erschien die Dame des Hauses, der ihr Mann jetzt mit einer dicken Zigarre winkte. «Isabelle, das ist die reizende Ostberliner Wienerin aus Schanghai, von der ich dir erzählt habe, und ihr junger Assistent – oder darf ich Sie so nicht nennen?» fragte Dr. Wohltat, als habe er auf einem zweiten grünen Kunstseidenpuff vor der Frisiertoilette gesessen. Auf sie beide schwebte ein Wesen zu, wie es Bernd noch nie gesehen hatte, eine Märchenfigur. Olympia, schoß es ihm noch vor jedem Wort durch den Kopf, Olympia aus «Hoffmanns Erzählungen», die somnambule Puppe Olympia. Es war eine schlanke Frau an der Grenze zum Mageren in einem bodenlangen, ganz strengen braunen Samtkleid mit langem Arm, hochgeschlossen. Als einziger Schmuck hing ein riesiger ungefaßter Amethyst an einer nicht sichtbaren dünnen Kette – wenn man nicht die Augen und das Haar den eigentlichen Schmuck nennen wollte: eine nach allen Seiten explodierende Löwenmähne, deren hochgekämmte Seidenfäden sich selber zu beleuchten schienen und bei jeder Bewegung des Kopfes von Messing zu Kupfer hinüberspielten – nicht blond, nicht braun, nicht rötlich, aber alles auf einmal. Olympia klappte ihre langen schwarzen Wimpern bis über die Augenbrauen auf, eine aus dem Schlaf erwachende Blume, und glitt auf sie zu, als sei sie unter dem Samt auf Gummiräder montiert: «Ja, mein Mann hat mir von Ihnen erzählt, ich bin, ehrlich gesagt, sehr neugierig auf meine Landsmännin und freue mich besonders über Ihren Besuch bei uns hier im steifen Norden. Kommen Sie herein, ich mach Sie mit ein paar Leuten bekannt.»

Bernd fühlte sich im Konfirmandenanzug, als er mit Stephanie und dieser in Samt eingenähten Kunstfigur den Raum betrat, der ihn auf belustigende Weise verblüffte. Das ist ja alles eine Inszenierung, vollkommen unwirklich, gibt es denn so was auf der Welt, wo sind bloß meine Zigaretten. Aber da kam schon ein Diener, auf dessen Tablett drei verschiedene Gläser mit Getränken balancierten – Bloody Mary, Champagner oder Orangensaft bedeutete der kleine ältere Mann, indem er mit weiß bezwirnten Fingern auf die Gläser zeigte. Bernd nahm diesen Nachhilfeunterricht übel, weil er ihn brauchte, sagte «Bloody Mary» und nahm aus einem goldgeränderten Glaskästchen eine Zigarette. Schmeckt ja grauslich, was ich da trinke, scheint Tomatensaft mit irgendwas drin zu sein, er ärgerte sich über seine Experimentierfreude, die zugleich zunahm. Das wollte hier alles erkundet werden.

Er stand in der Ecke eines überdimensioniert großen Raumes, bis er entdeckte, daß er einer optischen Täuschung aufsaß – die Stirnwand war eine Spiegelfläche und die Menschen, die er rauchend, trinkend, plaudernd ganz weit hinten gesehen hatte, drängten sich in Wahrheit neben ihm. Bernd hatte das gemerkt, weil dieser beleibte Herr in einer weinroten Samt-Smokingjacke nicht zweimal da sein konnte. Das Zimmer war gänzlich in gelber Seide ausgeschlagen – die Wände, bauschig in Falten und Brüchen stehende Vorhänge, Sofas, Sessel, kleine Tischchen, alles rieselte von gelber Seide, und überall Schalen oder Vasen mit violetten Veilchen. In einer Ecke, so, daß die Spiegelwand noch die Rückseite reflektierte, schwebte auf einem Glaskubus das leicht überlebensgroße Kopffragment eines bärtigen Mannes aus gelblichweißem Marmor. Der leicht zur linken Seite geneigte Kopf mit dem aufwärts gerichteten Blick schaute spöttisch in die Runde. Bernd war so fasziniert, daß er nicht wahrnahm, wie seine Finger über das glatt polierte Gesicht streichelten und dann das nach vorn gestrichene Haupthaar, dessen Oberfläche gerauht war mit eigenartig scharfen Einziehungen zwischen Stirn- und Schläfenhaar. «Mein Gott, ist das schön», murmelte er, «daß man so was besitzen kann …» – «O ja, man kann, und ich bin auch sehr stolz auf dieses Stück» – Bernd war unter den gelben Seidensegeln so weit weggerauscht, daß er Dr. Wohltat nicht bemerkt hatte. «Kleinasiatisch, was?» fragte Bernd. Er wollte sich ausnüchtern, ins Fachliche retten. «Donnerwetter, da liegen Sie haargenau richtig – wenn Sie's jetzt auch noch datieren können, na, ich will nicht sagen, dann gehört er Ihnen, aber dann gehöre ich Ihnen, junger Mann.» Der Hausherr paffte behaglich an seiner mächtigen Zigarre, klappte ein sonderbares Gerät aus abgeschabtem schwarzem Krokodilleder mit Silberbeschlägen auf, in dem wie feiste braune Leichen diese Zigarren aufgebahrt lagen, «Havanna», sagte er, seine kleinen Augen blickten so prüfend wie belustigt. «Ich weiß nicht recht – diese Pupillenbohrung, die kreisförmige Ritzung der Iris und die insgesamt ziemlich differenzierte Modellierung des Gesichts – also ich sage Ihnen ganz ehrlich, ich möchte mich ungerne vor Ihnen blamieren, Herr Dr. Wohltat, aber ich denke: etwa 5. Jahrhundert nach Christus?»

«Champagner», dröhnte geradezu auffahrend in seinem engen Anzug der Gastgeber, «Champagner her, lassen Sie mal dieses Zeugs stehen, das Sie da trinken. Hört mal her, Alberto und Harold, ihr beiden alten Kenner, wir haben hier ein kleines russisches Wunderkind – oder kränkt Sie das?» fiel er sich ins Wort. «Russisch, wieso russisch», fragte Bernd, aber so leise, daß in dem Lärm aus Fragen, Gläserklirren und Gesprächsfetzen nur Dr. Wohltat es hörte. «Also lassen wir russisch weg, recht haben Sie. Also was sagt ihr dazu ...» fuhr er lauter werdend fort, aber er konnte sich nicht durchsetzen. Vergebens wedelte er mit den Händen, die etwas zu engen und zu langen Hemdenmanschetten zeigten sehr kleine, in dünnes Gold gefaßte Amethyst-Manschettenknöpfe. Direkt neben ihnen öffnete sich die gelbe Seidenwand, eine Tapetentür, und Olympia klatschte in die Hände «Zu Tisch, meine Herrschaften, darf ich zu Tisch bitten.» Ihr Haar sind die hauchdünnen Fransen der gelben Seide, fuhr es Bernd durch den Kopf, das alles hier ist ein Futteral, eine Schatulle, die Menschen sind so schön und so arrangiert, der braune Samt und die lila Veilchen und der Amethyst und die Krawatte und die gelbe Seide und vor sich, ein blutiger, gieriger Schlund das Speisezimmer,

Wände, Vorhänge, Möbel aus rotem Samt, der das Kerzenlicht schluckte wie die Geräusche der lachenden, plaudernden, ihre Gläser als glitzernde Kompasse vor sich her haltenden Menschen – Bernd kroch wieder diese lüsterne Angst den Rücken hoch. «Wenn Sie die große Vase dahinten auch so schnell erkennen», sagte Dr. Wohltat beim Hineingehen, «dann warne ich Sie, dann werbe ich Sie noch ab.» – «Das wäre, fürchte ich, etwas schwierig», Bernds Angst schlug um in Abwehr, «Sie wissen vielleicht nicht: Ich komme aus dem Westen, Westberlin, genauer gesagt, und ich bin ganz bewußt *nach* Ostberlin gegangen. Die Vase finde ich jetzt schon ganz einmalig», fügte er hinzu, «selbst von hier aus – aber wissen Sie, lieber nähme ich die mit, als daß Sie mich hierbehielten.»

Er mußte sich nun seinen Platz suchen, vor den Tellern standen kleine silberne Figuren, Soldaten oder Bäuerinnen oder auch ein fetter Mönch, die hielten die Karte mit dem Namen des Gastes; Bernd Walther war in der Hand einer Indianerin. Die Squaw, schoß es in sein Gedächtnis, als er sich artig vor seiner Tischdame verbeugte. Marga stand auf dem Kärtchen, Bernd traute sich nicht zu fragen, «Marga – wer?» Über die langgestreckte Tafel leckte eine blasige gelb-lila Zunge, Olympia hatte die Farben des Nebenraums durch eine Schaumbahn aus Mimosen und Veilchen herüberrinnen lassen. Bernd sah jedes Detail, die Perfektion jeder Kleinigkeit.

Sie spielen, aber sie sind tot, dachte er. Wir schuften, aber wir sind lebendig.

Seine Tischdame, eine aparte junge Schönheit mit schräg stehenden, unendlich müden schwarzen Augen, die sich ständig durch das ebenso tiefschwarze Haar fuhr, als wolle sie sich zum Erwachen zwingen, schien eine gute Zuhörerin. «Sind Sie tatsächlich von West nach Ost gewechselt?» fragte sie und zündete sich in einer langen schwarzsilbernen Spitze eine Zigarette in schwarzem Papier an, deren Glut sie so versonnen betrachtete, als könne die Antwort nur von dort kommen. «Erzählen Sie von sich, von dort – wir wissen hier so wenig.» Doch Bernd merkte rasch, daß es sie überhaupt nicht interessierte, daß sie eigentlich gar nicht hinhörte, wenn er vom Studium, vom Club, vom Lexikon, vom Institut sprach. Es war ein Halteseil, das er aus sich herausspann, und die gurrenden Laute der dunklen Dame Marga spulten von einer Spindel. Nur als er sagte, «Wissen Sie, erst seit heute abend verstehe ich diese Kästen von Robert Graham, diese kleinen gläsernen Särge mit den starren Puppen drin, die ich kürzlich in einer Ausstellung aktueller amerikanischer Kunst sah – wir sitzen hier ja auch in solch einem Sarg, samtausgeschlagen», erst darauf bekam er eine spontane, heftige Reaktion. «Ganz schön frech, der junge Mann aus dem Osten – und ganz schön clever. Das gefällt mir, das mit dem Samtsarg. Und wir die gefräßigen Toten drin. Vielleicht haben Sie recht – aber wir wollen trotzdem das Essen nicht kalt werden lassen. Obwohl ich Isabelles Vorliebe nicht verstehe – immer diese gebratenen Austern auf Spinat, eigentlich doch etwas albern, schließlich ist der Witz einer Auster doch, daß sie frisch ist – finden Sie nicht?»

Bernd kannte keine Witze von Austern, kannte überhaupt keine Austern, und das meiste, was mehrere Gänge hindurch serviert wurde, auch nicht. Als er endlich zwischen all den Silbersachen, Gläsern, Servietten eine kleine gedruckte Menükarte fand, war das meiste schon gegessen: überbackene Auberginen, Lady Curzon, Rehrücken mit Pfifferlingen und Schwarzwurzeln. Das Champagnersorbet kannte er ja nun schon. Nur das kandierte Veilchen oben drauf war dem jungen Herrn, der täglich gebratene Petersilie aß und Sancerre schlürfte, noch neu. Die Karte steckte er ein – Schorschi würde sich totlachen bei Helenchens Erbsentopf mit einer Flasche Radeberger Pils.

«Sind Sie spezialisiert auf diese Epoche?» Bernd nahm nach dem Essen die Frage des Gastgebers noch einmal auf. Am Ende des Raums stand, durch einen Lichtfinger aus der Decke, dessen verborgene Technik Bernd sich nicht recht erklären konnte, herrlich beleuchtet, eine circa 70 Zentimeter hohe griechische Vase, ein sogenannter Glockenkrater. «Wenn ich die wunderschöne rotfigurige Malerei, sieht aus wie ein Apollo-Opfer, richtig datiere, ist das auch ausgehendes 6., beginnendes 5. Jahrhundert.» Das sportliche Vorzeigen seines Wissens gefiel ihm selber, seine Unsicherheit brauchte das in der fremden Umgebung. «Richtig geraten, beziehungsweise eben nicht geraten. Und sehen Sie», diese Art Besitzerstolz gefiel Bernd wiederum, weil er merkte, daß Dr. Wohltat die Dinge liebte und sie verstand, «diese seltenen Stücke mit der schwarz aufgetragenen Binnenzeichnung, hier zum Beispiel in den Gewandfalten, die sind sogar signiert. Die waren schon ganz schön selbstbewußt, diese Künstler – und mancher reiche Etrusker hat sich so einen ‹echten Etekias› vielleicht schon als Kunstobjekt hingestellt – wie ein kleiner Verleger heute», lachte der offenbar das Gespräch genießende Gastgeber. «Aber eigentlich wurde solch ein Krater zum Weinmischen benutzt, obwohl ...»

Bernd konnte nicht ausreden. Ein zugleich charmant und bösartig wirkender kleiner Mann mit einer leicht hochgezogenen, irgendwie schiefen Schulter war hinzugetreten. Er schwenkte ein großes Kognakglas und man merkte der leicht schleppenden, dadurch besonders genau betonten Sprechweise an, daß es nicht sein erstes war. «Sie haben ja meine Frau bei Tisch offenbar glänzend unterhalten, höre ich; ein schlaues Bürschchen, mein Lieber, das Sie sich da aus dem Osten geholt haben ...» Bernds Härchen auf dem Handrükken juckten; diesen Verleger mit seiner salopp-eleganten Bildung mochte er, der hatte zwar offensichtlich Geld, aber auch was im Kopf und all der Samt und das Lila und das Gelb und die Seide und die Austern mit Witzen – das stimmte, es paßte zu ihm; der Mann war Stück eines eigenen Museums. Gegen den schiefen Giftzwerg hatte er sofort eine Aversion. Sie wurde auch nicht gebremst von Dr. Wohltats leicht hingeworfenem Satz, «Von den vielen Pseudonymen, unter denen unser Autor erfolgreich ist, wähle ich mal Jens Leinad, um ihn vorzustellen.»

«Ich wüßte nicht, wer mich aus dem Osten geholt hätte, falls Sie mich meinen. Ich studiere dort, und ich weiß, warum.» Eigenartigerweise gefiel dem Kleinen Bernds Aggressivität, sein eben noch ältliches Gesicht glättete sich, er lächelte spitzbübisch, schnüffelte kokett an seinem Kognak – eine Frau an einer Flasche Parfüm, dachte Bernd – und sagte, «Nichts für ungut, Herr Nachbar. Doch wenn Sie anscheinend ein bißchen was verstehen von diesen Sachen hier, in die unser Freund unsinnigerweise sein schönes Geld investiert – dann erklären Sie mal einem Preßbengel: Wieso haben die Herren Sklavenhalter anno dunnemal so schöne Dinge produzieren lassen und bei Ihrem Genossen Stalin will das nicht und nicht funktionieren?» – «Vielleicht, weil Ihr Parteigenosse Hitler ihm, gar nicht so sehr anno dunnemal, so viele schöne Dinge kaputtgemacht hat?» Es hatte sich ein kleiner Kreis von Gästen um sie gebildet, direkt hinter dem Schiefen stand Stephanie, so altmodisch gepudert, frisiert, plissiert, als wolle sie, ein Sprungteufelchen, aus dem Grahamsamtsarg herausspringen. Zu ihr drehte sich der Mann schwerzüngig präzise herum, «Bravo, gnädige Frau, das nenne ich dialektisch geschult. So was haben wir hier nicht, noch dazu in dem Alter. Touché.» Er strahlte, als sei er es, dem eine besondere Pointe gelungen sei. Sie nehmen nichts ernst, es zog sich in Bernd zusammen, alles, es ist ihnen alles ein Spiel, und wer gerade ein Tor schießt, ist ihr Held. Um was es geht, das ist ihnen gleichgültig – Hauptsache, gut dargeboten. Nicht etwa, was ich gesagt habe, gefällt ihnen, sondern nur, daß ich so schnell parieren konnte. Eine Welt der kandierten Veilchen.

Das Hämmern des Zuges zurück nach Berlin stanzte Bernd die Bilder in ungenauer Reihenfolge ins Gehirn – das weinend-verschmierte Vögelchen auf dem grünen Kunstseidenpuff; die lila Krawatte unter den grünlila Glaslibellen, dahinter die braune Samtolympia mit den Klappaugen über den weißen Marmor rollend; der kleinasiatische Kopf mit dem schönen, kurzgeschorenen Vollbart und der erfolgreiche Giftzwerg mit seinem heimtückischen, weiblichen Kognakcharme. Schließlich die Schlafwagenfahrt nach München mit einem schnarchenden Finanzamtsleiter im Oberbett, der beim Zähneputzen nur gegurgelt hatte, «Du meine Güte, aus der Zone – Sie Ärmster», und die Ankunft in Starnberg mit dem Bus, dann eine dreiviertel Stunde Fußmarsch zum winzigen Knusperhäuschen am See, in dem einsam, aber vergnügt, der wissenschaftliche Kopf des Verlags hauste. «Ich fahre halt und der tut», hatte das dünne weißhaarige Männlein bei der gegenseitigen Vorstellung die «zugegebenermaßen lächerliche» Namensähnlichkeit glossiert – «nur, wissen Sie, Wohlfahrt: das ist jüdisch. Wir fahren wohl viel …» Der Mann stammte aus einer alten Gelehrtenfamilie, hatte sich in der Weimarer Republik mit kunsthistorischen und archäologischen Publikationen einen Namen gemacht, der im New Yorker Exil nichts nutzte und in Vergessenheit geriet. Er hatte dort als Inhaber einer kleinen Briefmarkenhandlung, Lexington Avenue, Ecke 28. Straße, überlebt – «mir fehlten nur die Peies, wissen Sie».

Die beiden Tage wurden für Bernd das Gegenmärchen, nicht nur, weil Willy Wohlfahrt so viel wußte – sondern auch, weil er sich selber als Unikum gab. Das winzige Häuschen hatte seiner Mutter gehört und eine bayerische Adelige hatte es ihr 1936 abgekauft. «Sie hat zu meiner Mutter gesagt – ‹hören Sie mal zu, ich zahl Ihnen einen ordentlichen Preis, sonst nimmt man Ihnen das Haus weg. Und ich verspreche Ihnen in die Hand – wenn alles vorüber ist, bekommen Sie es zum haargenau selben Preis von mir zurück, Sie oder Ihre Familie … Ich will daran nichts verdienen – ich hüte sozusagen Ihr Haus. Schriftlich kann ich Ihnen das nicht geben, aber noch gilt das Wort der Kalows›. Und Sie werden es nicht glauben: auch solche Leute gab es. Meine Mutter wurde ermordet, mein Vater separat im selben Lager, ich hatte keine Ahnung von dem Handel. Die Frau hat nicht geruht und gerastet, bis sie den Willy Wohlfahrt in New York aufgetan hatte, und sie hat es mir auf Heller und Pfennig akkurat zurückverkauft, sogar die Rechnungen aufgehoben für die inzwischen eingebaute Zentralheizung.»

Es war eine winzige Holzhütte, selbst die Schrägen an der Treppe zum ersten Stock, wo es zwei Kammern und ein Bad gab, waren voller Bücher, im Erdgeschoß zwei Räume, in deren Kissen- und Sofa- und Schaukelstuhl- und Papier-Chaos sich am sichersten Michou, die Katze, zurechtzufinden schien. Das zugewucherte Grundstück ging bis zum See hinunter, und der einzige Luxus war eine Saunabude. Bernd durfte oben in der zweiten Kammer wohnen – «Geld haben Sie doch bestimmt keines» – und abends nach dem Tee mit dem schrumpligen, zähen und traurig-humorvollen Mann saunabaden und in den eisigen See rasen. Tagsüber arbeiteten sie – Willy Wohlfahrt entwickelte eine lange Liste möglicher Mitarbeiter für die Stichworte –, aber Tee war obligatorisch; aus einer Kupferkanne mit elektrischer Leitung. «Hören Sie mal», sagte der Sonderling, «was immer auf der Welt passierte, ob Einmarsch in Frankreich oder Stalingrad oder Invasion in der Normandie: um fünf Uhr gab's bei Willy Tee. Heute hat die Strippe wohl ihren kurzen Tag, was ist bloß mit dem Ding, ist ja ganz verheddert …» War er am ersten Tag von Bernds Besuch doch etwas nervös? Jedenfalls: Der schönste Teil der beiden Tage waren nach dem Tee aus dem Kupfersamowar, zu dem es scheußlich schmeckende alte Zimtplätzchen mit rosa Zuckerguß gab, die eineinhalb Saunastunden und das Hineinflitzen in den eisigen See, das Abrubbeln, abends Rührei und Glühwein und einen Bratapfel.

All das rollte jetzt durch Bernds Kopf, er saß allein im Abteil, wußte, daß er am nächsten Tag einen Bericht schreiben mußte; aber es waren so viele Knötchen in seinem Gedächtnis: eigentlich hatte er wunderbare, auch wunderliche Menschen kennengelernt, farbig, voller Risse und Sprünge und nie eine Erwartung bedienend, selbst der schiefe Kognakzwerg ganz offen für jeden neuen Eindruck. Bilder und Gerüche und Töne mischten sich in Bernds Hirn. Michou vom Starnberger See hatte müde, schräg stehende schwarze Augen und Willy trug einen roten Samtsmoking vorm Samowar. Das vermuffte D-Zugabteil roch nach Auberginen und der fettige, abgewetzte grün-graue Samt der Sitze schimmerte rot. Der Finanzbeamte hatte mit Bloody Mary gegurgelt. In der Sauna saß Dr. Wohltat mit einer lila Krawatte, die Brustwarzen kandierte Veilchen. Es war seine Stimme, die durch den Lautsprecher scholl, «Bahnhof Friedrichstraße. Lange werden Sie da nicht mehr bleiben. Endstation. Sie sind viel zu lebendig. Alles aussteigen. Für Sie ist die Welt da drüben zu eng. Zug endet hier.»

Am Zug stand Stephan.

Wolfgang Leszek lud ihn ein paar Tage später in den Club zum Mittagessen ein, vor sich wie eine Speisekarte Bernds Bericht. Bernd erzählte von dem letzten Gespräch im Verlag bei der Rückreise über Hamburg – wo er zur Verblüffung des Verlagsbuchhalters einen Rest von 80 Mark zurückgegeben hatte; Dr. Wohltat war inzwischen offenbar nach einem langen Telefonat mit dem Knuspermännlein ziemlich begeistert von dem Projekt. Nicht ohne Berechnung sagte Bernd zu seinem Chef, «er meinte, das könne man international verkaufen, er würde so, wie es jetzt konzipiert ist, mit ziemlicher Sicherheit Verlage in England, Frankreich und USA dafür interessieren können; ein solches Lexikon auf dem neuesten Stand der Forschung existiere nicht. Und Willy Wohlfahrts Idee, es mit in den Text eingeblockten kleinen Illustrationen anzureichern, hat ihn wohl endgültig überzeugt.»

«Du brauchst dich gar nicht wichtig zu machen, Alter», sagte ganz ungerührt schmunzelnd Wolfgang Leszek, «und da arrogant in deinem Salat herumzustochern. Ich weiß genau, Stephanie hat mir alles erzählt, daß du das Projekt gerettet hast. Dort. Aber hier – da muß ich es retten.»

«Aber Wolfgang», Bernd unterbrach ihn im Ton ihrer alten Vertraulichkeit, «du weißt so gut wie ich: dies wäre das erste große gesamtdeutsche wissenschaftliche Unternehmen, internationale gar. Entweder hier wird auf irgendwelchem kleinkariertem Kram von wegen nach Christus und Zeitrechnung und so insistiert – dann platzt es; oder wir arbeiten seriös, und Wohlfahrts Mitarbeiterliste ist ein Leporello der Archäologie-Elite – dann ist es eine kulturelle Tat und damit auch eine politische. Und eine ökonomische dazu. Wohltat denkt daran, den gesamten Druckauftrag in die DDR zu geben, mit den Klischees und allem. Ewig ist die Rede von Weltniveau – hier wäre es mal!»

«Agitier mich nicht, Söhnchen» – das klang liebevoll und drohend zugleich –, «ich weiß das alles mindestens so gut wie der Herr Hamburg-Reisende. Du bist mir einen Zacken zu kregel. Ich will dir mal was sagen: Was immer du an diesem ganzen Ding für Verdienste haben magst – gehören tut es uns, nicht dir. Und wenn du vielleicht» – Wolfgang Leszeks Herumfingern in einem zerknautschten Päckchen chinesischer Zigaretten, die nur hohe Funktionäre rauchten, zeigte Nervosität, «wenn du also vielleicht glaubst, mit deinem neuen Samtjackenbekannten das Projekt verwirklichen zu können, dann hast du dich geschnitten: Das werd ich höchst persönlich verhindern.»

Es war, als atme Bernds Haut anders, als skandiere er mit jedem Wort, jeder Körperbewegung anders – neue Töne. «Ach Mensch», hatte Schorschi gebrummelt; Helenchens Frikadellen mit Kohlrabigemüse hießen «Kehr-wieder-Boulette», und Bernd mochte nicht aufhören zu erzählen.

«Ach Mensch, weißt du, irgendwie warst du sehr weit weg. Glaubst du», fragte ihn der Freund ganz unvermittelt, «glaubst du, daß diese Menschen lieben können?» – «Etwas ist immer», hatte Bernd mit ihrem Lieblingssatz von Tucholsky geantwortet, diese drei kleinen Rätselworte, die für alles und nichts galten – ein Passepartoutschlüssel für sämtliche Türen; doch gingen sie nicht auf. «Irgendwie bist du aber sehr fasziniert von all dem Schnickschnack», Schorschis Stimme klang traurig, «du würdest mir sehr fehlen, Bernd.»

«Ihr habt ja alle eine Macke, was soll dieses Gerede denn?» Bernd wurde böse. «Ich verstehe nicht, was das soll – der Leszek droht mir, natürlich ‹unter Freunden›, und du verabschiedest mich bereits.» Er goß vor Erregung sein Bier so heftig ein, daß es überschäumte und unter die Glasplatte des Tisches lief. «Hör zu, mein Lieber», rief er aus der Küche, «wo ist denn das verdammte Handtuch? – ich will dir mal was sagen: ja, ich fand die Leute lächerlich und sympathisch zugleich, beängstigend auch in ihrer Verspieltheit, aber gleichzeitig beeindruckend, weil sie erstens sehr viel von der Sache verstehen, soweit ich das beurteilen kann; und weil sie zweitens offen, neugierig, zu vernünftigem Streit bereit sind. Es ist irgendwie anders – hier hat immer alles gleich Dekretcharakter – laß mich ausreden», fuhr er Schorschi an, der gar nichts gesagt hatte, aber seine Boulette nicht weiteraß, «unterbrich mich mal ausnahmsweise nicht. Hier, das habe ich nämlich extra für dich aufgehoben, davon verstehst du ja was, ich bin kein Literat – vielleicht kannst du mir das mal erklären, diesen ganzen Quatsch von Herrn Alexander Abusch mit dem Faust? Ich dachte immer, Hanns Eisler gehört zu uns, übrigens dieser Ernst Fischer aus Wien auch? Eisler hat doch wohl die Nationalhymne komponiert? Jetzt lese ich im ‹Neuen Deutschland›, sein Drama ‹Johann Faustus› sei ‹pessimistisch, volksfremd, auswegslos, antinational›. Das sind lauter Totschlagwörter, nicht Vokabeln einer Debatte. Ernst Fischer nennt den Text ‹Dichtung› – ich weiß übrigens gar nicht, ob es schon die Musik dazu gibt, Fischer sagt auch in seinem Aufsatz, das könnte werden, was uns fehlt, die deutsche Nationaloper – und nun hier im ‹Sonntag›, 17. Mai 1953, legt dieser Abusch los –»

«Aber Bernd, ich weiß gar nicht, was du willst, was hat denn Eislers Faust mit deinen Hamburger Samtpuppen und gezuckerten Stiefmütterchen oder was für Zeugs das war zu tun. Warum schreist du mich so an?»

«Ich schrei dich nicht an. Ich schrei uns an. Ich rege mich auf. Und ich will mich aufregen. Die in Hamburg sind eben nicht nur Samt und Seide, der Kerl hat mächtig was los im Kopf, von dem dürren alten Juden am Starnberger See zu schweigen; das sind Menschen, wo habe ich das neulich mal gelesen, ‹an den Rändern offen› – und bei uns ist immer ‹Klappe zu, Affe tot›. Diese unsägliche Kommandosprache, hör doch mal zu – das hat sehr wohl etwas zu tun mit diesem Unterschied; ich hab es extra aufgehoben: ‹Durch seinen hohen humanistischen Ideenflug wurde Faust ein großer positiver Held des klassischen deutschen Nationaldramas. Puschkin und Belinski verglichen Goethes Faust mit Homers Ilias. Hanns Eisler hat in seinem Textbuch den Versuch unternommen, von Goethes Faust zu abstrahieren, und er erhält von Ernst Fischer dafür ein besonderes Lob. Unter seiner formenden Hand verwandelt sich Faust in einen Renegaten, in einen negativen Helden. Auf diese Weise verschwindet das eigentliche faustische Element aus dem inneren Ringen des Faust. Doch selbst in der Durchführung seiner eigenen Idee hat es Eisler nicht, im Sinne einer echten deutschen Nationaloper, verstanden, die Bauernkämpfer in einprägsamen, kraftvollen Gestalten dem Renegaten entgegenzustellen. So wird aus Faust eine Zentralgestalt der deutschen Misere. Fischer geht noch weiter, indem er Faust als Renegaten verallgemeinert zur typischen Gestalt: Der deutsche Humanist als Renegat. In dieser Gestalt – so behauptet Fischer – tritt uns wahrhaft ein Grundphänomen der deutschen Misere, der deutschen Katastrophe entgegen.

Es hieße, eine wunderbare Gestalt des deutschen literarischen und geistigen Erbes, die dem Genius unseres Volkes Ruhm bei allen Völkern eingebracht hat, entseelen, verfälschen, vernichten, wollte man Faust in eine Zentralgestalt der deutschen Misere umwandeln.› Das ist doch das reine Papier? Wieso diese Angst vor der sogenannten deutschen Misere – die doch nicht zu leugnen ist?»

«Zuerst will ich dir mal sagen, daß Brecht den Eisler verteidigt hat, ihn ‹keineswegs eine Zerrfigur› nannte, und sein Stück eines, ‹dessen die deutsche Literatur sich nicht zu schämen braucht› –»

«Du, das ist mir vollkommen schnurz. Ewig dieser Brecht als Feuerwehr, das hängt mir auch schon zum Hals heraus. Das ist ja wie Hase und Igel – immer ist der einzige Brecht zur Verteidigung schon ‹allhier›. Wollen sie Barlach verbieten – Brecht interveniert. Wollen sie Eisler verbieten – Brecht interveniert. Es kann ja wohl nicht an einer Person hängen, oder wie?»

«Bist du so gereizt, weil du spürst, du hast unrecht?»

«Nein, weil ich spüre, daß ich den Boden unter den Füßen verliere. Entschuldige – mir ist es ziemlich ernst. Da hör noch mal diese Geschichtswissenschaft auf dem Verordnungswege: ‹Als im Zweiten Weltkrieg die notwendige deutsche Selbstkritik sich gegen den historischen Irrweg unserer Nation richten mußte, wandten wir uns sofort auch gegen die einseitig entstellte Darstellung: die deutsche Geschichte sei eine Geschichte der deutschen Misere, in ihrem Ablauf nur ein einziger reaktionärer Vorgang, der zu Hitlers Diktatur als seiner unabwendbaren Folge geführt habe. Es ging auch damals schon um den Nachweis: Die deutsche Geschichte, wenn sie auch unglücklicher verlief, war – wie die Geschichte jedes anderen Volkes – ein ständiger Kampf zwischen den Kräften des Fortschritts und der Reaktion, also eine Geschichte des Kampfes gegen die Misere. Der Widerspruch zwischen Ernst Fischer und Friedrich Engels kommt aus Fischers Unterschätzung der Vielseitigkeit und der Größe der humanistischen Traditionen im deutschen Volk.›

Das ist doch Stuß und Blech zusammen. Das tut ja am Zahnfleisch weh ...»

«Wieso eigentlich?» Jetzt unterbrach Schorschi ihn, es war dunkel geworden, Bernd saß am Schreibtisch und hatte die Lampe angeknipst, vor sich die herausgerissenen Zeitungsseiten, und Schorschi kauerte auf dem Sofa, die Ärmel des ausgeleierten Pullovers hochgekrempelt. «Ich versteh dich nicht. Du rufst nach Debatte – und hier ist doch eine. Diesen Abusch mag man ja vielleicht keinen begnadeten Stilisten nennen, aber deswegen muß ja nicht jedes seiner plumpen Worte falsch sein?»

«Aber Schorschi, du hast mich gefragt, was der Faust mit

meiner Hamburg-Reise zu tun hat. Begreifst du denn nicht: es geht nicht um ein Faustbuch, das ich nicht gelesen habe und vielleicht gar nicht verstünde. Ich will auch überhaupt nicht recht haben, aber mich macht das vollkommen ratlos – es ist eben *keine* Debatte; wenn ein Artikel schon endet, ‹wir kommen zur Schlußfolgerung›, dann werden hier Apparatentscheidungen verkündet. Verzeih meine Oberlehrerei, aber hör dir doch diese letzten Sätze noch mal an: ‹Wir kommen zur Schlußfolgerung: Eine Faust-Oper kann zu einer deutschen Nationaloper nur werden, wenn sie, auch in einer Verbindung mit dem Zeitalter des Großen deutschen Bauernkrieges, es versteht, Faust als die geistige Heldenfigur des leidenschaftlichen Kampfes gegen die deutsche Misere und zugleich für eine allseitige Erkenntnis der Welt darzustellen.›

Und dazu, mein Lieber, will ich dir zweierlei sagen. Erstens ist das übrigens sehr aufwendig gedruckte Buch bereits zurückgezogen worden. Eisler hat die Arbeit an der Partitur abgebrochen und geht zurück nach Wien, er ist ja, Glück hat er, Österreicher. Und zweitens: weil ich so ein ‹kann nur werden wenn› nie mehr hören wollte, bin ich hier –»

«Ja, das frage ich mich immer mehr, Bernd, warum eigentlich? Du quengelst und meckerst und schwärmst nun auch von solch einem scheißreichen Westverleger mit gelber Krawatte und gebratener Petersilie – dann brat dich da doch selber. Ich kann das alles nicht so furchtbar konsequent finden, sondern nur dumm. Ich rede nicht von so einem Abusch, der ist mir schnurzpiep. Aber du selber erzählst vom ‹Kopf› dieses gelbseidenen Archäologie-Verlags – der sitzt aber nicht in Seide, sondern in einer Hütte. Merkst du denn nicht, wie du mit deinem Erzählen ein ganzes System charakterisierst? Ein Abusch ist nicht *unser* System hier. Aber ich, zum Beispiel, bin es: ich könnte dort nicht studieren. Komm mir jetzt nicht mit irgendeinem ‹Vom-Tellerwäscher-zum-Millionär›-Geschichtchen; mag's ja geben. Nur: Ich als Klasse könnte dort nicht studieren, vielleicht als Ausnahme. Und säße dann, wenn ich Glück hätte, in so einem Knusperhäuschen. Das hat doch alles auch etwas Verächtliches – ich meine Verachtendes – in allem Geglitzer? Bei uns glitzert es nicht. Aber verachten tun sie Menschen hier nicht, bei aller Rücksichtslosigkeit und ungerechten Abkanzelei. Wenn du das nicht verstehst – Mensch, was willst du eigentlich hier?»

«Das kann ich dir genau sagen. Du hast mich ja wieder mal nicht ausreden lassen, mein ‹zweitens› war noch nicht zu Ende. Genau deswegen nämlich bin ich hier – weil ich es leid war, ständig gezinkte Karten im Fächer zu sehen. Ich hatte es bis hierher, die Nase gestrichen voll, mich anekeln zu lassen, wenn ich zum Beispiel auf meinem feinen Westgymnasium im Deutschunterricht fragte, ob es stimmt, daß Martin Heidegger vor jeder seiner Vorlesungen die Hand zum Hitlergruß gehoben habe, ob es stimmt, daß er in einer Logik-Vorlesung gesagt hat ‹Die Logik ist natürlich das richtige Denken konkreter Menschen. Auch in die Logik kann man die Gestalt des Führers hineinbringen.›»

Der kleine Raum war blau vor Rauch, die kalten Buletten lagen in einem gelblichen Fettrand und das Bier hatte blasige graue Kringel auf der schwarzen Glasplatte des Nierentischs gezogen. Außer der Schreibtischlampe brannte kein Licht im Zimmer, die Figuren des Hieronymus Bosch grinsten und bleckten sich in ihr farbenprächtig verdämmerndes «Fegefeuer» zurück. Schorschi hatte die Tür zu dem winzigen Balkon geöffnet, Luft und der ferne Lärm der Friedrichstraße fielen über ihr Schweigen, zwei Ringende, zwei Liebende nach dem Kampf. Regen fegte herein, wusch Schorschis Gesicht. Bernd trat hinter ihn, legte den Arm um ihn und sagte ganz leise, «Ich hab Angst, brauch auch Hilfe, fühle mich weich und hart, beides auf einmal. Komm, ich hab noch eine

Flasche bulgarischen Kognak versteckt – hör mir noch ein bißchen zu, damit du weißt, was mich quält; vielleicht meine eigene Unnachgiebigkeit. Mir hat Yvonne mal gesagt, ich werde noch an meiner eigenen Konsequenz zerbrechen. Ob sie recht hat?»

Sie saßen jetzt auf dem Sofa, tranken aus Bernds geliebten Rauchglasgläsern den ölig-süßlichen Kognak, es war inzwischen ganz finster geworden.

«Du weißt ja, Schorschi», fing Bernd an, «ich war da im Westen in der FDJ und so eine komische Art Kulturmops, dadurch nahm ich gelegentlich an einem RIAS-Schülerparlament teil, bis ich 1950 hierher zog. Und dieser verdammte Abusch-Ton erinnert mich an eine Debatte dort, die eben auch keine Debatte blieb, sondern eine Austreibung wurde; vielleicht zum Schluß sogar meine. Der Streit ging um gegenständliche und abstrakte Kunst. Die begann ihren Siegeszug und wurde als Zeichen der Zeit gegen so unmoderne Künstler wie Karl Hofer ausgespielt. Du erinnerst dich – ich hab dir neulich mal diese große Mappe mit Kriegs-, ich meine: Antikriegszeichnungen gezeigt, die ich mir in der Buchhandlung erstanden habe. Du fandest das großartig und beeindruckend. Aber im sich sehr international, kosmopolitisch und avantgardistisch gebenden Westen fand man das ‹zurückgeblieben›. Gerade jetzt erzählt man sich bei uns im Institut, einer der westlichen Wortführer der abstrakten Kunst gäbe demnächst eine große ‹Geschichte der Kunst im 20. Jahrhundert› heraus, die auf dem Kommando ‹Man malt nicht mehr gegenständlich› gründet. Ich will dich hier nicht mit irgendeinem ‹Pro-Klee› oder ‹Anti-Nay› langweilen, du kennst diese Bilder und Maler ja auch nicht. Aber ich will dir damit sagen: für mich war die Art, wie diese Diskussion in Verurteilungs- und Abstrafvokabular geführt wurde, geradezu faschistisch. Es hat mich auch gar nicht gewundert, daß ein Mann wie Hofer, immerhin Direktor der Westberliner Kunsthochschule, dieses Wort in seiner Empörung benutzt hat. Mir erzählten Kommilitonen, die dorthin Kontakte haben, daß er nicht nur lustig von der ‹Marmortante aus Milo› gesprochen, sondern daß er auch das ex-cathedra-Gehabe einiger Kritikerpäpste mit dem Nazistaat, Gauleitersprüchen und Goebbels verglichen habe. Es war – und ist wohl noch – ein wahres Kesseltreiben, voll widerlicher Infamie und Kopf-ab-Kommandos.

Das war's, was mich im Westen ankotzte. Das ist meine Antwort auf die Frage, warum ich überhaupt hier bin. Aber wenn das hier, andersrum, genauso abläuft? Bin ich dann hier, um hier schweigend zu akzeptieren, was ich dort strikt abgelehnt habe? Glaubst du, ich kann das nur komisch finden, wenn ich jetzt erfahre – aber keineswegs öffentlich und von ihm selber erwähnt, geschweige denn eingestanden –, daß Fritz Cremer, der DDR- und Antifaschismus-Bildhauer par excellence, 1937 den ‹Preußischen Staatspreis für Bildhauerei› und noch 1942, aus wessen Händen eigentlich, den ‹Rodinpreis› entgegennahm?»

Stephan hatte ihm am Bahnhof ein kleines Kuvert in die Hand gedrückt: «Mein Willkommensgruß – aber nicht jetzt aufmachen.» Es war eine Fahrkarte – nach Weimar. «Du lieber Gott», in Bernds Freude mischte sich Zögern, als sie nebeneinanderlagen, Stephan war Bernds bergende Muschel nach so schlingernder Fahrt auf hoher See. «Wie ich das alles schaffen soll, Uni, Institut, nun gleich wieder eine Reise, das weiß ich wirklich nicht. Aber ich freue mich riesig, bin auch ziemlich ausgefranst von dieser Westexkursion. Versprich mir, Stephan: Wir wollen uns auf dieser Reise nicht streiten.»

Zehn Tage später, wieder Bahnhof Friedrichstraße, ging es los. Die erste Überraschung war ein Gongschlag – Bernd hatte noch nie einen Speisewagen gesehen. Es war dort sogar ein

Tisch reserviert, und Bernd genoß jede winzige Einzelheit: die kleinen festgeschraubten Lämpchen mit gefältelten gelben Schirmchen aus Plastik; die innen mit Filz gefütterten Ringe, die man herunterklappen konnte, um eine Wein- oder Bierflasche hineinzustellen; das stumpf gewienerte Mahagoni der Wände; die vom vielen Spülen glanzlos gewordenen Suppentassen aus dickem Porzellan, der Aufdruck Mitropa blaßblau ausgewaschen; die speckig glänzenden Anzüge und brettsteif gebügelten weißen Hemden der Kellner, die «Haben der Herr schon gewählt» und «Bitte sehr, der Herr» sagten – und auf der Schulter aufgenäht ein Emblem «Deutsche Reichsbahn» trugen. Ein deutsches Reich gab es nicht mehr, nur noch diese rollenden Reste. «Weißt du», sagte Bernd gelöst und glücklich, «wir trinken die ganze Reise nur immer diesen Tokayerwein, ja?» – «Wenn es ihn gibt.» Auch Stephan freute sich, aber einmalig, erstmalig war es nur für Bernd. Er nahm alles in sich auf, eine tausendfach vergrößerte Kamera mit Gehör und Geruchssinn – den eigenartig aus Essig und Bohnerwachs gemischten Geruch des schäbig-eleganten Hotels «Elephant» in Weimar oder die steife Muffigkeit in einem Lokal, für das man Stephan gesonderte Marken gegeben hatte, es war üblicherweise reserviert für Funktionäre der in Weimar sehr starken CDU und von der ziemlich nonchalanten Eleganz des Berliner Bonzenclubs war es weit entfernt: fleischlose Rippchen, Rübengemüse, pappig-grünglasige Klöße und Apfelkompott in kleinen Preßglasschüsselchen. «Unseren Tokayer kriegen wir hier wohl kaum», spottete Bernd über sich selber; aber er war so vergnügt – schon im D-Zugabteil hatte eine freundliche alte Dame zu Stephan gesagt, «Wissen Sie, ich finde es ganz reizend, wie ungewöhnlich freundlich, geradezu liebevoll Ihr Sohn mit Ihnen umgeht; ich gratuliere dem Herrn Papa.»

Bernd hatte nicht nur noch nie einen Speisewagen von innen gesehen, sondern auch noch nie die Provinz. Ihm schienen die kleinen Orte im Lächellicht des späten Frühjahrs geruhsamer. Hatte das blutig zerfetzte Berlin mehr Schaden genommen? Konnten Schuld und Versagen dosiert sein, gleichsam zählbar nach Einwohnern? Entsprach auch das Verbrechen dem Spielzeugformat der Häuser und Plätze? Hatten die Menschen kleinere Seelen hier? Aber da lag doch die Erinnerung an jenen Ort in der Luft, den Stephan so donnerndlaut verschwieg und mied, daß Bernd ihn nicht erwähnte: Buchenwald. Konnte es sein, daß kleiner sein auch hieß: kleinere Wunden, weniger Elend? Alles wirkte gemächlicher, intakter. Am zweiten Tag, Stephan mußte zu einer Bibliothekarskonferenz, war er allein losgebummelt, Goethes Gartenhaus zu inspizieren – beeindruckt von der nahezu ärmlichen Kargheit, nachdem er zuvor im Goethehaus erschrocken war über die scheußlichen Gipsskulpturen. Bisher hatte er immer geglaubt, Goethes Antikenbegriff hätte sich nur an Originalen gebildet; also auch dies «kleiner».

In Weimar war Stephan ein alter klappriger Ford gestellt worden, «Vater und Sohn» eng im Fond nebeneinander und an den noch kühlen Abenden vom Fahrer mit einer alten, piksigen Decke versorgt, deren abgewetztes Grau von falschen, rotbraunen, griechischen Mäandern durchzogen war. Die Fahrten in die Dämmerung hinein, ins Unbekannte, mochte Bernd besonders. Stephan hatte Wort gehalten und sich ein paar Tage «abgeknapst», wie er sagte; sie konnten die Hauptstraße verlassen und von Weimar in Richtung Erfurt durch winzige Dörfer fahren, die Hopfgarten hießen und Mönchenholzhausen, oder weiter auf Gotha zu Grabesleben und Tüttleben. Erfurt und Gotha waren die Vorwände, dort mußte Stephan jeweils einen Tag Verhandlungen führen und Bernd streunte allein durch die Städte, hungrig; auch hungrig auf die Nacht.

Stets landeten sie in einem kleinen, ungeheizten Gasthof,

mal hieß er «Zum Hirschen» und mal «Die alte Post», immer hing ein Messingschild in die Straße hinein und sahen die Betten so aus, als müßten sie unter den enorm gebauschten Federplumeaus zusammenbrechen; sie waren rauh und grau und klamm – und doch waren sie das Schwebepolster gegen die Welt. Hamburg samt Lexikon und SchorschiAbuschFaustHofer waren Lichtjahre weit weg. Diese Kleinwelt, die sie durchreisten, nahmen die beiden Männer nicht eigentlich wahr, sie blieb eine Fachwerk- und Kopfsteinkulisse für ihre sich immer neu schöpfende und erschöpfende und ineinander verzahnende Liebe. Sie waren sich ihr Kind.

«Du bist unersättlich, selbst im Pinkeln», hatte Stephan sich belustigt, als Bernd eines Nachts endlos ins Waschbekken schiffte und gegluckst über Bernds freche Antwort, «Du wirst gleich spüren, wie unersättlich ich bin, nicht nur beim Pinkeln». «Du bist unersättlich sogar im Träumen» – damit weckte ihn Stephan eines Nachmittags. Sie waren inzwischen schon nach Eisenach unterwegs, den Umweg in einem weiten Bogen nach Friedrichsroda hatte Bernd vorgeschlagen; sie wollten einen Zipfel vom Thüringer Wald sehen, den Wagen im Ort stehenlassen und einen vollen Tag zu Fuß wandern. Etwas Harzkäse, zwei hartgekochte Eier und ein halbes Brot, geklaut aus einem seiner «Vereinslokale», wie Bernd frotzelnd die örtlichen kümmerlichen Funktionärskarawansereien nannte, trug Stephan in einer Art Turnbeutel. In einem Nest namens Finsterbergen hatte Stephan eine Bäuerin mit einem Korb verschrumpelter Äpfel angesprochen und unter dem Vorwand der Frage, «Gehen wir hier richtig zum Großen Inselberg?» drei Äpfel geschnorrt. Irgendwo auf einer Wiese, die schräg zu einer Talmulde abfiel und den Blick freigab auf mischwaldbewachsene Höhenzüge hatten sie sich in die noch milchige Sonne gelegt. «Dritter-Klasse-Eier nannten wir die zu Hause», flachste Bernd, als er die beiden steinharten Dinger pellte, deren Eigelb einen grünen Rand hatte. «Die aßen die Leute immer auf Eisenbahnfahrten in der 3. Klasse.» Alles war ein großes Spiel, die mittägliche Frühlingswärme koste ihre Körper, eine weiche, pelzige, zärtliche Zunge. Er trank die Wolken leer. Bernd war hinterher eingeschlafen. Erst als Stephan ihm das verklebte Haar aus der Stirn strich, tauchte er langsam hoch und hörte ihn murmeln: «Du bist unersättlich sogar im Träumen.»

«Meine Güte, was war ich weit weg. Vollkommen irre – ich habe von Paris geträumt, es war die Zeit der Nazibesetzung und zugleich war ich ich, jetzt, von heute, verstehst du? Ein herrlich-grausiger Traum: Die Stadt, die ich ja gar nicht kenne, wo ich nie war und vielleicht nie sein werde – und da spaziere ich herum, mit Ostgeld in Cafés bezahlend, an deren Tischen Nazioffiziere sitzen. Im Ritz-Hotel – ob es wohl ein Ritz-Hotel in Paris gibt? – gingen parfümierte Damen in Roben der dreißiger Jahre, mit kleinen orange geschminkten Mündern und Bubikopffrisuren eine weit schwingende Marmortreppe hinauf und stellten eine riesige Uhr, deren Zeiger farbige Wolken schnitten. Ich hörte eine der seidigen Führerbefiehlwirfolgendirfrauen sagen, ‹Sie sind hier immer zu laut. Überall. Auch in Warschau. Ich gehe immer eine halbe Stunde vor jeder Ansprache, die mein Mann hält, aufs Podium und stelle das Mikrophon leiser. Diese Völker sind alle zu laut.› Dieselbe Dame amüsierte sich mit ihren Freundinnen über mich, irgendwie saßen wir zusammen – ich verschlucke angeblich immer die Silbe ‹national›, wenn ich beteure, ich sei Sozialist, und, wie komisch, ich sagte immer, mein Chef ‹ist› jüdisch, wenn ich doch gewiß meinte, ‹war›. Und die ganze Zeit bewegte ich mich vollkommen frei, in einem Lasso aus Schulterriemen und Parfüm gefangen – den Frauen sah ich ins Gesicht, aber von den Männern nur die glänzenden schwarzen Schaftstiefel.»

Tief gesunken, spürte Bernd aus echo-weiter Ferne, wie Stephan ihn liebte und leise murmelte. «Ich glaich dich.» «Sagst du was zu mir», fragte er, sein Körper schlängelnd steile Begierde, doch sein Kopf zwischen kleinen blauen Glockenblumen, aus denen Maurice Chevalier sang zwischen platanenhohen Grashalmen, in denen die Tropfen der Champs-Élysées-Laternen leuchteten und schnurgerade marschierten die Ameisen in glänzenden schwarzen Schaftstiefeln. Er konnte nicht jiddisch, er kannte die altschöne Verschiebung dieser Sprache nicht, in der man «Ich liebe dich» als «Ich glaich dich» ausdrückte. Er war noch nie passiv in der Liebe gewesen, der riesige Uhrzeiger aus Ritzmarmor schnitt durch sein traumtrunkenes Hirn und seinen Körper, daran hingen flatternd die seidenen Bubikopfdämchen und fächerten sich mit Maikäferflügeln zu. Sie hatten alle Yvonnes Gesicht. Er lag auf der kleinen blauen Decke, als er benetzt zu sich kam. Ich liebe euch beide – der Gedanke wurde durchfahren wie ein Rauchring von Stephans Wort: «Du bist ich. Wo du bist, will ich sein.»

Bernd schrieb in Stephans weißlich verklebtes Brusthaar, mit dem Finger die Narbe entlang, «Wir sind unsere Spur».

Erst am letzten Tag ihrer Reise kam Bernds Reaktion, wild und schamlos. Sie waren nach Quedlinburg gefahren, einem Städtchen im nördlichen Harzvorland, Stephan wollte ihm unbedingt Klopstocks Geburtshaus zeigen und Bernd wollte ebenso unbedingt die romanische Stiftskirche St. Servatius sehen, in deren Krypta Heinrich I., der mehrere Reichstage in Quedlinburg abgehalten hatte, beerdigt liegt. Er wußte, daß es hier viel zu besichtigen gab, Teile einer alten Stadtmauer, Bürgerhäuser mit Renaissance- oder Barockfassaden. Stephan kannte Bernds Vorliebe für die Romanik, nicht ohne Absicht hatte er Quedlinburg als Abschluß der Reise gewählt. «Ich will dir noch etwas ganz Besonderes zeigen.» Wieder war es ein umständlicher Fußmarsch, bis sie außerhalb der Altstadt bei der romanischen Klosterkirche Sankt Wigberti anlangten. «Schau dir das an – diese dreischiffige karolingische Krypta aus dem 9. Jahrhundert, glaube ich, oder auch 10., ist vollkommen einmalig. Übrigens auch aus einem sehr anderen Grunde: der Herr Himmler hat selbst in solchen Domen, nicht hier, aber drüben, in St. Servatius, faschistische Weihespiele veranstaltet, Jahr für Jahr mit seinen blonden Elitehengsten ein Runenritual gefeiert, Mischung aus Germanenkult und Rassenorgie. Sie schreckten vor nichts zurück. Unter den Ottonen, im 10. und 11. Jahrhundert, war hier ja das Zentrum des Reiches. Als deren Erben, ‹Reichsverweser›, kam sich dieser Germanenabschaum wohl vor.»

Hinter einer Säule im Choreingang hatte Bernd sich verkrochen, hing unter den Pilzkapitellen in deren Schatten, eine aggressive Fledermaus im Dämmer, das ihn weckte, schärfte und lullte. Eine Welle aus Bösartigkeit und Traurigkeit, eine Gischt von Begehrlichkeit und Trotz schäumte über ihn. Sie warf ihn an das Ufer dieser Reise, schlug über ihm weg, in den Ohren sein Puls. Alle Bilder krachten in ihn hinein, tanzten durch die Säulen der Krypta, zwischen denen die Plumeauwolken segelten, durchschossen vom Hagel der hartgekochten Eier, die Fratzen der Kapitelle grinsten mit kleinen orange geschminkten Mündern aus Glockenblumen hervor. Bernd, ein rotschopfiges Fabeltier, Vogelgreif mit geflügelter Klaue und Schweif zwang Stephan in den rauhen Marmor hinein, ein Gift erfüllte ihn, das sich mischte aus Töten und Begehren Vernichten Verschlingen, die Narbe ein rotbrauner Mäander um die Säule gedreht, SS-Drache vom Schaft züngelnd in der brennenden Krypta.

Berlin erschlug ihn, ein gigantischer schwarzroter Stein, die kurze Woche ihrer Reise schwang nicht aus in ihm, zeitenewiger Ton eines dünnen Glases, das nicht ausklingen konnte. Bernd, auf dieser Reise eine rasende lohende Fackel, hatte sich mit rücksichtslosen Tatzen Fetzen vom Glück aus dem Himmel gerissen. Er fand vom Hexenritt nicht zurück in den Alltag.

Die Planke, auf die er sich rettete, hieß: Arbeit. Längst hatte er sein Dissertationsthema eingereicht, eine Untersuchung der minoischen Stuckreliefs. Aber für Mitte Juni war das entscheidende mündliche Vorexamen angesetzt, von dem dann alles weitere abhing. Sein Professor wußte, daß Bernd höchst unsicher war; die Arbeit entwickelte sich weg vom ursprünglichen Thema, sein Interesse verlagerte sich auf die Reliefs der Kleinkunst. Er hatte herausgefunden, daß die Frühgeschichte der Stuckreliefs und mögliche orientalische Vorbilder genauer zu klären waren, wenn er erst einmal an den besser überlieferten, figürlich verzierten Steingefäßen nachprüfte, wieweit ihre Qualität rechtfertigte, von einem kunstgeschichtlichen Eigenwert zu sprechen. Das war einerseits reizvoll, weil das fast unzerstörbare Material exaktere Untersuchungen zuließ – im Gegensatz zu den oft eingeschmolzenen oder weiterverarbeiteten Metallgefäßen. Andererseits begab er sich mitten in einen wissenschaftlichen Streit – wieweit nämlich Bildthemen der minoischen Kunst Kretas auch auf dem Festland vorkamen. Waren diese mykenischen Arbeiten eigenständig, gab es das minoisch-mykenische Relief wie den berühmten «Lilienprinz», auch die Becher von Vafio – oder waren gerade diese in jeder Untersuchung über die ägäische Kunst des 2. Jahrtausends hervorgehobenen Funde Importe aus Kreta, also Exemplare der minoischen Steingefäße?

Eine weithin anerkannte Publikation des Jahres 1915 behauptete das. Dieser Disput bot noch eine weitere Schwierigkeit, die Bernd bei der Abnahme der Arbeit, vor allem bei einer Publikation gewärtigen mußte: Nach seiner Erkenntnis handelte es sich um Produkte eines hochspezialisierten Kunsthandwerks, die man Werkstätten, wenn nicht Künstlergruppen oder gar einzelnen Künstlern zuschreiben konnte; das könnte übrigens die Unterschiede wie die Gemeinsamkeiten festländischer Keramik erklären. Aber genau das würde man ihm als unzulässige Individualisierung, als eine Form von frühgeschichtlichem «Subjektivismus» verübeln, und er mußte damit rechnen, bei der öffentlichen Verteidigung seiner Arbeit so attackiert zu werden, daß sie zurückgewiesen würde. Die Folgen wären unabsehbar, zumal für seine Arbeit am Institut.

Er hatte diesen knapp 50 Jahre zurückliegenden Aufsatz von K. Müller, «Frühmykenische Reliefs aus Kreta und vom griechischen Festland» als Thema für die mündliche Vorprüfung genannt. Sie war auf einen Mittwoch festgelegt worden. Heute, am Vortag, wollte er den ganzen Nachmittag noch einmal in der Bibliothek arbeiten, weil man die entlegenen und raren Zeitschriftenjahrgänge nicht ausleihen durfte. Es war Dienstag, der 16. Juni 1953. Mittags war Bernd mit Schorschi in der Mensa verabredet, der wollte seine Nervosität beruhigen. Es war ein strahlender Frühsommertag, sie bummelten Unter den Linden entlang, und Schorschi setzte ihn am Eingang der Universitätsbibliothek mit den Worten ab, «Es ist jetzt kurz nach drei. Mensch, Bernd, wenn du von vier bis acht noch büffelst und dich vollsaugst – du weißt dann mehr als der Professor, glaube mir.» Bernd ging zum Kiosk am Bahnhof Friedrichstraße, er hatte keine Zigaretten mehr. Da erblickte er eine Menschenschlange sich entlangwälzen, eine Demonstration. Aber sie sah anders aus als die üblichen formierten, organisierten Umzüge. Sie franste am Rande aus, es war schwer zu unterscheiden, ob die Menschen auf den Gehsteigen nur gafften oder dazugehörten. Der Zug wurde angeführt von Bauarbeitern, sie wirkten, als seien sie direkt von den Gerüsten, Kränen und Baggermaschinen heruntergestiegen – in Hemden, verschmierten Latzhosen, gestreiften Leinenjacken, auch ein paar Zimmerleute in weitschwingenden Samthosen mit Gurten, in denen ihr Handwerkszeug hing. Ein kalter, elektrischer Schlag durchfuhr Bernd, als er die roh und flüchtig geschmierten Transparente las, «Wir fordern Herabsetzung der Normen» oder «Räumt Euren Mist in Bonn jetzt aus – In Pankow säubern wir das Haus».

Das war eine echte, spontane, nicht reglementierte Demonstration! Hier gab es etwas, was es nicht gab. Im Hinterkopf tickte «Steingefäße aus Hagia Triada», «Schachtgräberepoche» und «die hosenartige Schurztracht bei den Kampfszenen verbietet die Zuordnung zu einer der Kunstzentren der Insel». Aber vor seinen Augen hingen Schilder mit «Wir wollen Walter Ulbricht hören» und seine Ohren hörten holprig skandierte Rufe «Fort mit Ulbricht und Adenauer – wir verhandeln nur mit Ollenhauer», und was er sah, waren Hosen und Schurz und Tracht in einer Kämpferszene, wie sie auf dieser Insel verboten war. «Es sind die Bauarbeiter von der Stalinallee», sagten Passanten, «die haben auch recht. Man hat ihnen die Normen um zehn Prozent erhöht, auf deutsch: den Lohn um zehn Prozent gekürzt. Sie dürfen schuften und kriegen nichts zu fressen, während die Bonzen in Autos rumfahren, Westzigaretten rauchen und an der Ostsee Ferien machen.»

Der Wurm schuppte sich. Viele der Arbeiter liefen zu den Gaffenden und erklärten, um was es ihnen ging, und viele der Zuschauer marschierten plötzlich, Aktentaschen und Einkaufsnetze in der Hand, mit, sogar Frauen mit Kinderwagen und Jugendliche auf Fahrrädern. Der Lindwurm schwoll an, der Kopf hatte schon die Linden überquert. «Wir ziehen zur Leipziger Straße, wir wollen Pieck und Grotewohl sprechen»; das Ende war nicht abzusehen.

Es wurde ein liederliches, unkonzentriertes Arbeiten für Bernd an dem mit grünem Filz bespannten Tisch im großen Lesesaal, vor ihm die rissigen alten Lederrücken der Zeitschriftenjahrgänge im Funzellicht der starren Messinglampe. «Minoische Blütezeit» und «Mykenische Übernahme von Knossos», «Akropolis», «Gournia», «Palaikastro» – Bernd las Worte, Namen, Buchstabenreihen, aber er nahm nichts auf. Er hatte sich zu dem Aufsatz von Müller noch die wichtigen Arbeiten von Snijder und Karo bestellt, aber die strittige Datierung der Fragmente mit den Bogenschützen war ihm jetzt gleichgültig. In seine Angst vor der morgigen Prüfung hatte sich die Aufregung über das Gesehene und Gehörte eingebrannt. «Dann eben nicht», murmelte er in dem schweigend-schummrigen Bücher-Hallenbad, «dann falle ich morgen eben durch. Ich muß jetzt auf die Straße.» Es war 19 Uhr.

Die Masse war unübersehbar geworden, mindestens zehntausend Menschen quollen aus den Seitenstraßen, fluteten zurück, ein Trupp – es hieß, es sei der «Kern», die Bauarbeiter vom Block 40 der Stalinallee – drängte zum Friedrichstadtpalast, der noch mit dem Transparent «Wir vertrauen unserer Regierung» geziert war. Dort wartete angeblich Walter Ulbricht, er wollte die Herabsetzung der Normen verkünden. Zu spät. Der Kopf des Wurms drehte sich, zu viele Menschen hatten gehört, daß etwas «in der Luft liege». Die Menge schob und drängte zum Regierungsviertel, dem alten «Reichsluftfahrtministerium» des Hermann Göring. Zwischen Rufen «Links schwenkt, Marsch» und «Der ganze Haufe nach rechts» und «Wo ist Grotewohl» hangelte sich Bernd hindurch. Als er an einer ramponierten Telefonzelle angespült wurde, umlagert von Arbeitern, die ihre Münzgroschen in der Hand hatten, bündelten sich seine Angst vor dem Examen und der Neugierschreck dieses Spätnachmittags in einen Wunsch: Yvonne. Sie war auch sofort am Apparat – sehr fern. Ernst nahm sie nur sein Examen morgen, er verstand auch in dem Lärm nur Wortfetzen, von einer Dampferfahrt der Bauarbeiter am 15. Juni war die Rede – «Aber was redest du denn jetzt von Dampferfahrten», «So hör doch zu, da wurde schon die Arbeitsniederlegung beschlossen», «Das hier ist eine Riesensache, keine Dampferfahrt, Yvonne, hör doch du mir zu ...» – «Nein, nein, es ist alles schon geregelt, die Regierung hat ja die Bauarbeiter eingeladen zu einer Demonstration», «Doch nicht zu der hier, das ist etwas ganz anderes» – ein gestreifter Riese schlug Bernd seinen Rettungsring aus der Hand, drückte mit seiner Pranke die Telefongabel herunter, «Nu is jennuch jesabbelt, Männecken, mit deine Biene, ick muß ooch ma, wa?» Bernd, ein losgerissenes Holz, trieb davon, strudelte unter, Yvonnes Stimme schlug in seinem Ohr, zugleich dachte er an Stephan, hörte wütendes Geschrei, «Nein, keine Sekretärin von Walter Ulbricht – ihn selber wollen wir sprechen».

Aus dem abweisend-verschlossenen, mächtigen grauen Regierungsgebäude, das noch immer die Einschußnarben der Schlacht um Berlin in der Fassade trug, war eine zierliche Frau getreten – eine Staatssekretärin Walther, wie sich später herausstellte, was die Arbeiter als Sekretärin von Walter Ulbricht verstanden hatten. Lauter zähe, dumpfe kleine Explosionen platzten in Bernds Kopf, das Wort Karlshorst klang in ihm anders, freundlich, roch nach Pfeifentabak; aber die Terrakottafiguren marschierten hier lärmend umher. Als schließlich ein Minister – «das ist doch der Fritze Selbmann, hört dem mal zu, das war doch selber ein Kumpel, der hat zwölf Jahre KZ auf dem Buckel» – neben einem hastig vor die sich von innen schließende schwere Stahltür gestellten Tisch stand, ein wackliges, altes Büromöbel aus gelblichbraunem Holz, das umzukippen drohte, als der schwergewichtige, unbeholfene Mann mit seiner dicken Brille vor den kurzsichtigen Augen hinaufzuklettern suchte, grotesk in seinem verbissenen Mut, eine tapfere, krabbelnde Kröte im grauen Fischgräten-Funktionärsanzug, die Jacke mit dem trotzig blinkenden Parteiabzeichen verrutscht, die Sockenhalter aus den hochgerutschten Hosen spannend: da sah Bernd Curt Bois vor sich, der turnte vor seinen Augen als Puntila auf Tisch und Stuhl, das war etwa drei Jahre her, da hatte der am Deutschen Theater mit Erwin Geschonnek als Matti diese Brecht-Parabel von Herr und Knecht körperlich gemacht.

Ein Minister als Herr Puntila – und viele, viele Knechte Matti. Der auf seinem Tisch schwankende Minister Fritz Puntila, der sich mit einem großen karierten Tuch den Schweiß von der Stirn und der beschlagenen Brille wischte, den Kragen mit der ganz dünnen Krawatte, ein gelockerter Strick, sprach zu seinen tausendköpfigen Mattis: Der Ministerrat habe die administrative Normenerhöhung zurückgenommen, «weil sie ein Fehler gewesen sei». Doch als hätten sie alle in dem Theater in der Schumannstraße die Inszenierung von Bertolt Brecht und Erich Engel gesehen und eine Lehre begriffen – die Knechte glaubten den Versprechungen nicht mehr. Behäbig-kräftig schob ein Matti im Bauarbeiterzeug den Minister vom Tisch und erklärte, es ginge gar nicht mehr um die Normen. Die Regierung müsse aus eben diesen Fehlern die Konsequenzen ziehen und zurücktreten. «Wir wollen auch nicht weiter warten. Wenn Grotewohl oder Ulbricht nicht innerhalb einer halben Stunde erscheinen, marschieren wir ab und erklären den Generalstreik.»

Bernd hatte allerlei Brecht-Inszenierungen gesehen, als der noch mit seinem Berliner Ensemble im Deutschen Theater gastierte; aber er hatte Schorschis und auch Stephans dramaturgische Erklärungen von leidenschaftslosem Interesse, von Distanz und Verfremdung nie kapiert. Die Weigel oder Ernst Busch oder die Hurwicz liebte er, das genügte ihm.

Jetzt stand er hier, es dunkelte allmählich, in dieser Menge dreckiger, schwitzender, stinkender Männer, die mutig waren aus Angst und schlau aus Zorn. Er hatte Brecht nicht verstanden, aber plötzlich begriffen: Beobachter in erregter Kühle. Vor einiger Zeit hatte ihm im Westen ein angeblicher Journalist mit Schweizer Paß, in Wahrheit einer der größten Schwarzmarktschieber Berlins, protzend seine handgenähten Schuhe gezeigt, «der Trick ist, sie haben Ledersohlen, comme il faut. Aber zwischen beiden Ledersohlen ist, fast unsichtbar, eine Gummisohle eingenäht. Das ist eben Barsani, man behält immer trockene Füße, haha.» Brecht trug wohl sein Leben lang Barsani-Schuhe, tickerte es bei Bernd. Auf solchen Sohlen, sein Hirn glühend wie Eis, ging Bernd sehr langsam zum S-Bahnhof Friedrichstraße. Ein von den Arbeitern eroberter Lautsprecherwagen fuhr ziellos umher. «Morgen ist Generalstreik», quäkte der, «wir versammeln uns am 17. Juni auf dem Straußberger Platz». Auf dem Bahnhof, als führe er zum erstenmal S-Bahn, sah Bernd eine große, altmodische Personenwaage der Sielaff-Actien-Gesellschaft. Unter einem erblindeten Spiegel und dem Münzschlitz war ein Emailleschild eingelassen, zwischen dessen abgeplatzten «Augen» er entziffern konnte:

«Oftmals sich wiegen
und danach leben
wird Dir lange Gesundheit geben.»

Am nächsten Morgen um 6 Uhr weckte ihn Schorschi. Deutlich in Panik flüsterte er am Telefon, «Du, ich bin bei Schweinchen-Gerda, du weißt, die wohnt doch in Grünau – da geht die Hauptautostraße aus der DDR genau am Haus vorbei. Seit einer Stunde rollen hier in Massen russische Panzer vorbei, nach Berlin rein; ich muß jetzt Schluß machen, Tschüs, Schweinchen will nuckeln, mein Lieber – und vor dem Examen mußt du wohl für heute keine Angst mehr haben. Wenn die S-Bahn noch fährt – es heißt, die streiken auch –, komme ich nachher in die Stadt.»

Sie war ein Hexenkessel. Ein angstvoll explodierendes Volksfest. Fremde Menschen fielen sich um den Hals, jeder erzählte jedem die neuesten Nachrichten, die Familien von Regierungs- und ZK-Mitgliedern seien im Schutze von drei Sowjetpanzern nach Mecklenburg geflohen; Frau Hanna Grotewohl sei bereits im Ostseebad Kühlungsborn eingetroffen; die gesamte SED-Bezirksleitung Halle sei in sechs BMW-Limousinen getürmt; streikende Arbeiter der Leuna-Werke «Walter Ulbricht» rasten über die regennassen Chausseen in beschlagnahmten Lkws auf Halle zu, flankiert von Kumpels der Grube Armendorf in requirierten Alarmwagen der Volkspolizei mit Blaulicht; Genosse Potruba, Abteilungsleiter des SSD Halle, sei auf einem Scheunenboden der Produktionsgenossenschaft in Gerbstedt gefunden worden. Aber niemand wußte etwas Genaues. Bernd hatte mehrere Male laut gesagt, «Die Russen kommen. Panzer. Sie rollen seit heute früh um fünf Uhr durch Grünau» – aber die Menschen starrten ihn nur an, ungläubig, feindselig. «Der spinnt. Keine Panikmache. Das trauen die sich nicht.» Das Stadtzentrum war ein schwarzes, wogendes Menschenmeer, Demonstranten von Gaffern nicht zu unterscheiden.

Als Bernd um 9 Uhr vormittags im Seminar eintraf, trug niemand mehr das Parteiabzeichen. Die jungen FDJ- oder SED-Funktionäre flitzten zwar von einem Sitzungszimmer ins andere, es hieß, «ein Seminarschutz gegen den Klassenfeind» solle gebildet werden – aber vor dem hatten sie sich sicherheitshalber unkenntlich gemacht und den kleinen silbernen Händedruck auf blau lackierter Emaille in der Rocktasche verschwinden lassen. «Widerlich», dachte Bernd, «was für miese Typen. Lauter kleine Verräter – wie ihre Väter, die im Mai 1945 rasch das runde weiße Feld mit dem schwarzen Hakenkreuz heraustrennten: da wehten dann lauter rote Fahnen aus den Fenstern.»

Um 11 Uhr sollte das Examen stattfinden. Er ging in das Büro des Seminarleiters, die mit aufgeplatzten schwarzen Plastikkaros gepolsterte Tür stand offen und durch die «archäologische Steppdecke», wie sie diese Tür zum Vorzimmer getauft hatten, kam die stets brummelige, wenn auch freundliche Stimme seines Prüfers. «Das Examen fällt wohl aus, heute, nehme ich an», hatte Bernd die Sekretärin gefragt. «Aber wie kommen Sie auf die Idee», sagte der hünenhaft gebaute alte Mann von nebenan. «Wieso sollen wir eine akademische Prüfung ausfallen lassen, weil auf der Straße Rabatz gemacht wird? Nein, lieber Herr Walther – kommen Sie gleich rein, rauchen dürfen Sie hier übrigens ganz ungeniert, rauch selber, ganz im Gegenteil – ich habe mich nämlich auf den Streit mit Ihnen vorbereitet. Also beginnen wir mal mit der Kontroverse zwischen Brunn und Riegel, Sie wissen ja, wegen der goldenen Reliefbecher aus Vafio ...» Mit einer verärgert-belästigten Geste schloß der Professor die beiden hohen Fenster, die von einem Seitenflügel der Universität direkt auf die Linden hinausgingen. Schüsse, das Rasseln von Panzerketten, ein in Wellen fortschwellender Schrei von Menschen war in den großen, stets stillen Raum mit Büchern, Fotos von Grabungen und einem Ölbild von Sir Arthur Evans gedrungen. Ein russischer Panzer hatte zwei junge Arbeiter plattgewalzt – erfuhr Bernd am frühen Nachmittag. Da hatte er ein zweistündiges Rigorosum hinter sich – die mächtigen Doppelfenster mit zu kurzen, lappigen, verschossenen Vorhängen und die schwarz fusselnde Steppdeckentür ein Vlies gegen jegliches Eindringen von Welt. Bernd hatte die gespenstische Situation komisch, fürchterlich und auch schön gefunden: dieser über Sechzigjährige war ein Besessener, ihn interessierte nicht das Heute, sondern das Einst, er war so berühmt für seine nie gebundenen Schnürsenkel wie für seine eigenwillige Prüfungsmethode; er fragte nämlich nicht ab, sondern diskutierte. Und es zählte nicht, wer recht behielt – «Wissen Sie, wir bewegen uns ja auf recht ungesichertem Boden» war eine seiner häufig bewitzelten Sentenzen –, sondern wer die Debatte so kenntnis- wie temperamentvoll bestreiten konnte. So monologisch-perfekt seine Vorlesungen waren, die einzigen, die Bernd immer gehört hatte, auch wenn sie auf ihn wirkten, als läse jemand ein bereits gedrucktes Buch vor – so streitlustig waren seine Prüfungsdiskurse. «Na», es schien, als sei er enttäuscht, abbrechen zu müssen, als er schließlich seine längst ausgegangene Zigarre zerdrückte, «überzeugt haben Sie mich nicht – außer von Ihrer Kenntnis und Leidenschaft. Es bleibt mir wohl nichts, als Ihnen eine Eins zu geben. Und übrigens, ich wohne auch in Westberlin – Sie werden gewiß jetzt nach Hause fahren. Ob Sie bitte meine Frau anrufen könnten, hier sei alles in Ordnung, sie soll sich nicht beunruhigen, wenn ich später komme, ich habe nach Tisch noch eine Kollegiumssitzung, die kann ich unmöglich ausfallen lassen.»

Bernd war es peinlich, wegen dieses kleinen «auch» seinen Lehrer korrigieren zu müssen. Er war erleichtert über die umschiffte Examensklippe und wollte sich ohnehin jetzt in den «Rabatz der Straße» stürzen. «Mach ich gerne», sagte er, «und danke». Er wußte seine Promotion nun gesichert – und zugleich, daß nichts anderes mehr sicher war. «Deine komischen Scherben», pflegte ihn Schorschi aufzuziehen, wenn er wieder Nächte beim Rekonstruieren der Ritzung eines Vasenfragments verbracht hatte, ausgerauchte Kippen ringsum. Als er jetzt, zwei Stunden lang waren abgeschirmt von Lärm und Licht seine minoischen Reliefs rekonstruiert worden, das Universitätsgebäude verließ, schossen dem neugebackenen Archäologen russische Panzer Salut. Auf sie getürmt lagen auch Scherben. Es waren Steine. Menschen hatten sie geworfen.

Er schwamm durch die Strudel eines erregten Menschenmeeres; nach Westberlin wollte er, nicht nur, um sein Versprechen einzulösen, sondern auch, um Radionachrichten zu hören. Von einer Telefonzelle aus hatte er vergebens versucht, Stephan oder Yvonne zu erreichen. Ins Archäologische Institut mochte er nicht gehen, eine panische Nervosität, seltsam untermischt mit dem Hochgefühl der Eins im Examen hielt ihn davon ab. Die S-Bahn fuhr nicht mehr, aber im U-Bahnhof Stadtmitte erwischte er noch einen Kurzzug in Richtung Westen. So fuhr er nach Tempelhof, wo sich eine befreundete Familie im Souterrain eines ehemals bürgerlich-eleganten Mietshauses mit einem Lichtpausengeschäft durchschlug; der kümmerliche Rest eines während des Flughafenbaus 1930 gegründeten und damals florierenden Unternehmens. Die «Fotoklitsche» hatte Bernd öfter für seine Arbeit benutzen dürfen, weil es in Ostberlin weder die Apparate noch das geeignete Spezialpapier gab. Die beiden ältlichen Schwestern, Tennisfanatikerinnen mit Bubikopf, Hosenanzügen und gelb-braunen Bernstein-Zigarettenspitzen kannte er noch aus seiner Schülerzeit. Sie setzten sofort Wasser für den geliebten Nescafé auf und Bernd hörte abwechselnd RIAS oder AFN.

In mehr als zweihundert Orten der gesamten DDR war der Aufstand losgebrochen, getragen von fast vierhunderttausend Menschen, in erster Linie Industriearbeiter. In Zentren wie Bitterfeld, Halle, Leipzig, Merseburg waren Großbetriebe – Leuna, Buna, Farbwerk Wolfen – nahezu geschlossen in Streik getreten, da dreiundzwanzigtausend, dort achtzehntausend oder zwölftausend Mann. Die Forderung nach besseren Arbeitsbedingungen war bereits überholt von der Forderung nach besserem Leben, mehr Freiheit, einem anderen Staat.

Gefängnisse waren gestürmt, SED- und Regierungsbüros verwüstet, Volkspolizisten verprügelt, einige offenbar auch getötet worden. RIAS meldete die ersten Toten, AFN berichtete von russischen Panzerspähwagen, die am Stadtrand von Halle rücksichtslos in die Menge hineingefahren wären. In einem Kastanienwäldchen seien drei von vielen wahllos Verhafteten standrechtlich erschossen worden. Die Intelligenz, so hieß es in den Radiosendungen übereinstimmend, habe sich nicht gegen das Regime erhoben. «Die Haltung der technischen Intelligenz», sagte ein Kommentator, «läßt sich am ehesten mit einer kalten Loyalität zur Regierung bezeichnen – Lohn für ihre mannigfachen Privilegien. Als Teil der materiell geförderten neuen Oberschicht hat sie sich zwar nicht aktiv für das Regime eingesetzt, ist aber meist unbeteiligt in ihren Räumen geblieben oder still nach Hause gegangen.» Bernd wurde angst. Das war mehr als ein Streik, war nicht mehr ein Buschfeuer, genährt von Unwillen, Hunger und Ungerechtigkeit. Das war ein Erdrutsch. Er drohte das Land zu verschütten, das er gewählt hatte, wo er liebte.

«Pumpt ihr mir eines von euren Fahrrädern? Die U-Bahn fährt ja auch nicht mehr, höre ich gerade. Ich muß sofort zurück.» – «Ja, also weißt du, an sich ja gerne, aber das eine ist gerade nicht in Ordnung, und das andere hat eben neue Reifen bekommen. Damit jetzt da rüber – wer weiß, was da passiert, vielleicht liegt ja auch alles schon voller Scherben und die schönen neuen Reifen. Und überhaupt, man weiß ja gar nicht was wird. Und dann sind wir das teure Rad los. Also normalerweise, du weißt, sonst an sich gerne, nur, du mußt verstehen ...»

Bernd verstand und ging. Die kleben an ihrem blöden Fahrrad – und bei uns riskieren die Menschen sonstwas, der Gedanke hatte ihn hell und wütend gemacht; jäh wußte er, wohin er gehörte. Es war ein tüchtiger Marsch den endlosen

Mehringdamm hinunter. Hinter der U-Bahn-Station Kochstraße schoben sich in dem Augenblick, in dem er nach Ostberlin hinüberpirschte, die scheußlichen Stahlungetüme mit dem roten Stern am Panzerturm zu einer graubraunen Metallmauer zusammen, knirschend, fauchend, rasselnd, die Rohre unheimlich geräuschlos reckend. Bernd schlängelte sich in letzter Sekunde zwischen zwei dieser gemächlich rollenden Biester hindurch, blieb mit einem Bein an einem Schutzblech hängen, das ihm lautlos das rechte Hosenbein des feinen Examensanzugs aufschlitzte, vom Knie bis zum Umschlag. Aus seiner Angst platzte Lachen. Aufgetrennt, aber zu Hause, eine Krawatte um, eine Eins im Examen – aber zu wem will ich eigentlich? Eben noch das geschäftige, normale Westberlin – und hier war er, spätnachmittags, im hitzigen Aufruhr.

Friedrichstraße, Leipziger Straße, selbst in kleinen Querstraßen wie Taubenstraße oder Dorotheenstraße brodelte es. Kein Schuß. Die Panzer hatten sich, eine stählerne Platte, auf die Stadt gelegt, und der Menschenteig quoll an ihrem Rand hervor. Viele Menschen weinten, fast alle schrien, jeder rief jedem etwas anderes zu, von Verhaftungen war die Rede, vom Sturz der Regierung, von der Rücknahme der Normen, die Amerikaner marschierten bereits auf Leipzig zu und Thüringen werde wieder westlich und an einer Ecke skandierte eine bunte Herde Jugendliche, «Ulbricht, Pieck und Grotewohl, daß euch alle der Teufel hol». Einige schwenkten rote Fetzen. Es waren keine blutigen Tücher. Es waren die zerrissenen Reste der roten Fahne, die sie vom Brandenburger Tor heruntergerissen hatten. Aber da hatten doch, nicht lange war es her, Rotarmisten eine andere Flagge heruntergeholt? Es waren nicht Gedanken, es waren flatternde Tumulte, die durch Bernds Kopf tosten – und er konnte noch nicht wissen, daß wenig später diese roten Fahnenfetzen als Trophäen die Büros Bonner Politiker schmücken würden und ein englischer Beamter spotten würde, «Bald werden so viel Fetzen von der heruntergeholten Fahne gezeigt werden wie Holzsplitter vom Kreuze Christi. Wenn man sie alle zusammennähte, hätte man ein solch großes Laken, daß man das ganze Bundeshaus darin einwickeln könnte. So finden alle großen Geschehnisse ihren kleinbürgerlichen Niederschlag.»

Während Bernd gebannt auf einen kleinen grauen Mann starrte, der inmitten eines schwappenden Kreises wütender Menschen diskutierte – «meine Güte, ist das nicht Brecht, der sieht ja aus wie Brecht, will der nach Barlach und Eisler nun das ganze Ding hier retten?» – sah er, wie ein Panzer geradezu spielerisch eine Telefonzelle zusammenfaltete, einen Zeitungskiosk plissierte und in die Menschenmassen hineinlenkte. «Ihr Schweine, verdammten, raus hier, haut ab, aufhören, aufhören» – war er das, der da schrie, aus salzigem Mund, Steine werfend, rasend um sich brüllend, die zerrissene Hose seine Fahne der tollgewordenen Not? Bernd kam zu sich, als ein dünner, bleicher Mann, im angewinkelten linken Arm wie in einer Schürze Pflastersteine, von denen er mit der rechten Hand markthaft sorgfältig wiegend welche auswählte, ihm ins Ohr schrie, «Ich auch, Kollege Walther, endlich stehen wir mal nebeneinander, ich habe es mir immer gedacht.»

Als habe einer der Steine ihn getroffen, stoppte Bernds Ausbruch. Der Kollege Grössner, ihm zugeordnet als Überwacher seines geliebten Lexikonprojekts. «Das ist doch ein Verräter», durchzuckte es ihn, «das geht doch alles nicht. Aber wer bin ich? Auch Verräter?»

Die Panzer schossen in die Luft, aus den Luken starrten die Schutzbrillenaugen der Rotarmisten, meist nur wenige Meter entfernt, in die rasende Menge. Ölgestank und Pulverschwaden senkten sich auf die Menschen, deren Worte von dem rasenden Rasseln der Panzerketten zerrissen wurden. «Im Institut gibt's übrigens eine Treppe zum Dach, ganz hinten am Gang im 5. Stock – nur, wenn mal was ist», hörte Bernd noch seinen Bewacher-Verräter schreien und verstand nicht, was der hustende, schwitzende, bleiche Mann meinte. Bis ihm einfiel: Vor kurzem hatte er gehört, wie die dicknasige, forsche Sekretärin von Stephanie beim Kaffeekochen ihrer Kollegin erzählte, ein Redakteur der im Nachbarhaus untergebrachten Abendzeitung habe sich so seiner Verhaftung entzogen: groteskerweise hatten die Staatssicherheitsbeamten sich von der Pförtnerloge angemeldet; aus dem Redaktionsgebäude wäre der Redakteur nicht mehr herausgekommen, und so sei er durch diesen Verbindungsgang über das Bodengeschoß des Archäologischen Instituts und dann – «janz jemütlich», hatte sie gesagt, aus dessen Haupteingang – «stante pede», zum U-Bahnhof Stadtmitte – «füa zwanzich Pfennich jetürmt, mia nischt, dia nischt, so wie er war.»

Bernd trieb, ein abgerissenes Blatt, durch den Sturm. Das Kaleidoskop seiner Ängste und seines Zorns drehte sich fiebernd in seinem Hirn; tanzende Farben, der beißende Geruch von heißem Stahl und ein nicht enden wollender Quellbrei von Geräuschen zerschlugen sein Gleichgewicht. Er hockte am Rinnstein, gegenüber den Resten des Hotels «Adlon», das rechte Bein stach vom Knie ab nackt aus der zerrissenen Hose, der Hemdenkragen blutig von zwei an Pflastersteinen aufgerissenen Fingernägeln und die Einser-Examenskrawatte vollgerotzt. Er wußte nicht, daß er weinte. Sein Kopf war ausgegossenes Silvesterblei, die Erschöpfung dieses langen Tages peitschte immer neue Figuren, Wutgestalten und Sehnsuchtsbilder durch die nicht zur Ruhe kommende Phantasie. Er fuhr aus dem Goldbecher von Vafio trinkend freihändig das Damenfahrrad den Mehringdamm hinunter durch Knossos nach Karlshorst. Yvonne. Er wollte zu Yvonne. Für sie war er hierhergekommen, zu ihr. Und nun fuhren die russischen

Panzer das kaputt. Er hatte sie beim Betrügen betrogen, und nun hatte er Steine auf die Rote Armee geworfen, doppelter Betrüger? Noch kürzlich hatte er bei Stephan diesen wunderlichen, plattfüßigen Mann kennengelernt, Leo Minthus aus Amsterdam; der hatte dort eines der berühmtesten internationalen Antiquariate und Stephan machte für sein Institut komplizierte Geschäfte mit ihm: für Hefte von Exilzeitschriften wie «Maß und Wert» und «Das Wort» oder für Exemplare des New Yorker Aurora-Verlags, die er in Devisen nicht bezahlen konnte, besorgte Stephan ihm aus den Bibliotheken von Weimar, Eisenach oder Leipzig Erstausgaben des 19. Jahrhunderts. An jenem Abend hatten sie ein solches legal-illegales Geschäft gefeiert und der hagere Leo mit der braungebrannten, zerknitterten Haut und weißer Löwenmähne hatte von seiner Befreiung aus dem KZ Sachsenhausen erzählt. «Es war ein wunderbarer Frühlingstag, als die ersten sowjetischen Panzer auftauchten. Wir hätten sie mit Primeln und Flieder, Veilchen und Goldregen überschütten mögen. Der Hof, um den unsere Baracken standen, war aber mit Steinen gepflastert.»

Die gleichen Panzer – andere Steine? Die gleichen Steine – andere Panzer? Bernd hatte sich ein Vaterland erstritten, eine Heimat erliebt, ein Zuhause erarbeitet, eine Geborgenheit erfickt. Er hatte diskutiert und gestreichelt und gelogen, von allem ein Stück: Sozialiststrichjungeträumer. Die Steinveilchenpanzer hatten in die Luft geschossen. Direkt in sein Luftschloß. Bernd war die deutsche Not.

Er floh. Nach Karlshorst. Dort wollte er sich bergen, bei Stephan. Er wünschte, unter die Felldecke und in ihn zu kriechen. Sein Nest.

Stephan saß im dunklen Zimmer, drohend wippten die bärtigen Fichtenmänner vor den Tintenvierecken der Fenster. Es war nur das schmatzende Glimmen der Pfeife zu sehen, ein Bernsteinlichtspritzer des Kognakglases. Sie standen beide im Watt, saugendes Wasser spülte ihnen die Füße immer tiefer in den Sand. Sie trieben unaufhaltsam auseinander. Jeder kannte des anderen Nervenschwingungen: Stephan hatte ihn schreien gehört, hatte ihn Steine werfen sehen. Bernd hatte ihn beobachtet, wie er im Funktionärs-BMW Autoradio hörte.

Die Nacht graute in den Morgen hinein, als Bernd im «Schloß» ankam. Es war ein Totenverlies. Die Philodendronpflanze hatte ihre Blätter zu höhnischem Grinsen gefaltet, der kalte Kachelofen ein riesiger Pflasterstein, das Bücherbord bleckte seine Zahnreihen. Er rief Yvonne an – die so prompt am Telefon war, als sei es nicht 4 Uhr morgens. «Ich weiß, was du sagen willst. Sag's nicht, bitte. Du machst alles viel schlimmer, auch für dich. Wollen wir uns sehen, morgen, übermorgen?» Bernd spürte das Liebevolle, aber auch etwas Klebriges. Sie hatten eine politische Liebe gelebt, und eins nach dem anderen ging kaputt. Kitten, das war Bernd fremd. «Du wirst einmal an deiner Konsequenz zerbrechen», hatte sie ihm vor Jahren schon gesagt, «das Leben der Menschen ist nicht konsequent.» – «Gut, morgen, ja? Rufst du mich noch mal an? Übrigens habe ich gestern mein Vorexamen gemacht. Mit Eins.» Es war Stephan, der am nächsten Abend anrief. «Vielleicht sollten wir doch miteinander reden, Bernd? Ich komme übermorgen gegen acht Uhr zum Abendbrot.»

Gegessen wurde nichts. Bernds Attacke war schneidend-verzweifelt. «Hilf mir doch, Stephan, was soll denn nur werden – mit mir, mit dir, mit uns, mit allem hier? Mir ist, als habe ich Asche im Mund. Sie verhaften die Menschen zu Hunderten, erzählt man sich, sie haben welche in Kellern totgeschlagen, die Funktionärsrache ihrer zweitägigen Angst rast durch das Land. Ich will doch hier arbeiten, etwas aufbauen, leben – mit *dir* leben. Aber wie geht das bloß? Das Unrecht tritt unsere Liebe aus, vergiftet den Mut dazu» – es brach aus Bernd heraus, ohne Halt, ohne Kontur, ohne Ordnung. «Stephan, Lieber, du bist für mich doch mehr als eine Person, verstehst du nicht, du bist für mich ein Ufer, Stück einer ganzen Welt. Jedesmal, wenn irgendein Mist zu mir drang, wußte ich: aber da ist einer, und der ist nicht nur einer. Hör mal: vor kurzem las ich von irgendeinem Nest in Hessen, da soll es einen Gasthof geben, dessen Eingangsflur mit Hakenkreuzkacheln verziert ist. Die Wirtin habe auf Vorhaltungen gesagt, die Fliesen sähen doch gar nicht so schlecht aus, vor allem, wenn der Boden geputzt sei, gefiele er ihr immer wieder besonders gut. Stephan, ich hab das meinem Freund Schorschi mitgebracht, allein über dieses Wörtchen ‹geputzt› könnte man ja ein ganzes Seminar halten. Und immer warst du da, konnte ich im Kopf zu dir flüchten, mir sagen: der da, die da sind anders. Zu dem, zu denen gehöre ich, denen gefallen keine geputzten Hakenkreuzfliesen. Und jetzt? Jetzt werden Menschen in Kellern erschlagen? Hier, wohin ich wegen solcher geputzten Fliesen gekommen bin! Zu dir? Wie soll ich denn hier leben, mit dir leben? Stephan – ich weiß nicht mehr weiter. Und dieser ewige Brecht läßt vier Tage nach dem Aufruhr im ‹Neuen Deutschland› einen Brief an Ulbricht drucken, ‹Es ist mir ein Bedürfnis, Ihnen in diesem Augenblick meine Verbundenheit mit der Sozialistischen Einheitspartei Deutschlands auszudrücken›.»

«Wir drehen uns im Kreise, Bernd», Stephans Stimme, ein leise paffender Schatten, klang zag, «und ich weiß noch nicht einmal, ob der Kreis für mich nicht zum Kreisel wird. Weil jemand älter ist, ist er auch nicht immer in jeder Situation klüger. Ob das überhaupt noch meine Partei ist, Bernd, frage ich mich manchmal; ich werde immer leugnen, das gesagt zu haben. Dort die Nazis – und hier die richtige neue Welt: manchmal glaube ich schon, dieses Denken hat sich verbraucht. Zumal, wenn ich höre, unsere Volkspolizei zieht mit dem Lied ‹Es ist so schön, Soldat zu sein› zum Exerzieren.»

«Du kannst inzwischen hineinstechen wie mit der Nadel ins Telefonbuch, egal, welcher Buchstabe, welcher Name – du triffst immer auf irgendwelchen Dreck. Diese Affäre mit Sepp Schwab, der schon mit Toller und Eisner in der Münchner Republik gekämpft hatte, der bis 1923 in Festungshaft saß – und den man als Chef oder Direktor oder wie das hieß des ‹Neuen Deutschland› absetzte. Ein Kommilitone von Schorschi hat mir das neulich mal mitgebracht, der hatte sich das aus dem Jahr 1949 – da ging ich ja noch zur Schule – aufgehoben. Und warum wurde er abgesetzt? Weil Trotzki im ‹Neuen Deutschland› ohne die obligaten Schimpfbeiwörter erwähnt worden war. Ideologische Verwirrung nannte man das, und mangelnde Klassenwachsamkeit, Beschönigung der verräterischen Rolle Trotzkis und Vorschub antibolschewistischer Tendenzen. Im selben Jahr, weil Kokoschka den Papst malte, schrieb die ‹Berliner Zeitung›, die Kirchen seien eben Gegner des Realismus, weswegen sie sich mit dem Expressionismus treffen. Mensch, die sind ja nicht ganz dicht.» – «Aber wo ist wer ganz dicht? Wer weiß, vielleicht sind wir gar nicht so weit auseinander, Bernd – nur: Ich weiß keine Alternative. Du weißt sie doch auch nicht?»

Täuschte Bernd sich, oder hatte diese hoffnungslose letzte Frage auch etwas Ängstliches, Witterndes? Ihm schien, Stephan sprach mit der Stimme von Wolfgang Leszek – er warb um ihn, und er drohte ihm. Bernd, ein ungestümer, nach Erde und Sonne hungriger Baum, hatte seine Wurzeln hier hineingetrieben, zwischen diese Menschen mit ihren Schicksalen, die für ihn nur Bericht waren; er hatte Wolfgang Leszek das Koestlerbuch mitgebracht und Stephanie Westseife; er hatte die kleine blaue Decke zur tannennadelpikenden Insel erkoren und sich entlang Stephans Narbe zu einer Liebe getastet, deren Schönheit ihn noch immer zittern machte. Und er war bei all dem vollkommen allein geblieben. Nähe ist nur eine Täuschung, wußte Bernd plötzlich. Berührung, Erregung, Begierde – es ist das Begehen der Fremde. Er hat mich in den Himmel hineingepreßt, Stephan, ich habe die Wolken getrunken und Sterne zischten in meinem Haar. Und er benutzt solch ein lehmiges Wort: Alternative. «Nein, ich weiß auch keine», sagte Bernd tief in der Nacht. Da schlief Stephan schon.

Eine Barke voll Heimat wurde der Abend für Yvonnes Vater. Der Geburtstag war lange vorbei, «die Ereignisse» – wie man den Aufstand vom 17. Juni nun nannte – hatten ihn verschoben. Aber Yvonne hatte nicht nachgegeben, «wir haben es dem Papa versprochen», wiederholte sie am Telefon; und Bernd freute sich sogar darauf. Er hing an dem Mann mit dem melodisch-harten Akzent und dem Gesicht, als habe man das von Yvonne in das schärfer konturierte eines hageren Mannes verwandelt. Vor einem Jahr hatte er in einer Westillustrierten den verblüffenden Scherz eines Karikaturisten gesehen – der hatte Fotos von Filmlieblingen, Jean Marais, Michèle Morgan, Rita Hayworth, so mit feinen Linien überzeichnet, daß sie wie Siebzigjährige aussahen. Ein absurdes Spiel, jeden Tag lächelten diese glattgesichtigen Götter von Plakaten, Titelbildern und Leinwänden; und hier waren sie faltige, verhärmte Alte mit Tränensäcken und tiefgezogenen Krähenfüßen. Abraham Aron erinnerte ihn stets an die Illustrierte. Er zeigte Yvonnes Gesicht, Zeit eingeschliffen, die sie noch nicht erreicht hatte: schartig, aber nicht hart, ein kleiner Glanz von Humor über vielem Leid. Das Gesicht, gleichsam mit hochgezogenen Achseln und nach außen gedrehten Händen, schien zu sagen: «Nu, was soll sein?»

Bernd hatte zu dem Abend – es war seit langem das erste Mal, daß er Yvonne und Stephan, das Ehepaar Bärenbach, in Karlshorst besuchte – eine in Westberlin ergatterte Schallplatte mit jiddischen Liedern mitgebracht und eine soeben erschienene Ausgabe von Scholem Alejchems «Tewje, der Milchhändler» mit Steinzeichnungen von Steinlen. «Für unseren Papa», sagte er, denn niemand je nannte Abraham Aron anders. «Erst de gefilte Fisch, dann de Traurigkeit», hatte der gesagt, «denn jiddische Lieder sind immer traurige Lieder, weißt du. Aber wenn ihr mögt – ich lese mal das erste Kapitel von Tewje, unserm Urahn.» Der alte Mann mit seinem schütteren, grauen Haarkranz, faltig-hager und leicht gebückt, verwandelte das Zimmer: die Fellcouch wurde zum Zottelpferdchen, das «Kurz und gut, was soll ich erzählen» war nicht mehr zu unterscheiden, sprach Abraham Aron, Scholem Alejchem oder Tewje – vom Pferd, das ganz ohne Grund den ganzen Tag kauen will, diesem Rindvieh in Gestalt eines Pferdes, oder von seiner Alten, sie soll leben, brummend wie ein Weib nur brummen kann, und dem Schatten der Bäume, so lang wie der jüdische Golus. Von wem sprach er, wenn es hieß, «Gestalten längst verstorbener Menschen tauchen vor mir auf und gemahnen mich an mein Heim und trübe Gedanken ziehen mir durch den Kopf»? Wen verfluchte er mit dem «Auf die Köpfe meiner Feinde sei es gesagt», und wem galt der Anruf «Und man ist doch ein Jude und muß das Abendgebet verrichten. Das Gebet ist zwar, wie man sagt, keine Ziege und läuft einem nicht davon, aber beten muß man doch.» Es klang wie ein Zauberspruch, eine große Umarmung mit einem Quentchen Ironie, als er schloß: «Nein, ihr könnt sagen, was ihr wollt, die Kinder von heute sind zu klug! Ich glaube aber, daß ich euch heute den Kopf noch mehr als sonst vollgeredet habe, nehmt es mir nicht übel! Bleibt gesund und laßt es euch immer gutgehen.»

Dieser Wunder-gütige, gedemütigte alte Jude – er hatte

mit den Flügeln eines Mal'ak die drei verzagten Menschen berührt. Ihre Spannung war mit den Milchkannen fortgerollt, ihre Ängstlichkeit ausgeschwungen im Trotz-Rhythmus der Lieder, der alte Märchenerzähler hatte sie zum Lachen gebracht, wenn er die einzelnen Aufnahmen im Fotoalbum der Familie, das Yvonne ihm geschenkt hatte, in Erzählungen verwandelte; zum Lachen auch da, wo sie zum Weinen waren. Die Schatten der vier Menschen rannen ineinander, der alte Aron hatte ihre Verkrochenheit weggelächelt. Spät noch saßen sie, er hatte sich schon längst verabschiedet, auf Tewjes zotteligem Panjepferdchen, das Zuckeln durch die Zeiten schüttelte sie zusammen; Zeit stand still. Sie fielen in eine Pause und spürten einander erst, als der Riesenmagnet sie nicht mehr freigab. Sie waren ein Tier mit sechs Beinen ein einziger Leib aus verschiedener Haut deren tausend Härchen züngelten verlöschend und neu sich entzündend drei Zungen leckten sich zu einer zusammen durch Mulden und Täler neubekannt grenzenlos drei rasende Lohen fraßen sich ineinander Gewesenes zu bewahren zu verschütten und in entfesselter Feier zu vergraben. Beinhaupthaar und Wimpernmund, Hüftfinger und Senkschaft und Schaftsenke. Kindfrauheimatvater. Liebesgift. Haßbiß. Todesumklammerung. Drei Menschenferne ertranken in gurgelnder violetter Schwärze. Keine Ankunft je.

Illemäuschen hatte sich extra das Haar gepudert; den Spitznamen hatte Ilse Stachow, Stephanies Sekretärin, bei einigen ihrer häufig wechselnden Liebhaber. Die resche Berlinerin mit den etwas zu engen Blusen, dem oft gepuderten «Gesichtserker» und den stets blaßrosa lackierten Fingernägeln erzählte gerne spöttische Geschichten über sich selber. Daß sie jetzt einen kleinen Flirt mit Schorschi hatte, seit der ein paarmal – «Mensch, du hast mich ja ganz schön überrundet, demnächst Herr Doktor und schon ein richtiges Büro» – Bernd im Archäologischen Institut besucht hatte. Mit ihrer frechen Koketterie sagte sie Bernd durch den Türspalt, «Ihr Freund Schorschi ist unten in der Anmeldung, kommt gleich mal rauf». «Seit wann meldet der feine Herr sich denn an?» antwortete Bernd. Aber ein paar Minuten später kam eine fahle, nervöse Ilse Stachow ins Zimmer. «Das ist ein ganz anderer Herr Müller», stotterte sie irritiert, «übrigens sind es zwei.»

Die Herren hatten knöchellange graue Ledermäntel an, die rechte Hüfte leicht ausgewuchtet. Den Ausweis «Ministerium für Staatssicherheit» brauchte Bernd gar nicht mehr zu sehen. Die Mäntel waren bekannt. Durch Bernds Rückgrat zog ein kalter Eisendraht. «Darf ich vorher noch meinem Chef Bescheid sagen?» fragte er so sachlich, als ginge es um einen Stichwortbeitrag zum Lexikon. Der Gedanke an den Gang und die Tür im 5. Stock kam ihm nicht. «Ist mir egal, wer drin ist», nahm er den Protest im Vorzimmer des heimlichen Koestlerlesers vorweg, «ich muß den Kollegen Leszek sofort sprechen, nur ein paar Minuten.» Wolfgang wollte er sprechen.

«Es ist soweit, Wolfgang, sie sind da.» Mehr mußte nicht gesagt werden. Der Genosse mit dem Parteiverfahren aus Schanghai wußte, was «sie» heißt. Er rührte sich nicht, sah Bernd starr in die Augen, ohne Blinzeln, ohne Ausweichen; blicklos. «Also doch.» Die beiden Worte registrierten ohne Überraschung, zwischen Fürsorge und Entsetzen. Er schob ein Päckchen chinesische Zigaretten über den Schreibtisch. «Sei klug wie die Schlange und dumm wie die Taube.» Dann stand er auf, drehte sich zum Fenster, kehrte Bernd den Rükken zu.

Der Wagen war das gleiche BMW-Modell wie Stephans. Am Rückspiegel rechts über dem Fahrersitz baumelten eine Stoffhexe, die auf einem kleinen Strohbesen ritt, und ein schwarzer Schornsteinfeger mit Zylinder, eine kleine Leiter am Arm, an der ein Fliegenpilz hing. Sie fuhren mit diesem Wagen sonntags ihre Familie zum Müggelsee, Riesenbockwurst mit Kartoffelsalat und ein kühles Bierchen genießend. Vor dem Stahltor zum Stasihauptquartier Normannenstraße unweit der Stalinallee mußte der Wagen einen Ewigkeitsaugenblick halten. Neben dieser Zugbrücke ins Verschwinden standen zwei dicke Hausfrauen in geblümten Sommerkleidern. Aus ihren Einkaufsnetzen stachen ein paar Stangen Lauch, ein Rettich und einige dünne, obszön lange Mohrrüben, von denen das buschige Grün nicht abgeschnitten war; sie schwatzten. Mein Gott, sehen sie nicht, hier wird ein Mensch abgeholt, jede Sekunde verschwinde ich hinter dieser rostbraunen Stahlplatte, sie tun nichts, warum tun sie nichts, warum schreien sie nicht, schlagen ihre Rettichnetze nicht den beiden Mänteln auf die Schädel, sie müssen gegen das Auto treten ... der Film war zerschnitten, mit ihm Bernds rasender Gedanke. Die beiden deutschen Hausfrauen waren einen Schritt zurückgetreten, damit der Wagen unbehindert passieren konnte, die eine hatte ein Bund Mohrrüben, das aus dem Netz zu rutschen schien, besorgt wieder zurückgesteckt, ein Büschel fett schweißiger Haare sah Bernd aus ihrer Achselhöhle hervorquellen, als sie sich mit der linken Hand das Haar ordnete.

Die Zelle war klein, kalt, grauer Zementfußboden, ein Stahlbett, Stuhl, Tisch. Der Falter steckte im Insektenkasten. Nicht Angst beherrschte Bernd. Es war ein Gefühl des vollständigen Verlorenseins – alles, was seine Eitelkeit, seine Neugier, sein Hunger nach Welt brauchten, war weg. Abgeschnitten. Versunken. Gestohlen. «Ich werde das nicht lange aushalten. Ich werde alles und alle verraten, sofort. Nur, um hier herauszukommen.» Da wurde Bernd bewußt, wie gefährlich seine Situation war: er hatte nämlich nichts zu verraten. Er war ein träumerischer Narziß, der durch zwei Welten tanzte, er hatte hochfliegende Pläne und ehrgeizige Vorstellungen. Aber er hatte nichts einzugestehen. Das ist die schlimmste Situation eines Gefangenen, soweit erkannte Bernd die Lage schon – das konnte nur als hartnäckiges Leugnen ausgelegt werden. Bernd mußte ein Verbrechen erfinden, irgendeine kleine, korrupte, staatsgefährdende Gemeinheit, der er abschwören konnte. Sonst war er verloren. Ein magisches Dreieck brannte in seinem Kopf, das hieß Promotion, Stephan, Yvonne; in dieser Reihenfolge. Dieses Dreieck durfte nicht gefährdet werden. Um es zu retten, mußte er sich eine Lüge ausdenken, sie beichten, ihr abschwören. Kluge Schlange. Dumme Taube.

Die Mäntel waren dumm. Sie wußten alles, aber verstanden nichts. «Was wollten Sie auf Ihrer Westreise in der Alten Rabenstraße in Hamburg», fragten sie und schrieben wörtlich mit, wenn Bernd erklärte, er habe unter dem bizarren Straßenschild an der Außenalster ein Foto von Dr. Stephanie Bornstein machen wollen; «weil sie an diesem Vormittag so ein Vogelgesicht» gehabt habe, notierte stereotyp der eine Mantel. «Die Fotos übrigens gibt es, wenn Sie mich hier rauslassen, kann ich sie Ihnen zeigen.» Das überhörten die Mäntel. «Der Einvernommene gibt an, reell nicht verwandt zu sein› – diese Protokollnotiz mußte Bernd verbessern. Auf die vielen, vielen Fragen nach Genosse und Genossin Bärenbach hatte er die kleinere Hälfte der Wahrheit gesagt, von der Lehrerin in Westberlin erzählt, die ihn so beeindruckt hatte und dem Exilliteraturfachmann. Sehr wohl war ihm aufgefallen, wie gelangweilt die Mäntel das wechselweise aufschrieben; glücklicherweise hatten sie nicht bemerkt, wie nahe er den Tränen war bei ihrer Frage, «Also sind Sie nun verwandt mit denen oder wie?», die er ziemlich leise beantwortet hatte: «Es sind ideell Vater und Mutter für mich gewesen. Realiter bin ich nicht verwandt.» Und während er Stephans vom Pfeifentabak bittersüßen Schnurrbart schmeckte, Yvonnes Bittermandelgeruch einsog, schrieb der eine in sein Kalikobuch, «Reell nicht verwandt».

Es ging ganz gemütlich zu, keine Scheinwerfer im Gesicht, keine Instrumente. Die beiden wechselten sich ab, der eine sah aus wie ein Frosch mit zwei nach außen quellenden Augen – fehlt nur, er hat am Hals noch diese dünnen Blubberblasen, die wie kleine Ballons sich aufpumpen und leeren, dachte Bernd. Der andere, etwas gewitztere Ältere, wirkte zappelig und raunzte ihn manchmal an. «Das ist hier kein Verhör, sondern eine Vernehmung» oder «Sie sind nicht verhaftet, sondern festgenommen.» Am zweiten Tag gab der Mantelfrosch ihm endlich das Stichwort. «Also beim RIAS waren Sie auch?» – das kam ziemlich tückisch auf Bernds Bericht von seiner FDJ-Arbeit in Westberlin und mit dem RIAS-Schülerparlament. Wollte man ihm das anhängen? RIAS-Mitarbeiter? Es war so ziemlich das Schlimmste, dessen hier jemand angeklagt werden konnte. Wenn sie so viel wußten – dann mußten sie auch wissen, daß das nicht stimmte. Bernd verlangte zweimal, das Protokoll neu zu formulieren, bevor er unterschrieb. Er bestand auf dem Satz: «War als Schüler Westberliner FDJ-Kulturfunktionär und vor dem Abitur gelegentlich Gast bei Diskussionen im RIAS-Schülerparlament.» Gast.

Aber für die RIAS-Schikane war er dem Frosch dankbar. Es war nun schon die dritte Nacht auf der quietschenden Pritsche, unter der nicht-bezogenen grauen Decke, die schirmlose Fünfzehn-Watt-Glühbirne pünktlich um 20 Uhr erloschen. In die nächtlich tanzenden Schemen trat der rettende Einfall. Lauter kleine Gedankenplättchen klebten sich zusammen zum Schuppenpanzer. Durch diese paar Funksendungen damals hatte er eine hochberühmte ältere Journalistin kennengelernt. Es war die Zeit, zu der er sich mit dem Gedanken an einen möglichen Umzug nach Ostberlin herumschlug. Elisabeth Bräutigam hatte ihn in ihr winziges Haus in Dahlem eingeladen, von der Nazizeit und ihrer journalistischen Arbeit in Frankfurt am Main erzählt, von Freunden im Widerstandskampf, von Harald Poelchau, der als Militärpriester die Männer des 20. Juli zum Schafott begleitet hatte. Bernd kaufte sich daraufhin dessen Buch «Die letzten Stunden. Erinnerungen eines Gefängnispfarrers». Und dann hatte sie ihm geraten, «Wenn Sie da hingehen, was ich für falsch, sinnlos und gefährlich halte – dann gibt es nur eine Rechtfertigung dafür: dann müssen Sie in den Geheimdienstapparat. Also, keine halben Sachen bitte. Im Geheimdienst kann man eine Menge verhindern. Ich weiß von vielen, die vor ihrer Verhaftung gewarnt wurden.» Geheimdienst, verhindern, Verhaftung, warnen, Journalistin – Journalist.

Er hatte es. Vielleicht waren die Mäntel gar nicht dumm, sondern wollten ihn warnen, ihm helfen? Wieso hatten sie sich von der Pförtnerloge aus angemeldet, obwohl ihre Ausweise ihnen Zutritt überallhin verschafften? Die hatten sich ja auch bei jenem Journalisten angemeldet, der deswegen noch übers Dach fliehen konnte?

Das war's. Der Journalist vom Abendblatt. Den konnte er beichten – der war weg. Der wurde einfach geopfert, den durfte er ihnen zum Fraße vorwerfen, dem konnte nichts mehr passieren. Er mußte nur eine logische Verbindung erspinnen, irgend etwas Anrüchiges. Endlose Protokolle voll Schülererinnerungen, Klatsch aus dem Archäologischen Institut oder der Bericht über die Thüringen-Reise – das, weil sie eben nichts Belastendes festhielten, wäre zu belastend. Niemand glaubt einem Angeklagten, daß er nicht irgend etwas, irgendeine Kleinigkeit ausgefressen hat. Die Lebensweisheit der Mäntel, vor allem des Chef-Mantels war: jeder Mensch hat einen dunklen Schatten in seinem Leben. Verdächtig, bei dem der nicht aufzuspüren war; so einer mußte ein perfekter Lügner sein – also um so verdächtiger.

Bernd wußte: seine Gehirnchemie mußte irgendeine Rattengiftmischung zusammenbrauen. Konnte er sie ihnen als Fährte hinstreuen, dann war seine verdächtige Unschuld bewahrt. Kluges Reptil häutet sich. Dieser über den Dachboden Geflohene rettete ihn; denn dem hatte er von seinem Lexikonprojekt und den Westverhandlungen erzählt, aus der Universität berichtet, von Stephan Bärenbachs Mühen beim Aufbau des Exilliteratur-Instituts. Seidenfein zog Bernd die Schlinge um den eigenen Hals enger, immer noch eine Spur enger – er habe dem Mann auch sein Exposé gegeben und das umstrittene Referat aus dem Seminar. Kunstvoll baute Bernd sich zur Figur des unwissentlichen Materiallieferanten zusammen, schmiedete sogar die eigene Eitelkeit um in ein Instrument gegen sich: «Schließlich hatte ich ja auf einen Bericht in seiner Zeitung über meine Arbeit gehofft.» Am fünften Tag fragte er, «Komisch, ich hab den eigentlich ziemlich lange nicht mehr gesehen, früher rief er schon mal an im Institut, und wir tranken einen Kaffee zusammen. Und in der Zeitung ist auch nie was über mich erschienen.»

Am zehnten Tag war Bernd frei. Die immer lahmer und zahmer werdenden Mäntel, bei denen Bernd von Tag zu Tag ein Nachlassen ihres Interesses spürte, hatten ihn um und um gewendet. Mit irgend jemandem telefonieren, einen Brief, ein Lebenszeichen nach draußen – das gestatteten sie nicht, untersagten es mit nahezu lächelnder Strenge, als verböten sie einem Kind die Schokolade. Ihr Gelangweiltsein wußte Bernd nicht zu deuten – entweder kannten sie schon das Urteil, oder sie interessierten sich wirklich nicht mehr für den Fall. Die Zeitlosigkeit der grauen Zementenklave wrang sein Hirn aus. Essen, schlafen, onanieren, Verhör, essen, schlafen – sie hatten mit ihrer Riesenschere, deren Schnappen aus dem Geräusch von Blechschüssel, Holzlöffel und dem Krächzen des langbärtigen Schlüssels bestand, seinen Schatten abgeschnitten. Bernd begriff von Tag zu Tag mehr, daß er die innere Substanz nicht hatte, eine längere Haft zu überstehen. Er sah sich von Verhörpause zu Verhörpause immer klarer: ein nach außen lebender, tandsüchtiger Wellentänzer. Seine Substanz hatte er seit je anderen Menschen abgemolken. Nahm man ihm Tand und Welt und Menschen, dann hatte man dem Zuckerkranken das Insulin genommen. Was da nachts kläglich wichsend in der Zelle lag, konnte alleine, aus sich heraus nicht leben; die Kraft der anderen fehlte. Lumpenballen Egoismus: faltig, zerschlissen, muffig.

Als der Frosch am zehnten Tag in der mürrischen Haltung eines Menschen, den man vergebens viele Tage belästigt hat, sagte, «Na, Sie können gehen, mehr ist wohl nicht», ohne Kommentar, ohne Unterzeichnung eines Papiers, ohne irgendeine Zeremonie, schnitten sich zwei Worte in Bernds Kopf. Nie mehr. Nie mehr in meinem ganzen Leben will ich eine solche Tür sich hinter mir schließen sehen, nie mehr in einem Auto mit Brockenhexe und glückbringendem Schornsteinfeger fahren, nie mehr auf die Hilfe deutscher Hausfrauen hoffen. Nie mehr lasse ich irgend jemanden Hand an mich legen. «Dann rufen Sie mir bitte ein Taxi», sagte Bernd.

Zu Hause schrie ihn zwischen ihrem Schluckauf Helenchen an: «So, da sind wir also mal wieder. Ich bin sehr wütend mit Ihnen. Was soll das? Sie haben sich gefälligst um Ihr Doktorexamen zu kümmern und um sonst gar nichts. Was sind das für Sachen? Ich will nichts hören, ich weiß sowieso alles, lauter Dummheiten. Ich will so was nicht noch mal erleben. Wir bleiben jetzt schön hier und studieren fertig, sonst werde ich Sie hier einsperren, Himmelsakramentnochmal. Hier ist ein Kuchen, den habe ich gebacken, zum Essen. Und ich sehe mal, ob ich noch Sauerkraut ergattere, weil es heute Kaßler beim Fleischer gab. Sehr wütend bin ich mit Ihnen, daß Sie's nur wissen.»

Bernd rief niemanden an. Mit gierigen Händen wob er sich seine Schatten neu. Helenchen hatte kein Sauerkraut bekommen, aber eine geräucherte Flunder «geangelt» und Kartoffelsalat gemacht und eine große Schüssel Schokoladenpudding mit Vanillesoße. «Wir sind ja wohl hungrig», polterte sie wütend fort. Bernd saß am Schreibtisch, es war ein später Augustnachmittag, und schlang schweigend. Alles hatte einen anderen Geschmack. Alles roch anders. Die lüsternen Larven des Hieronymus Bosch hatten Froschgesichter, und als er mit der Bierflasche in dem kleinen Schlafzimmer die Hiddenseer Wolken grüßen wollte, waren sie eine grauhachlige Onanierdecke, gebauscht vor einer Betonwand. Sie segelten lichtlos. Die Wohnung hing schlaff um ihn, ein schlabbriger Anzug in falschen Farben und mit den Falten abgelegter Kleider. Das Gewebe seines Schattens hatte Löcher und Risse. Tand.

Als Yvonne kam, war es dunkel. «Gut», hatte sie am Telefon gesagt auf sein «Kommst du?» Er wußte, daß es falsch war; aber er wollte das Falsche. Dies war nicht ihr Platz, und sie hatten sich nicht mehr gesehen seit der Nacht des großen Magneten. Bernd wollte sie sehen, sie haben – ein Flickenstück des Schattenmantels. Yvonnes Tapferkeit, mit der sie traurige Scheu und die Schüchternheit dem ihr entwachsenen Mann gegenüber einfing, verlieh ihr etwas Überlegenes. Die Wortlosigkeit der beiden war nicht leer, keine Sekunde Peinlichkeit spaltete sie. Doch ihr Floß kenterte. Bernd versagte. Er hatte lüstern sein wollen, ohne Lust. Gesucht hatte er nicht die Geliebte, sondern die eigene Fährte – die von Yvonnes Unterrichtsstunden bis in die Normannenstraße führte. Nachdenklich sagte er, aber es klang herablassend wie eine Bilanz:

«Es war wunderschön, neulich, mit uns allen. Es war nicht enden wollend, ich schwamm in einem Meer und spürte mich zugleich brennen wie ein Sternschnuppenschweif, der euch beide umfaßt. Yvonne, noch nie bin ich so vollkommen verschlungen worden wie in dieser Nacht. Aber weißt du – ich selber weiß es vielleicht erst seit diesen letzten zehn Tagen –, es ist auch ein Tod gewesen. Der Rausch hat uns gefressen, uns alle drei. Wir haben uns gefeiert – und beerdigt. Es gibt Grenzen, über die gibt es kein Zurück.» Sie lagen nebeneinander, aus dem anderen Raum leckte Licht dünne Streifen aus ihren Körpern, es schien hinter den Hiddenseewolken hervor. «Geh nicht», sagte Yvonne, «geh nicht fort. Bleib.»

Bernd ging nicht; und er blieb nicht. Er lebte in einem psychischen Niemandsland, dessen Glaswände sich zwischen ihn und die Menschen schoben, und in denen er sich spiegelte. Mantelfrösche schienen jede seiner Bewegungen zu äffen. Er war am nächsten Morgen ins Institut gegangen, direkt zu Wolfgang Leszek ins Zimmer, hatte ihm das Päckchen chinesischer Zigaretten, das Yvonne bei ihm hatte liegenlassen, auf den Tisch gelegt, «Danke» gesagt. Sein Büro, Stephanie, Illemäuschen – das mied er noch. Lieber war er ins alte Tageskino gegangen, wo es die drei Gorki-Filme gab. Ohne es zu wissen, rollte er sein Leben wie einen abgetretenen Teppich von hinten auf. Schorschi holte er vom Germanischen Seminar ab und reagierte mehr verletzt als verblüfft auf die Frage, «Wo hast du denn die ganze Zeit gesteckt, Mensch? Verreist oder was?» Er konnte nicht hindern, daß er den Freund vor sich sah mit einem Einkaufsnetz voll Lauch, Mohrrüben und Rettich.

Die Arbeit war abgeschlossen, der Tag des Rigorosums auf den 13. September festgelegt. Schwer zu greifen war die Atmosphäre im Seminar – bestimmt wußten die meisten von seiner Inhaftierung. Aber nun war er auch wieder da; also hatte man ihm unrecht getan? Oder hatten sich mächtige Leute im Hintergrund eingeschaltet? Bernd spürte, wie er den Kommilitonen noch fremder, unheimlich gar geworden war. «Na, wieder im vollen Ornat?» – mit dieser unverschämten Anspielung auf die damals so eklig-hurtig abgenommenen Parteiabzeichen verprellte er sie noch mehr. Affront als Schutzwehr.

Beide Gutachten, deren «Summa» vorgelesen wurde, waren positiv. Sein Doktorvater machte den Einwand, daß die Arbeit für seinen Geschmack «zu flott, fast journalistisch» geschrieben sei, am Rande des wissenschaftlich Zulässigen. Viele der Thesen seien außerdem bestreitbar; aber der umfangreiche zweite Teil der Arbeit mit vielen eigenhändigen Rekonstruktionsversuchen müsse geradezu als Novum gewertet werden; eine Art optische Argumentation.

Die öffentliche Verteidigung, auf zwei Stunden angesetzt, drohte nur einen Augenblick lang zu kippen, als Bernd seinen Opponenten, den Mann mit dem Blutschwamm, mit sarkastischer Schärfe darauf hinwies, die Einwände seien zu spät vorgebracht – bekanntlich hätten Forschungsergebnisse des 19. Jahrhunderts sie schon widerlegt. Noch am selben Abend stellte der Professor ihm die Promotionsurkunde aus, übergab sie ihm mit einem «Ich freue mich sehr. Wenn Sie publizieren wollen, ich bin gerne bereit, ein Vorwort zu schreiben.»

Doch für Bernd war es eine geträumte Szene gewesen, die paar Querschüsse des alten Gegners so erwartet wie läppisch. Die eigenen Vorbehalte gegen seine Arbeit hatte niemand formuliert. Der so ersehnte Akt der Promotion war ihm während des Vorgangs gleichgültig geworden, eine lange begehrte Frucht, nun schal, saftlos, pappig.

«Weißt du», sagte er am nächsten Abend in Karlshorst; Stephan hatte ihn zu einer kleinen Feier eingeladen, «nur wir zwei» – «ich habe neulich im Westen einen Film gesehen, der zeigte ein Atoll, auf dem die Amis ihre Atomversuche machen. Da gibt es Riesenschildkröten, und die sind auch nicht verbrannt oder so. Sie kriechen nur statt zum Meer landeinwärts. Dort verenden sie. Ihr Instinkt ist zerstört.» Das war Bernds Reaktion auf das Geschenk, das Stephan ihm hingelegt hatte, eine Luxusausgabe von Pablo Nerudas «Der große Gesang» mit Holzschnitten von Venturelli; auf der Titelseite standen in Stephans akkurat-steifer Schrift, die hakenden Spinnenbeine der Sütterlin-Buchstaben mit der dünnen Feder seines altmodischen Füllfederhalters versponnen, fünfzehn Zeilen:

Die Lösung
Nach dem Aufstand des 17. Juni
ließ der Sekretär des Schriftstellerverbandes
in der Stalinallee Flugblätter verteilen
auf denen zu lesen war, daß das Volk
das Vertrauen der Regierung verscherzt habe
und es nur durch verdoppelte Arbeit
zurückerobern könne. Wäre es da
nicht einfacher, die Regierung
löste das Volk auf und
wählte ein anderes?
Bertolt Brecht

Von Stephan – für Bernd.
Am Tage, als er weg von mir wuchs.
15. September 1953

Er saß mit dem Buch in dem geflochtenen Stuhl unter dem Schildkrötenpanzer an der Wand; das hatte er nicht beabsichtigt. Er war ein Glückschlüpfer, hatte sich hineingebohrt in dieses Gehäuse des älteren Mannes, aus dem er nicht wegwachsen wollte. «Ach, Stephan, lieber Stephan – ein traurigschönes Geschenk. Du kennst ja meine Abwehr gegen diesen ewig zu allem passenden Brecht. Auch an der Uni kursiert dieses Gedicht, das angeblich von ihm stammt. Nur veröffentlicht hat er's nicht, veröffentlicht hat er das Ding im ‹Neuen Deutschland› – man sagt, es sei eine um kritische Sätze gekürzte Fassung. Mensch, dazu fällt mir nur eine Anekdote ein. Als dem Brecht jemand von der Unschuld der Angeklagten in den Moskauer Prozessen sprach, soll er geantwortet haben, ‹Um so schlimmer für die Angeklagten›. Deshalb: Um so schlimmer für Bertolt Brecht, der duldet, daß das ‹Neue Deutschland› ihn kürzt – und das per unveröffentlichter Poesie korrigiert.»

Beide hatten getrunken. Das Zeichen war von Bernd nicht unbemerkt geblieben: Tokayerwein stand auf dem Tisch, daneben eine Dose Kaviar und vier hartgekochte Eier. «Wetten, daß sie innen einen grünen Rand haben?» – er blinkte ihr Zeichen zurück. Doch es waren Notsignale. Das Wasser leckte schon in ihr gerissenes Fellschiff. Bernds Umarmung war Umklammerung. Mit einer obszönen Geste, als ramme er sich einen Speer in den Leib, führte er sich selber vor, betrunken, roh, selbstgefällig und erschöpft. «Das habe ich nun nämlich gelernt, das war mein Kursus bei der Stasi, dreimal pro Nacht. Ich war eingesperrt, hörst du, Stephan, eingesperrt – ohne Grund, ohne Haftbefehl, ohne Chance, mich zu verteidigen. Lügen und wichsen, das habe ich da gelernt.»

Er tanzte durch den Raum, eine rasende Terrakottafigur, rotfelliger Satyr und kläglicher Gummimann. Er leckte die Kaviarbüchse aus. Er schnitt sich den Finger auf, Blut suppte in dicken Tropfen auf die Eier, schminkte ihm einen höhnischen Mund, rann auf Stephans Narbe. Er hockte vor der Fellcouch. «Ich hab kein Recht, dir so etwas zu sagen, ichweißichweißichweiß. Was sind zehn Tage gegen das, was man dir antat. Aber Stephan – das waren deine Feinde. Zehn Tage, das ist nichts, und man hat mir nichts getan, man hat mir zu essen und zu trinken gegeben, manchmal haben wir beim Verhör sogar gelacht. Aber telefonieren durfte ich nicht, auch nicht mit dir. Ich war kein Feind. Aber sie haben mich zu einem Wichser und Lügner gemacht. Stephan – sie haben mir etwas genommen, ich weiß nicht, was es ist, wie ich es nennen soll.»

«Mich.»

Lange schwang das Wort, es endete nicht. Frage? Schlußstrich? «Du bist mein Haus, meine Haut. Es gibt mich nicht ohne dich. Du warst doch beides – mein Traum und meine Wirklichkeit. Mein Angstleben. Du warst die Wolke, aus der ich trank.» Bernd hatte die eigenen Worte nicht gehört, nicht, daß er «Du warst» gesagt hatte. Doch der heftige Sturz, mit dem er Stephan zu sich zog, die Gewalttätigkeit ihrer Vereinigung war kein Liebesakt. Es war verlöschende Notwehr. Als das Meer sie verschlang, waren die Leuchtfeuer blind.

Wenig blieb Bernd zu tun. Das «Schloß» aufräumen. Die große Steppdecke verschnüren.

Am Freitagabend kam das Taxi. Sein Gepäck bestand aus der schmalen Kollegmappe; darin war das Manuskript der Dissertation. Neben der Wohnungstür bauschte sich die Wolkendeckenrolle. Er hatte die große Hieronymus-Bosch-Fotografie von der Wand gerissen, nur Teile lösten sich, mächtige Lappen seiner Haut grinsten – das grüne feuerspeiende Urvieh mit dem Messer in den Krallen über dem Verdammten in der Tonne, die blaufüßige Hexenköchin, die dem Schlafenden heißes Öl ins Gehirn gießt, und das Monstrum, das die Hufeisen an die Füße der schreienden Nackten nagelt. Yvonnes Lemuren, der alte Aron hatte sie reproduziert, Stephans Pfeifenwolken waren so oft an ihren Feuer- und Folterszenen entlanggeschwebt – die wickelte Bernd jetzt um die Steppdecke, ihre Hut, und verschnürte mit grobem Bindfaden das finstere Märchen seines Lebens. Als die Tür leise schmatzend ins Schloß schnappte, fiel von Bernd etwas ab: ein hochschäumendes Gefühl schlug sekundenschnell die Ohren taub, preßte vor die Augen grellfarbig tanzende Kreise. Durch diese Tür werde ich nie mehr gehen. Zu ist zu. Dahinter Bildfetzen Pflanze Kachelofen Bett Bücher Badewanne. Vier Zentimeter Sperrholz trennen mich von allem, was war. Frei.

Das Taxi tanzte nach Karlshorst. Matschte durch zu früh fallenden Schneeregen, der Schlieren auf der Windschutzscheibe zog. Die Scheibenwischer schoben das Wasser in den Augen hin und her, hin und her. Bernd ließ den Wagen an verschiedenen Telefonzellen halten. Vor dem dunkel liegenden Haus warf er die Wolkenwurst über den Gartenzaun. Sie war geplatzt, das grüne, schwarzstrümpfige Ungeheuer mit den roten Hosen verlor den Messerspieß und der durchbohrte Betende grinste albern, weil Bernds Strippe ihm den Hals zerrissen hatte; Blasen der weißlichen Steppdecke quollen ihm aus den Augen und wurden gehalten von den Krallen der Menschenkocherin mit der Nonnenhaube. Lefzen zuckten über dem einstigen Glück. «Na, Männeken», sagte schnüffelnd der Fahrer, als sie an noch drei weiteren Telefonzellen gehalten hatten, «un wo wollen wa nu wirklich hin?»

«Nach Tempelhof, Flughafen Tempelhof», sagte Bernd. «Dacht ick ma doch, dasses noch weita in de Welt hinausjeht mit Se», meinte der Taxichauffeur, als Bernd ihm seinen kleinen «I»-Ausweis zeigte, der ihn berechtigte, mit einem Taxi nach Westberlin zu fahren.

Am PAN-AM-Schalter fragte er, «Wohin geht die erste Maschine, bitte?» – «Flug 780 nach Hamburg, 9 Uhr 15.» – «Dann: einmal Hamburg, ohne Rückflug, kein Gepäck.»

Eine Erziehung in Deutschland

Die Abtreibung

Käthe war ein gutaussehender Mann. «Bin ich nicht eine aparte kleine Frau», pflegte er zu sagen. Närrisch nach Süßigkeiten, dennoch gertenschlank, der drahtige Körper mit den harten schmalen Hüften bewegte sich musikalisch graziös, eine Tänzerin mit graumeliertem Haarkranz und fast weißem, sehr buschigem Schnauzbart, aber er hatte kohlrabenschwarzes, dichtes Körperhaar. «Ich lasse es bald verpflanzen», sagte er oft und zwirbelte das dichte Fell, «oder findest du Whigs praktischer?»

Käthe hieß Peter Hympendahl. Der einzige Sohn sehr vermögender Eltern war stets korrekt gekleidet, understated, Tweed oder Flanell in dezentesten Farben, nie ein zu buntes Hemd und ausnahmslos einfarbige, meist wollene Strickkrawatten. Der distinguierte Typ, der auf jeder Bank Kredit bekommt. Seine Lieblingsdevise lautete «Also, ich weiß nicht, soll ich ihn nicht doch umbringen lassen – meinen Alten. Ich komme ja auf ewig nicht an die Mäuse ran.» Niemand konnte unterscheiden, ob das – begleitet von einem Augenaufschlag der Treue und Zuverlässigkeit – noch frivoler Witz oder ob die Grenze vom Spiel zum Ernst schon überschritten war. «Ich bin ja eine einsichtige Tochter», setzte der so seriös wirkende Mann hinzu, der nie auf die Idee gekommen wäre, einen Ring oder anderen Schmuck zu tragen und dessen oblatenflache Piaget-Armbanduhr sich zu entschuldigen schien für das etwas zu polierte Stahlgehäuse.

Käthe war Kunsthistoriker, angefüllt mit Bildung und Ehrgeizlosigkeit. «Ich liebe Caravaggio», seufzte er phlegmatisch, «ein sehr unangenehmer Mensch, ein Schwuler, der seinen Freund erstochen hat. Man feiert ihn als Erfinder der Hell-Dunkel-Malerei, aber es war bloß der Versuch, die verführerische Gossengemeinheit seines Freundes Ranuccio malerisch erhaben zu machen.»

Käthe war ein kalifornischer Apfel: außen von schimmernder Appetitlichkeit und innen süßliches Löschpapier. «Multschig» nennt man in Berlin solches Obst; das ist unangenehmer als faulig – beißt man in solch einen vermeintlich saftigen Apfel oder Pfirsich, spürt die Zunge einen bitteren Wattegeschmack.

Käthe war der einzig wirklich dekadente Mensch, der Bernd je begegnet war. Kein Bühnen-Décadent mit Oscar-Wilde-Blume im Knopfloch, parfümiertem Seidentüchlein und Ebenholzspazierstock mit Schlangenkopfgriff aus Elfenbein. Über derlei Kostümierung hatte er nur die dicke, linke Braue leicht eckig gekniffl. Käthe war echt. Falsch. Hatte einen vollkommen untrüglichen Geschmack – und trog vollkommen. «Ich bin ein Trompe l'œil», maulte er mit eben der tödlichen Gleichgültigkeit, mit der seine gespaltene Vipernzunge «süß, einfach süß» herausschnellte; das wir sein Ausdruck höchsten Ekels – das kandierte Opfer verdaute er behaglich, man sah förmlich ein Kaninchen im Schlangenleib als Knoten verrutschen. Er konnte mit den Augen rügen, ob ein zu groß kariertes Sakko, schlecht gefärbtes Haar oder Krampfadern. In einer Stadt erblickte er als erstes die Schaufensterauslage mit den Bruchbändern und Hühneraugenpflastern und beim Spazierengehen im Wald die verklebten Präservative. «Mit Himbeergeschmack», sagte er dann. Sein bösartiges Gehirn schien einen kürzeren Direktanschluß an den Sehnerv zu haben, mit dem bösen Blick durchröntgte er die Welt. Lauter Otto-Dix-Bilder. Sein Lieblingsmaler.

«Neben mir der dicke Glatzkopf in Perlonsöckchen und Sandalen mit den dünnen weißen Hosenträgern unter der Freizeitjacke ist zehn Jahre jünger als du», schrieb Käthe auf einen Zettel, «ich habe eben in seinen Paß gesehen», und schob ihn Bernd, der im Flugzeug auf dem Sitz vor ihm saß, mit einer Zeitung zu. Das war Jahre nachdem sie sich kennengelernt hatten. Sie flogen gemeinsam nach Korsika, und der drahtige Herr Hympendahl war zum zweiten Mal getauft worden: wie früher schon einmal hatte die Dame im Reisebüro bei der telefonischen Buchung statt Peter Käthe gehört. So stand es nun auf dem Ticket, und Käthe schnalzte zufrieden: «Sehr ordentliche Person das – Mrs. steht da. Hätte ja auch Miss sein können. Aber man ist schließlich eine verheiratete Frau.»

Käthe war das nun keineswegs. Er wurde vielmehr gelebt von seinem schier erschreckend großen Schwanz – «rasierter Truthahnhals hat neulich einer gelästert, nun sag mal, findest du das gerecht?» Diesen Körperteil betrachtete und benutzte er wie ein fremdes Gerät oder einen Maschinenteil, redete auch stets per «er» ganz distanziert von «ihm», und allenfalls beim zu engen Schritt seiner Hosen verriet er seine Distinguiertheit. Käthes giftige Augen ließen nicht nur die Umwelt in einem Säurebad zerrinnen – er war sich selber Farce, sah sich wie in einem Film, bewegte sich weit entfernt von sich, sprach auch über sein Leben wie ein Schauspieler über eine Rolle. «War wohl nichts», hieß einer dieser Regie-Sprüche wie bei einer abgebrochenen Probeaufnahme, wenn er eines seiner unentwegt sich abspulenden Abenteuer beenden wollte. «Bettumrandung – mehr muß ich dir ja nicht erzählen. Aber seit dieser Sache neulich mit dem Flurspiegel im falschen Messingrahmen mit kleinen Löchern drin habe ich eine prima Rettungsidee: ‹Mein Gott›, rufe ich und schlage mir ganz erschrocken an die Stirn, ‹wie konnte ich das bloß vergessen – meine Mutter hat ja heute Geburtstag. Ich muß leider sofort weg.› Und dann haue ich ab.»

Käthe war etwas ganz Seltenes, geradezu Kostbares: ein perfekter Irrtum der Natur. Eine schöne Mißgeburt. Ein wohlgeformtes Monstrum. Er hatte alles: Geschmack, Geld, Bildung, das Riesengerät, den Schmirgelblick und sogar eine politische Gesinnung. Gewissen hatte er nicht. Er war weder unmoralisch noch amoralisch. Er hatte keine Moral, sie war einfach nicht da, wie andere Menschen kurzsichtig oder schwerhörig sind, nur eine Niere oder drei Hoden haben.

Ein Dämon, auf gespenstische Weise amüsant. Mit keinem anderen Menschen in seinem Leben hatte Bernd so viel gelacht. Das Lachen war gestoßenes Glas in der Kehle. Käthes Geschichten strotzten von nicht enden wollender komischer Unbarmherzigkeit – gerne gegen sich selber. Ob er von der Nacht im Schwulen-Park erzählte, wo er sein Täschchen mit den Präservativen verloren hatte und gegen Morgen für 40 Mark Taxe mit einer Taschenlampe zurückfuhr, dieses Objekt im Wert von 6,80 Mark zu suchen, ein und eine halbe Stunde lang im Kleenex-Gebüsch wühlend, oder von dem Dunkelraum der Sauna. «Der blies mir einen, hingebungsvoll und sehr gekonnt, weißt du, und ich dachte dabei immer in der Finsternis, ‹daß dem das Knien nicht zu anstrengend wird›. Bis ich hinterher, wieder im Hellen, sehe – ein Zwerg, ein richtiger Zwerg. Er ist übrigens schwerreich, läßt sich einmal in der Woche im Rolls Royce in die Sauna fahren – hinten in einem Kindersitz angeschnallt.»

Käthes Riesengerät war der Pinsel von Dix. Damit malte er für Bernd die westliche Welt.

Begegnet waren sie sich in Willy Wohlfahrts kleinem Häuschen am Starnberger See. Dorthin hatte Bernd sich verkrochen nach seiner Flucht aus Ostberlin. Sein Gepäck: eine

Aktentasche aus steifem chinesischem Schweinsleder, eine goldene Schieberarmbanduhr und 75 Westmark. «Na, da sind Sie ja» – ganz ungerührt hatte die selbstverständliche Begrüßung des jugendlich-alten Archäologen geklungen, «das war mir gleich klar nach Ihrem ersten Besuch damals wegen des Lexikons, so jemand wie Sie wird da drüben in dem Muff nicht ewig bleiben.»

Bernd, hautlos noch und tränenlos entsetzt über den Entschluß, die DDR zu fliehen, seine Freunde, seine Geliebte, seinen Liebhaber, seine Arbeit, hatte nach der Ankunft mit PAN-AM 780 in Hamburg an der Alster gestanden, dem höhnisch blitzenden Monokel einer Hure, die «Na und nu, Kleener» flüsterte. Warum hatte er den Flug nach Hamburg gewählt? Wohin wollte er? Warum eigentlich war er geflohen? Das Entspringen hatte alle seine Energie verbraucht; die abgestoßene Liebe, das verlassene Land, die Menschen, denen er gehört hatte: Asche, in der seine Füße grindeten. Er hatte keine Kraft mehr nach vorne. So war er zwei Tage durch die Stadt geweht, selber eine fahle Flocke Asche, mal kühl erfreut von der Stahlstich-Akkuratesse der Häuser mit ihren Grünspanhüten, mal belustigt angewidert von den Schminkkissen und Pickeln der Hafenkneipen.

Bis er in Starnberg anrief, bei dem weißhaarigen Emigranten in seiner winzigen Holzhütte mit der Saunabude am See und seiner Michou, der über Schaukelstuhl und Papier- und Kissenberge turnenden Katze. «Dann komm' Se man», hatte der Berliner aus dem Briefmarkengeschäft an der Lexington Avenue genuschelt, «det kleene Zimma unterm Dach kenn' Se ja noch, det wartet auf Sie.»

Ein paarmal war Bernd von dort nach München gefahren, ziellos, nur so; er hatte nicht einmal den Mut gefunden, sich irgendwo zu melden, seine Papiere umzutauschen. Flüchtlingsstatus, Anerkennung, Anträge: alles Worte wie Schrecksignale. Die Stadt gefiel ihm nicht, ihre Heiterkeit schien ihm albern und Schwabing bevölkert von falschen Brigitte Bardots und nachgemachten Juliette Grécos. Eines Tages sagte Willy Wohlfahrt, «Irgendwie musses ja weitergehen. Ich kenne da einen jungen Mann, eine komische Kruke, der hat in Paris und Madrid Kunstgeschichte studiert, und in Hollywood is er, glaube ich, bißchen auf'n Strich gegangen. Hat aber sehr einflußreiche Freunde, ein Ehepaar hier unten am See, dolles Haus, großartige Sammlung – die verlegen auch so was Gebildetes, 'ne Zeitschrift für feine Leute oder so. Er guckt morgen abend mal vorbei.»

«Was, aus dem Osten sind Sie? Da hört man ja tolle Geschichten, da sollen die Männer ja mit Frauen schlafen», damit führte Käthe sich ein. Der sehnige Mann paßte in das Knusperhäuschen, dessen Rahmen er zugleich sprengte. Willy Wohlfahrt gluckste vergnügt zu den Farbfetzen von Käthes frechen Verbogenheiten, als schlucke er einen seltenen Cognac. «Archäologe sind Sie? Und einen Job haben Sie auch nicht?»

Käthe schien lässig-nachdenklich mehr an seinen Kamelhaarsocken interessiert und an der scharfen Bügelfalte der hellgrauen Flanellhose. «Ich kann Sie ja dieser Tage mal mitnehmen zu meinen Freunden, ich wohne da immer mal zwischendurch, schlafe nämlich mit dem Mann meiner Freundin, der ein Verhältnis mit seinem Cousin hat. Lars und Jens sind ganz nett, die Frau hat das Geld, eine geborene von Burgsdorf, Chemie oder so was. Die Armgard hat eine wunderbare Sammlung, mit einer Verirrung allerdings – diesem Gemüse-Maler, Sie wissen schon, Arcimboldo mit seinen Wulstlippen aus Pilzen, Maiskolbennasen und Zwiebelöhrchen. ‹Der Sommer› oder ‹Das Wasser› heißen darin diese aufgehängten Gemüseschalen, aber Armgard hält diesen Neckermann-Surrealismus für Kunst. Sie dürfen ihr ‹Etonnez-moi›-Gefühl nicht kränken. Sie verlegt eine Zeitschrift ‹Das Bild im Heim›.»

Als am nächsten Morgen das Telefon klingelt, ruft Willy Wohlfahrt aus der Küche, «Gehn Sie mal ran, mir verbrennen hier sonst die Spiegeleier. Das ist bestimmt Ihr neuer Freund von Armgard der Gemüsefrau.»

«Hier Captain Schiffrin, CIA München, ich möchte Dr. Bernd Walther sprechen» – der Westen meldet sich nicht mit dem Dix-Pinsel. Die Spiegeleier sind glasig erkaltet, und der Aschenbecher glüht, und Bernd fragt immer noch: «Und nun, Herr Wohlfahrt, was soll ich bloß tun? Der Mann war bestimmt Amerikaner, der Akzent. Und er will mich sehen, er habe Dringendes mit mir zu beraten. Und ich solle nicht alberne Fragen stellen, woher sie denn wüßten – sie wüßten, daß ich am 28. November die DDR verlassen habe, daß ich mit der PAN-AM-Maschine 780 ab 9.15 Uhr von Berlin-Tempelhof nach Hamburg geflogen sei, Sitz 12b, wo ich die zwei Tage in Hamburg gewohnt habe, und daß ich jetzt seit genau fünf Tagen bei dir wohne.» Vor Erregung duzt er seinen Gastgeber: «Mensch, Willy Wohlfahrt, was nun? Genau das, irgendwas mit den Amis zu tun zu haben, genau das wollte ich eben nicht. Ich hab ja aus Angst vor Ausfragerei und Protokollen und Mikrophonen irgendwelcher Freiheitssender noch nicht einmal meinen Personalausweis umgetauscht.»

Der Morgen ist strahlend-klar, Reif polstert die Zweige zu buschigen Schweifen, vom See quengelt steif gefrorenes Schilf. Der alte Jude zerquetscht mit der Gabel die kalten Spiegeleier zu einer klebrigen Pampe und zieht braune Kandisfäden durch den Tee, als wolle er sich einen Ariadne-Faden spinnen. «Weißt du – äh, wissen Sie, Bernd, ich finde det nich so schlimm. Wie, glauben Sie denn, ist es unsereins ergangen – vielleicht ohne Einvernahme bei den amerikanischen Behörden? Interview nannten sie das. Und man brauchte Papiere, Affidavits, Bürgschaften.»

«Aber ich habe keine Bürgen.»

«Vielleicht können ja die Leute mit dem geteilten Cousin und der Bildersammlung und der Zeitschrift helfen; Sie sind doch morgen abend da eingeladen.»

Mittags war Bernd erst einmal mit dem Captain verabredet, im Restaurant des Hotels «Königshof» am Stachus. «Wie erkenne ich Sie denn», hatte er am Telefon gefragt. «Keine Sorge», war die knappe Antwort gewesen, «ich erkenne Sie.»

Zwei Hemden besaß Bernd; das bessere mit den blassen, blauen Streifen zog er an, dazu seine grüne Cordsamtjacke, und band die dünne honigfarbene Lederkrawatte um. Er fand das westlich. Das Papiertaschentuch in der linken Hosentasche war zerbröselt, als ihn zehn Minuten vor der verabredeten Zeit ein Herr im grauen Zweireiher ansprach, untersetzt, stämmig, das aschblonde Haar im Bürstenschnitt gestutzt. «Sie sind ja überpünktlich, Herr Walther – mein Name ist Schiffrin, wir haben gestern telefoniert. Den Ecktisch da hinten habe ich für uns reservieren lassen.» Bernd glitt auf Rollschuhen, der Glaskubus des Restaurants schaukelte über dem Stachus. Dieser lässig-elegante Vertreter mit der schicken Dokumentenmappe unter dem Arm war ein CIA-Agent, die schlimmste Gattung Mensch, wie er in der DDR gelernt hatte?

Auf Bernds verzweifelt-trotziges «Danke, ich bestelle selber» reagierte der Mann amüsiert. Er lächelte nicht mit den Augen, nur mit den Fältchen. «Wir vergiften niemanden, ich tue Ihnen auch kein Pulver in den Wein – aber bitte, ganz wie Sie wollen.»

«Erstens trinke ich keinen Wein, zweitens habe ich auch keine Angst vor Ihnen, und drittens möchte ich nicht Ihr Gast sein; deswegen bestelle ich und zahle ich auch selber.»

Das hatte Bernd sich ausgedacht, er wollte nicht auf irgendeiner Liste stehen. Er wollte schlau und stolz sein und sehr auf der Hut; keine Zigarette von dem Mann. Doch der da saß, sein Überkinger trank und an dem Päckchen Chesterfield ohne Filter nestelte, klammerte sich an einen erborgten Mut. Er fühlte die Angst, die von den Hoden in die Leisten zog, vereiste hauchdünne Drähte, und er sah sich im Spiegel seiner eitlen Unsicherheit: die zu weiten Jackenärmel mit den billigen Plastikknöpfen um die mageren Handgelenke, die ordinäre goldene Armbanduhr vom DDR-Schwarzmarkt, das steifgestärkte Hemd, dessen Kragen feixend zerknitterte, und dieser alberne Lederbindfaden. Gegenüber diesem eher belustigten Herrn mit seiner Hotelhallen-Sicherheit fühlte er sich staksend und verloren in genau der Klischee-Situation, die ihm hundertmal in Ostberlin eingebrannt worden war: der jämmerliche, mittellose DDR-Flüchtling und die selbstgewisse CIA.

Bernd strubbelte sein mädchenhaft langes, rotbraunes Haar, er mußte sich spüren. «Ich bin nur gekommen, um Ihnen zu sagen: bitte lassen Sie mich in Ruhe», stieß er hervor, «ich will nichts, aber auch gar nichts von Ihnen, nichts, aber auch gar nichts mit Ihrer Organisation, mit irgendwelchen Amerikanern zu tun haben. Wenn Ihnen schon bekannt ist, auf welchem Platz ich im Flugzeug saß, dann muß Ihnen auch bekannt sein, ich war in der DDR verhaftet, ich wollte nichts mit der Stasi zu tun haben, und ich bin deswegen da weggegangen. Aber ich bin nicht weggegangen, um hier mit der Gegenfirma zu arbeiten. Was ich arbeiten werde, weiß ich noch nicht, meinetwegen verkaufe ich drüben im Kaufhof Schnürsenkel. Aber nicht mich.»

Sein Haar zu zwirbeln war die physische Selbstvergewisserung. So frech zu sein die psychische. Er freute sich daran, und als die Renke mit Meerrettich serviert wurde, schmeckte sie ihm.

Captain Schiffrin schien nicht beleidigt. «Wir sind hier im Westen, junger Mann», sagte er ohne gönnerhaften Ton, «der CIA ist nicht die Gegenfirma, und Ihnen geschieht gar nichts. Ich bin auch kein Agent aus dem Krimiheft – ich bin Harvard-Absolvent, eine Art Kollege von Ihnen, und diene meinem Land. Zum Beispiel, indem ich Ihnen helfen will. Vielleicht sehen Sie sich erst einmal dieses kleine Album an, bevor ich Ihnen erkläre, um was es geht.»

Er zog eine Akte aus der Mappe. Fotos, Schriftstücke, wieder Fotos, Kopien von Handschriftlichem. Die eisig glühenden Drähte zogen bis in den Hals hinauf, sengten seinen Speichel: Bernd sah seinen Lebensfilm. Er mit Stephan, nackt am See. Er mit Yvonne. Das Krankenhaus. Er am Kurfürstendamm, mit Schorschi auf der Kranzler-Terrasse. Seine Briefe an den Hamburger Verlag, mit dem er das Projekt seines archäologischen Wörterbuchs erläutert. Er mit Stephan im D-Zug-Speisewagen. Yvonne, wie sie zu Stephan ins Auto steigt. Das Haus in Karlshorst. Er vor der Humboldt-Universität mit seinen Freunden. Er in Hamburg, damals, mit dem weinenden Vögelchen Stephanie Bornstein, über ihrem Kopf das lustige Schild «Alte Rabenstraße». Und er bei der Ankunft in Starnberg, vor Jahr und Tag, bei Willy Wohlfahrt, wo er nun wieder gelandet ist.

Wie in einem synchronisierten Film hatten die Dokumente und Fotos Untertitel: «17. 3. 51 – Zielperson verläßt das Objekt» oder «2. 8. 52 – Brief von Zielperson nach Hamburg mit Projektbeschreibung archäologisches Lexikon».

Die komplette Dokumentation seiner Jahre in der DDR. In der gläsernen Raumkapsel über dem Stachus platzten Bernd andere Bilder ins Gehirn – sein Kindergeburtstag, wenn bei Zitronencreme der Schmalfilm von den Ferien an der Ostsee gezeigt wurde. Klein Bernd in der Sandburg mit Eimerchen und Schippe, oder wie er mit Lux, dem Schäferhund, die

Dünen herunterrollte. Jetzt saß er bei Tegernseeforelle mit Meerrettich, und die Düne war mehrere Jahre hoch. Der Schäferhund schnappte. «Was, um Gottes willen, ist das? Woher haben Sie das? Wie können Sie denn und warum …»

«Wir haben gar nichts. Das – wir nennen so was Dossier – haben nicht wir angelegt. Wir haben es von der – wie nannten Sie es noch: Gegenfirma? – gekauft. Sie sind von dem Moment an, in dem Sie 1950 nach Ostberlin umzogen, vom Staatssicherheitsdienst beobachtet worden. Seit Ihrer Verhaftung nach dem 17. Juni wiederum waren Sie auch für uns interessant. Da haben wir Ihre Akte von denen gekauft. So geht das nun mal.»

Die absurde Ungeheuerlichkeit ließ keinen Spalt für Aufregung. Bernd stand vor einem archäologischen Problem – er wurde selber ausgegraben. Er war der Fund. Jemand hatte die Ritzungen und Abbrüche und faunischen Ornamente seines bisherigen Lebens nachgezogen. Bernd war ein Duplikat. Oder eine Replik?

War sein Heimlichstes, Innerstes in Wahrheit öffentlich gewesen? Die dunkle Verzweiflung über die verlöschende Liebe zu Yvonne eine Belichtungsfrage? Die grelle Flamme, die Stephans harte Schönheit in ihm entzündete, nur ein Problem der Einstellung? Der Entwurf seines akademischen Lieblingsprojekts nur eine Arbeit für Kopisten?

Sein Leben als Kopie: das hielt er in Händen. So wurde er kühl. Er mußte die Wurzel ziehen – die Wurzel aus sich. Das war eine mathematische Aufgabe. Irgend jemand hatte ihn plattgepreßt zu Millimeterpapier und seine Erregungen in Kurven eingezeichnet. Die Welt, aus der er sich mit tausend blutend gerissenen Fasern herausgefetzt hatte, die hatte ihn zu einem Katalog gemacht, darin blättern durfte, wer mochte; man konnte derlei kaufen. Er war sich selber per Postpaket nachgeschickt worden; Muster ohne Wert.

«Das war wohl ziemlich teuer» – als Bernd seine Asche abschnippte, verstand der freundliche Abgesandte das als Frage. «Lassen wir das mal beiseite. Aber wollen Sie mich nicht fragen, warum ich Ihnen das zeige?»

«Gut. Ich frage Sie. Und: für wen und warum in drei Teufels Namen der kleine Student Bernd Walther denn so interessant war. Wenn man derlei schon über eine ganz unwichtige Person anlegt, dann muß es ja moderne Pyramiden voll solcher – Dossiers, sagten Sie, heißt das? – geben.»

«Bunker, nicht Pyramiden. Und Sie waren aus zwei Gründen interessant: zum einen, weil Sie aus dem Westen in die DDR umgezogen sind; Sie hätten einer unserer Leute sein können. Zum zweiten durch Ihre Verbindung zu diesem, wie soll ich mich ausdrücken, seltsamen Ehepaar …»

«Die sind nicht seltsam», fuhr Bernd auf, «Yvonne und Stephan Bärenbach waren antifaschistische, jüdische Emigranten, sie kamen in den Teil Deutschlands zurück, den sie für den besseren hielten. Und ich liebte sie beide, ich habe mit beiden gelebt. Das ist ja wohl im Westen nicht verboten», fügte er ganz unsinnig hinzu und überhörte fast Mr. Schiffrins leises «Ich bin auch Jude, meine Eltern sind über Paris nach New York emigriert».

Jetzt hörte Bernd zu. «Für meine Leute war das die bessere Hälfte der Welt. Deswegen bin ich, was ich bin, und deswegen rede ich mit Ihnen. Ich weiß nicht, wie mein Leben heute aussähe, wären sie über eine andere Grenze gegangen; vielleicht spräche ich jetzt russisch?» Captain Schiffrin stoppte unwillig. «Wir haben mehr Unterlagen über dieses Ehepaar, wobei mir übrigens gleichgültig ist, wann Sie mit wem geschlafen haben. Aber nach unseren Informationen formiert sich um die beiden eine Art Gruppe intellektueller Widerständler. Da wir unsere Information von der anderen Seite haben, sind die beiden akut gefährdet.»

«Ich wünschte, mir wäre nach Lachen zumute. Dann müßte ich jetzt schallend lachen. Stephan und Yvonne Widerständler? Verrückte Idee. Das sind honorige Kommunisten, denen vielleicht manches nicht paßt.»

«Lachen oder nicht. Wußten Sie, daß beide gelegentlich – oft nur einen oder zwei Tage – im Westen sind?»

Das ist jetzt ein Verhör. Der Captain träufelt Säure über die Erinnerungsfotos; sie zersetzen sich. Im Westen? Für Tage? Konnte Bernd das nicht bemerkt haben? Nebel wirbeln durch sein Gedächtnis, ihm scheint, als sei Yvonne damals nach dem Krankenhaus für Tage verschwunden gewesen, Stephan war ohnehin oft in Leipzig. War es immer Leipzig? «Nein, das wußte ich nicht.»

«Beide sind kommende Woche in Mailand. Dort ist ein internationaler Kongreß der Exilliteratur-Forschung. Auch von uns sind mehrere Leute da.»

«Von uns?»

«Ja, ein Experte aus Princeton und eine junge Wissenschaftlerin aus La Jolla, Kalifornien. Aber auch zwei vom CIA. Für das Ehepaar sind im Excelsior-Hotel die Zimmer Nr. 12 und 14 reserviert, wir haben für Sie Nr. 15 gebucht.»

«Für mich? In Mailand? Nr. 15? Ich war noch nie in Italien», stammelte Bernd mehr erschrocken als logisch, «was soll ich denn da? Ich kann ja gar nicht ins Ausland, ich habe noch gar keine westdeutschen Papiere.»

«Das lassen Sie unsere Sorge sein, Sie brauchen keine Papiere. Sie fliegen mit einer Militärmaschine. Sie sollen mit Frau Bärenbach sprechen, am besten mit beiden. Wir wollen herausbekommen, ob es stimmt, daß sich um den Minister Selbmann und andere Leute im ZK eine Anti-Ulbricht-Fraktion bildet, wer dazugehört, was ihre Ziele sind.»

«Aber ich habe Ihnen doch gesagt, daß ich auf keinen Fall mit Ihnen ...», Bernd rührte in dem bitteren Zeug, Espresso, das er nicht kannte und das er nun doch – jäh war er ruderlos – den Captain hatte bestellen lassen.

«Auf keinen Fall? Wirklich? Auch, wenn es Ihren Freunden ans Leben gehen kann? Ich dachte, die oder einer von beiden oder beide zusammen seien Ihnen wichtig? Sie müssen unbedingt gewarnt werden.»

Bernd, der Rotfuchs, zerrt an der Falle. Er merkt nicht, daß er durch sein Gezerre nur immer fester in die Falle gerät. «Sie haben mir gerade dieses Album gezeigt. Man wird mich weiter fotografieren. Wer garantiert mir, daß wir hier im Restaurant nicht auch bereits fotografiert worden sind?»

«Das sind wir auch. Von meinen Leuten. Wir haben hier noch zwei weitere Tische besetzt. Das überlassen Sie mal mir, wir wissen, wie man so was macht. Ich gebe Ihnen zwei Tage Zeit. Übermorgen warte ich um 15 Uhr im Gasthaus ‹Kleiner Forst› in Starnberg auf Sie.»

Der Film wurde in die Diplomatentasche zurückgespult, Bernd zahlte tapfer sein Essen mit dem von Willy Wohlfahrt gepumpten Geld. «Ich weiß nicht, ob ich kommen werde.»

«Sie werden kommen.»

Ist das ein Befehl? Die Stärke ist feuchte Pappe, das feine Hemd klitscht als klebrige Haut, der Lederschlips ein Schweißriemen. Es war grüne Galle, die Bernd im Knusperhäuschen spie. Er mußte sich umziehen, sein anderes Hemd, für den Abend bei Käthes geborener von Burgsdorf.

Der grauweiße Bungalow stand in einem prachtvollen Garten hoch über dem See. Er klingelte an der eckig schräg verglasten Tür. «Das ist nicht Gemüsesaft, das ist Pfefferminzlikör», flachste Käthe, als er, ganz Hausherr, öffnete, in der linken Hand ein spitzes, kleines Glas mit langem, schwarzem Stil – «Crème-de-Menthe», sagte eine Dame, als stelle sie sich vor –, «meine Freundin Armgard, sie findet, das müssen wir alle trinken.» Die Besitzerin einer Zeitschrift, einer Sammlung, eines Ehemannes und eines Cousins betrat die Bühne.

«Nett, daß Sie gekommen sind – Peter hat schon von Ihnen erzählt, und wir haben eine kleine Überraschung für Sie. Aber nun erst mal herein mit Ihnen.»

Crème-de-Menthe war eine träge Blondine mit unnatürlich großen, ausdruckslosen Augen von der Farbe des bläßlichen Lilas verblühter Anemonen. «Ganz in Rosa», eine Babyfarbe; das Kleid ist doch viel zu kurz für diese fetten Grübchen-Kniekehlen, fuhr es Bernd durch den Sinn, als er sich verbeugte. Es war ein Kostüm, «Prinzeßform» hatte der Modeschöpfer seine Kreation genannt, eine Bolerojacke mit mächtigen Stulpenmanschetten aus schwarzem Pelz und ein Rock, der, weil zu eng geschnitten, ständig hochrutschte.

Vor dem riesigen schwarzen Rechteck einer Panoramascheibe, die am Tage den Blick auf den See freigab, gestikulierte eine in dreierlei verschiedenem Licht funkelnde Vogelscheuche, deren Beleuchtungstüten sich an einer Art gewundenem Duschschlauch nach oben, zur Seite, in die Höhe rekelten. Im rechten Winkel dazu stach aggressiv ein asymmetrisches Monstrum in den Raum hinein, dessen nach rechts oben abgeschrägte Spitze Bernd rätseln ließ – modernistisches Klavier, Kunstobjekt, Modell eines Raumschiffs oder militärisches Gerät; es stand auf vier winzigen abgespreizten Beinchen, die wie Pumps in schwarzen Lackspitzen steckten und einen in schwarz-weißen Rautenbahnen lackierten Holzkasten trugen, der eigenartigerweise nicht umkippte. Das Technikzebra hatte ein böses, matt blinkendes Zyklopenauge.

«Komet heißt das Modell», flüsterte Käthe Bernd zu, «der im Moment teuerste Fernsehapparat, auch Kuba-Truhe genannt. Damit kann man besonders schön ‹Familie Schölermann› sehen oder Freddy Quinn schluchzen hören – schauen Sie sich nur alles gut an», sprach's und drückte ihm einen Katalog «Neue Wohnkultur» in die Hand. Auf der aufgebogenen Seite las Bernd: «Wohin wir auch gehen in dieser lauten, ruhelosen Zeit – immer wieder wollen wir den Weg nach Hause finden, in den freundlichen Bereich unserer Familie, in den tröstlichen Bezirk des persönlichen Lebens daheim. Grund genug, dieses Daheim so warm und so schön wie möglich zu gestalten mit schönen und behaglichen Möbeln.»

Beim unaufmerksamen Blättern in dem Katalog hätte er beinahe ein Partyset umgeworfen, eine Spinne auf dünn ausgestellten, schwarz eloxierten Beinchen, deren Beute, ein roter Kunststoffeimer, in einer weißen Plastikhalterung hing – darin staken neun Gläser aus blauem, grünem, rosa und rauchfarbenem Glas. Daneben eine Gruppe bengalisch angestrahlter Clowns vor einer zwei Meter hohen Wand aus Gummibäumen; jeder Clown balancierte in der linken Hand den schwarzen Stengel eines kleinen Glases voll grüner Klebrigkeit. «Mein Mann» hatte ein scharf geschnittenes Gesicht, dessen schmale Kontur von einer flügelgleich großen Nase angeführt wurde, die Augen kamen gar nicht hinterher. «Mein Cousin» erinnerte Bernd sogleich an Hans Gaugler als Läuffer in Brechts Inszenierung des «Hofmeister»; bei der grausigen Kastrationsszene hatten die ins Theater gekarrten Arbeiter – für fünfmal pro Jahr ins Theater gab es den Titel «Sozialistische Brigade» – schallend gelacht.

Käthe lachte schallend in der anderen Ecke des Raumes, «das ist ja eine wunderbare Inszenierung», rief er, als spräche er durch den dürren Cousin in seinem langen, engen Zweireiher aus weißer Baumwolle hindurch. Die beiden gingen mehrere Stufen hinunter in einen angrenzenden Raum. Zu dem kurvte ein langes, weißlackiertes S hinüber, eine Mischung aus Tisch und Tresen, in der Mitte waren den Kurven folgend rote Geranien eingepflanzt und in den Beugen der S-Schwingungen standen hochbeinige, verchromte Barhocker mit weißen Lederpölsterchen. «Aber vorher», war Regisseur Käthe lautstark zu vernehmen, «soll unser Gast sagen, ob er Armgard parieren will. Sie können nämlich auch was anderes haben – es gibt ein wunderbares, obergäriges Bier.» – «Das nehme ich gerne», sagte Bernd aus einer rettenden Geranienbucht und schob sich auf ein weißes Pölsterchen. In dem zweiten Raum flammte Licht auf, gegenüber einer Längswand, an der mindestens hundert Bilder neben- und übereinander hingen, schimmerten zwei Flügel auf. Nach dem kurzen, vierhändig gespielten Konzert kam witternd rabengesichtig «mein Mann» auf Bernd zu: «Na?»

«War das nicht die Nußknackersuite?»

«Nicht schlecht geraten. Bravo. Das war unsere Überraschung für Sie – Tschaikowskij zum Einzug des Russen in Bayern.»

Bernd zieht den ertrinkenden Stephan durch ein Geranienufer aus dem See, wo ein Captain aus Harvard ihn nackt fotografiert, und die Bilder an der Wand – und in seinem Hirnkatalog – unterlegt Käthe mit dem Text: «Alles für'n Appel und 'n Ei bei Rosen in Berlin gekauft, all die Heckels und Kirchners und Noldes und Schmidt-Rottluffs. Der große Otto Mueller hier ging noch 1948 nach einer Versteigerung in der Galerie Frantz in der Bundesallee unverkauft an Maschka Mueller nach Dresden zurück. Alles Gute kommt aus dem Osten.»

Die farbigen Eier vor Bernds Augen, waren sie ein Bild, oder schaukelten sie in seinem Kopf? «Nay», hatte Käthe ihm zugeraunt und «mythisch» und «Zauberlicht, das aus den farbigen Flächen strahlt, aus der Wirklichkeit des rhythmisch bewegten Bildraums». Waren das Zitate irgendeines Kunstpapstes, die Käthe bösartig-begierig aufgespießt hatte, oder meinte er das? Bernd sah ein Geviert von etwa sechs Meter mal drei Meter, die linke Hälfte des Bildes rot mit grünen, gelben, lila oder braunen Scheiben, die rechte Hälfte blau mit lila, gelben, weißen, auch roten Scheiben. Links eine halbe, abgeschnittene orange Scheibe und rechts eine blaue und weiße, ebenfalls abgeschnitten. «Mythische Restverwertung?» fragte er den feixenden Käthe. Schwankte der oder er, oder rotierten in seinem Kopf nur die «punktuell im Humanistischen beheimateten» Scheiben? «Der Nay-Effekt», hörte er die Stimme des «Hofmeisters» neben sich, die kleinen Wortversatzstücke schraubten sich in seine Ohren, zwischen das Scheppergeräusch von Eis in Gläsern und das Schnippen von Feuerzeugen. «Pathosgesten», «Halluzinatorisches», «Zauberlicht» und «evokative Möglichkeiten»: diese Namen trugen die kleinen schnellen Schrotkugeln, in deren Geprassel er flatterte, der richtungslose rotbraune Zonenfasan.

Bernd hatte bei dem Glaskubus-Verhör außer der Renke kaum etwas gegessen. Crème-de-Menthe, das rosa Grübchen, traktierte ihn mit dem grünen Zeugs und obergärigem Bier, «ich will ein Schinkenbrot» verschluckte er. Die essen hier offenbar nichts, ein paar Kartoffelchips knackten in die Geräusche, die sich für Bernd zu einem nicht verständlichen Brei mengten – «Im Hafen von Adamo», plärrte es von einem weißen, eckigen Gerät, das Käthe als «Schneewittchensarg» bezeichnet hatte, «Marieliese hieß das Flittchen», triumphierte «mein Cousin», der weiße Totem, der über eine stadtbekannte Düsseldorfer Prostituierte einen Film machen wollte, «dialektisch geschult» – aber das galt wohl ihm? – «da sind Sie ja sicherlich dialektisch geschult?» begönneiferte ihn der eine Pianospieler, er war schon älter, und der Haaransatz verriet schwarze Farbe. Der zweite, ein Anwalt, der kokett-linkisch die linke Schulter hingen ließ und den Kopf in dieser selbstgeformten Mulde nach links barg, schob sich an Bernd heran, «Ich will mich 'n Moment bißchen ernster mit Ihnen unterhalten», worunter er verstand, daß er so selbstgefällige wie interessierte Häppchen anbot: «Warum werden eigentlich die grandiosen Kompositionen ‹Vierzehn Arten den Regen zu beschreiben› von Hanns Eisler in der DDR nicht gespielt?» oder «War das Angst vor Antisemitismus, wenn die Seghers sich dieses Pseudonym nahm?» Als Bernd ansetzte, von der Mainzer Antiquitätenhändler-Tochter, ihrer Promotion über das Judentum im Werk Rembrandts und dessen Zeitgenossen Hercules Seghers zu erzählen, rutschte der Tschaikowskij-Spieler, des Pensums längst überdrüssig, bereits in einem schmetterlingähnlichen Sessel aus schwarzem Segeltuch in sich zusammen.

Crème-de-Menthe, die rosa Qualle, hatte das mit ihren schläfrigen Anemonenaugen bemerkt. Sie bugsierte Bernd entlang eines Geländers – er konnte nicht erkennen, waren die Ranken und Blüten schmiedeeisern oder echt – in einen hinteren Trakt des Hauses.

«Ich wollte Ihnen doch mal mein Büro zeigen, hier konzipieren mein Mann und ich unsere Zeitschrift. Das wäre vielleicht auch was für Sie? Sie sind doch nicht nur Archäologe, sondern auch Kunsthistoriker? Und Peter sagt, Sie hätten auch Erfahrung in einem Verlag oder einer Akademie oder so was – jedenfalls, jung, fertig studiert und praktische Erfahrung. Da haben Sie hier jede Chance, mein Lieber.»

Auch hier sind mehrere Räume durch Glaswände verbunden alles ringsum spiegelt sich rosa bis auf ein elfenbeinfarbenes Telefon verbunden oder getrennt nicht mehr zu unterscheiden im Bild im Heim am Stachus die Renke ist die Nase das ist nicht Gemüse das ist ein Aquarium-Surrealist in grünem Likör mit Totem-Storch. «Ich würde es noch mal offenlassen», wann hatte Käthe das gesagt, versuchte Bernd sich zu erinnern, als er zum Jubel der Gäste von dem weißen Lederpölsterchen fiel; die rote Fahne in seiner Hand war ein Büschel ausgerissener Geranien.

Vor der Tür seines Zimmers im Knusperhäuschen lag ein Brief. Ohne Absender. Aus Westberlin. In dem Brief war ein Brief. Ohne Absender. Aus Ostberlin. «Ich bin sehr alleine. Yvonne.» Dann las er den Zettel. «Ich bin in der Sauna. Willy.»

Er fuhr auf Bernd los, als sei er von dem altmodischen Sauna-Ofen versengt; ein Teufel, ein rot verbrannter Gnom, mein Gott, er hat ja weiße Löckchen statt Schamhaare, Peies am Schwanz. «Was sollen Sie, nach Mailand? Mit einem Militärflugzeug? Falsche Papiere? Zimmer 15? Ja, Mann, sind Sie denn wahnsinnig? Auf keinen, auf gar keinen Fall lassen Sie sich darauf ein.»

Der Löckchen-Rebbe prügelte mit dem splitternden Reisigbündel die Sauna-Bänke, goß beizend riechende Essenz auf den Ofen, als wolle er Bernd gar kochen. Gegenüber dem kleinen, mageren Mann mit seinen Spinnenbeinen und zu langen Armen empfand Bernd den eigenen Körper als grob, vulgär, auf schamlose Weise unterlegen. Die rotbraune Wolle juckte, er zog mit den Fingernägeln hell beperlte Bahnen die Waden, Hüften entlang bis zu den Schulterblättern; er war schlaff, todmüde und hellwach.

«Aber hören Sie doch, die beiden sind in Gefahr. Man hat mich jahrelang observiert, also kennen die jeden Mucks von Yvonne und Stephan. Wenn es stimmt, daß sie manchmal im Westen waren – ich weiß eigentlich nicht, wann und wozu –, und sei es nur um ins Kino zu gehen, Pfeifentabak zu kaufen, Kaffee zu trinken, dann sitzen sie ganz schön in der Patsche. Ich kann doch nicht Menschen, die ich liebe, wissentlich nochmals verraten. Mein Verrat, das Weggehen, steckt mir noch als Gräte im Hals.»

Die trockenen Reisigbündel schleifen und streicheln. Willy Wohlfahrt sitzt auf der Bank über Bernd, er muß sich hinunterbeugen, um ihn ansehen zu können. Er spricht so leise, daß

Bernd das Gefühl hat, man ziehe ihm einen feinen, glühenden Draht durch die Nase.

«Jetzt will ich Ihnen mal was sagen, mein Lieber. Sie sind sentimental, Sie lügen sich was vor, Sie schwitzen ja innerlich vor Selbstmitleid genau so wie unter den Achseln. Liebe, Verrat – lauter große Worte. Geliebt haben Sie diese Frau, ihren Mann? Wieso sind Sie dann nicht bei ihr oder ihm geblieben?

Sie haben nicht geliebt – es war das große, schöne Spiel, das wir alle spielten, als wir junge Tiere waren. Sie wissen ja gar nicht, was Liebe ist. Selbstliebe vielleicht. Und Verrat? Lauter Quatsch. Sie haben ein Land, meinetwegen eine Gesellschaft ausprobiert, die dort haben Sie benutzt, und die gegenseitigen Werkzeuge haben sich als nicht passend herausgestellt, ein Verkehr mit nicht konvertierbarer Währung. Es war richtig, daß Sie gegangen sind, Sie werden noch feststellen, daß Sie das Land gar nicht kannten, es jetzt erst begreifen – die Korruption, die Menschenverachtung, den Antisemitismus, diesen verordneten Antifaschismus. Haben Sie mir nicht selber erzählt von Verhafteten, von untersagten Stücken, verbotenen, gar aus den Wänden gehackten Bildern, unterdrückten Büchern, von diesem ganzen Bonzengesocks, das aus einer Utopie Lüge machte? Sie waren auf etwas hereingefallen, auch, weil Sie ein geiler und ehrgeiziger Bock sind – und nun sind Sie Emigrant; ich weiß, wovon ich spreche. Und in meinem Haus kriegt keiner Unterschlupf, der mit Geheimdiensten nach Mailand segelt. Dann packen Sie Ihr Täschchen. Mann, wollen Sie für Ihr ganzes Leben unglücklich werden? Wer da einmal, ein einziges Mal nur mitmacht, kommt nie wieder raus. Wollen Sie mit Ihrem Leben – ich meine: ein Leben lang – dafür zahlen, daß Sie mit dieser Schokoladen-Squaw und ihrem halbschwulen, jüdischen Professor geschlafen haben?»

In der Sauna war das Wasser salzig.

Sie frühstückten an einer freigekramten Ecke von Willy Wohlfahrts Schreibtisch, Bernd kraulte Michou hinter den Ohren. «Ich rufe den CIA-Fritzen nachher an, ich sage ab; aber ...»

«Kein Aber. Gratuliere. Es ist die richtige Entscheidung. Es ehrt Sie, daß Sie sich's schwergemacht haben. Aber es ist anständig, daß Sie nein sagen. Was aber?»

«Ich weiß nicht, ob ich das gestern abend richtig verstanden habe. Ich glaube, Frau Burgsdorf, vielmehr Reinhardt, hat mir ein Angebot gemacht, irgendwas mit dieser Zeitschrift. Ich will das nicht, bitte, Willy Wohlfahrt, ich kann das nicht – ich bin nicht weggegangen aus dem Osten, um im Westen hinter Glaswänden und vor 'nem Beckmann-Bild in elfenbeinfarbene Telefone zu nölen. Diese Cocktails und Gummibäume und Nuttenfilmprojekte – mir ist das physisch zuwider.»

«Sie sind morgens genauso dämlich wie abends. Jetzt wird hier erst mal gearbeitet, egal, wie die Telefone aussehen, und wenn Gänseblümchen draufgemalt sind und sechs Picassos an der Wand hängen. Sie sind verrückt. Und hochmütig. Was heißt hier nölen? Dann sprechen Sie eben. Es kommt drauf an, was – dem Telefon ist das egal. Mensch, was glauben Sie denn, mir hat das Spaß gemacht, 1936 in New York Briefmarken zu verkaufen? Ich war genausoviel und ein genauso guter Archäologe wie Sie, ein Hurenbock war ich auch, und ich habe – eben auch sentimental – mein Land geliebt und betrauert und kann heute noch Zeilen aus einem Gedicht meines Mitemigranten Walter Mehring auswendig, über die ich geheult habe:

‹Jetzt quatschste wat von fremden Elementen?
Ne, sach ma bloß!
Ne, sach ma bloß!
War ick nich ümma mang dir mang mit Seele, Leib und Breej'n?

Ihr Bowkes – und ihr blauen Abführmittel:
Jetzt bin ick Neese, wenn's nach Treptow jeht?
Nu brillt Ihr: Heil? und looft im braunen Kittel?
Wat denn! Da hat woll eener dran jedreht?
Ick weeß doch, wo de Ferdeäppel bliehn –
Ick stand doch du und du mit jedem Zossen.
Mir habt ihr aus de Innung ausjeschlossen?
        Sach ma, Berlin
        Schämste dir nich?
Ick bleibe mang dir mang mit Schnauze, Herz und Breejen!›

Ich hatte auch Rosinen im Kopp. Aber die kann man nicht essen. Und wenn die rosa Flunder mit dem Crème-was-weiß-ich Sie engagiert: dann wird Vertrag gemacht, und ich feiere als erster mit Ihnen. Schließlich kriege ich dann auch meine 300 Mark zurück.»

Captain Schiffrin war überrascht und erbost. «Sie wollen also Ihre Leute im Stich lassen?» fragte er im Telefon, «wir sind doch verabredet, um das Ganze zu besprechen.»

«Nein, wir sind verabredet, wenn ich mitgemacht hätte. Ich will aber nicht. Und das mit dem ‹im Stich lassen› – ich muß das selber entscheiden. Bitte setzen Sie mich nicht weiter unter Druck. Ich möchte unter keinen Umständen für Sie arbeiten. Aber daß das möglich ist, daß Sie fair sind und ich nein sagen kann – das ist für mich wichtig. Es zeigt mir, warum ich im Westen bin. Bitte lassen Sie mich Ihnen dafür danken.»

Es war Mittag. Die Post war gekommen. Für Bernd lag ein Kuvert auf dem Tisch. Ohne Absender. Darin zwei Blatt Papier. Weder Anrede noch Unterschrift. Jeweils mit einer anderen Schreibmaschine getippt. Auf dem einen standen zwei Sätze: «Weißt Du, was mir sehr, sehr fehlt? Dich anzurufen und zu bitten: Komm doch mal her.»

Das zweite Blatt war enger beschrieben:

«Eine Wunde dein Mund und
dein Leib ein Schrei und
doch wachsen Beeren an meinen
Schläfen und meine Lippen sind ein
Gesang und eine Schrift meine
Augen und warum ißt du
denn nicht und warum singst du
mich nicht und warum willst du nicht
lesen schrei doch nicht mehr und
still deinen Mund und
iß mich und sing mich und
lies mich was soll ich tun ich
bin doch dein Leib der so
schreit und bin doch dein
Mund der verblutet wenn
du mich nicht tötest dann
sterb ich.»

Zwei Tage später war er bei den Reinhardts zum Tee gebeten. Käthe hatte angerufen: «Sie, das scheint ernst. Die wollen was. Gehen Sie unbedingt hin. Lars hat mir gesagt, seine Frau sei entzückt von Ihnen.»

Dieses Mal war die Atmosphäre gar nicht verkichert. Zwar war der Tee Sekt – aber im übrigen ging es in dem gläsernen Büro sehr sachlich zu. Betont sachlich war auch der große Raum eingerichtet, fast nur in Schwarz und Weiß, lediglich neben dem Schreibtisch der Chefin stand – mehrere Telefone balancierend – ein asymmetrischer Blumentisch, dessen abgerundete Stellflächen in Rot und Weiß von einem schwarzen Holzrahmen mit Flechtgitter gehalten wurden. Auf der resopalbeschichteten, leicht gestrichelten oberen Platte lagen sieben Hefte von «Das Bild im Heim».

«Wir bauen unsere Zeitschrift aus. Einerseits expandiert

der Wohnungsbau, 1,8 Millionen Wohnungen sollen in den nächsten sechs Jahren gebaut werden. Da wollen die Leute auch was Hübsches an der Wand. Andererseits beginnt eine Reisewelle. Man wird bald Rimini und Mallorca über haben. Da können wir einen Kulturtourismus entwickeln und anbieten. Können Sie uns ein Exposé für die Erweiterung und publikumswirksame Veränderung von ‹Bild im Heim› ausarbeiten, sagen wir in einer Woche? Wenn mich das überzeugt, sind Sie der neue Chefredakteur.»

Armgard Reinhardt, geborene von Burgsdorf, schien in ihren senffarbenen, eng anliegenden Hosen und dem Himbeereis-Pullover die auf 65 Quadratmeter angelegten Sozialbauwohnungen auf der Suche nach einer Bildwand zu durchschreiten, den Strand von Rimini hastig entlang zu spazieren. Lars Reinhardt telefonierte, kritzelte Notizen, goß Sekt nach und rauchte ungewöhnlich dünne, lange Zigarillos. Ob er die wählt, damit er sich die davongaloppierende Nase nicht ansengt?

«Ich habe schon eine Idee. Viele große Architekten – Max Taut, Wassili Luckhardt, Hans Scharoun – leben ja noch. Man könnte sie in Interviews vorstellen und Konzepte erläutern lassen; wollen sie an alte Traditionen anknüpfen, die Stuttgarter Weißenhofsiedlung, die Breslauer Werkbundsiedlung – oder sie ablösen?»

Crème-de-Menthe war entzückt. «Das ist mein Mann, Chéri», rief sie ihrem Mann zu, «wie sagte doch Dr. Höltensheimer neulich abend – ‹die sind dialektisch geschult, geschult sind die, dialektisch›, einfach großartig.» Bernd wußte nicht, ob sie wußte, was dialektisch ist; hielt sie es für eine Art Architektur-Schule? Unsympathisch ist sie nicht, nur affig. Der Mann ist ganz nett, Bernd mußte lachen, weil er plötzlich an Käthe und Jens, den Cousin, dachte.

«Ähnliches könnte man auch mit bildender Kunst versuchen. Otto Dix und Max Beckmann, Christian Schad und George Grosz, Carl Hofer und Oskar Kokoschka sind ja alle noch da; man könnte ihre Bilder zeigen und sie befragen.»

Man wurde guter Laune. In Pullach bei München sei bereits eine Villa gekauft, die soeben renoviert werde, auch, weil Herr Reinhardt jetzt das Konsulat von Costa Rica übernommen habe. Da käme die neue Redaktion hin, eine Sekretärin, ein älterer Herr mit klingendem Namen, den man aus dem Londoner Exil zurückgeholt habe und – «den müssen Sie doch eigentlich kennen» – ein Kunsthistoriker, der vor zwei Jahren aus Ostberlin geflohen sei. Gleich marzipansatten großen Kindern waren diese reichen Menschen von lethargischer Hilfsbereitschaft, mit der sie ärmeren Kindern einen Schokokringel abgaben, mit derselben Mischung aus jähem Interesse und raschem Gelangweiltsein die Leute vergessend, denen sie gerade geholfen hatten.

Eben erst war Crème-de-Menthe wieder eingefallen, daß sie diesen Ostberliner Kunsthistoriker besaß. Bernd hatte sogar Vorlesungen bei ihm gehört und es ihm verquererweise verübelt, daß er damals gleich nach seiner Flucht wütende Artikel über kulturelle Barbareien wie den Abriß des Berliner Schlosses publiziert hatte. Der saß nun also in einer von den Reinhardts angemieteten Einzimmerwohnung mit Kitchinette und Duschbad in der Maximilianstraße und verfaßte für «Bild im Heim» ein monatliches Tagebuch. Darin zitierte er genüßlich das Urteil der «Täglichen Rundschau» über Picasso, «Was hat solche Kleckserei, die den Menschen und die Gesellschaft verachtet, mit Ästhetik zu tun» oder jene Barlach-Attacke des Jahres 1952 aus dem «Neuen Deutschland», die des Künstlers Gestalten als eine «graue, passive, verzweifelte, in tierischer Dumpfheit dahinvegetierende Masse» höhnte, «in denen auch nicht der Funke eines starken, lebendigen Gefühls des Widerstands zu spüren ist».

Es war in der Tat ein lustig-grausliches Kalendarium, präsentiert wie ein echtes Tagebuch mit einmontierten Transparenten. «Durch den Eintritt aller Bauern in die LPG treten wir Adenauer auf den Zeh» oder Fotos von einem Zelt «HO-Wanderkaufhaus». Unter ein Foto von Jugendlichen bei der Ausbildung an der Waffe war ein Spruch gesetzt:

«Sie schützen ihre Mutter, die Partei, und das Vaterland tapfer wie eh und je mit der Waffe in der Hand.»

Oder er hatte Zeilen aus dem «Thälmann»-Lied des Parteibarden Kuba abgedruckt:

«Deutsch unsre Fluren und Auen!
Bald strömt der Rhein wieder frei.
Brechen den Feinden die Klauen,
Thälmann ist immer dabei.
Refrain:
Thälmann und Thälmann vor allen,
Deutschlands unsterblicher Sohn,
Thälmann ist niemals gefallen –
Stimme und Faust der Nation.»

In der rechten Spalte daneben stand sein Kommentar:

«War Thälmann immer dabei beim Klauenbrechen? Und niemand scheint zu bemerken, welche Verunglimpfung eines bedeutenden deutschen Arbeiterführers diese rohe Reimerei ist. ‹Brechen den Feinden die Klauen› – und am Ende: ‹Stimme und Faust der Nation›. Nein, nein und nochmals nein. Stimme und Faust mögen ausreichen für Marktschreier, Demagogen, Schläger. Es ist ein Grundirrtum, zu vermeinen, daß Kraftmeierei gut volkstümlich sei. Gerechtfertigtes Selbstbewußtsein tut sich nicht in großen, lauten, herausfordernden Worten kund; ebensowenig, wie sich zuversichtliches Weltgefühl in Zahnpastareklame-Lächeln oder in Spruchbändern ausdrückt. Manchmal scheint es, als seien Prämien auf die absurdeste Metapher oder den unglaublichsten Superlativ gesetzt. Die Verirrungen des in Frage stehenden Gedichts sind mir ein Beispiel für zehntausend andere weit abscheulichere ...»

Bernd war unsicher; einerseits hatte genau derlei Banausie auch ihn vertrieben, andererseits wollte er dem nicht Raum geben, aus Furcht, er könnte nun zum «Kalten Krieger» und «Antikommunisten» werden. «Bloß sich nicht festlegen», das war Käthes Motto.

Chefredakteur sollte er werden, von etwas, das er sich schämen würde, seinen Freunden in der DDR zu zeigen. Bernds Wertesystem war gefügt und abhängig von den Jahren dort; sein Weggehen war ein Krach unter Verwandten, aber man blieb verwandt. In einer der ersten Nächte hatte er darüber mit Willy Wohlfahrt gestritten und versucht, ihm auseinanderzusetzen, wieso dies eine andere, grundverschiedene Form der Emigration ist. Die damals aus Nazideutschland weggingen – ob aus Lebensgefahr oder aus Protest und Gesittung –, hatten einen genau benennbaren Feind. Alles, von Stalins Sowjetunion bis Roosevelts Amerika, ob Shanghai oder Rio, war besser als das definierbar Böse. Es gab Trauer angesichts des rasenden Mob und Bitterkeit ob der verlorenen Heimat. Aber es gab nicht die Enttäuschung über eine verratene Idee; denn der Faschismus hatte keine Idee. Die DDR aber war die verlorene Hoffnung, war der zum Trinker gewordene Vater und die auf den Strich gehende Mutter. Die innere Bindung blieb. War Ulbricht der Nur-Böse? Er hatte zwar gleich, nachdem die Russen ihn ins zerstörte Berlin geholt hatten, April 1945, der Kampf tobte noch um die Reichskanzlei, erklärt, «Es ist doch ganz klar: es muß demokratisch aussehen, aber wir müssen alles in der Hand haben», aber er hatte auch 1946 vor zu großem Tempo sozialistischer Veränderungen gewarnt: «Würden wir in der sowjetisch besetzten Zone in der Durchführung unserer demokratischen Politik einen Schritt weiter gehen, so bestände die Gefahr der Zerreißung Deutschlands. Alle Maßnahmen, die wir gegenwärtig im demokratischen Aufbau und in der Demokratisierung der Wirtschaft durchführen, müssen so erfolgen, daß sie in allen Teilen Deutschlands verwirklicht werden können.»

Sowenig dort alles schwarz sei, sowenig sei hier alles weiß. Hier gebe es Leute wie den ehemaligen Major Ernst Reiner, der geholfen hatte, im Berliner Bendlerblock die Verschwörer des 20. Juli an den Galgen zu bringen und der noch immer unverblümt eine «Vollendung der nationalsozialistischen Revolution» fordere. Der alte Antibolschewismus formiere sich zu wüsten Attacken auf die junge Demokratie, die in Goebbels' Sprache geschändet werde:

«Wie eine frischgestrichene Coca-Cola-Bude neben einem ausgebrannten, aber immer noch riesigen, im Grunde unverwüstlichen Bau aus zwölfhundertjähriger deutscher Reichsgeschichte – so steht im deutschen Volksbewußtsein das Bonner Staatsgebilde, neben dem von Übermacht zu Boden gedrückten Reiche. Neben jenem Reiche, das bis zuletzt Europa gegen den Bolschewismus verteidigte und dafür im Zeichen Jaltas von den beiden selbstmörderischen Verbündeten Moskaus geschlachtet wurde.»

Bernds Filibuster dienten dem einen Gedanken: dort weggegangen zu sein hieß für ihn nicht, hier angekommen zu sein. Die elfenbeinfarbenen Telefone waren umgeformte Pimpfenfanfaren und FDJ-Trompeten: er litt nichts von allem.

Und war doch der Jagdhund, der die Fährte aufnahm. Erst Jahre später lernte er in New York den Begriff für das, was die Sehnen seiner Energie spannte: «The Glitz». Widerwärtig fand er weder Crème-de-Menthe noch «mein Mann» noch «mein Cousin»; den skurrilen Käthe mit der Rasiermesserzunge schon gar nicht. Dort war nicht das Böse. Hier war nicht das Gute. Aber es war das Fremde. Bernd wollte das Fremde. Er wollte es entfremden, Teil davon sein. «Wenn der Kandis Teil vom Tee wird, hat er aufgehört, Kandis zu sein» – die dünne Warnung des alten Berliner Juden aus New York wollte er nicht wahrnehmen.

«Wir sind also Chefredakteur», Käthes dicker Satz war nicht zu überhören. Sie wollten zu dritt Silvester feiern, Willy Wohlfahrt, Käthe und Bernd; zwei Tage später sollte er seinen Schreibtisch beziehen. «Nicht schlecht für den Anfang, mein Lieber. So gerecht ist die Welt – ich schlafe mit dem Lars und Sie bezahlt er. Jedem das Seine. Nicht: allen das Gleiche. Das ist eine gute Maxime. Sie wollen ja was, Gott behüte, die Welt verändern, die Menschen verbessern, per ‹Bild im Heim›. Ich will gar nichts. Ich will mein Leben leben – und wenn ich arbeite, dann, weil ich mich gerade langweile oder jemandem damit einen Gefallen tun kann oder es mir Spaß macht, was zu kaufen. Kaufen heißt hier verkaufen.»

Die Nacht wurde lang und fahl. Die drei Männer waren sich so nahe wie auseinanderlaufende Quecksilberperlen; ohne Berührungspunkte. «Himmlisch» fand Käthe die Geschichte, wie Willy Wohlfahrt 1934 nach Amsterdam fuhr, die Finger mit dicken goldenen Ringen bespickt, mit einer Smaragdkrawattennadel und einer Platinarmbanduhr; das brachte er geflüchteten Freunden, ein kleines, gleißendes Stückchen Sicherheit. Den mißtrauischen Blick des Polizisten bei der Paßkontrolle hatte er mit effeminiertem Gewedel der Hände getäuscht.

Käthes Erfahrungen mit der Polizei waren sehr anders. «Neulich in Paris, im Bois-de-Boulogne, kam mir einer hinterher. Mir war ganz schön unheimlich – bis er mir zeigte, was er hatte und was er wollte. Also nahm ich ihn mit in mein Hotel garni. Es klappte und klappte nicht. Da sagte ich, ‹Vielleicht brauchst du deine Stiefel und deine Uniform dabei?› Der zog sich alles wieder an, und als der Herr Gendarm vorm Bett stand, piepte es links oben aus der Jackentasche ‹Maulwurf 2 bitte kommen›.»

Bernd hatte kaum zugehört. Sein Gehirn versackte im Punsch, der Stasi-Mann mit dem BMW, in dem am Rückspiegel die kleine Hexe baumelte, war Captain Schiffrin, und aus der Aktentasche mit den Fotos im See piepte es «Stephan bitte kommen». Die Angst vor dem neuen Jahr hielt ihn fest in ihren Krallen.

Er stürzte sich in dieses neue Jahr, als gelte es, ein Leben neu zu leben. Käthe hatte ihm – «gepumpt, mein Lieber, aber ohne Leihfrist» – einen alten Refektoriumstisch für sein Arbeitszimmer in der Villa besorgt, einen alten Messingmörser für die Bleistifte geschenkt und eine schmale Stehlampe in strengem Chrom-Design: «Mies van der Rohe. Das ist erstens schön, und zweitens imponiert es den Reinhardts – bloß nichts, was ihrem Zeugs ähnelt. Ich seh zu, daß ich noch zwei Thonet-Stühle finde. Mehr kommt hier nicht rein. And now fasten your seat-belt.»

Bernd hob ab. Er hatte A gesagt, nun wollte er auch Z sagen. Er wollte alles auf einmal. Er wollte sein, was er haßte, und opfern, was er war. Nun hatte er zwei elfenbeinfarbene Telefone, auf denen er Klavier spielte – Agenturen, Galerien, Museumsdirektoren, Sammler. Er engagierte eine Hochstaplerin, die mal ein Verhältnis mit einem französischen Besatzungsfeldwebel gehabt hatte und vorgab, sich in Frankreich auszukennen. Er annoncierte nach einer Sekretärin, einem Redakteur, einem Mitarbeiter für das Bildarchiv, das nicht existierte. T 34 tauften ihn die Kollegen bald voller bewunderndem Entsetzen, «typisch Zone» fanden sie die Ausdauer,

Energie und Präzision, mit der er das Layout änderte, zu lange Artikel kürzte, Verabredungen minuziös einhielt und statt der bajuwarischen Mittagessengemütlichkeit zur dreißigsten Zigarette Tee trank. «Sabre», hatte ihm Willy Wohlfahrt mal erzählt, so nennen sich die frisch Eingewanderten in Israel nach der Frucht der Kakteen, die – bricht man Stacheln und harte Schale auf – süß und saftig ist. Bernd war eine preußische Kakteenfrucht; der frisch Eingewanderte wollte sich Gunst und Anerkennung und Erfolg und Lebenssinn mit seinen Stacheln aus der neuen Welt kratzen. Doch niemand brach die Frucht auf.

Die Geschwindigkeit, mit der er Autoren anwarb, Interviews verabredete, sich auf Kredit einen alten VW mit geteilter Heckscheibe und lila Samtbezügen kaufte und eine kleine, möblierte Wohnung mietete, verengte ihm die Augen und betäubte ihm die Ohren. Bernd war windschlüpfrig geworden. So spürte er nicht, daß er zwar von den Reinhardts weiterhin eingeladen, nun aber von Eigentümern als ein Angestellter zu Gast gebeten wurde. Bernd kannte ja Eigentum als Kategorie, als Fühlweise und Meßlatte überhaupt nicht; als Herrschaftsinstrument schon gar nicht. Die strenge Kinnpartie Armgard Reinhardts, etwas zu viereckig unter dem flunschigen Mund, hatte ihn ein wenig irritiert, für ihn war es ein Charakteristikum des sonst großflächig-bläßlichen Gesichts, nicht Ausdruck eines Charakters. «Rosa ist meine Farbe» – mit diesem Satz hatte sie ihre Sekretärin entlassen, als sie die in einem rosa Pullover an der «Erika» erwischt hatte. «Süß, einfach süß», war Käthes Kommentar; er hatte schon die Idee der Frau Konsul, einen Cadillac mit langen Flossen ganz in Rosa zu bestellen, für «einfach himmlisch» befunden.

Käthes Gespür für ästhetische Formen war so untrüglich wie seine Schwärmerei für den Kitsch der Neureichen. Eine gotische Madonna als Hausbar war sein Schönstes. «Den Bauch zum

Aufklappen und da drin die Pulle Dimple – entzückend.» Mit derselben Inbrunst, mit der er in einem Antiquitätengeschäft die einzelnen Teile eines Jensen-Bestecks – Ananas-Muster – streicheln konnte, setzte er den Reinhardts als Gastgeschenk eine Cinderella-Puppe aufs Sofa. Die kühlen Strichjungen aus dem Prinzregentenbad liebte er ebenso wie eine strenge Industriearchitektur von Poelzig oder Muthesius.

Käthe: Fremdenführer, Bootsmann und Fallensteller. Bernd hörte gerne zu, wenn er von Leleus-Schildpatt-Möbeln, Nadar-Fotos oder Jacques Faths Villa in Marokko erzählte – ihm waren das alles Märchen aus der Ferne. «Marokko», schwärmte der so englisch wirkende Mann, «ist phantastisch, spottbillig, elegant und zärtliche Stricher. Für einen bis zwei Dollar kann man köstlich essen, mit Schnecken in Knoblauch und allen Schikanen, und sich zum Dessert einen dieser schlanken Windhunde leisten. Was glauben Sie, warum so viele Künstler – Truman Capote und Paul Bowles und William Burroughs – dort leben. Der ist besonders süß. Einmal gab er zwei Jungens einen Dollar, damit sie es vor ihm trieben. Er verlangte, daß sie sich gegenseitig fickten, und schrie dabei ‹leche, leche› – er wollte sehen, ob sie auch gekommen sind. Zu schön.»

Von der eigenen Geschichte war Käthe so animiert – sie saßen auf der Couch in Bernds möblierter kleiner Wohnung in Grünwald bei München, Bernd hatte gerade eine Kerze in die leere Chianti-Flasche gefummelt –, daß er unvermittelt sagte, «eigentlich finde ich deinen buschigen Schnauzer in dieser Eichhörnchenfarbe sehr sexy. Wie der wohl kitzelt? Würde ja doch ganz gerne mal wissen, ob du überall einem Eichhörnchen ähnelst.»

Bernd wurde ganz steif. «Ich bin leider nicht aus Tanger, sondern aus Berlin. Und irgendwie noch dort – ich bin ganz versiegelt, verstehen Sie? Ich ruf dir ein Taxi.»

«Ganz verstehe ich's nicht, das mit dem versiegelt. Aber war wohl nichts.» Das war eine der drei Lebensmaximen von Käthe: «Nur nicht sich festlegen», «Wir lassen es noch mal offen» und «War wohl nichts».

«Bis das Taxi kommt, erzähl ich dir noch meine schönste Marokko-Geschichte. Die sind nämlich auch sehr anders, fast biestig dort – man kriegt nie ganz raus, ist es Haschisch, Mentalität oder Verschlagenheit. Ich sitze jedenfalls auf dem Grand Socco und trinke diesen wundervollen Pfefferminztee, da setzt sich eines dieser braunen schlanken Geschöpfe zu mir, lädt mich zu einem weiteren Tee ein. Das übliche Woher, Wohin, Was machen Sie, Haben Sie Zeit. Wir brechen auf, bummeln durch den Irrgarten der Medina, ich will ans Meer, wir nehmen ein Taxi, ich habe etwas Angst, mein Geld zu zeigen, trinken einen Saft in so 'ner Strandbude. ‹Darf ich Sie zu mir einladen?› – ‹Ja, gerne.› Er muß noch was besorgen, ich versteh nicht genau was; wir gehen in eine Apotheke – du, selbst Käthe, die erfahrene Dame von Welt, wird rot: Gummidinger. Wir fahren in einen Vorort. In dem kleinen Häuschen, vollgestopft mit diesem Araberkitsch, macht seine Frau auf, die Kinder werden vorgestellt, er geht sich umziehen, ich sitze zwischen diesen scheußlichen bunten Seidenkissen und rauche scheußlich parfümierte Zigaretten und knabbere scheußlich süßliches Zeugs, bis er in so was Burnusartigem reinkommt, die Frau bedient noch mal – nur die Augen sind zu sehen –, das weiße Ding, das er sich angezogen hat, läßt allerlei ahnen. Er faßt sich tief in eine vorn angebrachte Tasche, jetzt, denkt Käthe, geschieht es – da holt er drei Schnuller hervor. Schnuller! Er hat Schnuller gekauft für die Kinder. Und sitzt und lächelt und raucht aus seiner Wasserpfeife und schweigt und trinkt Tee und faßt sich an das schöne große, weiß verpackte Ding. Und als ich schließlich weg will, nach einer Stunde, bringt er mich zur Straße, wartet, bis ein Wagen kommt, fährt mit mir zurück in die Stadt, bezahlt das Taxi vor dem Hotel, sagt, er ginge noch mal zur Medina, einen Tee trinken. Was sagst du zu meiner Schnuller-Geschichte? Das ist das Taxi. Pech für Käthe. Tschüs denn.»

Bernd hatte gelogen. Versiegelt war er nicht. Nur seine Seele schleifte, sie war – obschon er nun fast zwei Jahre in München lebte – noch nicht angekommen. Freundlichkeit, also Erotik, ließ er nicht in sich ein. Deswegen hatte er auf Käthes Spielangebot nicht eingehen mögen. Alles ist Arena. Das Bett ist Kampfplatz. Konkurrenz. Wettlauf. Genitalien sind Waffen. Genuß bereitete ihm, was ihn zugleich verletzte.

Er hatte eine Affäre mit der Sekretärin von Buridan angefangen. Diesen Namen hatte Käthe inzwischen Herrn Reinhardt verpaßt, seinem gelegentlichen Liebhaber, «nur daß er an drei Heuballen rumzupft». Larissa war mit ihren schmalen Schultern, ganz kleinen, nach oben stehenden, spitzen Brüsten und einem fest wippenden, breiten Becken keine Schönheit. Aber ihre leicht stumpfe Milchhaut hatte Bernd elektrisiert, gleich bei der ersten Einladung. Es schien ihm, man müsse diese Flimmerhärchen nur reiben, damit Funken stöben. «Eine Aprikose, magst du Aprikosen?» war Käthes verwunderter Spott.

Doch auch ihm konnte Bernd nicht enthüllen, daß es der mandelbittere Kern war, der seine Sexualität schärfte. Larissa war nämlich verheiratet. Sie hatte ihn in ihre Schwabinger Wohnung eingeladen – «ich mache einen Salat mit Schafskäse, ich hoffe, Sie mögen Rezina-Wein» –, als da in einer Ecke dieser junge Volkswirt am Schreibtisch saß. «Ihr Bruder», dachte Bernd, «der Bruder, Larissa umgekehrt. Sie hat schwarzes Haar und blonde Haut, er trägt diesen lustigen, kurzgeschorenen, dunklen Bart und hat ganz blondes Strubbelhaar.» «Mein Mann Martin», sagte Larissa zur Begrüßung, «und dies ist der berühmte russische Bär, über den alle rätseln.» Bernd wußte nicht, daß «alle» über ihn sprachen, sich über die breiten Schultern seines groben Wintermantels mit der dicken Hornschnalle lustig machten und heimlich Wetten abschlossen, wann der Exote aus dem Osten denn endlich auf das Schwabinger Sexkarussell aufspränge.

Der sprang noch an diesem Abend, zerzaust von dem ungewohnten geharzten Wein, zu dem es nach dem Salat Dolmadakia gab. Sie hatten griechische Musik gehört, deren gesplissene Sentimentalität begehrliche, kleine Wunden in ihn ritzte. «Martin legt sich schon hin, er muß früh raus, aber wir tanzen noch ein bißchen.» Bernd erlernte noch in derselben Nacht das Spiel, das nun schon eine Weile währte. Der hagere Blonde mit dem Strubbelhaar im Schlafzimmer, dessen Tür einen Spalt offenblieb, während Bernd im Wohnzimmer die Aprikosenhaut schälte. Die Witterung dieses Magnetismus verschaffte ihm eine akrobatische Lust, es war ein Akt der Verletzung und Selbstverletzung zugleich. Als sollte ihm Pfeffer in die genußvolle Wunde gestreut werden, fand er am Morgen nach der ersten Nacht einen Brief. Von Yvonne? Von Stephan?

Auch dieses Blatt Papier, mit Maschine beschrieben, war ohne Anrede und Unterschrift. Ein augenloser Brief. «Hautwechsel.» Ein Protokoll.

«Wie lebt man, diesen ganzen Untergangsmüll um uns, Endprodukt einer herrlichen Zivilisation, Krämer und Politiker, die wir unbekümmert weiterwursteln, am Geld und an uns ersticken und Stadt und Land verpesten, verstopfen. Der größte Prophet scheint Beckett, der die menschliche Spezies kennt, und sein Gelächter ist das der bitteren, lustigen Götter. Warum denn entartet alles, was mit einem rationalen Ideal begann? Waren, nein, sind wir Idealisten nichts anderes als embryonale Machthungrige, voll ausgewachsene

Rechthabenwollende? Wo eine Sorge, ein Mitgefühl, das den engen Rahmen einer Doktrin sprenge? Die eigene Stimme verrostet – dort in der Wüste Wohlstand verhallt sie. Was verkrüppelt nicht alles, am Wohlstand, am Hunger, am Prestige, am Verwalten, am Verwaltetsein; ich weiß nicht mehr, wie aus dem Kreislauf, aus dem Amokrennen ausbrechen. Woher noch die Kraft nehmen zu Trauer, zu Aufbegehren bei soviel verpatzter Geschichte. Unserer. Er hat einmal im Streit gesagt, ‹ich bin ein dialogischer Mensch›. Jetzt ist er weg. Und der Streit. Und der Dialog. So wendet sich das Wort des Dichters zur Frage ‹Wir sind ein Gespräch›. Doch ein Gespräch hier, handelt es sich nicht gerade um Wurstkauf, wird zum Ereignis.

Oder es bleibt als Wesentliches die Einsamkeit, die Góngora mit seinen ‹Soledades› lebbar machen wollte. Sein Partner war die Phantasie. Gibt es noch politische Phantasie, wenn von eines Schriftstellers Name nur noch die Vorsilbe ‹Chleb› geblieben ist? Also alles vergebens und alles vertan? Grinsen nun die in Spanien gefallenen Interbrigadisten in ihren Gräbern: der Blutschacher geht weiter. Welche Schuld hat unsereins auf sich geladen, da wir das Glück in die Zukunft projizierten und damit das Gefängnis für die Gegenwart schufen? Da wir übersahen, daß die totale Leere der Macht mit Blut gefüllt werden will, wo auch immer?»

Eine Spur kerbt sich in Bernds Struktur; das schnelle Schiff bekommt keinen Kiel, sondern es wächst ein Messer nach innen. Es spitzt sein Gewissen, und es zertrennt Nervenfasern. Was Bernd wert ist, wird zerschnippert. Er liebt, was ihn ekelt, und aus seiner Wehmut schnitzt er Pfeile, die er dorthin schießt, von wo er Bestrafung zu erwarten hat. Aus dem beginnenden beruflichen Erfolg macht er kunstvoll absichtlich einen Bumerang. Etwas, das tiefer liegt als Wissen, läßt ihn sein Tanzseil so straff spannen, daß es schneidet. Er entwickelt aus bösartigem Anstand eine perfekte, kleine Selbstzerstörungsmaschine. Sie funktioniert.

Für die Zeitschrift hatte Bernd eine Kolumne entwickelt, die zum ständigen Skandal und damit zur Publikumsattraktion wurde. Es war die Aufschlagseite des Heftes mit der Überschrift «Westdeutsche Ikonographie». Dort rückte er zu einem jeweils großformatig reproduzierten Bild das Zitat eines Schriftstellers ein, aus einer Politikerrede oder aus einem zeitgenössischen Dokument. Begonnen hatte die Serie mit George Grosz' erstem Blatt des Malik-Bandes «Das neue Gesicht der herrschenden Klasse», jener schauerlichen Nie-wieder-Krieg-Karikatur mit dem Titel «Seifenblasen», zu dem er diese Sätze aus Gottfried Benns Essay «Kunst und Drittes Reich» gestellt hatte: «... nämlich Kleinbausiedlungen, darin subventionierten, durch Steuergesetze vergünstigten Geschlechtsverkehr; in der Küche selbstgezogenes Rapsöl, selbstbebrüteten Eierkuchen, Eigengraupen; am Leibe Heimatkurkeln, Gauflanell und als Kunst und Innenleben funkisch gegrölte Sturmbannlieder. Darin erkennt sich ein Volk. Ein Turneck im Garten und auf den Höhen Johannisfeuer – das ist der Vollgermane. Ein Schützenplatz und der zinnerne Humpen voll Bock.»

Im zweiten Heft hatte er das Auschwitz-Foto mit dem Raum voller Brillen abgebildet und dazu Kurt Hillers Satz gedruckt: «Die Galgen von Nürnberg sind ein Symbol edelster, geistigster und segensreichster, dem Nutzen der Menschheit dienender Intoleranz.» Unter den Namen des Autors setzte er die Notiz, «Der Emigrant Kurt Hiller erhielt als Entschädigung für seine KZ-Zeit pro Tag ‹Schutzhaft› fünf Mark zugesprochen.»

Die dritte Folge zeigte die «Leda» von Hitlers Lieblingsmaler Adolf Ziegler mit der Eloge des Nazischriftstellers Hans Grimm aus der «Erzbischofsschrift» von 1950:

«Tun Sie für eine Weile ab, soweit das heute einem Sterblichen möglich ist, was Propaganda, was Krieg, was äußerste Not und Bedrängnis, was verzweifelter und wohlverständlicher Haß der Opfer, was die schleichende geistige Erkrankung des österreichisch-deutschen Parteiführers Hitler in 23 Jahren aus der Bewegung angeblich und wirklich gemacht haben, die einmal eine erste Morgenröte schien und voll von echten, ethischen Forderungen war und sogar echte, menschliche Erfüllungen zeigte.

Ich würde sagen, der junge Nationalsozialismus war viel mehr als eine innenpolitische und gar als eine außenpolitische Bewegung. Er könnte richtiger als eine politische eine moralische, wir würden sagen eine religiöse Bewegung genannt werden, die unter dem Leitwort: ‹Gemeinnutz geht vor Eigennutz›, selbst unbewußt, aus der unvollendeten Reformation Luthers eine ganze deutsche Reformation zu machen versuchte. Auf dem Wege über die Brüderlichkeit und gegenseitige Verpflichtetheit der Volksgenossen sollte die menschliche gegenseitige Verpflichtetheit für diese Erde endlich gelingen. Forderungen stellte die Bewegung auf in einer Zeit schlimmsten deutschen Niederganges, deren Erfüllungen unbequem waren, Forderungen, die keinen Kompromiß zuließen, und denen die Anhänger aus Idealismus und in Hoffnung dennoch gehorchten.»

Es hagelte Leserbriefe, fast nur Empörung und Aufschrei. Ehemalige Offiziere, Hausfrauen, Professoren überschütteten die Redaktion mit ihrem Protest, der von «Auschwitzlüge!» bis «Was hat das mit Kunst zu tun?» reichte. Bernd änderte das Layout. Er druckte jetzt auf der ersten linken Aufschlagseite kommentarlos die Leserbriefe – und auf der gegenüberliegenden rechten Seite die nächste Kolumne; zu Anfang, der Wahlkampf hatte begonnen, schlicht das Plakat der Adenauer-CDU «Keine Experimente» und darunter eine Analyse von

Alexander Mitscherlich: «Das Land scheint in seiner Kraft, politisch wirksame Ideen hervorzubringen, erschöpft, da die meisten seiner Bürger mit den Ideen des Rassismus und der Herrschaftsideologie des Nationalsozialismus einverstanden waren. Sie haben in der Tat mit dem Untergang der Naziherrschaft die Grundlage ihrer Orientierung verloren.»

Das ging so Monat für Monat. Mal war es Karl Marx' berühmte Äußerung zur Kunst der Antike unter dem Apoll von Belvedere, mal der Auszug aus westdeutschen Schulatlanten, auf dem Danzig statt Gdańsk, Stettin statt Szczecin und Breslau statt Wrocław eingetragen war, darunter montiert Autobahnrichtungsschilder, Danzig 1098 km, Stettin 747 km. Und mal ein großes Foto von Rosemarie Clausen aus der gefeierten Hamburger «Faust»-Inszenierung, «Gründgens als Mephisto», dazu die Interpretation des aus der amerikanischen Emigration zurückgekehrten Theaterkritikers Berthold Viertel, der seinen Eindruck unter der Überschrift «Reichskanzleistil» festhielt:

«Ein kaltes Pathos wird hörbar, das erfroren klingt, eine falsche Sachlichkeit, die vom Redespiel der Nazizeit übrig geblieben ist. Das ist arg genug. Aber vielleicht noch problematischer ist das Spielerische, das äußerlich Vollendete, das Choreographische, das eine sauber geordnete Welt, eine glatte Maschinerie der Illusion in Bewegung setzt: eine Welt ohne Perspektive, ohne Zwischentöne, malerisch aufgefaßt und durchgepinselt. Es fehlt diesem Spiel an Realität, an durchdringender Motivierung und Charakterisierung, an kräftiger und wuchtiger Aussage.»

Die Aufregung stieg von Heft zu Heft. Die Auflage auch. Bernd hatte längst begriffen, daß das der Sattel ist, in dem er sein Pferd über viele Hürden jagen konnte. Crème-de-Menthe und Buridan teilten ja nicht nur den Besitz einer Arcimboldo-Sammlung, eines Konsulats, eines rosa Cadillac, eines Cousin, und inzwischen eines herrlichen Anwesens in Ascona, sie teilten auch eine linke Gesinnung und waren in der Nazizeit dagegen gewesen. Man ging gerne ins Kabarett «Die kleine Freiheit», um freche Kästner-Chansons zu hören, oder in die beliebte Kneipe, wo eine vollbusige Bierseidelgréco namens Gisela heiser die Münchner Nationalhymne dieser Jahre hauchte:

«Ich habe einen Mann, den viele möchten,
der immer mich bewahrt vor allem Schlechten.
Ein jeder kennt ihn, Novak ist sein Name,
ihm danke ich, daß heut ich eine Dame.
Ob angezogen oder als ein Nackter,
der Novak hat am ganzen Leib Charakter.
Ich hätt schon längst ein böses End genommen,
aber der Novak läßt mich nicht verkommen.

Die Menschen macht man mit Atomversuchen
allmählich zu Idioten und Eunuchen.
Wenn ich mich nachts im Lotterbette strecke,
dann leuchtet mein Gerippe durch die Decke.
Die Liebe kann mich gar nicht mehr beglücken,
wenn ringsherum die Geigerzähler ticken.
Ich hab schon einen Tick davon bekommen,
aber der Novak läßt mich nicht verkommen.

Ich möcht einmal politisch interessant sein,
ich war schon in den Klüngel eingedrungen,
ich hatte Papa Heuss schon vorgesungen.
Fast wär ich in den Bundestag gekommen,
aber der Novak läßt mich nicht verkommen.»

Man hielt das für politisch wie die Kästner-Strophe, die der Kabarett-Bude im vierten Stock eines Schwabinger Mietshauses den Namen gegeben hatte:

«Die große Freiheit ist es nicht geworden,
es hat beim besten Willen nicht gereicht,
aus Traum und Sehnsucht ist Verzicht geworden»

Und man pflegte sorgsam wie eine Rosenzucht das Gerücht, auch die Familie der von Burgsdorf habe zum «Umkreis der Widerstandsleute vom 20. Juli» gehört. Nie hatte jemand diesen «Umkreis» ausgemessen, vermutlich hatte man dort auf den ostpreußischen Besitzungen bei Fasan und Wildschweinrücken zum Bordeaux ein paar Anti-Hitler-Witze mit adligen Offizieren riskiert, denen der ordinäre Mann ohnehin immer «der Gefreite aus dem Ersten Weltkrieg» geblieben war. In den besseren Kreisen Münchens galt das als schick. Überprüft hatte es niemand. Das Geschichtslose, Geschichtsgelöschte dieses Landes hatte auch zu dieser angenehmen Lässigkeit gegenüber Legenden und Biographien geführt. Auch Bernd hatte niemand je «überprüft».

Als achtzehn Atomwissenschaftler in Göttingen – darunter vier Nobelpreisträger – in einer aufsehenerregenden Erklärung vor atomarer Bewaffnung warnten, publizierte Bernd in der Kolumne Franz Radziwills Bild «Wohin in dieser Welt» und ließ daneben drei Texte laufen.

Einen langen Auszug des Manifests mit den Kernsätzen: «Für die Entwicklung der lebensausrottenden Wirkung der strategischen Atomwaffen ist keine natürliche Grenze bekannt. Heute kann eine taktische Atombombe eine kleinere Stadt zerstören, eine Wasserstoffbombe aber einen Landstrich von der Größe des Ruhrgebiets zeitweilig unbewohnbar machen. Durch Verbreitung von Radioaktivität könnte man mit Wasserstoffbomben die Bevölkerung der Bundesrepublik wahrscheinlich heute schon ausrotten. Wir kennen keine technische Möglichkeit, große Bevölkerungsmengen vor dieser Gefahr zu schützen.»

Daneben Konrad Adenauers Replik: «Zur Beurteilung dieser Erklärung muß man Kenntnisse haben, die diese Herren nicht besitzen. Denn sie sind nicht zu mir gekommen.»

Und schließlich das Faksimile eines Telegramms von Kurt Hiller an Konrad Adenauer: «Ihre völlig unchristliche, völlig undemokratische Abkanzlung einer Gruppe bedeutender, aus gründlicher Kenntnis und tiefer Verantwortung warnender deutscher Gelehrter, gibt uns Anlaß, Ihnen unsere Verachtung auszusprechen und den Wunsch zu erneuern, daß eine dem wahren Interesse des Vaterlands fortgesetzt abträglich handelnde arrogante Null wie Sie raschestens von der politischen Bildfläche verschwände.»

Die erste Reaktion war ein zwei Seiten langes Telegramm von Käthe aus Procida, wo er seit zwei Monaten mit einem jungen Schriftsteller hauste, der für Boris Blacher Opernlibretti schrieb.

«liebes leider-nicht-eichhörnchen stop könnte dich küssen stop kennst du die umfrage wann ist es ihrer meinung nach in diesem jahrhundert deutschland am besten gegangen? stop antwort von 40%: zwischen 1933 und 1938 stop und wann am schlechtesten? stop antwort von 70%: zwischen 1945 und 1948 stop kennst du die ergänzende umfrage wenn sie jemand fragen würde, ob sie sich selber als deutscher irgendwie mitschuldig fühlen an den judenvernichtungen – was würden sie sagen? stop antwort 88%: nein, fühle mich als deutscher nicht mitschuldig stop immer weiter munter ins verderben wünscht dir die vom schriftsteller schon gelangweilte käthe stop ps buridan grollt»

Bernd wollte das Grollen nicht wahrnehmen, bekam es

aber bei einem Empfang für das Konsulat von Costa Rica zu spüren. Man hatte den großen Festsaal des Hotels «Bayerischer Hof» gemietet, ganz in Rosa. Bernd schwebte auf Käthes Giftwolken und als ihm der nette Anwalt mit der linken Hängeschulter laut gratulierte – «das ist einfach großartig, mein Lieber, das ist direkt Journalismus als Kunst oder meinetwegen umgekehrt» –, zog er den in einer nebenstehenden Gruppe plaudernden Herrn Reinhardt herbei: «Haben Sie das gehört?» fragte er, gewarnt von Käthes Telegramm, leicht spöttisch seinen Boß. «Unerträglich», zischte der gellend leise, «vollkommen unerträglich», er trippelte erregt mit den seltsam abrollenden Schritten eines Marcel Marceau, die einen nicht voranbringen, die Adlerschnabelnase zeigte winzige Schweißspuren und war giebeliger denn je. In Dr. Höltensheimers schiefköpfiges «Vorsicht» hinein, das wohl dem aus dem Glas schwappenden Rotwein galt, sagte Bernd, «Heinrich Heine antwortete, als man ihm sein attackierendes Börne-Buch vorhielt: ‹Aber es ist doch so schön geschrieben.›» Das Gelächter kitzelte ihn, als er anfügte, «Aber Radziwills Bild ist doch so schön gemalt.»

Buridan war aber nicht mehr da. «Kommen Sie, ich muß Sie unbedingt mit jemandem bekannt machen, es ist zwar ein Schriftsteller, also nicht Ihr Fach», sagte der juristische Tschaikowskij-Spieler mit der schiefen Schulter, «aber Sie werden sich beide mögen. Es ist ein Romancier, noch nicht allzu lange wieder in Deutschland.»

«Der Mensch ist gut, Herr Lehrer», frotzelte Bernd; er hatte sich inzwischen mit dem leicht flapsigen, gebildeten Anwalt angefreundet, sie gingen manchmal gemeinsam zu Konzerten in die Münchner Residenz und freuten sich, nicht miteinander konkurrieren zu müssen: «Ich verwechsle Magritte mit Max Ernst, und ich weiß nicht, welcher Chirico echt oder gefälscht ist, dafür haben Sie keine Ahnung, daß der von Goethe bewunderte Johann Nepomuk Hummel, zwei Jahre lang Schüler im Hause der Familie Mozart, schamlos Stimmung und Themen aus Mozarts großem C-Dur-Klavierkonzert für den zweiten Satz seines Trompetenkonzerts E-Dur geklaut hat. Das ist eine solide Basis für eine Kollegenfreundschaft.»

«Ich glaube nur nicht an die Sache mit der Mensch ist gut», hatte Bernd noch beharrt, da stand neben ihnen ein hochgewachsener, schlanker Herr mit silberweißem Haar, der seine gekniffte, russische Papirossa wie einen Billardqueue auf Bernd richtete. «So, junger Mann, und woran, wenn ich Sie mal fragen darf, glauben wir denn?»

Mit diesem Eröffnungsstoß hatte die Freundschaft zwischen einander herzlich zugetanen Gegnern begonnen. Noch auf dem «Unerträglich»-Cocktail hatte der elegante, ältere Mann, dessen viel zu heller und sehr schmal geschnittener, grauer Flanellzweireiher ihn noch hagerer erscheinen ließ, sich mit Bernd verabredet. «Kommen Sie doch Donnerstag ins ‹Vierjahreszeiten›. Ich sitze jeden Dienstag und Donnerstag nachmittag in der Halle vorne links; da können wir gemütlich plaudern.»

Als Bernd fünf Tage später pünktlich um 17 Uhr das Hotel betrat, saß der Silberhaarige – in etwas dunkleres Grau gekleidet, altmodisch mit einer gelben Blume im Knopfloch – an einem der falschen Chippendale-Tischchen, das einen koketten Hut aus leicht verstaubten Seidenblumen, gefalteten, blaßgrünen Servietten und Schlagsahne balancierte; schräg hinter ihm verbeugte sich ein Stehgeiger im Frack, der dem links Schwerhörigen einen Tango ins rechte Ohr geigte. «Das liebe ich, zweimal in der Woche trinke ich hier meinen Earl-Grey-Tee, genieße meine Zigarre, und unser Puszta-Paganini muß für mich Tangos spielen. Ach, Europa.»

Das war das Stichwort. Der Schriftsteller war 1950 aus der

amerikanischen Emigration zurückgekommen und gebührend begrüßt worden. In seiner Heimatstadt Würzburg hatte man ihn wegen eines im Exil geschriebenen Romans scharf angegriffen; er habe damit «Würzburg in den Schmutz gezogen». Empört hatte er sich dagegen verwahrt, «daß man angesichts der Weltschuld des Naziregimes, dessen Sturmführer und Gauleiter auch in Würzburg gewütet hatten, überhaupt jemanden wie meinesgleichen zu beschuldigen wagte, ganz gleich, wer dieser Jemand sei».

«Der Anfang vom Ende war das, junger Mann. Ich lebe hier in einem Land, das mich verjagt und nie wieder begrüßt hat.» – «Immerhin bei Tee und Zigarre», konnte Bernd sich nicht verkneifen.

«Ich will Ihnen mal was sagen, Herr Walther – so war doch der Name? Irgendwie gefallen Sie mir, mir gefiel Ihr Aufsatz neulich über Carl Hofers Kriegsbilder und auch, daß Sie diesen Brief von Kokoschka gedruckt haben. Aber im Moment wissen Sie nicht, wovon Sie reden. Ich lebe ausschließlich von den Honoraren meiner Bücher – die in der DDR gedruckt werden. Hier werde ich nicht verlegt. Hier wird auch Alfred Döblin nicht verlegt, dem man die französische Uniform nicht verzeiht und nicht seinen Roman ‹Karl und Rosa›; sein großer Hamlet-Roman erscheint ebenfalls in der DDR. Schon 1948 schrieb er mir vor meiner Rückkehr, ‹brauchen Sie das Wort Jude in dem Lande selten und am besten nicht. Es ist hier ein Schimpfwort, und ist es geblieben›. Mir scheint inzwischen, das gilt für ein zweites Wort hierzulande ebenso. Es ist das Wort Kommunist. Mein Kollege Hans Henny Jahnn kriegt den Lessingpreis der Freien und Hansestadt Hamburg nicht, weil er einen Heine-Vortrag in Moskau hielt, und er muß eine Polen- und China-Reise absagen mit dem eingeschüchterten Satz, ‹es gibt eine Grenze dafür, wie hoch man die Suche nach der Wahrheit bezahlen kann›.»

Der Tee war kalt geworden, die Zigarre ausgegangen. Bernd sah einen zornigen, alten Engel mit schönem, gotischem Kopf, das weiße Haar unnatürlich akkurat. Ein kommunistischer Hotelhallen-Engel, Racheschwur bei Geigentango in Chippendale?

«Aber wo man Ihre Bücher druckt, unterdrückt man andere. Ich habe das Land deswegen verlassen, nicht einmal ein seriöses wissenschaftliches Lexikon durfte unverfälscht erscheinen. Der Kulturminister verbietet die eigenen expressionistischen Gedichte. Bilder werden in Museen abgehängt, Theaterinszenierungen abgesetzt. Ist Ricarda auch eine Antikommunistin, weil sie rasch und unauffällig dieses Paradies verließ? Oder Theodor Plivier? Louis Aragon ist reduziert auf den Autor der ‹Kommunisten›, ‹Die Bauern von Paris› hat er nie geschrieben, und Isaak Babel wird ein zweites Mal gemordet, weil nicht publiziert.»

Bernd fragte sich, nicht den alten Mann. Der nestelte eine zusammengefaltete Zeitung aus der Jackentasche und legte sie neben das Teegeschirr. «Lesen Sie das», er zeigte auf eine mit Grünstift angestrichene Stelle der «Deutschen Tagespost»: «Wer in den Jahren der Emigration mit ausländischen Kommunisten zusammengearbeitet hat, der kann keinen Anspruch darauf erheben, im Ausland für Deutschland gekämpft zu haben.»

«Das ist die eine Hälfte der Unwahrheit», Bernd konnte seine Erregung nicht unterdrücken, «die andere Hälfte ist dort, wo Kommunisten Kommunisten verhaften, drangsalieren. Haben sie Glück, verbietet man ihre Musik, wie einiges von Hanns Eisler, oder ihre Bilder wie die von Strempel. Haben sie Pech, verschwinden sie in Workuta oder ‹nur› in Bautzen. Der Mensch ist gut – damit meinen Sie doch wohl, der Sozialismus setzt das Gute frei. Welcher Sozialismus? Der aus Budapest vielleicht, wo man den Marxisten Lukács deportiert, Tibor Déry verhaftet und Imre Nagy ermordet?»

«Ich erkläre Ihnen das ein andermal. Vielleicht haben Sie recht mit der halbierten Wahrheit. Aber dann gibt es eben die berühmte größere Hälfte. Besuchen Sie mich doch mal. Ich träume mich gerne zurück in vergangene Zeiten, hier in diesem alten Hotel. Aber es ist nicht der Ort für solche Gespräche. Ich bin schon froh, sie mit einem Jüngeren überhaupt führen zu können.»

Er gab seine Telefonnummer. Bernd versprach, sich zu melden.

Der nächste Büromorgen riß ihn in einen anderen Strudel. Es ging nicht um Workuta und es ging nicht um Bautzen. Es ging um die Haftanstalt in Münchens Widenmayerstraße. «Du, ich sitze im Gefängnis», klang Käthes piepsig veränderte Stimme aus dem Telefonhörer.

«Sehr witzig», lachte Bernd, «und von wo rufst du nun an? Noch aus Procida oder bist du schon zurück oder wie?»

«Hör auf, es ist kein Witz. Ich bin im Gefängnis, es ist ernst. Ich kann jetzt nicht weitersprechen. Kannst du bitte gleich herkommen, 3. Stock, Zelle 19, bei Oberwachtmeister Wiemert melden.»

Nichts mehr von Schärfe, Spott und heiterer Frivolität war in Käthes Augen zu entdecken. Durch die Sprechklappe einer Besucherzelle sah Bernd einen verängstigten kleinen Mann mit verweintem Gesicht. Ein Junge aus dem Schwimmbad habe ihn denunziert, alles Blödsinn natürlich, die Badekabine, wär er nur nicht mit seinem Motorroller abgehauen, vorher auch noch über die Mauer getürmt.

Käthe saß im Gefängnis, Homosexualität war in der Bundesrepublik verboten, nicht einmal das wußte Bernd, da der Paragraph in der DDR längst abgeschafft war. Er hatte die Selbstverständlichkeit der leicht augenzwinkernden Mitspielerei in Münchner Bohemekreisen oder solchen, die sich an ihre Ränder zeckten, mit akzeptieren verwechselt. Er hatte die Schminke dieser Gesellschaft für ihr Gesicht gehalten. Doch Käthe war für Herrn Reinhardt im Bett dasselbe wie für Frau Reinhardt ein Nolde an der Wand. Jetzt war er nur noch peinlich; im Preis gesunken. Man kaufte allenfalls einen «Sitzenden Harlekin» von Picasso, aber man lud kein fahrendes Volk in den Salon. Gaukler. Käthe hieß plötzlich Sarah. Niemand half.

Bernd fand sich in der Ostberliner Stasi-Zelle, fand sich im Auto vor den unbeteiligten Hausfrauen neben der Gefängniseinfahrt. Die hatten damals Mohrrüben im Marktnetz und schwitzten, hier hatten sie Arcimboldo-Gemüse und klatschten. Er besorgte einen Anwalt für Käthe, Tschaikowskij half. Mit seinem Ratteninstinkt aus der Schwarzmarktzeit im Trümmerberlin verschaffte er sich Zugang zu Käthes Wohnung, deren strenge Kärglichkeit er in seiner Aufregung nicht wahrnahm. In Gegenwart des Vermieters klaute er eine Mappe mit «verfänglichen» Briefen; das hatte ihm der Fallensteller in der Falle zugeflüstert. Jahre später sollte Käthe ihm bittere Vorwürfe machen, daß er die Liebesbriefe von Modeschöpfern, Fotografen und Filmschauspielern verbrannt hatte.

Zurück an Käthes Refektoriumstisch merkte Bernd gar nicht, wie ihm ein größerer Aufsatz über Max Ernst zu einem Brief an Käthe und seine Verächter geriet. Es wurde ein zorniges Porträt – nicht des surrealistischen Malers und seiner bitterbösen Collagen, sondern seines ihm jetzt applaudierenden Publikums, das dem nun Berühmten verzieh, was es dem gejagten Juden angetan hatte.

Den Artikel nannte Bernd eine «De-Collage» und stellte in seinen Mittelpunkt Max Ernsts Bild «Au rendez-vous des amis». Er erzählte einfach einige Lebensläufe dort abgebildeter Künstler, die der Maler unter dem Einfluß der vom Vater gelehrten Taubstummensprache in einer Mischung aus Rummelplatzfotografie und visionärer Landschaft plaziert habe: Louis Aragon und Paul Eluard, die Résistance-Kämpfer und Kommunisten; der Trotzkist René Crevel, der im Juni 1935 während des Pariser Schriftstellerkongresses «für Verteidigung der Kultur gegen Krieg und Faschismus» Selbstmord beging, er sitzt statt auf einem «unsichtbaren Klavier» auf einem Automatenkasten und spielt mit Figuren von Fußballspielern; oder André Breton, dem der Maler den größten Kopf gab. Der in seiner Heimat Italien von den Faschisten verfolgte Giorgio de Chirico ist eine Statue und Max Ernst selber hat auf den Knien Dostojewskijs Platz genommen. Auch der Emigrant Hans Arp taucht auf.

Die rechts und links ins Bild einmontierten Bildlegenden – eine Paraphrase holländischer Gruppenporträts – lieferten Bernd den Vorwand, anhand der Personen eine Deutung des Surrealismus als vom Impuls her politischer, weil schroff antibürgerlicher Bewegung zu wagen; deswegen abgewehrt und kaum verstanden. Kränkend war sein Argument, daß der Markt den Wert dieser Künstler auch noch nicht erkannt habe, daß man Bilder dieser Maler oder – oft illustrierte – Erstausgaben der Dichter für praktisch nichts erwerben könne. Das Max-Ernst-Bild habe jüngst ein Hamburger Zahnarzt für 8000,– DM gekauft. «Ästhetisches Unbehagen als politische Abwehr in Form kommerzieller Nichtachtung» hieß der letzte Satz.

«Bürschlein, Sie gehen einen schwierigen Weg», meinte nicht ohne Freude der alte Willy Wohlfahrt, als der junge Chefredakteur ihm stolz das Heft mit dem Aufsatz brachte. In Bernd drehte sich eine Feder zusammen, die spannte und stach; zugleich beschleunigte sie ihn. Den Abend zuvor, bei der Aprikose, war sie ihm wie eine Witterung zum ersten Mal bewußt geworden, diese Lust an der Gefahr, die er als Instrument einsetzte. Nicht bewußt geworden war ihm, daß er es war, der zum Gegenstand wurde – Zeiger an der Uhr fremder Lust.

Seit einiger Zeit blieb die Tür zum Schlafzimmer immer weiter offen, und letzte Nacht, die Aprikosenhaut schien Bernds Zunge süß und salzig zugleich, rasterte die Masturbationstür zu einem Gitter, durch das er einen nackten Käthe auf seiner hachligen Gefängnisdecke liegen sah. Nicht Larissas blonde Mösenwolle kitzelte ihn. Ostwestentsetzen steifte ihn zu immer brutaleren Stößen. Sein Politfick ließ Larissa aufstöhnen. Doch Bernd fickte Käthe.

«Agitieren Sie mich nicht, das ist DDR-Deutsch», sagte er zu Willy Wohlfahrt, «ich weiß schon, was ich tue. Nein», fügte er mit einer Stimme hinzu, die wie wischende Kreide klang, kläglich-scheuernd, «ich weiß es nicht. In Wahrheit schreibe ich eben Briefe, keine Artikel. Und wie jeder richtige Brief haben sie alle nur einen Adressaten. Der eine sind zwei: Stephan und Yvonne. Mir will ich gar nichts beweisen, aber diesem einen, der zwei ist: daß ich nicht vergessen habe, daß ich ein treuer Verräter bin. Sie wissen ja, daß ich Post bekomme. Darf ich Ihnen aus dem Brief vorlesen, der gestern kam?»

«Nee, eijntlich nich. Mir paßt das nich, nu isses also Mailand per Post. Irgendwas stimmt da nicht, bei denen, bei Ihnen oder sonstwo. Was lassen sie Sie nicht in Ruhe, warum diese Fernlenkerei, warum lecken Sie etwas mit einer Vergangenheitszunge auf, was abgestanden, schal und verdunstet ist? Mir wäre lieber, Sie würden pfeifen und nicht labbern.»

Es war, als spräche das dürre Männlein zu Michou, der Katze, der er ihren Napf hinstellte; er drehte Bernd den Rükken zu und klapperte mit zwei Töpfen auf dem Herd. «Ich mach uns 'n paar Linsen mit Würstchen heiß. Bier ist im Eisschrank.»

Bernd begriff, das war die Erlaubnis.

«Danke», sagte er, nicht für die Linsen. «Sagen Sie mir, ob

das ein Linsengericht ist: ‹Trübe Nachrichten eines traurigen Hundes: totales Reiseverbot, auch nach Prag oder Warschau. Der Grund für diese Sperre: meine ‚Beziehungen' zu dem Verfasser des Schliemann-Aufsatzes. Es bleibt mir rätselhaft, wieso diese ‚Beziehung' bis Oktober keine Rolle spielte und nun neuerdings doch – aber da es unmöglich ist, sich des Rätsels Lösung zu verschaffen, da, im Gegenteil, sogar die karge Auskunft, warum überhaupt …, unter top-secret läuft, muß ich mich damit bescheiden.

Diese Wendung der Dinge trifft mich schwer – ich hatte große Erwartungen und Hoffnungen an eine Arbeit geknüpft, die aber ohne Auslandskontakte nicht zu leisten ist. Es riecht nach arbeitslos. Für mich ist jedenfalls der jetzige Job der letzte – es dürfte schwerfallen, irgendwo anders unterzukommen. ‚Unterkommen' ist aber unabdinglich, weil mit dem, was ich kann und will, ‚in der Freiheit' kein Kohlkopf mehr zu verdienen ist. Deshalb reagiere ich so verstört auf die Warnungen auf Katzenpfoten.

Das Ganze – auch die Konstituierung eines Feindbildes gegenüber einem, der sich mitnichten als Feind fühlt – versetzt mich in moralische Schwierigkeiten, die Dir (womöglich) gar nicht ermeßbar sind. Laß mich, selbst wenn ungeschickte Töne dabei herauskommen, unerträgliche Mischungen aus Schiller und Machiavelli, das sagen: mich bedrückt fürchterlich, daß ich befragt und unbefragt unsere alte Freundschaft bekenne, gleichzeitig aber die Auseinandersetzung über den Steckbrief scheue, der über Dich in Umlauf gebracht ist. Ich kann es nicht – und die ‚Bürgschaft' ist eine sehr alte Ballade.

So bleibt etwas eigentlich Unerträgliches übrig: jede Nacht mit einer Frau zu schlafen, die man tagsüber schneidet, schneiden muß.

Ich höre Dich in diesem Moment sprechen – das mache Dir gar nichts aus. Doch das trifft nicht: es macht mir etwas aus. Damit wir uns nicht mißverstehen: das bedarf keiner Antwort, will keine. Du bist nur der Brennpunkt von Problemen, die grundsätzlich bedrücken (und die unlösbar sind, ich weiß schon).›»

«Ich kenne das alles», damit hatte Willy Wohlfahrt das Gespräch mit dem eleganten Romancier begonnen, der ihnen in einer grünseidenen, wattierten Hausjoppe geöffnet hatte. Auf Bernds Frage am Telefon, ob er einen väterlichen Freund, Archäologe und New-York-Emigrant, mitbringen dürfe, war die Reaktion ein freundliches «aber besonders gern» gewesen. Nun saßen sie zu dritt in dem engen Neubauwohnzimmer, so lieblos und flüchtig eingerichtet, als würden morgen die Koffer gepackt, tranken Sherry, rauchten und stritten.

«Ich kenne das alles – daß dreizehn Oberschulen in der Bundesrepublik den Namen der Nazidichterin Agnes Miegel tragen und daß man den Waffen-SS-General Kurt Meyer in seinem Heimatort mit einem Triumphbogen begrüßte; daß von den 75 höheren Beamten des neugegründeten Auswärtigen Amts 65 Prozent ehemalige NSDAP-Mitglieder sind und daß der Herr Ludwig Körne, der jetzt die Wiedergutmachungsanträge verfolgter Künstler bearbeitet, unter Goebbels Präsident der Reichstheaterkammer war. Ich bin ja Wissenschaftler», fügte Willy Wohlfahrt hinzu, «und Hobbyarchivar. Aber haben wir, haben unsere Gefährten in der Emigration nicht auch gelogen? Zumindest sich selber belogen?»

Plötzlich saß Bernd in einem dieser kleinen Hotelzimmerchen in Paris oder Amsterdam oder New York, es war der sprichwörtliche Streit unter Emigranten.

«Nein, wir haben nicht gelogen. Wir haben uns geirrt, viele von uns. Sich täuschen oder andere täuschen – das ist ein großer Unterschied. Was Sie meinen, ist vermutlich Lion Feuchtwangers törichte Verteidigung der Stalinprozesse oder

Egon Erwin Kischs lächerlich-ängstliche Linientreue. Wir waren blauäugig», sagte der blauäugige Romancier, «und naiv, aber nicht schuldig. Wissen Sie noch, wie wir 1941 in den USA eine Kabinettsliste der neuen deutschen Reichsregierung zusammengestellt hatten? Heinrich Mann als Premier, Thomas Mann Kulturminister, Ludwig Renn Armeeminister, Paul Tillich für die Justiz und Lion Feuchtwanger für das Außenamt? Die Zeitschrift ‹Scoop› veröffentlichte das sogar. Das war kurios und utopisch, zugegeben. Dafür haben Sie jetzt hier einen Außenminister, der Bertolt Brecht mit Horst Wessel vergleicht. Da fühle ich mich auch schon wohler in meinem DDR-Verlag, den ein Spanienkämpfer leitet.»

«Leitete», fiel Bernd ziemlich heftig ein. «Darum geht es doch. Sie machen beide alte Rechnungen auf – aber die neuen sind gefälscht. Ihr Verlagschef ist in der DDR verhaftet worden, niemand hat protestiert.»

«Halt», der Weißhaarige sprang wütend auf, riß das Fenster auf, als wolle er Rufe von Demonstranten hereinlassen, «ich habe protestiert, Katja Mann hat protestiert.»

«Nur daß es niemand weiß. Was nützen Proteste, die der Öffentlichkeit vorenthalten wurden? In der DDR ist der Mann widerspruchslos zum Verbrecher gestempelt worden. Da gelten die Fragen des westdeutschen Schriftstellers Wolfgang Weyrauch: ‹Oder schämen Sie sich gar nicht? Wußte Ihre linke Hand, was Ihre rechte Hand tat? Wußten Ihre schreibenden Hände nicht, was Ihr Kopf dachte? Sind Sie schizophren geworden, Bertolt Brecht?›»

Nahezu wütend fuhr Bernd fort: «In unserem Fall war Brecht gerade gestorben. Der betraf ihn nicht mehr. Aber andere betraf er – und andere Fälle betrafen ihn. Die Seghers und die Weigel: sie haben geschwiegen. Der Bredel und der Zweig: sie haben geschwiegen. Weil Sie neulich von Alfred Döblins Roman über Karl Liebknecht und Rosa Luxemburg sprachen – den ich auch nicht kannte –, habe ich mir etwas aus dem Archiv heraussuchen lassen. Dieser Wolfgang Weyrauch ist ein integrer Mann. Hier, ich habe es mitgebracht – schon 1951 hat er in einem großen Aufsatz über die Bundesrepublik geschrieben, ‹Die Restauration marschiert mit ruhig festem Schritt›, hat unverschämte Reden von Erwin Guido Kolbenheyer und Hans Grimm und Will Vesper zitiert, eben darauf hingewiesen, daß Döblins ‹Karl und Rosa› unterdrückt wird.

Aber er hat sich deswegen nicht einäugig machen lassen. Hören Sie: ‹Seit dem 1. September 1951 gibt es östlich der Elbe eine Staatliche Kommission für Kunstangelegenheiten. Was böse anfing, wird nie wieder gut. Wenn der Staat Betten für die Künstler aufstellt und wenn sich die Künstler hineinlegen, sind es Prokrustes-Betten – gerade wenn sie mit Daunen gefüllt sind und gerade wenn Nachttische mit russischem Brot danebenstehen ...

Stephan Hermlin hat auf sich selber verzichtet. Er hat seine selbständigen, die Lyrik der Welt befördernden, kühnen Verse veräußert. Es ist ein Jammer! Jetzt haben sie auch Bertolt Brecht zur Strecke des Verrats an der freien Dichtung gebracht. Er hat zu anackern angefangen.›

Das ist es, was Sie nicht sehen. Das ist, was mich quält. Es geht nicht darum, ob die Brechts in Svendborg oder die Blochs in Princeton recht hatten; es geht darum, ob sie in Buckow und Leipzig unrecht hatten, Unrecht duldeten oder gar Unrecht taten.»

«Der Kleene hat so unrecht nich. Gut, das heißt schlecht», Willy Wohlfahrts Stimme klang müde, als fände er die Worte nur mit Mühe, «ich erinnere mich an den Schock, als ich im Sommer 1949 einen Lautsprecherwagen der FDP in Düsseldorf herumfahren und verkünden hörte: ‹Wir haben mit Thomas Mann nichts gemein als die deutsche Sprache.

Wir sprechen jedem, der zwischen 1933 und 1945 nicht in Deutschland war, das Recht ab, über die politische Entwicklung in Deutschland zu urteilen.› Sehr willkommen fühlte ich mich damals nicht …»

«Und kaum einer von uns tat das», fiel der Gastgeber ihm ins Wort, «denken Sie an das erbitterte Interview von Oskar Maria Graf bei einem Besuch hier kürzlich in München, in dem er begründet, warum er in den USA bleibt, oder an die Schiller-Rede des rührenden Fritz v. Unruh, mit der er sich in die zweite Emigration verabschiedet als ‹deutscher Dichter, der jetzt ohne Verlag, ohne Theater, ohne Rundfunk, ohne irgendein Echo seiner Zeitgenossen drei Jahre lang unter euch war›. Und weil Sie vorhin den Namen Plivier erwähnten – Sie wissen hoffentlich, daß er in die Schweiz zog aus Sorge, sein Antikommunismus würde mißbraucht. Er starb 1955 in Aregno.»

«Aber unser junger Freund will ja», Willy Wohlfahrt nahm seinen Faden wieder auf, «wenn ich ihn recht verstehe, auf etwas anderes hinaus. Aregno ist eben nicht Moskau und München nicht Ostberlin, und Döblins Paris ist nicht Budapest. Wir – Sie und ich, mein Lieber – sind alt und dürfen es uns in diesem rechten Land bequem machen. Schön ist es nicht, aber angenehm. Sie lassen Erwin Piscator nicht inszenieren und die Bergner nicht auf die Bühne, und sie ohrfeigen Marlene Dietrich, auf ihrer Tournee in Hamburg, weil sie Deutschland ‹verraten› habe – dafür tun sie unpolitisch. Neulich hießen die Bühnenbestseller ‹Das kleine Teehaus› und ‹Die Meuterei auf der Caine›, im Augenblick heißen sie ‹Der Regenmacher› und ‹Die Heiratsvermittlerin›. Klar, hier schluchzt Maria Schell an O. W. Fischers Schulter, und in dem Film ‹So lange du da bist› lautet der verräterische Satz über ihre Erinnerung an das Jahr 1943, ‹da hilft keine Brandsalbe, da hilft nur Vergessen›. 1953 wurde der Film gezeigt – da walzten in Ostberlin russische

Panzer die Arbeiter platt. Selbst die Sprache, zum Beispiel in dem kollerigen, silbenverschluckenden Staatstheater-, nein UFA-Deutsch der Herren Paul Bildt oder Matthias Wieman ist alt, verdorben. Nu, was is uns lieber, Kleener?»

«Was mich umtreibt – mich zweimal über die Grenze getrieben hat, erst aus dem Westen in den Osten und nun hierher zurück –, womit ich nicht fertig werde, das ist eine Art Schuld durch falsches Gewissen. Kann es sein, daß ich das so mal bei Jaspers gelesen habe? Daß er mitschuldig auch die nennt, die Unrecht durch Billigung, Halbheiten, Hoffen, Warten, Anpassen ermöglichen? Jaspers meint die Lüge von der Pflicht, die sie alle nur getan hätten in der Nazizeit. Er spricht von der Schuld durch Wegsehen – eine moralische Schuld.

Aber das gilt doch auch für die Massen in der DDR, die wieder ‹nur mitmachen›, für irgendwelche Pöstchen in die Partei eintreten, die Augen schließen, wenn Menschen verschwinden – tausend Rädchen einer mächtigen Unrechtsmaschine.

Hier haben sie vor ein paar Tagen bei einem Treffen des ‹Bundes heimattreuer Jugend› gesungen

‹Die Gaskammern waren zu klein,
viel größere bauen wir später,
da kommt ihr dann alle hinein›

und drüben sind die alten Lager – Bautzen, Brandenburg – gleich mit übernommen worden, der Staatssicherheitsdienst residiert im ehemaligen Gestapo-Hauptquartier. Manchmal denke ich, ich kann in keinem dieser Deutschländer leben. Ich finde meinen Ort nicht. Muß ich weg?»

«Ich hau hier ab, Bernd, ich geh weg aus Deutschland» – Käthe war gar nicht mehr unentschlossen, ließ nichts mehr offen, legte sich fest. Mit diesem Satz begrüßte er Bernd im «Carlton». «Ist doch ein passender Ort, sich von diesem Land zu verabschieden, findest du nicht? Hitler aß hier gerne seine Cremetörtchen.»

Käthe war nach zwei Monaten wieder auf freiem Fuß. Der Bursche aus dem Schwimmbad hatte seine Aussage zurückgenommen; Fotomodelle, die einen Minister belasteten, taten das auch gelegentlich. Wer gezahlt hatte, blieb unklar. Buridan?

«Hier wird nicht meine Musik gespielt, mein Lieber. Irgendwie riecht alles nach Kleister. Wie bei ihren fake antiquities, so bezeichnet man in London gefälschte Antiquitäten. Das ist es: gefälscht. Das ganze Land ist eine einzige fake antiquity, und der Wurm ist drin. Sie lügen in der Politik, in ihrem Kintopp und im Bett. Sie nennen eine Milchbar ‹Ohne mich› und einen Badeanzug ‹Bikini›, aber marschieren im alten Trott. ‹Was wirst du nun von mir denken› ist der Lieblingssatz von Jungen wie Mädchen, wenn sie miteinander geschlafen haben. Fragt man ihre Eltern, was sie in Minsk oder Rotterdam getan haben, antworten die dasselbe. Man fragt aber nicht.

Nicht mit Käthe. Käthe geht nach London. Ab ist das angeklebte vierte Kleeblatt.»

Bernd fragte nicht. Nicht nach den Wochen in Untersuchungshaft, nicht, wer das Ding gedreht hatte, und nicht, warum es ausgerechnet London sein muß. Das «Carlton» lag in Berlin-Karlshorst. «Geh nicht», hatte Yvonne damals zu ihm gesagt, «geh nicht fort. Bleib.»

«Gute Reise», sagte er zu Käthe.

Sie waren ein solch ungleiches Paar: der große, sportliche Bernd mit seinem rotblonden Haarschopf, träumerisch verloren und nur äußerlich vif, unsicher sogar in der Wahl seiner etwas zu bunten Hemden und Schlipse, und dieser kleine, drahtige Kerl mit der Halbglatze, von lässiger Eleganz bis zu den beigefarbenen Kaschmirstrümpfen; und sein unbestechlicher Blick.

«Ein schönes Paar», lachte Käthe, es klang rasselnd, eine Ankerwinde, die hochgezogen wird. «Wir waren doch ein schönes Paar, das wir nicht waren. Ich hab dir was mitgebracht, zum Abschied. Du hast von dem Kerl ja neulich dieses tolle Interview gedruckt in Madames Bilderblatt. Vielleicht denkst du manchmal an Käthe, wenn du's betrachtest.»

Er legte eine Packpapierrolle auf den Kaffeehaustisch. Es war die Farbzeichnung «Ein schönes Paar» von Otto Dix.

Ein leeres München.

Die Aprikosenhaut war Bernd unreinlich geworden, lau, schal. Das Spiel zu dritt ein ins Stumpfe abgesunkener Reiz. Kühle härtete sein Herz. Je richtungsloser seine Kompaßnadel zitterte, desto spitzer wurde er. Als der nette Tschaikowskij-Pianist ihn zu der ersten Münchner Aufführung des alten DEFA-Films «Die Mörder sind unter uns» einlud, antwortete er, «Den hat doch Wolfgang Staudte gedreht, der in dem hübschen Streifen ‹Jud Süß› mitgespielt hat?» Und seinen Streitpartner aus den «Vierjahreszeiten» hatte er in einer Premierenpause bitter gekränkt; dessen etwas nuttig-mondäner junger Frau machte er ein Kompliment zu ihrem fast bodenlangen Pelz, und als sie arglos plapperte, «Zobel, denken Sie, echter Zobel, den haben wir uns neulich aus Sibirien mitgebracht», schnippte Bernd, «andere verrecken dort».

«Arroganz ist immer lächerlich» – Willy Wohlfahrt war der einzige, den Bernd an sich heranließ. Und die Briefe aus Berlin. «Aber das ist ja die reine Onaniererei, Sie wissen, mir gefällt das ganz und gar nicht. Hören Sie, Bernd, irgend etwas stimmt nicht – ich gebe zu, Sie haben in den Jahren hier großartige Arbeit geleistet, aus diesem Spießerblatt eine lesenswerte, sogar politische Kunstzeitschrift gemacht. Aber es ist manchmal zu teuer, bei Banken Geld zu leihen – ist das nicht zu teuer erkauft, was Sie da geschafft haben?»

Zu seinem Levitenleser war Bernd offen. Ihm gegenüber gab er zu, daß seine Eitelkeit Unsicherheit war. Denn eitel war er inzwischen, äffte die abgereiste Käthe nach mit Tweed, Button-down-Hemden und randgenähten Schuhen.

«Man kann recht haben – und dennoch im Unrecht sein, weil es die falschen Motive sind. Was Sie sich da neulich in der Premiere erlaubt haben, war so etwas: es stimmt und war doch infam. Sie schlagen um sich wie ein Ertrinkender. Ihre Energie ist ohne Richtung, jedenfalls zielt sie nicht nach vorn. Manchmal denke ich, er redet und schreibt soviel von Moral, aber er liebt die Menschen nicht. Sie können sie nicht nach Ihrem Bilde formen, auch nicht nach Ihren Bildern, die Sie inzwischen kaufen.»

Das stimmte. Bernd imitierte. Er ging in Käthes Schuhen, trank Crème-de-Menthe und kaufte Bilder bei deren Galeristen. Er fälschte nicht, aber er lieh.

«Apropos, Willy, habe ich Ihnen die schöne Geschichte mit Madames jüngstem Bild getratscht? Eines dieser süßlich-perfiden Nymphchen von Balthus in seinen vergifteten Bonbonfarben. Am nächsten Morgen war ein Briefchen unter ihre Schlafzimmertür geschoben, von ihrem Mann: ‹Dieser Schokker kommt mir nicht ins Haus.›»

«Ein Brief? Von ihrem Mann? Wieso ein Brief?»

«Ja, habe ich Ihnen das nie erzählt? In diesem Hause wird nur schriftlich verkehrt, auch mit den Redakteuren. Die Reinhardts schreiben sich gegenseitig – oft mehrmals am Tag – Briefe, schreiben den Redakteuren, mir, sie schreibt der eigenen Sekretärin Briefe, die eine zweite tippen muß: Termine, Kommentare zu Artikeln, Verabredungen, Themenvorschläge. Selbst zu Partys, die sie selber geben, laden sie sich gegenseitig brieflich ein – ‹Vergiß nicht, Dienstag abend essen wir mit X im Donisl, überleg bitte, ob wir Y dazubitten sollten, aber die Frauen mögen sich nicht, passen auch nicht zueinander.› Die Hauspost ist die beliebteste Lektüre aller Mitarbeiter.»

«Ihr seid alle verrückt. Sie mit ihren Ostbriefen, die mit ihren Nymphchen- und Partybriefen. Machen Sie denn so was mit?»

«Vor allem bekomme ich welche. Dabei ist die Unterschrift das Stimmungsbarometer. ‹Herzlich, Ihre› heißt alles in Ordnung; ‹ganz herzlich, Ihre› heißt Gewitterstimmung; ‹herzlichst, Ihre› ist ganz mies, kurz vor der Kündigung.»

«Süß, hätte Ihr Freund Käthe gesagt. Wie lautete die letzte Unterschrift an Sie?»

«Ganz herzlich, Ihre.»

Es war eine Abmahnung gewesen auf jenen langen Aufsatz über Heinrich Schliemann. Bernd hatte eine Mischung aus archäologischer Reportage und Buchrezension versucht; sie bezog sich auf Schliemanns 1874 in kleiner Auflage erschienenes Buch «Trojanische Alterthümer. Bericht über die Ausgrabungen in Troja» und den ergänzenden Tafelband «Atlas trojanischer Alterthümer. Photographische Abbildungen zu dem Berichte über die Ausgrabungen in Troja».

Die Arbeit war eine kritische Auseinandersetzung mit Schliemanns Bericht über seine ersten Grabungen 1871 bis 1873 und seine These von der Gleichsetzung Trojas mit Hissarlik. Schliemanns Glaube an Homers Ilias «wie ans Evangelium» hatte ihn dazu verführt, Troja unbedingt auf dem Boden von Hissarlik entdecken zu wollen – wobei er gar unterschlug, daß vor ihm schon Frank Calvert, der britische Konsul an den Dardanellen, dort gegraben hatte. Für Bernd war es eine Art archäologischer Krimi, dessen Spannung darin liegen sollte, die großartige Arbeit des von ihm durchaus respektierten Forschers wie auch seine Irrtümer darzustellen. Einerseits die Datierung anhand der Keramik-Fragmente, aus der Schliemann seine «Leittypen»-Methode entwickelte, die – später stratigraphische Methode benannt – für die Archäologie richtungweisend wurde. Andererseits die barbarische Grabungsweise, durch die einem vorbestimmten Zweck – «der einzige Zweck meiner Ausgrabungen war ja von Anfang an nur, Troja aufzufinden» – ganze Schichten namenloser Kulturen geopfert wurden. Bernd machte deutlich, daß er Irrtum und Rücksichtslosigkeit aus «ideologischer Zielvorstellung» nicht lediglich historisch sah. Schliemanns Fanatismus, der ihn nie die Frage stellen ließ, ob es diese Stadt und den Trojanischen Krieg der Ilias überhaupt gegeben habe, sondern der von vornherein darauf fixiert war, das von Homer beschriebene Troja auf dem «Urboden» zu finden, war in dem Aufsatz deutlich als Gleichnis für Geschichtsklitterung und «Verschüttung durch Grabung», wie der Titel hieß, dem er den Untertitel «Er grub. Er fand. Er log» beigegeben hatte.

Abschließend resümierte Bernd, daß man heute weiß: weder die um 3000 vor Christus gegründete Siedlung kann mit der Veste des Priamos gleichgesetzt werden noch die um 2300 vor Christus untergegangene zweite Ansiedlung, die Schliemann «Verbrannte Stadt» genannt hatte. Vielmehr habe schon Frank Calvert nachgewiesen, daß Schliemanns Troja tausend Jahre älter sein müsse als das von Homer bedichtete. Bernd zitierte eine Eintragung Schliemanns vom 17. Juni 1893: «Infolge meiner früheren irrigen Idee, daß Troja nur auf dem Urboden und ganz nahe darüber zu suchen sei, ist leider 1871 und 1872 ein großer Teil der Stadt von mir zerstört worden, denn ich habe damals alle mir in den höheren Schuttschichten in den Weg kommenden Hauswände niedergebrochen.»

Das hätte man noch lediglich als eine Wissenschaftsdebatte

ansehen können, mit übrigens nicht wesentlich neuen Aspekten. Aber Bernd war noch einen Schritt weiter gegangen und hatte Schliemann als rücksichtslos kapitalistisch denkenden, selbstherrlichen Ausgräber dargestellt, der allein entscheidet, was ihm gehört und was er – vermeintlich großzügig – verschenkt. Der von den Juwelieren Goldduplikate herstellen, eingraben und wieder ausgraben läßt; zur Zeit der Grabungen in Mykenä machten sich griechische Dorfbewohner lustig über den «Verrückten», der Antiquitäten erst kauft und vergräbt, um sie danach finden zu können. Der die Arbeitszeit seiner knapp 160 Arbeiter erhöht, ohne gleichzeitig ihren Lohn zu erhöhen, und der sie der Gefahr aussetzt, in einem sechzehn Meter tiefen Graben von herabstürzenden Brocken erschlagen zu werden. Der Artikel schloß mit einem Paukenschlag:

«Es wurde nie geklärt, ob der in die Geschichte der Archäologie eingegangene Priamos-Schatz von Schliemann aus disparaten einzelnen Goldfunden zusammengestoppelt oder gar gefälscht, jedenfalls geraubt wurde. Schliemann schenkte ihn 1881 dem preußischen Staat. Die Diademe, Ketten, Ohrringe und anderen Goldgegenstände wurden vor den Bomben so gut versteckt, daß sie seit dem Ende des Zweiten Weltkriegs verschollen sind.»

Das war zuviel. «Spannend zu lesen, Ihre Schliemann-Reportage», stand auf dem blauen Hausbogen unter «Mein lieber Bernd Walther», «gerade und vor allem wegen Ihrer kritischen Fragestellungen. Sie sind gewiß mit mir der Ansicht, daß wir einem seriösen Wissenschaftsjournalisten Gelegenheit geben sollten, im nächsten Heft klarzustellen, ob es sich um eine saubere Recherche oder um Unterstellungen handelt. Ganz herzlich, Ihre Armgard Reinhardt.»

Ein Unterstellungsunterstellер in irgendeinem Tübingen würde sich finden, das war Bernd klar. Es war nicht so sehr eine Frage des Honorars; die Lust, einander eins auszuwischen, war unter Wissenschaftlern besonders ausgeprägt. Und, noch stärker, der Neid auf einen, der viel und populär publizierte. Das galt als unfein, besonders unter Archäologen, die sich nach der Chance sehnten, unfein sein zu dürfen. Bernd war nicht beliebt. Er war erfolgreich. Das ließ ihn sorglos sein, rücksichtslos und jede Selbstverletzung genußvoll auskostend. Er hatte die Kunst perfektioniert, sich Feinde zu schaffen. Attacken nahm er als Komplimente und gelegentliche Aufmunterung für bare Münze, da er sich im Recht wähnte.

Zur gleichen Zeit hatte eine monatliche Rundfunksendung «Entartete Kunst», von den beiden größten Sendern co-produziert, ein nachhaltiges Echo. Es war eine Mischform aus monographischem Erzählen und Interpretation, jeweils einen der einst verfemten Künstler vorstellend – Max Beckmann oder René Magritte, Käthe Kollwitz oder Salvador Dalí, Walter Gropius oder Max Taut, Wilhelm Lehmbruck oder Ernst Barlach. Aus Westberlin hatte er zwei Anfragen erhalten. Die eine vom Programmdirektor einer Fernsehstation, der sich selber als Vertreter eines «neuen, aber sich rasch ausbreitenden Mediums» vorstellte, das großen Hunger nach Programmideen habe, die dem optischen Anspruch gerecht würden; und die andere von dem Hamburger Verleger, den er vor Jahren kennengelernt hatte und der in einer Berliner Dependance seines Verlags eine preiswerte Taschenbuchreihe mit Künstlermonographien entwickeln wollte. Bernd wir nie wieder in Berlin gewesen. Er lieh sich Käthes Ausredeformel und schrieb zurück, er wolle es zuerst einmal offenlassen.

Käthe dagegen schrieb er ein begeistertes Ja. Von ihm war ein Brief aus London gekommen. «Hört man ihn nicht sprechen?» fragte Bernd Willy Wohlfahrt, als er ihn vorlas.

«Mein lieber Eichhörnchen-Don-Quichotte – von hier

gibt es viel zu berichten. Ich sitze in einer winzigen Wohnung am Chelsea-Embankment mit Blick auf die Themse durch verrußte Scheiben. Von der Stadt weiß ich noch nicht viel, ich war nämlich erst einmal nach New York echappiert. Auf dem hinreißend häßlichen Luxusliner – von innen beleuchtete, abstrakte Glasmalerei im Speisesaal und Frauen in dreiviertellangen Nerzjacken, in New York als ‹jewish raincoat› verspottet, und mit Straßclips auf Samtpumps – habe ich mich in einen korsischen Zirkusdompteur verliebt. Vollkommen fabelhaft.

Am ganzen Körper tätowiert. So mit Herzchen, wilden Tieren und noch was, was eine feine Dame nicht in den Mund nimmt. Ein ganz fester Po. Behaarte O-Beine, mein Schönstes, wie Du weißt. Du hast ja leider keine O-Beine. Er hat eine Nummer mit Pumas oder Jaguaren oder wie die Viecher heißen. Mit der gastiert er hier in vier Wochen, ganz in Silberlamé, hat er mir versprochen. Und vorne tut er sich Kaninchenpfoten rein, damit es nach mehr aussieht – gar nicht nötig. Zu süß. Kannst du nicht nach London kommen? Wir wollen dann für zehn Tage nach Korsika, Bonifacio hat dort ein Gastspiel, reist per Schiff mit seinen Riesenkatzen, ich fliege. Komm doch mit. Da gibt's ja diese Menhire oder wie man sie nennt. Käthe geht dann abends immer zur – jetzt fällt es mir ein – Panthernummer und starrt auf die Kaninchenpfoten, und Du hast was Gebildetes.

PS Bist Du noch schieferig? Dann ist Korsika mit Käthe, Dompteur und Menhiren das richtige.»

Es war das richtige. Bernd war gar nicht gewahr geworden, daß er sich seit seiner Flucht aus Ostberlin – das war nun knapp viereinhalb Jahre her – nicht einen freien Tag zugestanden hatte. Er war Pfeil und Sehne zugleich gewesen, Kreisel und Peitsche. Er hatte geschrieben und redigiert, Interviews gemacht und seine Ikonographie vorangetrieben, gestritten und sich verzagt gesehnt bei jedem Brief aus Berlin. Er hatte den Captain Schiffrin bestanden, die Aprikose geschält und Frau Armgards Arcimboldo-Villa samt «Mein Mann» und «Mein Cousin» durchsegelt. Nur Willy Wohlfahrt hatte ihm den Schorf von der Haut gelöst. Das Ausland kannte er nicht, bis auf ein paar hastige berufliche Reisen; zwei Tage in Rom etwa, wo er sich auf der Spanischen Treppe rasch mit einem jungen deutschen Dichter angelegt hatte, weil der Lawrence Durrell zu einem «ganz bedeutenden modernen Schriftsteller» verklärte und Bernds Einwand gegen dessen Operetten-Kairo mit Personal statt mit arbeitenden Menschen als «typisch marxistisch» abtat.

Auf Korsika leckte zum ersten Mal die Zunge südlicher Wärme seine Haut. Sie blähte sich schon auf der Schiffsfahrt von Toulon nach Calvi. Es schien Bernd, als könne er in der noch tief stehenden Sonne die Insel im silbernen Schuppenpanzer des Meeres nicht nur aufgleißen sehen, sondern als könne er sie auch riechen. Das Wort Maquis kannte er für die französischen Partisanen des Zweiten Weltkriegs, aber die Macchia, dieses immergrüne Buschgestrüpp der Mittelmeerlandschaft, war ihm fremd. Es war Vorfrühling, von den Berghängen loderte die Flamme des Ginsters, sie verzischte im Meeresblau, überstäubt von den weißen oder rosafarbenen Blüten der Zistrosen und den weißen Glöckchenblüten der Baumheidesträucher. Der Duft von Rosmarin, Lavendel, Thymian waberte im lauen Südwestwind. «Libecciu», sagte Käthe angeberisch, «und das italienische Macchia ist eigentlich abgeleitet vom korsischen Mucchio, und die Blüte der Myrte haben sie der Aphrodite geweiht – du siehst, deine Freundin Käthe weiß Bescheid. Am besten bei Aphrodite. Meine heißt ja Bonifacio und ist so himmlisch tätowiert, viel schöner als die Dutzende von Orchideen hier.»

Käthe führte die Insel als Eigentum vor. Er war schon mehrere Male dort gewesen, ein skurriler, halbfaschistischer, französischer Adliger, der tief im Innern bei Corte ein halbverfallenes Schloß bewohnte, wollte ihn adoptieren. Er sprudelte Bernd geradezu die aufgeladene eigene Kenntnis entgegen – daß nur der «männliche» Kork der Korkeichen in Gerbereien verarbeitet wird und daß Pinienzapfen schon im alten Rom als architektonisches Motiv Verwendung fanden, daß die Blaugummibäume aus Australien stammen und die niedriger wachsende Macchia – mit Wolfsmilch, Schwertlilien und Milchsternen – Gariguc genannt wird oder die Aleppo-Kiefer tatsächlich nach der syrischen Stadt heißt.

«Das Abenteuerlichste wirst du in Filitosa entdecken. Wir haben beide Glück. Mein verlogener Dompteur – ich glaube ihm kein Wort, er lügt, wenn ich den Mund aufmache – gastiert mit seinen Riesenkatzen in Porto Pollo, und da wohnen wir eine Woche und du kannst diese wahnsinnigen Kultbauten besichtigen, während Käthe ihren Silberbären anstarrt. Bevor wir von Ajaccio abfahren, schleppe ich dich noch in das Musée Fesch – dir werden von all den Botticellis und Veroneses, Bellinis und Tizians die Augen übergehen. Am schönsten aber sind die italienischen Primitiven, die dieser Onkel von Napoleon zusammengerafft hat – Niccolo di Tommaso oder Bernardo Doddi oder Lorenzo di Credi.»

Nun saßen sie in einem kleinen Fischrestaurant am Capo di Muro, ein langer, schmaler Finger, der den Golf von Valinco umkrallte. Käthe hatte Fischsuppe Aziminu verlangt und Piverunata di capretti, Zicklein mit Kastanienpolenta. Bernd, gelehriger Schüler, konnte bereits eine Flasche Nielluciu bestellen, den tief blauroten Wein vom ersten Abend. Sie hatten sich ein wenig gestritten, weil Bernd die Menhire nicht nur als völkerkundliche Zeugnisse gelten lassen wollte, «aber einige haben doch Gesichter und eingeritzte Waffen?» Ärgerlich verschüttete Käthe Wein auf seine weiße Leinenhose, «Du bist doch noch bei keinem einzigen gewesen, aber du weißt schon wieder alles ganz genau. Ist dir klar, daß die Grabanlagen in der Bretagne zum Beispiel tausend Jahre vor den ägyptischen Pyramiden entstanden sind und daß die frühesten der korsischen Monolithen nur niedrige Steinsäulen vor diesen Grabanlagen waren; meinetwegen als Ersatzleib oder so was. Ich war in Porto Vecchio und hab die Nekropolen mit eigenen Augen gesehen, aber der Herr sitzt hier und erklärt mir die Welt.»

Bernd war zu faul und zu zufrieden, um zu streiten. Eigentlich wollte er etwas sagen zum korsischen Totenkult im Gegensatz zu den bretonischen Steinreihen – für die Forschung eine Art gigantischer Kalender – und zu der Veränderung der Menhirstatuen im dritten Jahrtausend, als sie menschliche Züge annahmen und, so denkt man heute, sogar rot bemalt waren. Doch seine Gedanken klebten, ein zu schwerer Traumkörper, der sich nicht erheben kann. Eine diffuse Mischung aus Müdigkeit und Anspannung machte ihn träge und hellwach zugleich. «Laß uns nicht streiten, Käthe, du kennst es alles und ich weiß es alles, das ist doch das Zeichen guter Gefährten. Ich beobachte schon lange einen ganz anderen Obelisken, kein Ersatzleib, scheint mir, und er ist auch nicht rot, sondern schwarz bemalt, der interessiert mich viel mehr. Hast du mir nicht von diesen korsischen Schmetterlingen erzählt mit solchen Fabelnamen wie Roseneule, Hauhechelbläuling oder Erdbeerbaumauge? Ich glaube, ich habe da einen schwarzen Distelfalter im Visier, den ich gerne fangen möchte.»

Die Holztische und Stühle des Restaurants standen in einem Garten, zwischen dessen Korkeichenkronen grobe weiße Leimsegel schwangen, die sich im Abendwind klatschend plusterten. Der Garten endete an einer niedrigen Mauer, die ihre herausbrechenden Brocken in lila-rosa Bougainvillea-Kissen warf. Hinter ihr fiel das Gelände zum Meer ab, dessen im Dunkel flackernder Horizont ein Dach aus glimmenden Mimosen trug. Am letzten Tisch neben der violett zerbröselnden Mauer saß, vor sich ein Brett mit korsischem Ziegenkäse und eine Flasche Weißwein, ein junges Mädchen, ganz in Schwarz. Sie trug einen Leinenhut, dessen kippenden Rand die Brise immer wieder in ihr Gesicht knickte, einen ausgeschnittenen Pullover mit langen Ärmeln, und wie schimmernde Fischaugen funkten schwarzlackierte Fingernägel elektrische Signale zu Bernd, wenn sie sich eine Zigarette anzündete.

«Vous-êtes d'ici?» Bernd hatte sich einen Ruck gegeben und sie in seinem unbeholfenen Französisch angesprochen. «Nö», hörte er fast schockiert eine belustigte Stimme, während sie mit einer ungeduldigen Handbewegung den Hutrand hochklappte, «Oldenburg. Und Sie?»

«Das gibt es doch gar nicht, stämmig und grazil», empfand Bernd, als sie miteinander tanzten. Sie waren zu dritt aufgebrochen, Marlies – «ich heiße Marlies Zerbst, das heißt eigentlich Marianne, aber das mag ich nicht, so'n blöder Name», hatte sie gesagt, als Bernd seinen Freund vorstellte – kannte «was Tanzbares»: ein Holzschuppen mit sandbestreutem Boden, dessen Attraktion ein Piano mécanique war, aus dem fast unentwegt der Schlager der Saison «Brigitte Bardot, Bardot» schepperte. Sie tranken Weißwein an einer groben Theke – «Ich liebe diesen Malvoisie», schwärmte sie, «aber leider ist er lauwarm» – und sie erzählte sachlich-lakonisch von sich, als ginge sie das Leben, von dem sie berichtete, nichts an.

Sie war neben vier Brüdern die einzige Tochter einer streng protestantischen Bauernfamilie in Ostfriesland, «puuh», prustete sie angeekelt durch die Nase, wenn sie Gänsegegacker, Schweinequieken und Schafsgemecker imitierte.

«Die wollten mich schon als Vierzehnjährige dem Sohn des Nachbarbauern ‹versprechen›, die Äcker stießen aneinander, und das fand man ‹praktisch›. Da bin ich abgehauen, hab in Kiel studiert, bißchen am Theater rumgemacht. Jetzt bin ich Kostümbildnerin in Berlin.»

Gibt es schwarze Blitze? Kann man Durst auf einen Blitz haben? Bernds Gier schäumt in ihn hinein, es ärgert ihn, daß Käthe sich mit Witzen und Frechheiten wichtig tut und viel besser tanzen kann. «Zisch ab», faucht er den Freund schließlich an, «laß uns allein.»

Es war früher Morgen, als die beiden auf einer schmalen Dachterrasse über der Mole lagen, die Fliesen gaben die Wärme des Tages ab, eine verkehrt herum aufgehängte Mondsichel nähte filigrane Bahnen aus dem Gischtschaum des tintenblauen Meeres; sie tauchten ineinander mit der Besessenheit, die der Andacht nahe ist. Marlies war derb, geschmeidig, brutal und sanft. «Herr Nimmersatt», lachte sie zwischendurch, wenn Bernd ihre Oberschenkel mit der Zunge hinauftastete in einem Körperfieber, als sei sie seine erste Frau. «Sie ist ein Mann, der eine Frau ist», er netzte das dichte Haar, das ihre Schenkel flockte und das sich über dem Vlies bis zum Nabel kräuselte – schwarz, unheimlich, wild. Sie probierten sich aus, zwei ineinandergeschliffene Instrumente, die sich aufschlossen zu komfortabler Lust. «Ob wir uns je lieben werden?» fragte Marlies, als sie sich zum vierten Mal geliebt hatten. Bernd spürte den kühlen, feuchten Leib neben sich, er streichelte die Pinienharzhaut. «Du bist wunderbar», sagte er, als spräche er mit sich, «ganz weit entfernt.»

Das Grobzarte, das sich nie Verlierende dieser Frau, die sich nicht hingibt, sondern die sich nimmt, wonach sie verlangt, erregte ihn bis zum Erschöpfungsschmerz, als sauge jemand sein Rückenmark aus.

Sie fuhren zu dritt nach Porto Pollo. Käthe gefiel die handfeste Selbstverständlichkeit von Marlies. «Unser Mauergecko – so verwandle ich dich, Bauerntöchterlein aus Berlin-Charlottenburg, in eine Echse, die tagsüber fast unsichtbar am Gemäuer klebt, in der Dunkelheit aber mit raffinierten Krallen auf Jagd geht.» Bernd erlebte die Menhire bei Filitosa als erotische Traumkulisse, sie waren irreal als übersinnliche Zeichen einer nicht faßbaren Frühwelt – und ganz real in ihrer körnigen Körperlichkeit mit den schweigenden Gesichtern. Sie waren ganz weit entfernt, während er sie berührte.

So unwirklich zersetzte sich der letzte Abend in eine Wahnnacht. Der Zirkus war angekommen. «Endlich kriegt Käthe auch mal 'n Happen vom Leben ab», eifersüchtelte der in diskretes, khakifarbenes Leinen gekleidete Freund. Es wurde eine Nacht der dörflichen Bizarrerie mit einem hilflosen Clown, dunkel angemalten Mädchen in kurzen Röckchen, die sich auf lahmen Pferden zu quäkender Blasmusik drehten, einer fetten Tänzerin auf schlapp schwappendem Seil und dem muskulösen Dompteur in seinem obszönen Silberanzug, der unverfroren Kußhände zu ihren Sitzen hinüberwarf, während vier schwarze Panther auf kleinen Wackelstühlchen hockten.

Es stank nach Tierkot, Schweiß, Parfüm und feuchtem Sägemehl, und sie bejubelten den Tinnef, die Banalität und den vulgären Abschlußwitz, als der Clown sich im Manegenrund nackt auszog, um seiner Blöße ein zweites Clownsgesicht aufzumalen mit großer, roter Nase, weißem Bart und schelmisch-traurigen Bajazzoaugen. «Grandios», rief Marlies, als habe man ihr prall reife Trauben angeboten, «das mache ich nach.» – «Nein, das mache ich nach, heute abend noch», unterbrach Käthe sie, «mein verlogener Panther-Korso bekommt heute nacht sein zweites Gesicht.» Marlies gab ihm ihr Schminkzeug.

«Mal sehen, ob du dich meldest», murmelte sie gegen Morgen. Bernd brachte sie am Vormittag zum Bus, in Berlin begannen die Theaterproben. Den hitzigen Vorschlag, seine Reise abzubrechen und mit ihr zurückzufahren, hatte Marlies einen Augenblick lang gekostet wie einen ungewohnten Wein. «Wer weiß, ob wir zueinander passen» – die Antwort klemmte als Angelhaken in seinem Rachen. Des taktlosen Käthe Takt half. «Wir fahren in die Berge von Fiumorbu, ich kenne ein Nest, das ist ein Adlerhorst, Prumelli-di-Fiumorbo, mit herrlichem Blick auf die Etangs, und gleich unterhalb ist eine vorromanische Kirche, es wird behauptet, sie sei die älteste christliche der Insel. Genau das richtige für zwei unglücklich Liebende. Außerdem mußte ich in Ruhe etwas mit dir besprechen.»

Bei einem Abendessen, sie genossen Tianu di fave, ein Schweineragout mit weißen Bohnen, kam Käthe zur Sache: «Du, ich hätte das zwischen all diesen Pantherschmetterlingen mit Kaninchenpfoten fast vergessen – da in London wird eine neue Zeitschrift entwickelt, international, zusammen mit einem Verlag in Paris, ‹Dossier international› soll sie heißen, die suchen Mitarbeiter. Es sollen möglichst umfassende Artikel sein zu kulturellen und politischen Themen. Für die erste Nummer denken sie an je ein so ’n Dossier aus Deutschland, Frankreich, Italien, Spanien und natürlich England. Ich hab denen vorgeschlagen, würde dich mal fragen, ich bin ja zu faul für so was. Die Idee ist, daß jeder Autor nicht etwas über sein Metier schreibt, unbefangen nennen die das wohl, also ein Schriftsteller schreibt nicht über die Krise des Romans und ein Architekt nicht über die nette Stadt im Grünen.»

Da war sie, die erste Chance für Bernd, im Ausland zu publizieren. Er arbeitete wie ein Berserker, recherchierte in Nachlässen, besuchte Filmschauspieler, Theaterleute und Witwen, um ihnen Notizen zu Memoiren, Tagebücher oder Briefe abzuluchsen. Sein ohnehin unförmiges Tonbandgerät mit den großen Spulen schwoll zu einem eigenen Archiv mit immer peinigenderem Material an, das zum Teil erst Jahrzehnte später publiziert wurde. Es wuchs zu dem erhabenen Dossier zusammen mit dem Titel «Sie saßen alle mit den Staatsführern bei Tische», ein großer Aufsatz über deutsche Schauspieler, die – anders als ihre Kollegen Fritz Kortner, Tilla Durieux, Helene Weigel oder Therese Giehse – nicht emigriert, sondern als willfährig-dekorative Satrapen der Hitler, Goebbels und Göring geblieben waren. Es wurde ein bitteres Pamphlet. Als Motto vorangestellt war die Eintragung in Goebbels' Tagebuch aus dem Jahre 1938, als er mit Hitler in Berlin das neu eröffnete Schillertheater besichtigte; gegeben wurde «Kabale und Liebe»:

«Die Aufführung ist meisterhaft. George als Miller ganz groß. Und dann Legal als Kalb, Wegener als Präsident. Wir sind alle sehr begeistert. Abends fährt der Führer mit uns nach Schwanenwerder und bleibt über Nacht. Das ist sehr nett.»

«Gleich nebenan», so begann Bernds Aufsatz, «hatten Heinrich George und seine Frau Berta Drews ihr herrschaftliches Anwesen, selbstverständlich außerdem das Haus in Sorenbohm an der Ostsee. George war der Star des Films ‹Hitlerjunge Quex› und wußte, was er tat. Im November 1933 schrieb er an Goebbels: ‹Ich muß – verzeihen Sie die Kühnheit – Ihnen sagen, daß ich wie von einem Alp befreit aufgeatmet habe, als unser Führer, unser großer Volkskanzler und seine Regierung der Welt wieder einmal in klarer, göttlicher Eindeutigkeit die Antwort auf scheinbar Unlösbares gegeben hat, und somit den ersten Spatenstich in die Herzen von Millionen unerweckter Volksgenossen diesseits und jenseits der Meere tat.›

Die Legende will, daß all die Jannings und Rühmanns, Lil Dagovers und Marika Rökks ‹unpolitische› Komödianten waren, ein bißchen naiv, ein bißchen eitel, und nur daran dachten, ‹Was ziehst du an›, wenn zum Empfang beim ‹Führer› gebeten wurde. Diese Legende ist eine Lüge. Wie so vieles im Nachkriegsdeutschland. Reichsdramaturg Schlösser verkündete schon 1936 auf einer Tagung der Reichstheaterkammer: ‹Der Schauspieler steht heute wie jeder andere Künstler unter dem Gesetz der Politik. Den Begriff des unpolitischen Künstlers hat der Nationalsozialismus beseitigt.›

Wie alle jüdischen, kommunistischen oder sonstwie ‹artfremden› Künstler. Der spätere Direktor des Deutschen Theaters, Heinz Hilpert, ‹berichtet mir›, schreibt Goebbels 1940, ‹über eine kommunistische Zelle im Deutschen Theater. Ich werde der Sache auf den Grund gehen.› Der Grund hieß: Tod. Verfemte Kollegen wie Wolfgang Langhoff, der flehentlich Arbeit suchte, als er 1934 nach Folter und KZ wieder in Berlin und Düsseldorf auftauchte, grüßte man nicht mehr. In seinem Buch ‹Die Moorsoldaten› erinnert er sich an Schmähliches: ‹Auf der Kriminalpolizei sagte man meiner Frau, daß eine Erklärung der Kollegen vom Stadttheater für meine Entlastung sehr förderlich sein könne. Sie sollten nur bestätigen, daß sie mich als anständigen und menschlich einwandfreien Kollegen schätzten und kennen würden. Nicht einer war dazu zu bewegen.›

Leichter schon ließ sich der humorige Heinz Rühmann, deutscher Publikumsliebling 1938 wie 1955, zur Scheidung von seiner jüdischen Frau Maria Herbot bewegen. ‹Machen Sie sich mit dem Gedanken vertraut, daß es über kurz oder lang zu einer Trennung kommen muß›, hatte Goebbels zu ihm gesagt. Rühmann gab an, dieses Gespräch sei der Grund für sein Überwechseln zu dem Gründgens und Göring unterstellten Staatstheater gewesen, entlarvte aber selber diese Logik: ‹Göring kam schnell zur Sache und empfahl mir, Sehen Sie zu, daß Ihre Frau einen neutralen Ausländer heiratet. Das ist die einfachste Lösung! Meinen Segen haben Sie. Ich verständigte Maria, auch sie empfand diese Lösung unter den gegebenen Umständen als die beste und heiratete einen schwedischen Schauspieler.›

Man sehe sich nur all diese Fotos an: Goebbels mit Veit Harlan und Wolfgang Liebeneiner, die sich lächelnd zu Professoren ernennen lassen; Anny Ondra mit Max Schmeling bei Hitler auf dem Sofa; Wilhelm Furtwängler, der sich beseligten Angesichts vor den applaudierenden Göring, Hitler, Goebbels verneigt; Lil Dagover mit dem ritterkreuzverzierten Generalfeldmarschall Model auf Fronttheater-Tournee; ein strahlender Goebbels begrüßt einen strahlenden Gründgens – dann weiß man, wie recht Gottfried Reinhardt, der Sohn des in die Emigration gejagten Max Reinhardt, hat:

‹Wäre ein Gründgens nicht prompt nach Hitlers Ernennung aus Spanien heim ins Reich geeilt, um die durch den Führer führerlos gewordenen Staatstheater in Berlin zu übernehmen, oder hätte ein Hilpert sich geweigert, die ehemaligen Reinhardt-Bühnen – im Reinhardtschen Stil – zu leiten, wäre Staatsrat in spe Richard Strauss nicht, aus dem Ausland herbeifliegend, für den ‹verhinderten› Bruno Walter eingesprungen, hätte Staatsrat in spe Gerhart Hauptmann nicht anfangs mit dem Regime geflirtet, hätte Staatsrat Werner Krauß nicht, und wohl ohne Zwang, gleich dreizehn Juden in einem antisemitischen Film gespielt, wäre Furtwängler ausnahmsweise in seinem Engadiner Chalet geblieben, statt hochtönende Schreiben an den Propagandaminister zu richten, in welchen er um Beschäftigung für eine winzige, von ihm getroffene Auswahl des Auserwählten Volkes plädierte – der auch Reinhardt die Ehre hatte, anzugehören –, kurz: Wenn die Elite der deutschen Kunst, Wissenschaft, Wirtschaft und des Militärs sich nicht so eifrig den Totengräbern Deutschlands zur Verfügung gestellt hätte, so wäre ihr nicht das geringste passiert; zweitens hätten sich Hitler und seine Komplicen weit schwerer getan, das Land der Dichter und Denker in den Griff zu bekommen und das der Massenmörder in Gang zu bringen.›»

Bernds Aufsatz zitierte, argumentierte, denunzierte auch willentlich, gab seiner Nazi-Obsession freien Lauf. Er erzählte von dem ruchlosen, antipolnischen Hetzfilm «Heimkehr» mit Paula Wessely und von ihren sechsstelligen Stargagen; von Johannes Heesters' Zylinder-Revuen und seiner unschuldigen Begründung des Mitmachens: «Ich hatte mir Besitz erworben, ein Haus gekauft, Anteile an Fabriken und Geschäften»; vom Schwur Paul Hartmanns als Präsident der Reichstheaterkammer, die jungen Schauspieler zu «ganzen Nationalsozialisten zu machen»; von Dahlem-Villa und Auto mit Chauffeur der 25jährigen Luise Ullrich. Er zählte Gagen auf: 80 000 RM pro Film für Heinz Rühmann, 160 000 RM für Zarah Leander, 1500 RM Tagesgage für Marianne Hoppe oder Käthe Dorsch. «Sie lebten wie die Fürsten und waren die Huren der Verbrecher», schrieb Bernd und gab die Verblüffung Fritz Kortners nach seiner Rückkehr aus dem Exil wieder:

«Ich bemerkte, und zunächst schien es mir unverständlich, daß das meinesgleichen Zugefügte im Bewußtsein der Mehrzahl derer, denen ich begegnete, keine Rolle spielte. Erwähnte ich – in einem Verteidigungsversuch, denn die Rolle des schicksalsverwöhnten Juden lag mir nicht –, daß allein in meiner Familie elf Verwandte vergast worden waren, so war die Reaktion darauf kondolenzartig höflich. Ich kämpfte um die Anerkennung meiner Gleichberechtigung am Unglück, am erlittenen Elend. Die meisten verharrten im Gefühl, kein Leid reiche an ihres heran.»

Keineswegs, so argumentierte Bernd, waren da ein paar getäuschte Filmdiven und widerwillige Theaterheroen in etwas hineingeraten, das sie fröstelnd garnierten. «‹Jannings entwickelt mir neue Filmstoffe›, notiert Goebbels drei Monate nach Kriegsbeginn, ‹einen sehr guten Ohm Krüger› über den

Burenkrieg. Und einen ‹Fridericus mit Werner Krauß›. Zwei Jahre später hatte der schändliche Jannings-Film Premiere. Sie wählten sich ihre Stoffe, sie schmückten ihre Boudoirs mit signierten Fotos der Gangster, sie ließen sich von ihnen bezahlen und dekorieren; ab 1937 verlieh Hitler persönlich den Titel ‹Staatsschauspieler› – an Heinrich George und Lucie Höflich, an Matthias Wieman und Paula Wessely, an Hans Albers und Käthe Haack. Sie spielten applaussüchtig vor dem von ihnen benebelten Publikum; Johannes Heesters liebte das: ‹Wir fuhren in Frack und Zylinder in offenen Autos vor. Der Platz vor dem Kino war gerammelt voll. Das war noch echtes Publikum, erwachsene Menschen.› Und sie spielten dem Satan auf:

‹So wurde zum Beispiel am Geburtstag Görings das Schauspielhaus am Gendarmenmarkt einfach fürs Publikum geschlossen, weil auf der Bühne ein bunter Abend für Görings private Gäste stattfand. Da dabei außerdem sehr viele Sänger mitwirkten, mußte auch gleichzeitig die Berliner Staatsoper für einen Abend ihren Betrieb einstellen. Bei einem solchen Anlaß führten wir einmal die berühmte Rüpelszene aus Shakespeares Sommernachtstraum auf. Es spielten Theo Lingen die Thisbe, Werner Krauss den Löwen, Aribert Wäscher den Mann im Mond, Otto Wernicke den Squenz, Heinz Rühmann den Zettel und ich die Wand. Ich kann nur sagen: so großartig habe ich die Rüpelszene nie wieder erlebt.›

Wie hier für Gustav Knuth waren auch für Elisabeth Flikkenschildt das Jahre der ‹Erfüllung›, und Lil Dagover stellt fest:

‹Das positive Frontgastspiel erfreute mich, weil es bestätigte, daß für mich der Begriff der Disziplin nicht zu lösen ist von den Begriffen ‚künstlerische Leistung' und ‚anständiges menschliches Verhalten'.› Curd Jürgens bestätigt gar unwillentlich, daß sie alle einen Apparat bedienten: ‹Das kleine

Rädchen schnurrte vor Freude, Teil des Motors sein zu dürfen.›»

Bernds Artikel endete als emphatische Anklage.

«Nicht einer von ihnen hatte ein Schuldgefühl, zeigte Scham, gar Reue. Viele von ihnen sind in unserer jungen Bundesrepublik so berühmt und so beliebt wie eh und je. Nur weitergetingelt. Kristina Söderbaum konvertierte nach 1945 rasch zur Siegerpartei – sie wurde Katholikin. Ihrem Mann Veit Harlan, dem ‹Jud Süß›-Regisseur, stellte sie bei seinen beiden Prozessen geweihte Kerzen mit den fünf Wunden Christi auf. Sie müssen gewirkt haben. 1948 wurde er freigesprochen. Alsbald empfing Papst Pius XII. das hehre Paar in Privataudienz in Castel Gandolfo. Die Deutschen haben ihre Theater und Filmidole verehrt und geliebt und sie nach dem Krieg weiter geliebt. Marika Rökk freute sich noch 1950 über den Jubel nach ihrem Freispruch: ‹Da hatte eine riesige Menschenmenge vor dem Gericht gelauert. Man bereitete mir eine Ovation und riß meinem Anwalt vor Begeisterung die Jackettknöpfe ab. Alle gratulierten mir nachher. Keiner suchte und prüfte nun noch.›

Die Stars von einst und jetzt gaben ein gutes Alibi: so schlimm kann es doch wohl nicht gewesen sein, die sind alle wieder da und spielen und verdienen, als ob nichts gewesen wäre. Dann habe ich, der kleine Mann, mir erst recht nichts vorzuwerfen.»

Der Aufsatz schloß mit einer scharfen Verurteilung der Mörder, ihrer Harlekine und ihrer Claqueure. Bernd war schlau genug, die eigenen Überlegungen durch einige Sätze der Emigrantin Hannah Arendt abzustützen:

«‹Wir, die wir heute schuldig erscheinen, sind in Wirklichkeit diejenigen, die ausgehalten haben, um Schlimmeres zu verhindern: nur diejenigen, die dageblieben sind, hatten die Möglichkeit, mäßigend einzuwirken und zumindest einigen

Menschen zu helfen; wir zollten dem Teufel Tribut, ohne ihm jedoch unsere Seele zu verkaufen.› Dieses Argument hätte politisch einleuchten (aber nur) können, wenn gleich am Anfang ein Sturz des Hitlerregimes durchgeführt oder zumindest der Versuch dazu unternommen worden wäre.»

Der Skandal war perfekt. Die gleichzeitig in London und Paris erscheinende Zeitschrift hatte den Beitrag, üppig mit Fotos ausgestattet, als Aufmacherartikel ihrer ersten Ausgabe gebracht, und eine große Schweizer Wochenzeitung hatte ihn – absurderweise rückübersetzt aus dem Englischen – nachgedruckt. Kaum eine Zeitung oder Zeitschrift zwischen München und Hamburg, die nicht in bissigen, ironischen und erbosten Kommentaren über den «englischsprachigen Theater- und Filmkritiker Bernd Walther» herfiel, ihm Sachkompetenz absprach oder böswillige Zitatmontage unterstellte. Da Bernd den Aufsatz ja nicht für eine deutsche Publikation geschrieben hatte, verblüffte ihn der beleidigte Ton; hier war das alles doch allen bekannt? Sein Schiff war in Stromschnellen geraten. Oder schnellte es in rasendem Bogen einem neuen Ufer zu?

Berlin explodierte in ihn hinein mit der Kraft eines Wolkenrisses. Bei dem Verleger wie bei dem Programmdirektor war er avisiert. Marlies holte ihn, trotz des schönen Frühlingswetters in einer zebragestreiften Pelzjacke, vom Flughafen Tempelhof ab, schräges Leuchtzeichen, mehr Mäander als Wegmarke.

Sie bewohnte in einer Schöneberger Hinterhofwohnung zwei riesige Altbauzimmer, ein Bühnenbild, nicht eingerichtet. Vor den mit schwarzer Lackfarbe gestrichenen Wänden allenthalben schlanke, hohe Säulen aus Holz, aus weißem Stein oder gelbgrünlichem Alabaster. Darauf wippten Bronzepfauen mit Körpern aus leergeblasenen Straußeneiern oder puppenähnliche, Marlies gleichende Frauenfiguren mit manieriert gewundenen Hälsen und Fächern. «Erté», sagte sie, «stell deine Tasche hier ab. Wir gehen nachher in eine kleine Kneipe essen, da kocht ein Wiener Schriftsteller, der von Beruf Computerfachmann ist. Ich koche nicht.»

Das konnte man nicht übersehen. Eine enorme Lagerstatt füllte den einen Raum aus, kein Bett, nur Matratzen, darüber als Bettdecke ein endlos wirkendes Zebrafell geworfen. In ihm hatte sie Bernd am Flughafen erwartet. Marlies lebte im Bett, wenn sie nicht in dem anderen Raum – verbunden durch eine Schiebetür mit zerbrochenen Glasscheiben – an dem groben, langen Holztisch ihre Kostümfigurinen zeichnete.

Der Tisch war eine Platte auf zwei Böcken, links davon auf dem Fußboden eine zärtlich in sich versunkene, bronzene Knabenfigur mit einer violetten Federboa, die an die Schultern gelegten mageren Hände schienen sie davor zu bewahren, auf den schlecht verfugten Holzfußboden herabzugleiten. Zwischen Papier, verschiedenen Tinten, winzigen Messerchen, Leimtöpfen und einem Gewirr aus Zwirnsfäden und Lappen ein hoher Leuchter mit Bronzeröschen, Blättern und kleinen Vögeln – alles verklebt vom Wachs heruntergebrannter Kerzen, ein makabrer Lebensbaum. Es gab einen Stuhl und – ebenfalls auf dem Fußboden – einen Plattenspieler. Im Flur ein alter Thonet-Garderobenständer, unter einer Flut von Kleidern, Mänteln, Röcken aufgeplustert zu einem unförmigen Gespenst. Das überraschend komfortable Bad war Abstellraum für große runde oder viereckige Glasbehälter, in denen Dutzende schwarzer Seidenblumen staken in allen Größen und Variationen; Rosen aus glänzender Taftseide, orchideenähnliche Phantasieblumen aus stumpf gewachster Seide und mächtige Distelblüten aus Seidenhanf. Marlies ging nie aus ohne eine schwarze Seidenblume im Haar. Bernd kannte das von Korsika.

Die Stadt war kokett, grotesk und kaputt. Aber sie log nicht. Sie hatte die Wunden des Krieges nicht überschminkt, und ihre Bewohner kicherten das Vergangene nicht in resopalglatten Nierentischkurven davon. An den S-Bahnhöfen konnte man, fünfzehn Jahre nach Kriegsende, noch die Spuren von Einschußgarben sehen, am Kudamm trippelten billig-fein frisierte Webepelzdämchen in ein kleines Boulevardtheater, am Flughafen Tempelhof waren über das Hakenkreuz im hochschwebenden Reichsadler einfach die Stars and Stripes gepinselt. Mit belustigtem Stolz tauften die Berliner die Restbrosamen, die man ihnen vom Wirtschaftswundertisch zuwarf – eine neue Konzerthalle nannten sie «schwangere Auster», eine Verkehrsinsel gegenüber dem Café Kranzler, groteske Mischung aus gläserner Kanzel, Hausbar und Pissoir, hieß «Gustaf-Gründgens-Gedächtnishalle». Die ehemalige Metropole – eine ausgehaltene Frau im verschiedenfarbig angestrickten Pullover. «Bei euch ist das ja echt Kroko», spottete Marlies, als sie sich eine flache schwarze Tasche aus dem Thonet-Weihnachtsbaum pflückte, «bei uns ist es echt Pappmaché, gepreßt.»

Das stimmte nicht. In den Ritzen dieses zerfallenden Gemäuers war Moos gewachsen. Alte Schwarzmarktschieber, die noch rechtzeitig ins Automobilgeschäft umgestiegen waren, wohnten in den Charlottenburger Zwölf-Zimmer-Wohnungen, und nicht mehr ganz junge Damen hatten aus dem Nachkriegshandel mit den «Ami-Kopftüchern» Modeateliers entstehen lassen mit Laufsteg, Miß-Berlin-Wahl und Nylonstrümpfe-Reklame. Alles war unseriös, alles war echt. Hier gab es keine geerbten Gemäldesammlungen, aber schnell reich gewordene Baulöwen, die sich von verkrachten Kunststudenten Bilder zusammenkaufen ließen. Hier gab es keine Kugellagerfabrikantenschwiegersöhne, aber einen Fahrradschlosser, der über Nähmaschinenreparaturen zum Mopedmonopol gekommen war und nun Filme finanzierte. Keine reich gewordene Provinz, sondern eine arm gewordene Großstadt. Der Ort war eine einzige Schöneberger Altbauwohnung. Statt des vertropften Altarleuchters eine alternde Ledertrine in der «S-Bahn-Quelle» am Savigny-Platz, die pünktlich ab 11 Uhr abends eine gedrillte weiße Maus über ihre lächerlich-martialischen Uniform-Schultern und -Arme laufen ließ; statt des edlen Erté-Halses dicke Schnüre falscher Perlen über dem fleischigen Busen der Preisboxergattin, die zwei Parfümerien besaß; abends aß man bei «Aben».

«Na, Sie mit Ihrer Aktion saubere Leinwand, da waren Sie ja wohl eine Verkaufskanone», Programmdirektor Steinau lachte tückisch am Telefon. «Das ist ein guter Einstieg, Sie kennen ja den alten Spruch von drüben, ‹even bad publicity is good publicity›. Ich hoffe, wir werden uns einig. Das wäre jetzt der richtige Moment.»

Der Mann hatte für den Funk ein paar Jahre aus USA berichtet, alle ihre Sehnsüchte nach dem noch weitgehend unbekannten Kontinent hatten die deutschen Hörer auf ihn projiziert, sein geschicktes Kopieren amerikanischer Magazinformen, eine Mischung aus Nachricht, Klatsch, politischem Kommentar und bösartiger Personalie war inzwischen eine nationale Instanz; «Steinau und seine Mannschaft», sagte bewundernd der Taxifahrer, und «typisch Steinau-Stil», hieß es hämisch unter Kollegen, die ihm die brillantere Häme neideten. Er konnte es sich leisten, Bernd ein großzügiges Angebot zu machen.

Sie saßen in der «Vollen Pulle» am Steinplatz, gleich neben dem Kino, in das sich Bernd als Student heimlich zu Marlon Brando in «Die Faust im Nacken» oder Gérard Philipe in «Fanfan der Husar» geschummelt hatte. Bernd hatte das Gefühl, daß der leicht hinkende Barkeeper, der Steinau mit Handschlag und einem irgendwie verschwörerischen «Christian hat nach dir gefragt» begrüßt hatte, sich ärgerte, daß ihr Gespräch so leise verlief. Er war überrascht, dieser Mann – nun vor der Kamera statt vor dem Mikrophon schneidend formulierend, berühmt wie gefürchtet für seine Wortguillotinen –, er war klein und von seltsam viereckig, fast verwachsen wirkender Statur. Sein leicht femininer Charme erweckte den Eindruck, er suche in ratloser Schüchternheit nach Worten. Käthe hatte Bernd kürzlich aus London ein ausführliches literarisches Porträt Truman Capotes geschickt, das in einer amerikanischen Zeitschrift erschienen war; seit seiner Marokko-Reise und seit er den Film «Breakfast at Tiffany's» in New York gesehen hatte, schwärmte er für Capote. An ihn erinnerte Bernd jetzt Steinau: eine kleine, hübsch gemusterte Kröte, die mit dem vergifteten Honigseim ihrer schnell schlagenden Zunge die Insekten erlegt, von denen sie sich wonnesam nährt. Eine winzige Unratvertilgungsfabrik, in deren schräg herausstehenden Schielfenstern sich das Vergnügen am Vertilgen spiegelt.

«Sie sind mein Mann», lispelte Steinau wie eine gepflegt nach nichts duftende Kurtisane, «so jemanden wie Sie brauche ich. Lassen Sie das mit diesem halbseidenen Münchner Blättchen. Alles ganz gut und schön. Aber das ist doch nichts. Die haben zwar eine Masse Geld an der Werbefront eingesetzt und genügend Exemplare in die Schlacht geworfen, trotzdem. Ich empfehle geordneten Rückzug. Nehmen Sie die Taschenbücher in Angriff, die mein Freund Wohltat aus Hamburg Ihnen vorgeschlagen hat», es war nicht Lachen, es war ein dünnes Pfeifen, mit dem er Bernds «Aber woher wissen Sie denn …» wegblies, «so was weiß man eben. Hören Sie, ich biete Ihnen ein Büro ohne Bürostundenpflicht, mein Gehaltsangebot stimmt, das sehe ich Ihnen an, Sie können nebenbei publizieren, allerdings nicht mehr im Funk und nicht anderswo im Fernsehen.»

Wieso hat er keine Krallen? Ganz normale, eher etwas

zu kleine, rosa Fingernägel, mit denen er diese Halme aus den Zigarren zupft, rosa mit weißen Flecken. «Kalkmangel», murmelte Bernd. «Bitte? Was sagen Sie? Was meinen Sie mit Kalkmangel? Ach ja, ich hab ganz vergessen, mit so einer Position, die entspricht ja, wären Sie Redakteur, der eines Hauptabteilungsleiters, ist eine Dienstwohnung oder so was verbunden. Na, nicht gleich eine richtige Dienstwohnung, aber ich hab hier genug Verbindungen, zum Beispiel in dem neuen Hansaviertel ließe sich bestimmt irgend etwas einkreisen. Überlegen Sie sich's.»

Steinau klang etwas beleidigt, er verschluckte einige Silben, «– … denke, Ende März sollte ich Bescheid wissen.»

«Ich würde das wagen.» Willy Wohlfahrts Stimme klang rostig-mürrisch. «Für Linsen mit Würstchen sind wir nun wohl zu fein geworden – ich brat uns zwei Steaks mit roten Zwiebeln. Und 'ne Pulle Bordeaux gibt's zur Feier des Tages. Abschiedsfeier, oder?»

Als erstes war Bernd zu seinem patzigen Kobold ins Knusperhäuschen am See gefahren. «Ich hab diese Sache mit den Reinhardts immer als Übergang betrachtet, Sie mußten Fuß fassen, lernen, die Nase in den Westwind zu hängen. Es war gut, daß Sie's damals angepackt haben, und es war gut, wie Sie es angepackt haben. Aber ganz kriegen Sie dies Blättchen nie raus aus dem Dunst der feinen Welt. Als Chefredakteur sind Sie für das ganze Ding verantwortlich, nicht nur für Ihre Artikel, und wenn Sie da in Berlin eine eigene Sendereihe machen können, verantworten Sie eben nur die und nicht auch die Abendnachrichten. Das ist meine Trauermusik», lächelte der verhutzelte, alte Mann, als er den quietschenden Korken zog, «Château de Rochemorin, 53er Jahrgang, das leisten wir uns auch nicht alle Tage.»

Willy Wohlfahrt war ein unerbittlicher Freund. Er hatte

gespürt, daß der Magnet Berlin hieß, nicht Fernsehen. Er witterte Bernds Gespanntheit; über Marlies war nicht ein Wort gefallen. Sie pflegten diese Art Vertraulichkeit nicht, der helle Grund ihrer Freundschaft war Diskretion und Direktheit. Sie hatten sich nie geduzt. Aber oft ohne Worte verstanden. So wußte Willy Wohlfahrt, daß Bernd seine Bedenken, er habe doch keine Fernseherfahrung, die Technik sei ihm ein Buch mit sieben Siegeln und er fürchte diese halbierte Stadt, deren andere Hälfte er doch erst vor wenigen Jahren verlassen habe, daß Bernd diese Bedenken aufbaute, damit er sie ihm verwerfe.

«Zieren Sie sich nicht wie die jungen Mädchen, die es zu gerne wissen möchten – Sie haben hier doch bewußt überreizt, weil Sie sich abfedern wollten. Hat mich übrigens immer etwas gestört, mein Lieber», als wische das bauchige Rotweinglas einen Schatten über sein schmales Gesicht, eine Wolke unter den weißen Fransen, die auch seine Stimme dunkel polsterte, «Sie haben richtige Argumente zu Instrumenten gemacht. Die wurden dadurch nicht falsch, aber sie waren mißbraucht. Hüten Sie sich, ein kleiner Oscar Wilde zu werden; dessen Wahrheitssottisen waren stets auch ein wenig parfümiert. Und ich heiße nicht Dorian Gray.»

Von Käthe kam ein Anruf aus London. «Du, ich hab mal bißchen meine langen Ohren in die Urwaldtrommel gehängt. Es sieht gut schlecht für dich aus.»

Käthe kannte immer Leute, die Leute kannten, die mit Leuten verwandt sind, die mit Leuten schlafen. Zuerst müsse er warnen vor der schwarzen Distel aus Korsika. Eine Berliner Freundin, Antiquitätenhändlerin, eine süße Person, wenn ihr ein Kunde gefällt, hängt sie ein Pappschild «Bin Kuchen kaufen» an die Tür und zeigt ihm so lange Schmuck an ihrem Hals, bis er – neulich habe einer gesagt, «ich parke aber falsch», und sie hat nur gemaunzt, «dann mach schneller» – na ja, also die käme manchmal nach London zum Einkaufen, und die kannte diese Maria – «Marlies heißt sie» – gut, also Marlies, die klaue ein bißchen, spinne auch leicht, nähme Tabletten. Vor kurzem habe sie dieser Berliner Freundin sehr schöne alte, wandgroße Spiegel angeboten, alle aus Hauseingängen der verrottenden Berliner Mietshäuser gestohlen. «Sag nicht Quatsch, natürlich schraubt sie die Dinger nicht selber ab. Aber sie klaut sie mit anderen zusammen. Süß. Ich weiß, sie kann besonders gut blasen. Aber laß dir nicht das Gehirn ausblasen.»

Und dann der Fernsehfritze. Ob Bernd schon gehört habe, daß der mit diesem Hamburger Verleger eng befreundet sei. Er habe gerade 'ne neue Dame – «du, der vögelt noch mehr und öfter und schneller, als er spricht» – und ziehe mit der in eine enorme Villa am Wannsee, und weil er keine Ahnung von Kunst habe und keinerlei Geschmack – «Deine Chance, Schätzchen» – kaufe die kapriziöse Puppe Olympia – «die Frau von dem Verleger, die mit den schwarzen Klappwimpern» – in London für so aberwitzige Preise in so aberwitzigen Mengen so aberwitzige Möbel und Kaminumradungen und Leuchter auf für das Wannseenest, «daß hier vorige Woche in der ‹Sun› eine Balkenüberschrift stand ‹German publishers wife buying London antiques for famous TV-stars Berlin de-luxe domicile›. Kosten spielen keine Rolle.»

«Aber Käthe, bei dir wohl auch nicht. Das Telefonat kostet dich ja ein Vermögen.»

«Ich bin doch nicht meschugge. Ich sitze natürlich in der Redaktion von ‹Dossier international› – hier bin ich 'ne ganz große Nummer nach deinem Kinohit.» Käthe, stets informiert, wer mit wem in Berlin nicht mehr schläft und wer in München wieder mit wem, war nicht zu stoppen: Buridan neuerdings wieder mit Crème-de-Menthe – «unappetitlich, das muß ich schon sagen» – und daß der Hamburger Verleger – «der Mann ist ja altmodisch, richtig nobel» – den Reinhardts einen Brief geschrieben habe, ob er ihm – «du bist gemeint, Eichhörnchen» – ein Angebot machen dürfe. «Was, davon hast du keine Ahnung, du hast den Mann in Berlin nicht getroffen, er war in Hamburg? Also dann beeil dich, sprich mit den Reinhardts, zu dir waren sie anständig. Sei kein Gummibaum. Hier kommt jemand rein, will wohl arbeiten. Ich muß Schluß machen. Affe.»

Bernds Trommelfell vibrierte. Er hatte von allem nur die Hälfte verstanden, nicht die Sache mit dem Gummibaum und wer nun die großen Spiegel in Berlin klaute und ob der Affe der arbeitsame Redakteur in London war oder er. Bernd sitzt allein in der kleinen, möblierten Münchner Wohnung, ein Frühjahrsgewitter peitscht abertausend winzige Fragezeichen an die Fensterscheiben, an der gegenüberliegenden Wand lehnen – manche gerahmt, manche noch verpackt – Lithographien und Bilder; stumme Falter, die farbigen Schwingen vor dem Abflug gefaltet. Ein hundeähnliches, mager skelettiertes Geschöpf aus Lehm, Holz und Metall – seine jüngste Erwerbung, eine Chadwick-Skulptur – bewacht die schlafenden Schmetterlinge und fletscht ihn grinsend an. Jede der verglühenden Zigaretten ist ein Brief.

«Sehr verehrte, gnädige Frau, lieber Herr Reinhardt», bringt er schließlich zu Papier. Die bleiernen Wasserfragezeichen zerschießen seine Traumbilder, in denen Yvonne mit schwarzen Disteln im Haar durch London jagt und Erté-Figurinen kauft, während Käthe Gurken, Tomaten und Sellerie aus Bildern schneidet, um sie im Knusperhäuschen für ihn zu kochen. Bernd sieht das alles durch eine steifbeinige Filmkamera, ganz nah entfernt. Morgens schreibt er ihn zu Ende.

«Es wird Sie vielleicht nicht überraschen, möglicherweise erleichtern, wenn ich Sie bitte, mich aus meinem Vertrag zu entlassen. Wenn Sie es nicht für unangemessen halten, würde ich mir gerne erlauben, Ihnen bei einem kleinen Abendessen die Gründe zu erläutern. Ich werde für kommenden Donnerstag einen Tisch im ‹Schwarzwälder› reservieren, und ich darf bereits jetzt Dank sagen für die Freundlichkeit, mit der Sie mir vor Jahr und Tag Arbeit boten.»

Noch immer fremdelte ihn die Leichtigkeit westlicher Abschiede. Man stieg in einen neuen Wagen um – rosa Cadillac war passé, jetzt fuhr man weißen Jaguar, mit Rechtssteuerung. Das Ehepaar Reinhardt war bei Leberknödelsuppe und Geselchtem mit Kraut von turtelnd guter Laune; Heiterkeit nach überstandener Operation. Leicht, ganz nebenhin sagte Frau Reinhardt, «Aber die Wessely ist doch eine fabelhafte Person, wir sind mit ihr befreundet, ein wundervoller Mensch.» Mit der gleichen Nebenhin-Geste, als ließe er einen falsch servierten Wein zurückgehen, widersprach Dr. Höltensheimer; er hatte zwei Tische weiter gesessen, allein, bedient von drei Kellnern, er liebte einsame Schlemmereien. Reinhardts hatten ihn schließlich an den Tisch gebeten. Bernd mochte das, diese kleinen, gespielten Überraschungssätze, mit denen Höltensheimer geradezu zerknirscht «heute nur einen halben Hummer» murmelte oder verblüfft einem Kellner danken konnte, «Ach, das ist aber wirklich nett», wenn der bestellte Kaffee kam.

«Na, sooo fabelhaft nun auch wieder nicht», meinte er, ohne die Stimme zu heben, «sie war immer eine kleine Schauspielerin und eine große Intrigantin.» Es war, als sei man uneins über Gangschaltung oder Automatik beim neuen Wagen, nichts Wichtiges, vielleicht etwas unbequem das eine, etwas ungewohnt das andere. Man konnte sich anpassen.

«Schade, daß wir keinen Buchverlag haben», sagte Buridan – blitzten die Bussardaugen vergnügt, bösartig oder gleichgültig an Bernd vorbei? –, «diese Folge über Archäologie und Irrtümer und Kriminalität, die Sie da bei uns begonnen haben, das wäre ja ein Krimi, als Buch ein Bestseller.» Herzlichst Jens Reinhardt, dachte Bernd.

In seinem olivfarbenen VW-Käfer mit den lila Cordsamtpolstern war es vollgepfercht sehr leer; er hüpfte über die Autobahn gen Berlin, hinter sich ein paar Koffer, neben sich eine alte, kupferne Teekanne, Willy Wohlfahrts Abschiedsgeschenk. «Damit Sie sich in der leeren Wohnung zuerst mal 'nen heißen Tee machen können.»

Steinau hatte, noch bevor Bernds Ja in Berlin angekommen war, telegraphiert: «Phantastische Wohnung Hansaviertel gebunkert.» Je näher Bernd in seinem grünlila Käfer Berlin entgegenhopste, um so flauer war ihm zumute. Fauliger Geschmack auf der Zunge, die Nase lief. Nach der Grenzkontrolle in Dreilinden mußte er anhalten. Er rauchte drei Zigaretten hintereinander.

Marlies machte keinen Tee. Sie liebte Gin Tonic, zu jeder Tageszeit. Ihre Haut schmeckte nach dem bittersüßen Getränk, ihr Haar roch wie gepreßter Wacholderhanf, und selbst das Gurrende ihrer Stimme verband sich für Bernd mit dem Begriff Gin. Diese Frau setzte sich aus lauter disparaten Teilen zusammen – und war zugleich wurzelhaft organisch. Kann man zusammensplittern, dachte Bernd oft, wenn sie dem Metallschliff der Piaf zuhörte und zu ihm etwas in diesem rasch angenommenen berlinischen Tonfall sagte, über dessen seltene Fähigkeit, jeden Vokal zu diphthongieren, er immer lachen mußte. Neien oder Baahnhof oder weieß ich nich.

«Ein Mäachen», dehnte sie, «ein Trauem», als sie die Wohnung besichtigten: fünf Zimmer auf zwei Etagen verteilt im 16. Stock eines Hochhauses hoch über Berlin; vom oberen der beiden Balkone reichte der Blick weit in den Ostteil der Stadt. Vorerst wohnte er bei Erté und lebte drei Leben. Tagsüber begann er, sich im Funkhaus zu orientieren, Besprechungen mit den künftigen Mitarbeitern, Entwürfe für das Konzept der Sendereihe, das kleine Bürozimmer, eine Sekretärin, die er beim Vorstellungsgespräch frotzelnd für sich gewann: «Rehe werden Sie hier vor den Fenstern nicht äsen sehen, aber es wird wild zugehen bei mir.»

Nachmittags bis in die frühen Abendstunden hinein streifte er durch Galerien und Antiquitätengeschäfte. Die Brise begann, das zusammengefältelte Segel zu plustern.

In München hatte Bernd nichts besessen außer ein paar Anzügen, den alten Käfer, die nicht ausgepackten Bilder. Er hatte gepflanzt, aber es war noch nichts gewachsen. Er hatte gut verdient und wenig ausgegeben. Jetzt verdiente er viel Geld beim Fernsehen, wenn er den Hamburger Herausgebervertrag unterzeichnete, waren gute Honorare zu erwarten, und sogar eine Dollarquelle hatte sich erschlossen. Eine junge Dame namens Green aus San Francisco hatte sich nach dem «Kinohit» an ihn gewandt, sie sei die Tochter einer Heidelbergerin und eines farbigen Amerikaners, der in den Nachkriegsjahren in Europa reich geworden sei, ihr Vater sei vor zwei Jahren gestorben und sie starte eine Zeitschrift, die – ihrer Biographie entsprechend – europäisch-amerikanisch sein solle. Für einen hohen Dollarbetrag trug sie Bernd neben einem französischen Ethnographen und einem italienischen Schriftsteller die europäische Herausgeberschaft an.

Bernd wollte nicht mehr Emigrant sein. Er suchte Hilfstruppen, um sich Heimat zu bauen. Es war ein Prozeß des Sichverschalens. Die unerwartet luxuriöse Wohnung sollte sein Schneckenhaus werden, und Scherbe für Scherbe suchte er Perlmutteilchen, sorgsam und sparsam: ein Bild, ein Möbelstück, eine Lampe. Allenthalben war Jugendstil in Mode gekommen, den Bernd scheußlich fand. Die Schlingpflanzenvasen und die Tische mit Blumendekor schienen ihm das Vergangene zuzuwuchern, schienen ihm ein künstlicher

Orchideengarten aus dem Vergessen. Zu seiner Verblüffung stöberte er in Kramläden und Trödelgeschäften, über deren Eingangstüren ungelenke Schilder «Samt und Sonders» oder «Die Kramkiste» baumelten, Graphiken von Hubbuch und Felixmüller auf, einen Mackintosh-Stuhl und Sessel von Dunand mit den alten Bezügen. «Nun bin ich doch ein Eichhörnchen», lachte er insgeheim und freute sich auf Käthes ersten Besuch in Berlin.

Es war wie ein endgültiger, zärtlicher Abschied von Willy Wohlfahrt, als er sich eines Tages ein besonders streng stilisiertes Service kaufte, dessen Tee- und Kaffeekanne so kühl und eckig waren, daß sie wie Objekte und nicht wie Gebrauchsgegenstände wirkten. Erst in einem Katalog des Funkhausarchivs entdeckte er, daß er nun täglich einen Entwurf von Gropius in Händen hielt.

Das dritte Leben hieß Marlies. Die Beute seiner Raubzüge schleppte Bernd in die noch leere Wohnung, in der gehämmert und gestrichen und gekachelt wurde. Als sollten ihm die Ecken seiner Möbel- und Vasenfunde sänftigend gebogen werden, hatte Marlies für ihre Schöneberger Höhle aus dem Theaterfundus verblaßte grüne Samtportieren «abgestaubt» und hinter ihren Säulen dramatisch weit in die beiden Räume schleifend drapiert, so daß das rosa Futter stellenweise hervorleckte. Vor dieser obszön-üppigen Zunge tanzte sie, ein schwarzroter, wippender Vogel, der phlegmatisch lockend das Gefieder abwarf. Zum nächtlichen Gin-Tonic-Piaf-Ritual im Wacholder-Wrasen gehörte, daß sie schwarze Seidenblumen, Haarteile, Kleidungsstücke und Wäsche durch das Zimmer warf, lüsterner Flaum, der im Bronzepfau hing oder vor dem sich kosenden Knaben mit dem Fifi herabrieselte. Bernd streichelte Eis, glühend-kalt, ihn feuchtend, ganz hart, unerreichbare Gletscher, die zu bezwingen seine Begehrlichkeit steil entfesselte. Er löschte brennenden Schnee. So fremd kannte er keinen Stern. Er wußte nicht, verlor er sich oder ihn.

Den schwarzen Seidenflaum schippte allmorgendlich Frau Hagen. Das war die Putzfrau, spindeldürr, die Kopfhaut von der billigen Dauerwelle entzündet, auf der Oberlippe spreizte eine daumennagelgroße Warze ihre Borstenhaare, ein Schnurrbart mit Mottenfraß. Frau Hagen hatte zwei Lieblingsbeschäftigungen: die herabhängenden, herumliegenden Dessous zu ordnen und auf dem Zeichentisch zurechtzukommandieren; die Rosen neben die Haarteile neben aufgerollte schwarze Seidenstrümpfe, dazu für Bernd ein frisches Oberhemd mit Krawatte. Sie bestand darauf, daß er anzog, was und wie sie gewählt hatte; oft wechselte er in der Telefonzelle vor dem Funkhaus die Krawatte. Die zweite war peinigender: Täglich verkündete sie nach energischem Bummern Bernd durch die Badezimmertür die neuesten Nachrichten der Boulevardpresse: «Beide Beine ab, Herr Doktor, ich habe so geweint», oder «Mit dreizehn Jahren schwanger, vom eigenen Vater, was sagen Sie bloß?» Bernds einzige Gegenwehr, laut mit dem Badewasser zu planschen und in schweren Fällen aus der Wanne nach dem Griff der Toilettenspülung zu hangeln und zu ziehen, half wenig. Schließlich mußte er sich den Bart schneiden, und ohne «nur der treue Hund lag neben der Leiche» ging es nicht ab.

Der Krach mit der Dame Hagen ging allerdings auf sein Konto. «Und das kleine Andenken aus Paris, das Sie mir mitgebracht haben», keifte sie, «das haben Sie wohl vergessen? Da habe ich auch nichts gesagt, habe Sie auch bei Frau Marlies nicht verpetzt – es hat mich 35 Mark Frisör gekostet.»

Das kleine Andenken aus Paris trug den Namen Filzläuse. Bernd hatte zur Vorbereitung einer Sendung nach Paris fahren müssen, Marlies war eine Woche in Griechenland, wo sie mit einem irritierend gut aussehenden Bühnenbildner Entwürfe korrigieren mußte. Käthe hatte ihm, der Paris nicht kannte, am Telefon einen Tip gegeben: «Schade, ich muß ein paar Tage weg, sonst wäre ich rübergekommen. Aber du mußt unbedingt ins ‹Fiacre› gehen, die Bar mit den schönsten Kerlen von Paris; na, du bist ja gefeit und wirst mir bitte keinen riesigen Neger abschleppen.»

Genau das tat Bernd. Mehr aus exotischem Interesse? Konnte man mit einem Neger Sex machen? Wie ging das? War das anders? In Wahrheit war ihm die Sache etwas eklig, er schämte sich vor sich selber, winzigen Rassismus entdeckte er in sich, die hellen Fußsohlen, die Kräuselhaare. Bernd hatte das ungewohnte Gericht hastig verschlungen und hinterher zur Reinigung an der Bar der ‹Closerie des Lilas› ganz allein einige Gläser Champagner zuviel getrunken. Als er in Berlin merkte, daß der unappetitliche Abend ihm Filzläuse beschert hatte, rief er in seiner Ratlosigkeit schließlich Willy Wohlfahrt an – er wußte niemanden sonst, den er hätte fragen können; obwohl sie Intimes nie miteinander ausgetauscht hatten, meinte dieser ganz sachlich: «Na, ich bin ja nun schon eine Weile nicht mehr bei der aktiven Truppe. Ich kenn das nur aus der Zeit vor dem Krieg. Da gab es so 'ne Quecksilbersalbe.»

Abendelang war Bernd, von den Knöcheln bis unter die Achseln eingeschmiert mit der dicken, silbergrauen Pampe, in den beiden Zimmern hin und her gelaufen, Arme wedelnd und angstvoll bedacht, nirgendwo Flecken zu hinterlassen – ein grau angestrichener Büßer, dessen rostbraunes Körperhaar einem verklebten Strickpullover glich. Erst als ihm die Viecher in die Augenbrauen bissen, traute er sich in eine Apotheke, im Laufe eines Tages war der Spuk von dem Pulver verjagt. Aber offenbar hatten sich einige Flüchtlinge zu Frau Hagen gerettet. Als sie kündigte, wohnte er nicht mehr in Schöneberg.

«Erlesen, er-lesen, das ist das richtige Wort», Käthe schaute sich mit «kritischen Nasenflügeln» um. «Das muß dir eine Dame von Welt attestieren – hier ist nichts falsch. Eichhörnchen, du bist eben doch nicht ein Eichhörnchen. Diese Tiere sind so dumm, sie hamstern zwar Nüsse für den Winter, finden sie aber dann nicht mehr. Du hast ja allerlei gefunden.»

Die zweigeschossige Wohnung wirkte in ihrer kühlen Strenge größer, als sie tatsächlich war. Die beiden unteren Zimmer gingen leicht gestuft ineinander über, vor dem größeren Raum eine Terrasse; über eine Treppe gelangte man in die darüber gelegenen Räume, zwei Schlafzimmer und das Arbeitszimmer, dessen kleinerer Balkon jenen Blick über Berlin bis weit hinein in den Ostteil der Stadt bot. Marlies hatte im Hinterzimmer eines Charlottenburger Antiquitätenhändlers – er war bis vor kurzem Marzipankneter in einer schwulen Konditorei gewesen – ein zweites Exemplar des kosenden Knaben gefunden, Abgüsse von George Minnes Brunnenfiguren für das Folkwang-Museum in Essen, «statt Ringen, einer für mich, einer für dich». Die schmale Skulptur grüßte von dem Balkon fröstelnd nach Ostberlin hinüber, Bernds Ruf zu dem verbrannten Engel über dem Reichstagsgebäude. Daß in den zwanziger Jahren davon ein Marmorexemplar auf dem Schreibtisch von Harry Graf Kessler gestanden hatte, mußte Bernd von Käthe lernen; er kannte den «linken Grafen» nur als Förderer und Sammler Maillols. Das verkramte, mit Büchern und Katalogen vollgestopfte Arbeitszimmer war mit billigen Asko-Regalen, einem Schreibtisch und einigen schwarz verstrebten, hochlehnigen Stühlen möbliert, die einer lächerlichen Kopie des edlen Mackintosh-Stuhls glichen. Der stand unten im Wohnraum neben dem Prunkstück: eine «Gould Peacock»-Lampe von Tiffany, deren gelbe Lichtkegel von drei ihre Hälse in die Höhe reckenden Pfauen getragen werden.

«Überkandidelt», war Käthes Kommentar, «eine Entgleisung.»

«Weiß ich ja. Tiffany verachtete doch selber seine Lampen, bezeichnete sie als kommerziellen Schrott, Abfall aus den Glasscherben seiner großen Fenster und Glaswände. Das Monstrum erfüllt mein Kitschbedürfnis. Manchmal denke ich», fügte Bernd hinzu, «meine Abneigung gegen diesen ornamentalen Schnickschnack des Jugendstils, gegen all diese Reiher und Seerosen und Möbel voller Schmetterlings- und Kätzchen-Intarsien ist eine Form, sich gegen etwas in mir zu wehren, manchmal frage ich mich, ob es nicht gerade die banalen Dinge sind, die einen weiterführen.

Vielleicht begradige ich irgend etwas Krummes in mir mit dieser eckigen Gropius-Kanne oder auch mit diesem aggressiven Felixmüller-Selbstporträt mit dem Judenstern? Wußtest du übrigens, daß Felixmüller ausgerechnet 1932 mit Arno Breker gemeinsam in der Villa Massimo in Rom arbeitete?»

«Du befrachtest das Zeugs mit zuviel Bedeutung. Sehr nobel, diese Dunand-Sitzmöbel, das gebe ich ja zu, und das Quappi-Porträt von Beckmann ist phantastisch, gut. Aber die Tischchen und Sesselchen und Vasen, ob sie nun von Maufe sind oder von Sabino oder von Fauré oder von niemandem Berühmten: sie sind der Sperrmüll von morgen oder schon von gestern. Häng dein Herz nicht an den Plunder. Spiel nicht Crème-de-Menthe in klüger und raffinierter. Du hast da mit deinem Hubbuch und mit deinem Grosz und mit deinem Dix eine schöne Ersatzfamilie um dich herum gezüchtet. Nun grins die mal fein zurück, Kopffüßler.»

Käthe konnte man nicht beeindrucken. Bernd wollte auch niemanden beeindrucken. Er schlug Perlmuttblättchen für Perlmuttblättchen seine Muschel aus, so glitzernd, hart und wasserdicht es ging. Dinge können nicht weh tun. Sie geben Genuß, nicht Liebe.

Die holte Bernd sich aus der Arbeit. Seine Fernsehserie war ein Erfolg geworden. Mehrere europäische Sender hatten sie gegen hohes Honorar übernommen. Mit dem Hamburger Verleger war er sich über die Monographien-Reihe, ein Taschenbuch pro Monat, einig geworden. «Kommen Sie zu Schlichter», hatte Dr. Wohltat am Telefon gebeten, «da isses gemütlich, und wir können alles in Ruhe besprechen. Ich sage nur Lissitzky, El Lissitzky, junger Mann, freut mich.»

Bernd verstand anfangs nicht recht den Zusammenhang, er besaß eine frivole Kreidezeichnung von Schlichter, «Nutten» in Knöpfstiefelchen, billig ergattert, und einen alten El-Lissitzky-Katalog. Was konnte das eine mit dem anderen zu tun haben? Steinau hatte ihm erklärt, wo er in der Nähe des Kurfürstendamms das Restaurant Schlichter finden würde, und als Bernd es betrat, saß unter vielen Dutzenden Schlichter-Bildern an den Wänden in einer Ecke ein Schlichter-Bild: statt auf Knöpfstiefelchen fiel sein Auge auf zitronengelbe Seidensocken, etwas zu hoch gezogene, grüne Flanellhosen mit einem feinen gelben Streifen und über alldem eine rosa Papierwolke. Dr. Wohltat las die «Financial Times».

«Sehr gutes Feuilleton, müssen Sie wissen. Meine Frau – Sie haben sie ja vor Jahren mal kennengelernt, nicht wahr? – liest die Börsenkurse, ich nich, verstehe nichts davon, ja, da staunen Sie wohl, kannten Sie das noch nicht, der olle Rudolf Schlichter hatte ja nie Geld und sein Bruder diese Freßkneipe, Tafelspitz ist übrigens sehr zu empfehlen, wunderbar machen sie den mit geriebenem Meerrettich im Apfelmus, und da hat der hier immer einmal in der Woche umsonst essen dürfen in den zwanziger Jahren, dafür mußte er seinem Brüderchen 'ne Zeichnung geben, und nun sehen Sie sich mal um, das ist fast wie die Kronenhalle in Zürich, nur alles Schlichter, erste Qualität, der rote Sancerre übrigens, wollen wir den zum Tafelspitz, schön leicht mittags, und mit Lissitzky fangen wir an, habe ich mir gedacht, so schätze ich Sie ein.»

Die gelbe Krawatte – leicht vom Gelb der Socken unterschieden –, der dunkelgrüne Nadelstreifenanzug mit den etwas zu engen und zu kurzen Ärmeln, die die Manschetten des Hemdes hervorquetschten, das orange Tüchlein, das sich als flaggenlanges Zaubertuch entpuppte, in das Dr. Wohltat ungeniert und laut hineinschneuzte, und das leicht grobianische, aber nicht vulgäre «Aber nein, Schätzchen, Sie sind wohl neu hier, das ist doch ein Loire-Wein, der muß kühler sein, rot, aber kühl, verstehen Sie», mit dem er eine junge Kellnerin zurechtwies – in Bernds Sympathie für diesen Mann kroch etwas Neid. So konnte sich nur jemand bewegen, der sich seiner selbst sicher war, er hatte nicht diesen rosa Puderschick der Reinhardts und nicht das Fischige eines Steinau. Der hier war nicht fake. Sie tranken etwas viel, aber der Verleger verlor den Köder nicht von der Angel. «Gerade heraus, junger Mann, ich will Geschäfte mit Ihnen machen. Sie sind frech und Sie können schreiben. Ich bin auch nicht ohne; viele denken, der ist von gestern, haha.»

Allzu sehr von heute ist er auch nicht, schien es Bernd, und nach einigen Calvados – «nehm' Sie Dessert? Ich nehm' nie Dessert. Nehm' Sie lieber 'n Calvados, ich nehm' immer 'n Calvados nach dem Essen. Zigarre?» – waren Lissitzky und Schlichter und Meerrettichapfelmus etwas durcheinandergeraten. Bernd war ganz unvermittelt rausgerutscht, «aber kein Arcimboldo», was Dr. Wohltat tröstend abtat, «nein, nein, nicht diesen Gemüseheini, überhaupt nichts Gebildetes. Sie sind doch Archäologe, machen Sie doch» – und dabei zwinkerte er über der orangenen Fahne, er hat fast gar keine Wimpern, bemerkte Bernd, ganz kleine, lustige, freche Ferkelaugen – «bißchen was Unanständiges als Nummer zwei, diese Pimmelterrakotten aus dem peruanischen Golmuseum oder was aus Pompeji. Und mit Steinau kommen Sie aus?» Bernd konnte nicht unterscheiden, klang das lauernd, leicht vorwurfsvoll oder nur neugierig.

Für den Abend waren sie noch einmal in einer Hotelbar verabredet, Dr. Wohltat flog erst am nächsten Morgen zurück nach Hamburg, und er wollte Bernd die Bedingungen des Herausgebervertrags aufschreiben. Es war ein zerknittertes Stück Hotelpapier, auf das er Kalkulationen, Autorenhonorare, Auflagenhöhen und mögliche Auslandsbeteiligungen gekritzelt hatte, professionell und nachlässig. Lauter kleine Lektionen in achtloser Weltmännischkeit.

«Nerz», sagte Dr. Wohltat ungerührt, «haben Sie schon mal das Wort ‹Nerz› gehört?» Er reagierte damit auf Bernds widerwilliges Erstaunen, als ein feister alter Mann mit einer fragilen jungen Frau die Bar betrat. «Sie haben das ja noch nicht nötig, aber ich verrate Ihnen dennoch ein Erfolgsrezept. Aus purem Egoismus, Ihr Erfolg wäre auch meiner. Archäologie hat doch etwas Geheimnisvolles, auch Kriminelles. Schreiben Sie einen Archäologie-Krimi, lieber Freund – ich verspreche Ihnen eine Riesenauflage.»

Dieser Satz zum Abschied sollte das Wichtigste aus der Begegnung mit Dr. Wohltat werden. Bernd entwickelte für Steinau eine zweite Fernsehfolge, sie sollte zugleich informierend und spannend kunsthistorische «Kriminalfälle» vorführen. In seinem Exposé gab Bernd zwei Beispiele. Eine renommierte Privatsammlung vorderasiatischer, minoischer und griechischer Altertümer enthalte zahlreiche frühzykladische Exemplare aus Marmor und anderem Material, die nachweislich an dem Fundort Dhaskaleio Kavos auf der südöstlich von Naxos gelegenen ägäischen Insel Keros gestohlen worden waren. Dieses Thema könne man hervorragend optisch verdeutlichen, die Kultur von Keros und dem nordwestlich von Naxos gelegenen Syros gelte als Höhepunkt der zykladischen Figurinenkunst, ihre elegante Stilisierung meist weiblicher Körper Mitte des 3. Jahrtausends vor Christus nehme geradezu moderne Formulierungen von Bildhauern wie Brancusi vorweg.

Das zweite Beispiel hatte eine politische Dimension. Trotz seiner Vorliebe für Adolf Loos und dessen Satz «Ornament ist ein Verbrechen» wollte Bernd auf die barbarische «Entstukkungsmodernisierung» gerade in Berlin aufmerksam machen, wo man in ganzen Straßenzügen den Häusern die Architrave, Gesimse und Baluster herunterriß und ihre Fassaden unter dem falschen Motto «Demokratisierung des Stadtgesichts» mit Kiesel-Kratzputz bewarf. Bernd wohnte zwar in einem Haus, das die holländischen Modernisten van den Broek/Bakema entworfen hatten, er aß von einem Lacktisch von Rühmann, aber er wollte davor warnen, etwa Scharouns Ideen als Ideologie zu verfestigen. Er zitierte in seinem Exposé polemisch den Satz eines Publizisten von der Lüge als Fundament eines neuen Deutschlands, falls das Goethehaus in Frankfurt oder das Schillerhaus in Weimar wiederhergestellt würde und bezeichnete den Widerstand gegen die Rekonstruktion von Schinkels Feilner-Haus in Berlin oder des Belvedere von Langhans seinerseits als «historischen Betrug». Auch hier könne man mit Fernsehen hervorragend optisch argumentieren, wenn man beispielsweise das Herrenhaus von Heinrich Gentz in Berlin-Steglitz in allen Bauphasen bis zur Verschandelung in den vierziger Jahren zeige. Die ausgerufene neue «Ehrlichkeit», mit der man allenthalben ablehne, historische Gebäude wiederherzustellen, müsse im Gegenteil als geschichtlicher Verrat attackiert werden. Bernd beendete das Exposé mit dem Satz von Carlo Schmid, «Wehe dem Staat, der auf seine Intellektuellen nicht hört. Doppelt wehe dem Staat, der ihnen folgt.»

«Eine Bombe, mein Lieber. Das Ding zünden wir.» Zum ersten Mal war Bernd in die am Wannsee gelegene Villa Steinau eingeladen, wo zwischen Ormoulu-Leuchtern, ranken Etageren und schweren Polstermöbeln in violett-grün gemustertem Samt ein ausgeblaßtes Blatt gelben Mohns hindurchwehte, «meine Frau Tilda. Sie kennen sich wohl noch nicht.» An Tilda Steinau war alles blaß, anämisch, wolkige Schläfrigkeit des Bernsteins, durchsichtig und vage. «Quatsch, Tilda», hatte ihn noch Käthe vor ein paar Tagen, kurz vor seiner Rückreise nach London, gewarnt, «Mathilde, Feldwebelstochter. Achte mal auf ihre großen Füße. Bis zum Gürtel ätherisch – aber bei Tisch zieht sie die Schuhe aus. Tildchen, die Qualle. Sie reagiert nur auf direkte Berührung und schwappt mit jedem Wellenschlag in die entgegengesetzte Richtung. Da schlingert sie in der Dünung, und ehe man sich's versieht, hat man sich verbrannt.» Käthe wußte nicht nur, wo und für welchen Preis Frau Wohltat in London die Antiquitäten gekauft hatte, zwischen denen sich Tilda nun hindurchwand, er wußte auch von zahlreichen Amouren dieser erstaunlich jungen Frau.

«In München hat sie den Spitznamen ‹Die Anthologie›, sie muß einen enormen Appetit haben, eine sonderbare Mischung aus Trägheit und Freßsucht. Tagsüber schläft sie, selbst ihr Mann kriegt sie nicht zu sehen, ruft er sie am späten Nachmittag gegen sechs Uhr an, kommt oft nur ein somnambules ‹Warum weckst du mich?›; aber nachts fährt sie Flügel und Krallen aus. Sie hat den gefährlichen dünnen Ton einer Drahtharfe, der die Männer in die Irre lockt. Mit einem uninteressierten ‹die hatte den lange genug› schnappte sie einer Frau den Mann weg, einen Regisseur, sie heiratete ihn und verließ ihn mit einem Maler, den sie mit einem Stückeschreiber betrog, und alle Welt weiß, von wem das Kind ist, das sie Steinau beschert hat – aber Käthe ist ja diskret, von mir wird es niemand erfahren.» Dann hatte er den Namen des reichsten Pariser Zeitungsverlegers fallenlassen. «Ja, Tildchen, unsere Mutter Courrèges.»

Tilda Steinau hatte etwas serviert, langgezogen leise «Ich glaube, das wird wunderbar» geflüstert auf die Frage ihres Mannes, was sie von dem Projekt halte – «eine Attacke», säbelte Steinau dazwischen, «wir reiten da in jeder Sendung eine Attacke» –, und war plötzlich, als habe sie sich einen flaumigen Pelzkragen über die Schulter gehängt, mit dem Säugling auf dem Arm erschienen. «Er bekommt nur Karottensaft», erklärte sie auf Bernds verwunderte Frage, wieso das Baby so braune Haut habe, «ganz viel frisch gepreßten Karottensaft.» Am nächsten Tag gab der Bote eines Elektrogeschäfts in Bernds Büro einen Apparat der Firma Braun ab, mit dem man Mohrrüben pressen konnte. Unter dem Stahlstich-Schriftzug «Tilda Steinau» war in brauner Tinte auf die Karte geschrieben «echt minoisch».

«Scheußlich, das ist ja wahrhaft scheußlich», zitternd vor Widerwillen, eine schwarze Orchidee im Weiß der Teppiche, stand Marlies in seiner Wohnung. Bernd hatte nach seinen erfolgreichen Verhandlungen das ersehnte große Dalí-Bild auf Abzahlung gekauft, darunter ein langes, flaches Chrommöbel mit weißem Lederbezug plaziert, der Knoll-Nachbau eines Rohe-Entwurfs. «Auf so 'nem OP-Tisch fickichnich», schluchzte Marlies, «du lebst ja in einem Labor. Lauter Instrumente. Wer soll die benutzen und wozu und gegen was?» Bernd hatte diesen Teil des Raums wie auf einem Reißbrett inszeniert: Schräg gegen die weiße Lederbahre das rote Sofa von Jean Michel Frank, ein schwellender lüsterner Mund in widerlichem Rot, den der Möbelentwerfer dem Mae-West-Porträt von Dalí entnommen hatte. Dem gegenüber wie ein Peinigungsgerät ein hölzerner Gerrit-Rietveld-Stuhl, schwarz, gelb und rot – «dein falscher Mondrian», hatte Käthe gespottet.

Marlies lief die Treppe hinauf, umschlang schluchzend den

Bronzeknaben, ihre Tränen rannen ihm auf Schultern und Hände, unter ihnen die Stadt in jenem bläulichen Milchlicht, wie nur Berliner Sommernächte es in der Schwebe halten. Satte, erinnerte sich Bernd seiner Kindheit, die Luft schmeckt nach Satte – dicke Milch, die bei einem Gewitter geronnen war; süßlich-säuerlich-pelzig. Sie standen eng umschlungen, zwischen sich den schmalen Jüngling, und trieben weit voneinander fort. Bernd sah die tanzende schwarze Distel, wie sie das erste Mal über den Schöneberger Hinterhof gehuscht waren. «Ratten, wat 'n sonst, det sind nur Ratten, die tun dir nischt», hatte sie damals gelacht und mit ihrem Zebramantel über die Mülltonnen gefegt. Zebradracheschmetterling fliegt dahin in die pelzige Milchnacht. «Wir lieben uns nicht», hörte Bernd den Stempel auf einem Papier. «Wir passen so gut zueinander, wir passen nicht zueinander. Und ich muß zum Arzt. Du willst es doch auch nicht – oder?»

Manche Abende saß Bernd zu Hause, die Angewohnheit, zwischen zwei Fingern die Härchen in der Nase zu zwirbeln, bereitete ihm Kopfweh, zugleich machte ihn der ziehende Schmerz, der durch die Augen schoß, hellwach. Mit zwei feuchten Fingern streichelte er Lack und Leder, er knöpfte die Knöpfstiefelchen auf, murmelte leise «ein schönes Paar» und blinzelte Quappi an. Auf hochlehnigem, grünem Stuhl vor rostfarbenem Hintergrund eine herrische Generalin, der Turban ein grauer Helm, Ohrringe und Halskette wie Orden blitzend und eine graue Manteljacke als strenge Uniform. Unter schräg lauernden Wildkatzenaugen ein zugleich spöttischer und quellender Mund, dessen rot-räuberische Sinnlichkeit als Signal widerscheint in den langen, lackierten Fingernägelkrallen der unnatürlich und schmal stilisierten Hände; die Zigarette eine glühende Waffe. Die kalte Verhaltenheit der Figur löst sich erst zur Lockung auf bei dem unter einem weißen Kleid hervorstechenden Knie in schwarz schimmerndem Seidenstrumpf. Ein Bild froststarrender Lüsternheit. Die Frau als Bedrohung.

Die Piaf stellte er ab. Ihre Stimme schmeckte nach Wacholderbast. Er verkroch sich ins Arbeitszimmer, wo sich von Stühlen und Tischen und vom Fußboden die überdimensionalen Schwänze der peruanischen Terrakotta-Abbildungen wie Haubitzen auf ihn richteten. Käthe war in London, Willy Wohlfahrt am Starnberger See, und diesen jungen Schriftsteller kannte er noch nicht gut genug. Marlies hatte sie auf einer Premierenfeier einander vorgestellt. Martin Mandelbrot war wohl in seinem Alter. Bernd hatte sogar den ersten Erzählungsband gelesen, ein schmales Pappbändchen. «Kunststück» wollte in zehn Variationen die Schicksale von drei Männern aneinanderfügen; vage blieb angedeutet, ob es sich um homosexuelle Bindungen handelte.

«Ich hatte Sie mir ganz anders vorgestellt», begrüßte Bernd den großen, schlanken Mann mit weißlichblondem, gescheiteltem Haar, dessen etwas dunklerer Schnurrbart lustig wirkte, weil er rechts wie ein Brandloch einen dunkelbraunen Fleck hatte; Martin Mandelbrot rauchte Gitane-Zigaretten, die er kaum aus den Lippen ließ.

«Jüdisch, nicht? Klein, schwarz, behende, so etwa? Der Name täuscht aber, leider. Zu meinem Kummer preußischer Offizierssohn. Der Teufel – oder Jahwe – weiß, woher dieser Rabbiner-Name in die Eberswalder Familie kommt.»

«Von Verlaine jedenfalls nicht, Hommes hin, Femmes her», Bernd freute sich, wie der blonde Offizierssohn lachte.

«Touché, mein Lieber, dazu muß nun ein Kunsthistoriker, auch noch ein Archäologe, kommen, um das auszugraben. Stellen Sie sich vor, die Herren von der Literaturkritik haben das beim Rezensieren meines Buches nicht gemerkt. Die Wahrheit zu sagen, ich habe ganze Sätze von Verlaine wörtlich einmontiert, die Namen sind alle aus dem ‹Tausendunddrei›-

Gedicht genommen. Nur parodiere ich den Herrn, der es mit seinem duftenden Ambra und stämmiger Mannheit und Göttermilch, fürchte ich, ernst meint. Ich meine es nicht ernst.»

Es war ein sehr berlinischer Abend geworden. Spätnachts waren sie noch ins «Chez nous» eingefallen, Bernd war vernarrt in die perfekte Falschheit der Transvestiten mit ihren zu großen Köpfen unter den Perücken, den Federboas über ihren breiten Schultern und dem weißen Flieder auf weißem Klavier. «Aber Zarah Leander muß es immer sein», kam es trocken durch die Gitane-Wolke. Die beiden Männer verstanden sich, und Bernd ärgerte sich nicht einmal über Mandelbrots heftigen Flirt mit Marlies. Ihr Tisch, zwei Männer und eine Frau, war die Zielscheibe der groben Anzüglichkeiten des stämmigen Conférenciers, der mit der Grazie eines Nilpferds auf der Bühne herumwatschelte und herbeidröhnte, was er für Pointen hielt; etwa, wenn er sich mit dem Fächer aus Straußenfedern unter das Haar fuhr und «Rita Hayworth» brummte, sich mit grotesk beringten fetten Fingern an den Busen griff, «Marilyn Monroe» grunzend, und sich schließlich «Clark Gable» quiekend zwischen die Beine faßte. «Johnny, wenn du Geburtstag hast», war das Lied, mit dem man sie hinausgespült hatte.

Wochen sind vergangen. Das verdammte Marlene-Chanson leiert Bernd in den Ohren. Er wandert durch die dunkle, heiße Stadt. Es ist kurz vor Mitternacht. «Schwarze Rosen, Sie sind wohl bekloppt, Männeken, wo jibts denn sowat, schwarze Rosen. Weißen Flieder könn Se ham.» Johnny, wenn du Geburtstag hast. Er will ins Krankenhaus, zu Marlies, es ist Sonntag. Er trinkt da ein Bier, dort einen Korn, wieder ein Bier. «Parkklinik» steht auf dem Schild, unter dem er läutet. Zwanzig Minuten später. Hat er zuerst eine Schwester und dann den Arzt oder überhaupt keine Schwester und überhaupt keinen Arzt gesehen? Hatte der Weißkittel ein Gesicht? Einen Namen? Wo hatte er ihm den Satz gesagt «Es wäre ein Sohn gewesen»? Eswäreeinsohngeweseneswäreeinsohnjohnnywenndueinsohngewesengeburtstaghast.

Bernd trinkt zwei Bier, zwei Korn. Er geht in sein Büro im Funkhaus. Er starrt auf die Schreibtischuhr im dunklen Zimmer, zwei Uhr dreißig. Automatisch stellt er das Radio an. Die Stimme des Sprechers dringt durch Marlenes wenndeinsohngeburtstaghat in seinen Kopf, der Sprecher spricht von Marschmusik auf allen Ostberliner Sendern, vom Warschauer Pakt, von einem Beschluß, von Berlin. Wenn Berlin Geburtstag hat, bleib ich die ganze Nacht bei meinem Sohn. Bernd ist knallwach sturzbetrunken. Geht zum Brandenburger Tor. Kein Geburtstagschanson, eine mit Kreide gezogene Linie, Leute in Overalls reißen mit Preßlufthämmern den Asphalt auf. Sie schwitzen und schweigen und schuften emsig-diszipliniert in der Morgensonne. Bernd fragt einen mit einer Art Militärmütze, «Können Sie mir sagen, was das zu bedeuten hat, warum reißen Sie hier im Morgengrauen die Straße auf?» Aus dem Höllenlärm dringt ein «Das werden Sie noch früh genug erfahren. Und nun verschwinden Sie hier.» Es ist der 13. August 1961.

Kein Rausch. In der Wohnung die nüchterne Radiostimme, «Brandenburger Tor geschlossen», «Vopo spannt Stacheldraht». Die Frühnachrichten sind konfus. Willy Brandt ist auf Wahlreise. Adenauer schweigt. Bernd fährt wieder zum Brandenburger Tor. Entsetzen. Polizei, alliiertes Militär, Sprechchöre «Mörder, Mörder». Einige Demonstranten versuchen, den Stacheldraht auseinanderzureißen. Bernd steht auf dem Kreidestrich, eingekeilt zwischen Tausenden von Menschen, vor ihm ein junger Bursche, sein Kalaschnikowkruzifix schützend vor der Brust. «Junge, komm doch rüber», flüstert Bernd ihm zu. Der Blick geht an Bernd vorbei, die Augen in Tränen.

An diesem Tag ist Berlin ein einziger Preßlufthammer, die Strahlen einer sengenden Sonne vergleißen sich zu spanischen Reitern, zwischen denen ratlose, empörte Menschen sich hindurchwinden – letzte Flüchtende oder von Wochenendbesuchen heimkehrende Westberliner. «Meine Herren, Sie haben sich heute von Ulbricht in den Arsch treten lassen …» Diese Worte Willy Brandts, um elf Uhr vormittags den drei alliierten Stadtkommandanten voll Zorn engegengeschleudert, kennt noch niemand. Dagegen die blamable Schallplattenpostkarte, die der Bundeskanzler über den Rundfunk verliest: «Sie sind und bleiben unsere deutschen Brüder und Schwestern.» Und im DDR-Fernsehen ist ein feixender Walter Ulbricht zu sehen: «Die Volgsarmee steht aufm Bosten, ja? Alles in Ordnung, ja? Se sähn, daß ähm alles büngtlich durchgefiehrt worn is, ja? Es ist ähm alles durchgefiert worn. Es is alles gut. Da gibt's geine Zweifel. Alles exakt. Der Stacheldraht is da.»

Einige Tage später wird Bernd in der SED-Zeitung «Neues Deutschland» das «Tagbuch einer Berliner Kampfgruppe» lesen:

«Am Brandenburger Tor ist Wachablösung. Es hat die ganze Nacht über geregnet. Wir sind völlig duchnäßt und froh darüber, daß wir in die Unterkunft zurückkönnen.

Jetzt trockene Sachen – dieser Gedanke bewegt jeden von uns. Als sich unser Zug zum Abmarsch formiert, fährt ein Auto vor. Der Parteisekretär unseres Betriebes, Toni Herold, der Werkleiter Otto Meißner und zwei Bauarbeiter steigen aus. Sie besuchen uns im Auftrag der Kollegen. Wir erzählen den Genossen, daß wir auf dieses Hundewetter nicht alle eingerichtet waren.

Nach 25 Minuten in der Max-Planck-Oberschule: Jeder Kämpfer sitzt in trockener warmer Kleidung. Die Kollegen haben sie rasch aus dem Materiallager unseres Betriebes geholt. Die Delegation der Bauarbeiter überbringt uns Grüße der Kollegen. Sie überreichen uns Blumen, Bücher und andere Geschenke.

Ein Tag später. Ich bekomme Besuch. Sören Ole, mein sechsjähriger Bub, und meine Frau sind zur Max-Planck-Oberschule gekommen. Meine Frau erzählt, daß das Leben in der Stadt ruhig weitergeht, als sei nichts geschehen.

Sören Ole kramt in seiner Tasche herum und bringt ganz behutsam eine kleine Zeitung für mich hervor. ‹Hier, Vati, das bist du.› – Ein Kämpfer, dargestellt von einer Kinderhand.

Ich werde diese kleine Zeichnung für immer als Andenken aufheben.»

Die Abtreibung. Bernds Augen sind verrostet, das Haar ist kratzender Stacheldraht. Er hatte dort geliebt. Diese Welt, die sich jetzt verbunkert, ist ihm fern geworden, fremd und ein wenig verächtlich – aber sie ist in ihm als Gesetz und Gewicht wie Eltern; von denen trennt man sich, haßt sie gar. Es bleiben die Eltern.

Alkohol, Angst, Trauer, Wut klumpen sich in Bernd zu Selbstekel. Ersatzhaß gegen seine Ersatzfamilie züngelt in dem rotbraun bewollten Derwisch, der das Wort seiner Mordliebe gegen die Bilder schreit ‹Warum Warum Warum›. Nackt will er sich zerstören, zerschmelzen. Er klebt sich in das spiegelnde Glas seines Lieblingsbildes, und, rasende Häutung, er schert sich die rostige Drahtwolle, er pappt Kastanien-Haargekräusel Quappi vor Gestalt und Gesicht, ein kahler, bleicher Wurm des Abscheus.

Bernd wird sein Fötus.

Das Preßluftgedröhn, das ihn aus dem salzigen Alkohol weckt, ist das Schrillen der Türklingel. Vor ihm steht eine verweinte, dünne Frau, deren alte Hand schlecht gefärbtes, strähniges Haar aus dem Gesicht streicht. Yvonne. Ein Wirbel von Feilspänen ordnet sich in Sekunden zu Magnetbahnen.

Bernd kriecht in sein Einst. In der Wärme, die er ersehnt und verabscheut und verlassen hat. Erst als es Abend war, wurde es Morgen. «Wir müssen Stephan holen», war Yvonnes erster Satz.

Sie berichtet von Drangsalierungen und Schikanen gegen die beiden «Westemigranten», die nur ihrer jüdischen Herkunft wegen vor schlimmerer Verfolgung in der DDR bewahrt geblieben seien; davon, daß sie ihre Dozentur in Ostberlin verloren und sich mit Übersetzungen durchgeschlagen habe, daß Stephans Leipziger Institut seit langem einem Geisterschiff gliche, dessen Besuch Studenten verboten worden sei und dessen Arbeitsresultate unveröffentlicht blieben. Parteiverfahren, Denunziationen, die drohende Gefahr, verhaftet zu werden – «das konnten wir uns nie vorstellen. Aber jetzt, die Grenze dicht: ich habe Angst. Ich war bei Freunden von Stephans Mutter, übers Wochenende, in Westberlin. Mit nichts als dieser Handtasche. Ich gehe nicht mehr zurück. Ich emigriere zum dritten Mal. Aber ich muß Stephan holen. Du bist ja so dünn und abgeschabt.»

Bernd hockt auf der Fensterbrüstung des Schlafzimmers, eine parodistische Silhouette vor dem Bronzeknaben, der hinter ihm in den fortgeriegelten Osten blickt. Vor sich den angestrandeten Teil: die Frau, die er begehrt, die er mit ihrem Mann Stephan betrogen, die ihn verraten hat – seine Lehrer, seine Liebhaber, seine Eltern, seine Feinde. Er hatte ihnen einst seine zerfetzte Haut hingeworfen. Wenn Haut nachwächst, ist sie dünner. «Man kann alles ‹zurück›», sagt er aus seinem Fluchtfenster, ein nackter, bleicher, kümmerlich-weiser Affe, «zurückgehen, zurückfahren, zurückerinnern, zurückblicken, zurücklauschen. Eines kann man nicht: zurückleben.»

Genau das tut er. Wissentlich das Falsche. Er glaubt Yvonne nicht, wenn sie von den geheimnisvollen Autos vor der Karlshorster Villa erzählt; und wenn sie die Schattennetze der Vergangenheit nach ihm auswirft, vom spanischen Freiheitskampf spricht, denkt er, «Aber eure Genossen von der GPU haben zur selben Zeit die spanischen Anarchisten umgebracht.› Er schläft mit ihr, mechanisch, eine künstlich eingeschaltete Elektrizität, sie hat die falsche Voltzahl, und seine Fasern zerglühen in ihr. Der Magnet hatte geflimmert und war erloschen. Metallgerümpel auch am Ende des zweiten Weges: eines Tages lag vor seiner Tür der andere schmale Bronzejüngling, wie in einem Grab schlafend, daneben ein Kuvert mit einem Zettel «Der Ring zurück. Marlies».

In Willy Wohlfahrts winziger Sauna brannten Bernds langsam nachwachsende Körperhaare kleine Kupferbisse in die Haut. «Natürlich müssen Sie den Kerl rausholen», waren seine ersten Worte gewesen. Bernd war zu dem Freund aus den Tagen seiner Flucht zurückgeflüchtet; in Berlin kannte er niemanden, der lauteren Rat hätte geben können.

«Es gibt viele Formen, Dank abzustatten. Damals, als Sie diese Briefe bekamen, die ich nicht mochte, da spürte ich so eine Klebrigkeit. Jetzt ist das anders. Sie müssen ja mit den Leuten nicht gleich wieder pennen – das ist Ihr Bier, wenn Sie's doch tun. Aber nun ist die Klappe zu, und allen wird es dreckig gehen, die nicht ganz genau im selben Schritt und Tritt marschieren. Egal, ob dieses eigenartige Pärchen sich die Pfötchen bei den alten und jungen Statthaltern schmutzig gemacht hat. Das ist kein Grund für Sie, die Ihren in den Schoß zu legen. Man hilft alten Genossen.»

Das Flackerwort in der Hitze blieb unerörtert – Gefährten? Kameraden? Freunde? «So was macht man mit Geld, falsche Pässe und so. Sie verdienen doch jetzt jede Menge Mäuse. Geben Sie was davon ab. Dann her mit dem Kerl – und zum Teufel mit ihm. Keine Sentimentalitäten, bitte. Sie verdanken den beiden einiges, das wird jetzt abbezahlt. Sie lieben beide nicht, das wird nicht vorgegaukelt, denen nicht und sich nicht. Und nun ab in den Septembersee und hinein in den Rotspon. Erst kalt, dann warm. Willy Wohlfahrt fragen.»

Vor dem prasselnden Kaminfeuer, Bernd gegenüber, saß eine dürre, sich trocknende Spinne, die Beine verhakt. Sie steckten in einer engen Trainingshose mit Reißverschlüssen an den Knöcheln, deren ausgewaschene Farbe einmal grün oder blau gewesen sein mochte. Willy Wohlfahrts Gesicht, die Wangen verschrumpelte Äpfel, hatte die Züge einer alten Frau angenommen. «Wie oft bei alten Juden», fuhr es Bernd durch den Kopf, «die Frauen sehen aus wie Greise und die Männer wie Greisinnen, als wollten sie endlich den alttestamentarischen Traum vom Androgynen verwirklichen.» Auf etwas lächerliche Weise zu elegant wirkte das lange schmale Zigarillo, dessen Glimmen bei jeder Betonung auf Bernd zufuhr. Er neidete Kater Michou den Kuschelplatz an der gerippten, gelbbraunen Strickjacke mit den unförmigen Hornknöpfen.

Willy Wohlfahrt erzählte, als wollte er die Spuren des Gesprächs in der Sauna verwischen: von der jüdischen Archäologin Hermine Speier, die mit ihrem Lehrer Ernst Curtius 1937 im Vatikan Unterschlupf gefunden hatte, wo sie – in den Personalakten als Herminius Speier geführt – dem erblindeten Althistoriker Gaetano de Sanctis vorlesen mußte und schließlich das Museo Gregoriano Etrusco neu ordnen durfte.

«Ihr ist das Aussondern der griechischen Originale von den römischen Skulpturen und Kopien zu danken, darunter der berühmte Pferdekopf vom Parthenon, die man heute in den beiden ‹Sale degli originali greci› besichtigen kann. Bei Hitlers Rom-Besuch versteckte man sie im Carcere Regina Coeli und bei Himmlers Besuch bei den Schwestern der Casa delle Catacombe an der Via Salaria. Katakomben, die schon den verfolgten Christen Zuflucht geboten hatten. Man bietet jedem Flüchtling Zuflucht», sagte der nach New York geflohene Berliner Archäologe in seiner Fluchtlaube am bayerischen See, «und man soll nicht urteilen; wen wundert es, daß diese großartige Frau katholisch wurde? Und wer von all denen, die sie in ihrer winzigen Wohnung auf dem Gianiccio bewirtete, wird den Blick von der Dachterrasse auf alle Hügel und Kuppeln Roms vergessen, von Sankt Peter im Rücken über die Engelsburg, das Kapitol und den Palatin bis zu den Caracalla-Thermen und den Albaner Bergen.»

Ein Harun al Raschid vom Starnberger See. In der winzigen Hütte mit dem Blick ins wabernde Feuer trank er mit dem Rotwein seine Vergangenheit, erzählte er Geschichten zur Geschichte, oder sprach er von Yvonne und Stephan. Und Bernd? Was war und was bedeutete die jüdische Archäologin Speier mit dem Vornamen Hermine, die deutsche Kaufmannstochter, die die Samson-Raphael-Hirsch-Schule in Frankfurt absolviert hatte, die schon 1929 nach Rom «ausgewanderte» spätere Katholikin?

Es wirkte ärgerlich, jede Frage im Keim erstickend, wie Willy Wohlfahrt den Rauchvorhang des Zigarillos beiseite schob. «Na, lassen wir das. Ich wollte Ihnen noch sagen, mit Ihrem Schliemann – verrennen Sie sich da nicht. Das war auch ein übles Bürschlein. Gewiß, bewundernswert, wie der Krämerladengehilfe aus Fürstenberg, wo er Zucker und Heringe abpacken, Kaffee mahlen und Kartoffelbranntwein verkaufen mußte, sich zum Indigo- und Salpeter-Importeur mauserte, wie er zum schlauesten und durchtriebensten Kaufmann von Petersburg wurde. Ein Luder eben.»

«Sie sind ungerecht. Der war auch ein Besessener mit dem Bildungshunger des Autodidakten, der schließlich achtzehn Sprachen sprach – eitel, aber naiv, verschlagen, aber begeisterungsfähig, ehrgeizig, aber sehnsüchtig. Er war verrückt, weil er Homer wörtlich nahm und den Trojanischen Krieg für ein gesichertes Geschichtsdatum, und die Herren deutsche Altphilologen haben ihn ja gebührend gehöhnt. Und dennoch war er nicht nur ein verrückter Schatzsucher, sondern auch ein Gelehrter der genialen Visionen.»

«Wie schön, mein Lieber, daß Sie sich selber ein solch gutes Zeugnis ausstellen. Und welcher brasilianische Kaiser Dom Pedro soll Sie beim Gastmahl bewirten? Und von welchem Bismarck erwarten Sie in welchem Bad Kissingen zum Lunch gebeten zu werden? Bürschlein, Sie wissen, daß ich an Ihnen hänge und viel von Ihrer Arbeit halte. Doch Erfolg ist ein dünn sickerndes Gift. Nun spielen Sie mir nicht den Kaufmann von Petersburg und geben Sie Ihren Freunden Obdach. Gute Nacht.»

In seiner Dachschlafkammer fand Bernd auf dem dick geplusterten karierten Kopfkissen ein altes Buch mit einem Zettel: «Geben Sie acht auf sich», eine Seite war aufgeschlagen: «‹Möge der Herr meine Zudringlichkeit entschuldigen, wenn ich es wage, ihn, so unbekannter Weise aufzusuchen; Ich habe eine Bitte an ihn. vergönnen Sie gnädigst›, – ‹aber um Gottes willen, mein Herr› brach ich in meiner Angst aus, ‹was kann ich für einen Mann thun, der …› wir stutzten beide, und wurden wie mir deucht roth. Er nahm nach einem Augenblick Schweigen wieder das Wort: ‹während der kurtzen Zeit wo ich das Glück genoß mich in ihrer Nähe zu befinden, hab ich, mein Herr, einige Mal, erlauben Sie daß ich es Ihnen sage, wirklich mit unaussprechlicher Bewunderung den schönen, schönen Schatten betrachten können, den Sie in der Sonne, und gleichsam mit einer gewissen edlen Verachtung, ohne selbst darauf zu merken, von sich werfen, den herrlichen Schatten da zu ihren Füßen. Verzeihen Sie mir die freilig kühne Zumuthung. Sollten Sie sich wohl nicht abgeneigt finden mir diesen ihren Schatten zu überlassen.› Er schwieg, und mir ging's wie ein Mühlrad im Kopf herum, was sollt ich aus dem seltsamen Antrag machen mir meinen Schatten abzukaufen? Er muß verrückt sein, dacht ich, und mit verändertem Tone, der zu der Dehmuth des seinigen besser paßte, erwiderte ich also: ‹Ei Ei! guter Freund, habt ihr denn nicht an eurem eigenen Schatten genug?, das hieße ich mir einen Handel von einer ganz absonderlichen Sorte.› Er fiel sogleich wieder ein: ‹Ich habe in meiner Tasche manches was dem Herrn nicht ganz unwehrt scheinen mögte, für diesen unschätzbaren Schatten, halt ich den höchsten Preiß zu gering.› Nun überfiel es mich wieder kalt, da ich an die Tasche errinnert ward, und ich wußte nicht, wie ich ihn hatte guter Freund nennen können. Ich nahm wieder das Wort, und suchte es, wo möglich, mit unendlicher Höfligkeit wieder gut zu machen: ‹Aber, mein Herr, verzeihen sie ihrem unterthänigsten Knecht, Ich verstehe wohl ihre Meinung nicht ganz gut, wie könnt ich nur meinen Schatten …› Er unterbrach mich: ‹Ich erbitte mir nur dero Erlaubniß, hier auf der Stelle diesen edlen Schatten von der Erde aufheben zu dürfen, und zu mir zu stecken, wie ich das mache sei meine Sorge. dagegen als beweis meiner erkenntligkeit gegen den Herrn, überlasse ich ihm die Wahl unter allen Kleinodien die ich in der Tasche bei mir führe. die ächte Springwurtzel, die Alraunwurtzel, Wechselpfennige, Raubthaler, das Tellertuch von Rolands Knappen, ein Galgenmännlein zu beliebigem Preiß, doch das wird wohl nichts für sie sein, besser fortunati Wunschhütlein neu und haltbar wieder restaurirt, oder ein Glücksseckel, wie das Seine gewesen …› ‹Fortunati Glücksseckel!› fiel ich ihm in die Rede, Und wie groß meine Angst auch war, hatte er mit dem einen Wort meinen ganzen Sinn gefangen. Ich bekam einen Schwindel und es flimmerte mir wie doppelte Ducaten vor den Augen. – ‹Belieben gnädigst der Herr dies Seckel zu besichtigen und zu erproben›, er steckte die Hand in die Tasche und zog einen mäßig großen, festgenähten Beutel von starken

Corduanleder, an zwei tüchtigen ledernen Schnüren heraus und händigte mir selbigen ein. Ich griff hinein, und zog 10 Goldstücke daraus und wieder 10, und wieder 10 und wieder 10, ich hielt ihm schnell die Hand hin: ‹Top! der Handel gilt, für den Beutel haben sie meinen Schatten.›»

Es war die Urfassung von Adelbert von Chamissos Märchen «Peter Schlemiels Schicksale», ein Korrekturexemplar des Herausgebers Rogge, das er einem Freund geschenkt hatte.

«Diese ulkige Kruke Hympendahl», sagte Willy Wohlfahrt beim Frühstück, während er ungerührt Kandisfäden durch den tiefbraunen Tee zog, «der hier mit den Reinhardts und der dann nach London ging – der hat gestern abend noch angerufen. Er ist im Moment in Hamburg, ob Sie ihn nicht besuchen wollten. Ich kenne ja Hamburg nicht so gut, aber falsche Pässe, denkt sich der oft geflohene Wohlfahrt, die kriegt man sicher am besten auf der Reeperbahn.»

Hamburg, der kalte Fisch. Glitzernd, schmuck geschuppt, glatt. Käthe wohnte in einer Straße in Alsternähe – «gefummelt, alles falsch ganz auf echt» –, ein Bekannter hatte ihm seine Wohnung überlassen. «Atelierwohnung nennen sie das hier; es ist 'ne Dachbude mit schrägen Wänden und Kendziapalmen. Er hat jetzt einen Hosenladen, war mal der Geliebte von Gründgens, ist jetzt in Mallorca bei der Witwe eines spanischen Malers, der in Paris gelebt hat und nun in London …», Bernd mußte erst wieder das Tempo der Käthe-Gangschaltung lernen.

«Eichhörnchen, du wohnst natürlich hier, das ist viel gemütlicher als im Hotel. Allerdings, es kann sein, daß ich dich für eine Nacht ausquartieren muß. Mein Bäcker, ich habe hier einen himmlischen Bäcker, ganz dicke Oberschenkel, ich liebe dicke Oberschenkel, das Törtchen heißt er, hat gerade geheiratet, eine Vietnamesin, aber das macht nichts, er ist ganz dünn, mit grünen Augen wie Elizabeth Taylor, und neulich hat er mich in London besucht, da brachte er eine Torte mit, obendrauf mein Miniscooter aus Marzipan mit einem Zettel ‹Hans fährt gerne mit›. Zu süß. Er sagt immer ‹Warum soll ich was anbrennen lassen› und hat ein kleines Vietnamesentörtchen gebacken. Ich sollte Trauzeuge sein. Daß der schwule Lover der Frau vielleicht nicht den Ehering an den Finger stecken sollte, versteht er gar nicht. ‹Was so ist, ist eben so›, sagt er, ‹ich kann mich ja nicht ändern.› Ich habe noch nie einen so umweglosen Menschen gekannt, ganz ehrlich und ganz verlogen. Dabei spricht er dieses Hamburgisch – zum Kringeln. ‹Herumpütschern› ist die Fummelei mit einem nassen Lappen, und ‹jetzt ist der Ofen aus› meint, er kriegt keinen mehr hoch, und ‹Laß das nach!› heißt ‹Laß das sein!› Er will aber gar nicht, daß man ‹das sein› läßt, sondern sagt, als habe er ein großes Steak verspeist, nach dem Sex genüßlichschmatzend ‹Oo-ha!›

Als Lehrjunge ist er von Bord gesprungen, weil er Amerikaner werden wollte, hatte 'ne Würstchenbude in San Francisco, wo er, um zu sparen, für jedes Hot dog immer nur eine Viertel Papierserviette ausgab und ganz kleine Kleckse Ketchup. Hat die wundervollsten Bordellgeschichten drauf, und wie er es bei der Fahrt zu mir nach London auf der Fähre in einer winzigen Kombüse mit dem Maat getrieben hat, beim Suppeabschmecken; daß mich das kränken könnte, kommt ihm überhaupt nicht in den Sinn, er kann sich ja nicht ändern. Ich hab ihm neulich von dir erzählt, von deiner Ost-West-Melancholie. ‹Melancholie›, hat er gefragt, ‹was ist das? Du meinst, der ist nicht trocken hinter den Ohren?› Vier Tage später, das war noch in London mit dem Marzipanauto, er drängelt immer, wir müßten zusammen nach Tokio fahren, ich will aber nicht nach Tokio, ich kann doch die Gelben nicht leiden, also vier Tage später kommt er und will mich wieder rumkriegen und holt sein letztes Argument hervor: ‹Du, Käthe›, sagt er, ‹in Tokio haben sie auch Melancholie in den Wohnungen.› Er muß das für eine Art Zentralheizung halten.»

Sie saßen in einer trostlosen Bar, «Bei Bubi», hinter dem Hamburger Hauptbahnhof – «ich muß diese scheißfeine Hamburger Luft hier runterspülen», hatte Käthe gemault –, am Tresen hockten alte Schildkröten mit gefärbtem Haar oder schlecht sitzenden Toupets, Handelsvertreter in grauen Glencheck-Anzügen mit pflegeleichten Hemden und kurzen, grell gemusterten Söckchen. «Sie tragen Einlagen», wußte Käthe genau, «und sie zahlen für einmal Lutschen dreißig Mark. Das Törtchen zahlt das auch manchmal, hat er erzählt, ‹ich verdiene doch ganz gut und Strich ist das eigentlich nicht, die haben nur kein Geld, und warum soll man ihnen nich bißchen was geben?› Er kommt übrigens in einer halben Stunde, er kann uns mit dem Paß helfen.»

«Da nicht für», winkte weltmännisch das Törtchen ab, als Bernd sich für das spendierte Alsterwasser bedankte. Er hatte ein etwas großflächiges, regelmäßiges Gesicht, dessen Charme von den unbekümmert strahlenden grünen Augen bestimmt war. «Wäre er blond und blauäugig – der perfekte Pimpf», Bernds Obsession drängte sich ihm wieder auf; das Haar glänzte tiefschwarz, man konnte nicht unterscheiden, ob von Pomade oder Wasser. Ein wahrhaft scheußliches, türkisfarbenes Perlonhemd mit durch Ösen gezogenen Troddeln und sein eigenartig wiegender Gang ließen ihn wie einen für den Landgang feingemachten Matrosen erscheinen. Er roch nach Aqua di Selva und entwaffnete Bernd mit seiner direkten Freundlichkeit. «Wir werden das Ding schon schaukeln», er legte ihm den linken Arm um die Schultern, «da hat der Hans schon andere Liedchen gepfiffen, ich trage ja die Ohren nicht links rum, keine Sorge, da machen Sie sich man keine Sorge um. Bin gleich wieder da, muß nur dem Kleinen aus Hongkong da drüben Mojn Mojn sagen.» Erst jetzt sah Bernd, das Törtchen hatte tatsächlich Hosen mit einem Latz vorne zum Aufknöpfen, aus rosa Cordsamt; als er ging, hatte die Bar Planken.

«Oje, diese fickrigen Buchhalter», seufzte das Törtchen verschmitzt. Der Junge aus Hongkong war mit einem schmierigen Typ im Blazer mit gepunktetem Ziertüchlein und Siegelring losgezogen, und er hatte dem aufgeregten Karstadt-Abteilungsleiter seinen Aktenkoffer auf die Straße nachgebracht mit einem «Sie haben ja Ihre Kronjuwelen stehen lassen, Männeken». Nun saß er ganz ernst neben Bernd. «Ein Schweizer Paß kostet 5700 Mark», sagte er, als handle es sich um ein Stück Käsekuchen, «dafür ist er garantiert echt.»

«Aber ich kann eigentlich gar keinen Paß gebrauchen.»

In seiner Nervosität sprach Bernd zu Käthe, der die angebotene Zigarette mit dramatischem Augenaufschlag ablehnte, «die deutsche Frau raucht nicht» – ihm war bewußt, daß seine Faxen Normalität herstellten.

«Das Problem ist», fuhr Bernd fort, «daß der Mann, den ich rausholen will, zu bekannt ist; selbst mit einem echt-falschen Schweizer Paß und allem Drum und Dran, Bally-Schuhen und Züricher Unterhosen könnte er von jedem Grenzpolizisten erkannt werden.» Erst jetzt fiel ihm auf, was für große Hände das Törtchen hatte, als er sich den Bierschaum von der Oberlippe wischte.

«Sie kennen mich nicht, deswegen denken Sie, ich bin doof. Daß Sie sich da man nicht täuschen. Uns Hans ist nicht mit dem Klammerbeutel gepudert. Freund Käthe hat mir ja erzählt, um was es geht. Das Ding läuft anders rum. Ich hab da 'ne sehr nette Innenarchitektin an der Hand, Lampen und so, die hat in allen Puffs hier das Schummerlicht installiert.

Und die hat einen verheirateten Freund im Osten, Röntgenarzt, der will weg, ich weiß nicht, von der Frau oder von den Kommunisten, geht mich auch nichts an. Wenn Sie dem den Paß kaufen, bringt der umgekehrt Ihren Professor raus. Wie – das bereden wir nach der Show im ‹La Paloma›, da habe ich die Trulla hinbestellt.»

«La Paloma» hieß die winzige Transvestitenbar im Keller einer Seitenstraße der Reeperbahn. Als sie eintrafen – das «weltbefohrne» Törtchen hatte einen Tisch bestellt –, sang gerade Ramonita Vargas, der Star des Etablissements, «Non, je ne regrette rien»; eine stämmige, tiefdekolletierte Mittvierzigerin, grell geschminkt unter einer mächtigen schwarzen Perücke, das schwarze Taftkleid bis zu den Knöcheln mit Schmuckschnüren behangen. Als sie die drei Männer eintreten sah, klatschte sie dramatisch in die weiß gepuderten Hände, langte vom Flügel ein Körbchen mit Veilchensträußen, brach das Piaf-Chanson abrupt ab, schrie «Was machst du mit dem Hm Hm Hm lieber Hans, beim Tanz» und warf ihnen mit Veilchenparfüm betäubte Veilchenbündchen zu. «Ein toller Kumpel», flüsterte das Törtchen, «hat sonntagsmorgens seine Bude auf dem Fischmarkt, verheiratet, zwei Kinder.»

«Sekt», gurrte Käthe der Kellnerin mit Schuhgröße 44 zu, «roten Mon-Chéri-Sekt und vier Gläser. Wir erwarten noch eine Dame.» – «Noch eine?» grunzte das Trum und schlug Käthe kokett mit einem Spitzenfächer ans Ohr.

«Der hat nämlich einen Horch, nein, nicht der Kellner, der Röntgenarzt», das Törtchen nahm den Szenenwechsel so selbstverständlich wie eine neue Zigarette, «und das ist ein sehr großes Auto, da kann man unten ein Loch reinschneiden, über einem Kanaldeckel parken – nachts natürlich – und seelenruhig in die Kanalisation klettern. Nach Veilchen riecht's da vielleicht nicht, aber man kommt unterirdisch nach Westberlin. Die Karre bleibt dort stehen. Das ist das Geschäft: für einen Schweizer Paß – den bringt meine Freundin rüber, die ist Österreicherin – gibt der Röntgenfritze Ihnen den ollen Horch. Und dann braucht Ihr Herr Professor sich nur noch zu waschen. Na denn prost – schmeckt schön süß.»

«Ich bin stolz wie eine Mutter», Käthe war ungewohnt knapp. Auf der Bühne fing die nächste Nummer an, eine blonde Hünin riß sich unter dem Geschrei «Pigalle, Pigalle, das ist die große Mausefalle von Paris» die Hildegard-Knef-Perücke vom Kopf, die Gummibusen aus dem Ausschnitt und begann einen durchaus männlichen Striptease – als die Installateurin der sich im Licht blitzend drehenden Spiegelkugel eintrat. Frau Goldelund war der unscheinbare Typ des aschblonden, frisierten Muttchens im Twinset von Bleyle mit Goldkettchen und Nappahandtasche. Hamburg-Eimsbüttel. Ihre blaßblau wäßrigen Augen schienen im nächsten Moment auszulaufen, und sie hatte die Eigenart, beim Sprechen starr an ihrem Partner vorbeizusehen. Zuerst sah sie an Bernd vorbei: «Also ich weiß nicht, wie ich mich ausdrücken soll, wenn Sie verstehen, was ich meine, also ...» Sie griff hilfesuchend nach dem spitzen Sektglas, indem sie den kleinen Finger der rechten Hand abspreizte. «Nu laß man, Trullachen», fuhr ihr das Törtchen mit seinen großen Händen über das Haar, das sie sich sofort wieder richtete, «wir haben grundsätzlich schon alles in die Reihe gebracht.»

Die Show war vorüber, «wie 'n Ohrläppchen, meine Güte, wie niedlich», hatte Käthe noch gefiept, als die blonde Hünin schließlich unter seinem Paillettendreieck ein erschreckend schmächtiges Glied hervorfummelte, «nee, wat'n lüttes Ding», bestätigte wegwerfend das Törtchen. Dann war es ruhig geworden, in Pfeffer-und-Salz-Knickerbockern, derbem Pullover, auf dem Kopf eine Prinz-Heinrich-Mütze, hatte Ramonita Vargas sich «Na, 'n letztes Schlückchen und Tschüs, Hänschen, ihr dreht wohl noch 'n Ding, wie?» verabschiedet.

Nun saßen die vier in dem ausgelaufenen Aquarium, die Zierfischlein davongezappelt, die Plüschalgen welk, und klopften den Plan nach allen Seiten hin ab – Paßfoto besorgen und in welchen Raten das Geld und ein Stichwort, an dem Stephan von Frau Goldelund erfahren konnte, daß er nicht in eine Falle gelockt wird. «Remember» hatten sie einander als Code gegeben, damals, auf der Fahrt durch Thüringen. «Was immer aus uns wird, immer mit uns wird, wir werden immer ‹remember› sagen.» Das war einst anders gemeint, zärtlich, verliebt, nicht als verschwörerische Streichholzhälfte. So hatten sie sich erkannt. Jetzt mußte Stephan in Gefahr den Boten an dem Wort erkennen. Quedlinburgs romanische Krypta als schäbige Transvestitenkneipe, kein Weihrauch, schal gewordener Tabakqualm und billiges Nuttenparfüm. Einander ertasten hatte jetzt einen anderen Preis: 7000,– DM, inklusive Spesen.

«Du, ich habe mir die kürzesten Hosen der Welt angezogen, ich bin auf den Strich gegangen, und ich hole deine Mutter ab», Yvonne fand das gar nicht komisch, als Bernd sie früh am nächsten Morgen in Berlin anrief, «begreifst du nicht? Ich bin in zwei Tagen zurück. Dann beginne ich meine Aktion Veilchenparfüm.»

«Mokt wi Wohltat» lautete ein Telegramm, mit dem Bernd am späten Vormittag im Hotel geweckt wurde. Käthe wollte am nächsten Tag nach London zurück und hatte ihn gebeten, für die letzten Nächte ins Hotel zu ziehen. «Geh doch ins ‹Prem›, das ist genau das richtige für dich. Da haben die Engländer 1945 den Herrn Ribbentrop verhaftet.»

Von den drei Worten des Telegramms verstand Bernd nur den Namen. Als er Dr. Wohltat anrief, lachte der sein dröhnend-joviales Lachen; allerdings hatte Bernd auch schon erlebt, wie der Verleger nach zwanzigminütigem Telefoncharmieren «aber selbstverständlich, liebe, gnädige Frau», «aber ganz, wie Sie wollen, Verehrteste», den Hörer auf die Gabel knallte und giftete «Und nun lecken Sie mich doch am Arsch, verehrte, liebe Gnädigste».

«Nee, nee, mein Lieber, das ist mir klar, das können Sie auch nicht verstehen. Ich sage nur, unser Heinzelmännchen vom Starnberger See steckt dahinter. Kommen Sie doch heute abend, wir haben ein paar Gäste, übrigens Ihr Freund Steinau, ähm, ist auch da. Drinks ab 19.30 Uhr – bis dann.»

Käthe hatte Bernd schon von diesem Abendessen erzählt und war deswegen einen Tag länger geblieben. Sinnloserweise – Dr. Wohltat konnte ja gar nicht wissen, daß Bernd in Hamburg war – hatte es ihn etwas gekränkt, nicht eingeladen worden zu sein. Offenbar hatte Käthe Dr. Wohltat die Hoteladresse gesagt.

«Na, immer an der vordersten Front, was? Das nenne ich das Visier vorne haben», als erster noch vor dem Hausherrn begrüßte ihn Berthold Steinau. «Darf ich Ihnen Herrn Dr. Walther zuerst einmal zu meiner Frau entführen?»

Bernd fand sich in dem Film wieder, den er vor Jahren als Student gesehen hatte: die Kulissen und die Schauspieler waren dieselben, eine wohlerhaltene Konserve ohne Verfallsdatum. Dieselbe Jugendstillampe aus drei Glaslibellen, dieselbe Spiegelwand am Ende des Raums, dieselben in ihren Bruchfalten stehenden, gebauschten, gelbseidenen Vorhänge, und in ein lachsfarbenes Samtkleid eingenäht, alterslos, das Gesicht ohne eine einzige Falte, unverändert umstrahlt von dieser messing-kupferfarbenen Löwenmähne Isabelle.

«Du erinnerst dich, meine Liebe, Dr. Walther war vor Jahren schon mal unser Gast. Damals ging es um ein Lexikon, heute abend werden wir einen Elefanten mit ihm zeugen.» Isabelle tat, als erinnere sie sich deutlich, Bernd versuchte sich zu vergegenwärtigen, hatte sie seinerzeit nicht das gleiche schmal geschnittene Samtkleid – aber in welcher Farbe? – getragen? Und diesen großen Edelstein an einer dünnen Kette?

«Aber ich muß mich gar nicht erinnern, ich kenne Sie aus dem Fernsehen: das sind ja Krimis, so spannend finde ich diese archäologischen ...» Es war wieder Steinau, der sie unterbrach, den Arm um die Schultern eines dürren, schlaksigen Herrn gelegt, dessen randlose Brille seinem Gesicht einen aggressiven Reiz verlieh. «Haben Sie die letzte Zeitbombe mitgekriegt, die er zündete? War das nicht wieder ein Volltreffer, diese Sache mit dem Cancelleria-Palast?»

Um die Dame des Hauses bildete sich eine Gruppe, Steinau, Bernd und der «doppelte Professor», wie Steinau ihm den Dürren mit der Brille vorstellte. Da ein farbiger, amerikanischer Autor von Wohltat hinzutrat, dolmetschte die in England aufgewachsene Samtlady. Bernd habe in seiner letzten Sendung von dem spielwütigen Kardinal Raffaele Riario, einem Papstneffen Ende des 15. Jahrhunderts, berichtet, der in einer Nacht 60000 Scudi gewonnen, 120000 Goldstücke dazugelegt und den heute als «Cancelleria» bekannten, römischen Frührenaissancepalast errichtet hatte. «Hatte errichten lassen», warf Bernd ein. «Gut, gut, egal.»

Steinau war ungeduldig. Mit der unschuldigen Frechheit eines Kindes eignete er sich gerne und rasch an, was andere produzierten. Er war stolz auf Bernds Arbeit und stahl sie voller Stolz. «Aber hören Sie doch, die Pointe ist ja, daß Liebchen Riario, der Kirchenfürst, eine frühchristliche Basilika ...» – «San Lorenzo, die wurde dem Kolonnadenhof geopfert», unterbrach an seiner Monte Christo paffend Wohltat – «ja, San Lorenzo abreißen ließ.»

Mit verteilten Rollen fügten die Gäste, Splitter für Splitter, die Details dieses «Volltreffers», wie Steinau gerufen hatte, aneinander. Daß der Kardinal die Fundamente der Basilika zuschütten, daß er etwas weiter in Damaso einen Neubau, die heutige Renaissancekirche San Lorenzo, bauen ließ, daß der in Fürth geborene deutsche Kunsthistoriker Richard Krautheimer 1938 bei einer Romreise zufällig in einer Baugrube im Hof des Cancelleria-Palasts antike Mauern entdeckt und daß der nach den USA emigrierte deutsche Jude schließlich nach dem Krieg, zurückgekehrt nach Rom, als Mitarbeiter der Bibliotheca Hertziana das Projekt initiiert hatte, mit Georadarsonden die alten Mauern zu orten.

Unmerklich nahm der kleine Disput eine gewisse Schärfe an. Was anfangs Wissensgegockel gewesen war – «ja, natürlich, zwischen Corso Vittorio und Campo de' Fiori», «Ach was, der Kolonnadenhof ist doch nur inspiriert von Bramante» –, bekam einen Ton des Zänkischen. Auf Dr. Wohltats «Wieder einer, den ihr vertrieben habt» als Bemerkung zu Krautheimer kam ein so spitzes «Ihr? Wir!» von Steinau, daß Bernd froh war, im Nebenraum Käthe zu entdecken.

«Du hast dich ja in den richtigen Teig eingebacken», Käthe fläzte sich in den Daunenkissen eines mit gelber Seide bespannten Sofas, und Bernd fielen die Veilchen auf, die wie vor vielen Jahren auf allerlei Tischchen und Etageren in Vasen oder Schalen dekoriert waren. «Aktion Veilchenparfüm», schoß es ihm durch den Kopf, während er zu Käthe sagte, «Non, je ne regrette rien». «You better», lachte Käthe, «Ramonita Vargas würde hier auch gut herpassen zu deinem Sexprofessor und Vieux Kirsch.» Der Hagere mit der scharf geschliffenen Brille sei Sexualwissenschaftler, ein fabelhafter Kerl, der halb Hamburg betreue und zugleich ein Hochstapler mit dem Hang zum Mondänen. «Stell dir vor, er fährt ein Mercedes-Cabrio wie die Nitribitt, hat in Medizin und noch einmal in Philosophie habilitiert und läßt seinen strohdummen, zwanzigjährigen Liebhaber in seiner Praxis im weißen Kittel rumlaufen. ‹Soziale Integration› oder so ähnlich nennt er das.»

Von der schönen, schlafwandelnden Lachssamtblume klatschte Käthe, «sie ist Alkoholikerin, ohne zu trinken, eine perfekte Erfindung. Sie bekämpft ihre Migräne, Augenschmerzen und Schlaflosigkeit, indem sie sich mit Kirschwasser getränkte große Wattebäusche auf die Lider und auf die Stirn legt, manchmal auch in das Genick. Es muß ganz besonderer Vieux Kirsch sein, Vieux Kirsch du Righi, eine Schweizer Spezialität, sonst hilft es nicht. Das Schlafzimmer, ein bordeauxrotes Samtfutteral, muß nach Alkohol stinken wie eine Kutscherkneipe. Deswegen flieht der kauzige Wohltat ja so oft und sie flötet dann», Käthe imitierte hingebungsvoll Schmollmündchen und Wimpernaufschlag, «ganz lieb zu ihm ‹O Honey – are you going to the Puff tonight?›»

«Honey – shouldn't we eat something?» Das ist kein Film, es ist eine dieser Museumspuppenstuben, überlegte Bernd, deren Zimmerchen sich zur Musik einer blechernen Spieluhr drehen, dort eine echte kleine Spindel mit einem Mädchen im Häubchen und da ein echter winziger Herd mit blitzenden Tiegelchen und blanken Töpfchen und auf einem niedlichen Eßtisch Tellerchen und Schüsselchen und Löffelchen. Es ist alles ganz echt und es ist alles ganz falsch. Es war dasselbe Zimmer, in dessen rotem Samt und Kerzenschimmer Bernd schon einmal ertrunken war.

Hinzugekommen schien ein frühchristliches Mosaik mit prächtigen, farbig inkrustierten Pfauen, das fast die Hälfte einer Wand deckte und die von einem Punktstrahler ausgeleuchtete Bronze eines mächtigen, bullenähnlichen Fabelwesens mit allerlei gefiedertem Getier in den geschwungenen Hörnern. «Benin», sagte Dr. Wohltat, «das gefällt Ihnen, nicht wahr? Ich liebe dieses Vieh, es soll mir Glück bringen. Wenn Sie meinen Vorschlag aufgreifen, von dem Sie noch gar keine Ahnung haben, gehört es Ihnen. Pssst.»

Bernd war zum Heulen zumute. Die sind hier alle verrückt sie sind schön und gebildet und reich sie verschenken was und man weiß nicht wofür und sie dekorieren die Veilchen des Fischhändlers Ramonita mit den Knickerbockern die ich für Stephan brauche und sie legen sich Kirschwasserwattebäusche auf die Lider von denen die Wimpern abgezogen sind. Benin für Yvonne.

«Schliemann heißt das Stichwort», damit wandte sich der Hausherr anderen Gästen zu, er begrüßte einen spät Hinzugekommenen.

«Klappen-Hugo», Käthe jubilierte fast, «da ist ja auch Klappen-Hugo. Ach, mein Eichhörnchen, da hast du ganz Hamburg in einem. Der ist irgendwas Hohes beim Senat, Innenbehörde oder so, und er hat angeordnet, daß in allen Pissoirs, wo sich die Schwulen treffen, an den Türen blinde Spiegel angebracht werden; solche Dinger wie an den Bordelleingängen, um zu beobachten, ob es Freier oder Bullen sind. Hinter diesen Dingern stehen jetzt Kripoleute und müssen unsereins auf die Schwänze gucken. Es gibt ein Theaterstück, das kursiert hier in Hamburg als Manuskript, mit so einer Szene, wo die armen Bullen die von ihrer Alten eingepackten Wurstbrote auswickeln, während sie drei stramme Boys beim Wichsen beobachten. Himmlisch. Gott, ich weiß schon, warum ich in London lebe.»

Die Gäste bewegten sich, als folgten sie den Anweisungen eines unsichtbaren Regisseurs, durch die drei ineinander gehenden Räume, es war kein gesetztes Essen, man bediente sich an einem Buffet, das unter einem Pfauenmosaik angerichtet worden war, ein Kellner schenkte, die Hände in weißen Handschuhen, Getränke nach. Im hintersten Zimmer, in dem sich verschiedene Sofas vor metallenen Regalen mit der Verlagsproduktion verteilten, schien Streit ausgebrochen. An Bernds Ohr drangen nur Wortfetzen, der Behördenmann fuhr dem schwarzen New Yorker in schneidend-perfektem Englisch über den Mund, es ging offenbar um Wohltats «ihr», um illegale Arbeit und Reisen in Nazideutschland. Klappen-Hugo, der sich per Direktor Schlunt anreden ließ, erzählte von der ständigen Gefahr in jener Zeit, bei Kurierfahrten von Amsterdam nach Berlin entdeckt zu werden, Bernd hörte den wütend-abwehrenden Satz des farbigen Amerikaners «I couldn't have done that». Da stand Dr. Wohltat neben ihm – von dem der Tratsch berichtete, er sei nie über einen Pegel hinaus betrunken, auch wenn er nicht zu trinken aufhöre –, er zog Bernd auf das gelbe Seidensofa, auf das sich Käthe hingelümmelt hatte, und fingerte in seiner Brusttasche nach einem zerknitterten Manuskriptblatt.

«Hier, lieber Autor, hören Sie sich das an, solchen Mist bekomme ich auf den Schreibtisch. Diese Reisebüro-Lyrik über Teotihuacan liefern mir Ihre Kollegen ab.» In der rechten Hand balancierte er Whisky-Glas und Zigarre, in der linken zitterte das maschinengeschriebene Blatt, von dem er wütend las:

«Den unteren, weitgehend erhalten gebliebenen Teil schmückt ein herrlicher Fries mit gefiederten Jaguaren und Kojoten. Voluten und blutende Herzen vor ihren Mäulern symbolisieren Lobpreisung und Menschenopfer. Im Rahmen um den Fries erscheinen beide Tiere in der mythologisch bekannten Metamorphose als zwei miteinander verschlungene Schlangenleiber. Auch diese göttliche Trinität aus Jaguar, Kojote und Schlange streckt ihr Maul nach einem blutenden Herzen. Das rhombenförmige Diagonalraster oberhalb des Frieses ist gefüllt mit menschlichen Repräsentationen des Regengottes, vielleicht auch Tlaloc-Priestern, denn Vogelmaske und Bartbinde, im Arm die Seeschnecke mit wassertropfender Sprechvolute vor der Mundöffnung, sind für sie typisch.»

Der Verleger spuckte vor Verachtung. «Unverdaulich, dieses deutsche Gefasel. Von Ihnen erwarte ich etwas anderes.» Wieder blieb Bernd keine Zeit zu fragen, was Wohltat denn nun eigentlich von ihm erwarte. Der war nun doch von dem letzten großen Dimple ziemlich betrunken, an der Zigarrenlanze hing das Manuskriptblatt, eine Kampffahne, mit der er unvermittelt in den hinteren Raum schoß, aus dem ihm Käthe entgegenkam.

«Die Babypudermagnatenwitwe beschimpfte Ihre Frau und Widerstandskämpfer Direktor Schlunt den Neger. Süßes Fest. Ich hole mir noch etwas rote Grütze.»

Nach dem unerklärlichen Gesetz jeder Abendgesellschaft hatten die Gäste sich in dem einen Zimmer zusammengeklumpt, das Gespräch hatte sich zersetzt, aus kleinen Bosheiten waren Invektiven geworden, aus besserwisserischer Angeberei ein beleidigender Wortsalat, aus dem Bernd nur einzelne Brocken wie «gedient» und «dagegen gewesen» und «Kommunisten» klauben konnte.

Klappen-Hugo hatte gerade angesetzt, «Also wenn ich was zu sagen hätte …», da fegte sich Dr. Wohltat mit einer Raubvogelbewegung seiner weit ausgebreiteten Arme eine Runde frei. In der präzisen Unverschämtheit des Betrunkenen rief er: «Das haben Sie aber nicht, Gott sei Dank. Wenn Leute wie Sie hier was zu sagen hätten, würde ich Deutschland auf der Stelle verlassen. Zum Kotzen, sage ich nur, reineweg zum Kotzen, das Schmückchengelüge all dieser Widerstandshelden. Wenn man genauer hinguckt, waren sie alle Hauptmann.» – «Klappen-Hugo war Hauptmann», flüsterte Käthe Bernd ins Ohr. Sie standen im Türrahmen. Der Hausherr wie Puntila auf der Bühne. Am liebsten hätte Bernd applaudiert.

Wohltat war die Luft ausgegangen, ein Ballon, der die glimmende Zigarre an sich selber gehalten hatte; weinerlich hockte er neben seiner Frau und brummte trällernd «Charakter ist nur Eigensinn, es lebe die Zigeunerin». In einer gelbseidenen, glitzernden Schmuckschatulle saß er zwischen Straßohrringen, einem Smaragdarmband und zwei mit Diamantsplittern verzierten Steckkämmen; es war Steinaus Tick, den Damen zu später Stunde ihren Schmuck abzunesteln, eine Mischung aus feministischer Demontage und männlichem Vorspiel. Diesmal hatte er die üppige, rosa schimmernde Babypudermagnatenwitwe geschüttelt wie einen Weihnachtsbaum, von dem die Kugeln und Herzchen und das ganze Lametta abfielen und dabei seinen bösartigen Charme spielen lassen: «Ich liebe geriffelte Fingernägel.»

«Das war die Fanfare zum Abmarsch», sagte er nun so beschaulich, als habe jemand das Tischgebet gesprochen. Die alterslos schöne Isabelle, sich lässig aufrollend, hatte ihre Zigarette in der langen Elfenbeinspitze angezündet und über das Glas Apollinaris hinweg gefragt: «Honey – are you going to the Puff tonight?»

Im Puff hing Dr. Wohltat seinen Bowlerhut über den eng taillierten schwarzen Tuchmantel mit Samtkragen, den eingerollten Stockschirm mit dem signierten Silberplättchen am Griff stellte er in die Ecke. Ein Grosz-Bild, gemalt von Magritte. Er hatte Bernd, ohne ihn lange zu fragen, in seinen Mercedes verladen, der Diener mit den weißen Handschuhen – offenbar blitzartig durch einen Hinterausgang gehuscht – hatte in grauer Chauffeursuniform, auf dem Kopf eine Mütze mit Lackschirm, vor dem Haus den Wagenschlag aufgerissen und war wortlos losgefahren; er kannte die Route.

«Nun wollen wir mal ein Fläschchen trinken, mein Freund. Und dann will ich meine Geschäfte mit Ihnen machen, Herr Doktor.» Sie saßen in einem gänzlich grün und rosa ausgestatteten Zimmer, Couch. Sessel, Onyxtisch, Messing-Stehlampe mit gerafftem, grünseidenem Schirm, durch den ein rosa Samtband gezogen war, eine Wand tapeziert mit signierten Schlagerstarfotos, gegenüber ein Chintzvorhang, auf dem über beschilften Seeufern Vögel schwebten. «Der Vögelvorhang», grunzte Dr. Wohltat, «das ist hier ein ganz feines Puff. Da drüben geht's ins Schlafzimmer. Aber die Mädchen lassen einen in Ruhe, wenn man will.»

Ob die Lampe auch von des Törtchens Röntgenarztgeliebten sein mag? Bernds Zahnfleisch schmerzte, als der Sekt und ein großes Tablett voll Broten mit falschem, rotem Kaviar auf dem grünen Onyxtisch standen. «Also Schliemann, mein Lieber.» Ein langes Telefonat mit Willy Wohlfahrt hatte Dr. Wohltat die Idee zu einer neuen Schliemann-Biographie eingegeben.

«Selbst sein eigener Bericht über die Trojagrabungen ist doch seit der Erstveröffentlichung nie mehr verlegt worden. Und was für ein Leben, Ihnen muß ich doch das alles gar nicht erzählen. Aus diesem Mecklenburg-Kaff Ankershagen über Petersburg und Kalifornien – hieß er nicht 'ne Weile Henry und war Bürger der USA? –, mit vierzig Jahren reich, Eisenbahnkönig, Pariser Immobilien-Hai, China-Reisender und über allem der große, geniale Tick. Was für ein Buch! In Amerika zählt er neben Marx, Nietzsche und Richard Wagner zu den vier populärsten Deutschen des 19. Jahrhunderts.»

Dr. Wohltat aß die Lachskaviarbrote, rauchte die zwölfte Monte Christo, trank Champagner, sprach von Olivenölhandel und Ägyptenreisen und Homerlektüre und den griechischen Siedlern um 700 vor Christus, die Ilion gründeten, wo Xerxes der trojanischen Athene zehn Hekatomben Rinder zum Opfer gebracht hatte. Die ausgezogene Jacke über der Sessellehne, strapste er knallend mit den Hosenträgern, Bernd saß unter dem speienden Vulkan, aus dem «Samothrake» und «Weltrechte», «Hissarlik» und «Fernsehfolge», «Neubukow» und «Hellespont» hervorbrachen.

«Ein Naturereignis», entfuhr es Bernd, es war vier Uhr morgens.

«Was sagten Sie? Ein Naturereignis? Ja, ganz recht: Mensch, das ist vielleicht der Titel. Also, ich verkaufe Ihnen das Buch auf der ganzen Welt, von New York bis Tokio, Europa sowieso. Ich zahle Ihnen einen Vorschuß … na, darüber reden wir noch. Bei Ablieferung des Manuskripts kriegen Sie meine Benin-Skulptur, ein Mann, ein Wort. Aber beeilen Sie sich. Unser Opfer ist, glaube ich, Januar 1822 geboren. Herbst 1971 wäre das richtige Erscheinungsjahr. Und jetzt», Wohltat klatschte in die Hände, «wollen wir uns den angenehmeren Seiten des Lebens zuwenden. Wacht auf, Verdammte dieser Erde.»

Am nächsten Morgen rief das Törtchen an. «Das Ding ist geritzt. Ich kann Ihnen heute das Papierchen bringen. War wohl besser, daß Sie da gar nicht aufgetaucht sind.» Sie verabredeten sich für den Nachmittag in einem Bierrestaurant an der Außenalster.

Bernd saß schon eine Stunde vorher dort. Auf Holzplanken waren über dem Wasser Gartenstühle aufgestellt, im schräg einfallenden, tiefstehenden Herbstlicht schnitten nur noch vereinzelte Bötchen durch das kräuselnd blitzende Metall der Wasserfläche. Bernd wusch seine Gedanken. Diese kühle Akkuratesse auf den wundgeriebenen Nerven. Er kam sich vor wie ein vom Wind glatt gebügeltes Segel. Das Törtchen hätte er beinahe nicht erkannt: lustig verstrubbeltes Haar, keine Pomade, kein Parfümduft, ein dick genoppter blauer Seemannspullover, und diesmal waren es wirklich Planken, über die er auf Bernd zukam. Irgendwie paßt er zu dieser frischgewaschenen Stadt, unkompliziert und doch verwinkelt. Er zeigte Bernd den Paß, den er der braven Frau Goldelund übergeben wollte, erzählte mit geradezu nonchalanter Gelassenheit beim Bier, daß die Frau übermorgen nach Zürich fahren werde, aus der Bahnhofstraße Hemden mit Firmeneinnähern besorgen wolle, einen Regenschirm Schweizer Fabrikats und Hotelaufkleber aus dem Engadin für die beiden Koffer. Er habe ihr noch den Tip gegeben, sich bei Bekannten um Straßenbahnfahrscheine, eine Kinokarte und ein Einlaßticket eines Museums mit Daten kurz «vor dem Aufbruch» – wie er das nannte – zu kümmern. «Ich finde es toll, daß Sie dem Mann helfen wollen», gratulierte das Törtchen, «und wir helfen Ihnen auch. Wir müssen das ja mit dem Auto arrangieren, Datum, Uhrzeit, das muß alles hinhauen.»

Unaufgeregt. Umschweife kennt der nicht. Bernd fragte ihn, ob er ihn zum Essen einladen dürfe, morgen früh fliege er nach Berlin zurück. «Wenn es nichts mit Fisch ist. Fisch macht mich sofort spitz», Törtchen sagte das mit derselben Selbstverständlichkeit wie das von dem Züricher Straßenbahnfahrschein. «Als Lehrling habe ich mal in der Küche eine übriggebliebene Auster gemaust. Stellen Sie sich vor, ich hatte so 'nen Ständer, daß ich kaum noch Fahrrad fahren konnte in meinen kurzen Hosen. In der Mittagspause bin ich sofort ins Bordell. Abends hatte ich 'ne ganz nette Dröhnung.» Bernd verstand, was Käthe an diesem jungen Mann so faszinierte – glasklar, und darunter dunkel.

So wurde der Abend bei Steak und Bier eine Mischung aus Ohnsorg-Theater, Heiligem-Geist-Feld und «Bei Bubi». Das Törtchen mußte nach drei Bier «meine Familienwurzel auswringen» oder er erzählte vom «Zelt bauen» der Kameraden in der Schiffskajüte. Im selben Atemzug bat er Bernd, ob er nicht für ihn ein Buch wüßte, durch das er gebildet würde – er bekäme ja Prozente von dem Ding und wollte davon die Pacht für eine eigene Konditorei anzahlen und «als selbständiger Konditor, verstehen Sie, bin ich doch was Besseres, und da will ich, wenn ich nun in eine andere Klasse rübermache, auch im Kopf nicht zurückstehen. Käthe hat mich neulich in London schon mal ins Theater mitgenommen, das war pfundig. So 'ne Geschichte mit 'nem Handelsvertreter, den Sie rausgeschmissen hatten – genau wie mit meinem Alten.»

Das Figurenkabinett in Bernds Kopf stob auseinander im Lachen, in einer Vergnügtheit ohne Scheu und Fehl. Eben noch hatte er Yvonne in Schliemann und Stephan mit der Babypudermagnatenwitwe verhakt, Klappen-Hugo Direktor Schlunt trug Ramonita Vargas' Prinz-Heinrich-Mütze, sang «Non, je ne regrette rien» und verteilte Veilchensträuße an die alterslose Samtlady durch ein Loch im Horch-Auto – da schob dieser unbekümmerte Bäckerjunge sie alle mit seinen großen Händen beiseite. Er erzählte von einem Zementadler, den er im Kaufhaus bewundert und den er so schön fände wie die Mosaiken in einem Londoner Museum – «da hat mich der Käthe hingeschleppt» – und davon, daß er letzte Woche seinem alten FIAT 500 «'n Tritt gegeben» habe, «runter in 'nen Wald in den Harburger Bergen, das Ding hatte ausgedient».

Als ob es darum ginge, den Nachtisch zu bestellen – «die mag ich gerne, Ihre Zigaretten, eigentlich rauche ich gar nicht» –, fragte er schließlich: «Und nu? Wie wolln wir den Abend beschließen? Wolln wir ins Bordell gehen, oder kommen Sie mit zum Schulterblatt – ich hab da so 'n Zimmer, nein eigentlich mehr eine Probebühne, zu der hab ich den Schlüssel. Ihr Hotel ist ja zu fein, nicht?»

«Schulterblatt hört sich witzig an», Bernd wußte nicht, daß es sich um einen Straßennamen handelte. Sie landeten in einem großen Raum im zweiten Stock eines schäbigen Mietshauses. «Wir nehm von unterwegs noch 'ne Flasche Chianti mit», hatte das Törtchen beschlossen, «entkorkt. Ich trinke hinterher so gerne Chianti.»

Der Raum war vollkommen leer. Im Hintergrund standen auf einem kleinen Podium Musikinstrumente – ein

Schlagzeug, Jazzbesen, eine Pauke, Klarinetten, zwei große Trompeten. Beleuchtung funktionierte nicht, durch die Fenster bleckten nur von der gegenüberliegenden Hauswand in wechselndem Rhythmus blau und rot zwei schadhafte Leuchtreklamen herein: «Coca Col» und «Dein gute Ster auf allen Straßen». Das fahle Reklamelicht malte blaßbunte Kringel auf den Körper des Törtchens. Er hat ja ungewöhnlich schmale Hüften, und diese Pranken sind ganz zart – Bernds Verkrampfung und Anspannung, die Reise zum Starnberger Kamin und der Hamburger Benin-Paß, lösten sich in Ströme von Sanftheit, Begierde und einem schwebenden Fallen. Aus seiner Haut rann die Elektrizität, schlingelte und biß sich mit kleinen Zünglein in die des anderen. Geruch von frisch gestärktem Leinen, und auf dem schmutzigen Fußboden glitten die geblähten Segel über die Alster. Sehr leise zischelten die Jazzbesen. «Oo-ha», sagte das Törtchen und nahm einen Schluck aus der Chianti-Flasche.

Yvonne war nicht am Flughafen und nicht in der Wohnung, in der die Lampen brannten und die Bernd mit fremder Vertrautheit umfing. Begradigung und Hohn. Er kramte in einer Handtasche, die auf dem Dalí-roten Sofa lag, suchte nach der Telefonnummer dieser Dame aus Frohnau, fand aber nur Schminkkrimskrams, einen merkwürdig unförmigen Silberstift und einen sinnlosen, schwarzen Metallknopf, verheddert in zwirnfadendünne Drähte. «Weiberzeugs», ärgerlich ging er hinauf ins Arbeitszimmer, auf der Terrasse hatte er inzwischen die zweite Minnebronze aufgestellt. Die schmalen Metallhüften ließen ihn an den Körper des Törtchens im Coca-Cola-Mercedes-Licht denken, weit hinten in der Dunkelheit schemenhaft ein Horch und ein Kanalisationsdeckel.

«Was hast du in meiner Tasche zu kramen?» Verblüfft hörte Bernd den zu hohen Ton in Yvonnes Stimme. «Na, nach der

Pille natürlich» – er war noch zu erfüllt von der Irrsinnsreise, zu froh über den Paß, über Frau Goldelund, Schliemann und das Neon-Törtchen, um Kampfsignale aufnehmen zu können. Im Eifer des Erzählens fragte er Yvonne nicht einmal, wo sie gewesen war. Und er steckte sie rasch an, als spränge ein Funke über, in Sekunden waren Falten und Lauern und die grauen Schatten von Vorwurf und Angst aus ihrem Gesicht gewichen. Von dem Seil, das sie einmal verband, war so viel abgeschliffen; aber ganz innen eingezwirnt erhielt sich Verläßlichkeit. Liebe. Sie liebte ihn, der Stephan liebte, den sie liebte. Sie hatten sich, alle drei, gegenseitig verraten; aber der Verrat war nicht bis auf den Grund gelangt. Er hatte sie verwüstet, fremd gemacht, auseinandergespült. Auch Haß war aufgeglommen. Und dennoch, wie im schreiend gepeitschten Meer das tief Ruhende, gab es etwas Stabiles, das nur ihnen dreien gehörte. Niemand konnte das erreichen, berühren, zerstören. «Daß du das geschafft hast, mein Gott …»

Noch nie hatte Bernd sie «mein Gott» sagen hören. Es hatte etwas Spielerisches – Kinder, die sich als Trapper und Indianer verkleiden –, wie sie bis tief in die Nacht Pläne schmiedeten: das Auto, der Gully, die Termine und die heimlichen Treffs. Bernd bewunderte die Präzision, mit der Yvonne dieses als zu gefährlich, jenes als zu offensichtlich-verräterisch verwarf. Vor allem beunruhigte sie, ob der Mann, der mit dem Schweizer Paß und dem Tagesvisum in die DDR einreiste, auch dem Foto des Röntgenarztes ähnelte, und wie er wieder rauskäme. «Was die doch in der Emigration alles gelernt haben.»

So vergingen die nächsten Wochen. Manchmal schien es Bernd gar komisch, wenn er Käthe in London anrief, damit er dem Törtchen sage, Frau Goldelund müsse dann und dann … Sie kam pünktlich zweimal nach Berlin, sie trafen sich in einem Eiscafé, dessen blau-gelb gepolsterte Drahtstühle vor dreieckigen, schwarzen Tischen und in blau-gelben Quadern gekachelte Wände Frau Goldelund «irrsinnig großstädtisch» fand. Im Hintergrund tönte Rudi Schurickes Stimme «Wenn bei Capri die rote Sonne im Meer versinkt», während Frau Goldelund nervös die Vase aus drei rosa, gelb und blau geformten Kunststoff-Eistütchen in eloxierter Drahthalterung hin und her schob.

Die anderen Gäste mußten sie für Mutter und Sohn halten, die Erinnerungen an die erste Italien-Reise austauschten. Doch auf den Fotos war der Horch-Wagen oder eine Ostberliner Straßenecke, und die Seidenkrawatte oder eine lederne Brieftasche waren nicht Mitbringsel vom Ponte Vecchio, sondern in Zürich erworbene «original» Schweizer Kostümteile. Frau Goldelund blickte mit ihren Wasseraugen an Bernd vorbei und im gegenüberliegenden Spiegel mit asymmetrischem Schrägschliff sich selber an. Dabei begann sie jeden Satz mit «Ich weiß nicht, wie ich mich ausdrücken soll ...», dann aber plapperte sie, als habe ihr jemand einen Spickzettel an das kleine Gehirn gepappt, ganz tapfer Uhrzeiten, Daten, Durchmesser der Kanalisationsröhren herunter und berichtete mit dem Stolz der Hausfrau, der ihr Streuselkuchen gelungen ist: «Das Loch im Boden des Wagens ist schon ausgefräst. Exakt in der Größe des Gully-Deckels. Der Mann paßt da prima durch.»

Der Kuchen war nicht klitschig geworden. Frau Goldelund, dumm und tapfer, wasseräugig, sprachlos und zielbewußt, hatte ihren Röntgenarzt präpariert, Stephan besucht, das Stichwort aufgesagt, die Termine koordiniert, den Treffpunkt verabredet, wo Stephan in den Horch zusteigen sollte. Übermorgen war es soweit, am frühen Abend müssen die beiden Männer eine Panne vortäuschen, den Wagen mit aufgeklappter Motorhaube über dem Gully parken, mit dem mitgebrachten Gerät den Deckel herauswuchten. Dann trennten sich ihre Wege: der frischgebackene Züricher Beamte der Schweizer Bundesbahn geht zum Ausländerübergang Checkpoint Charly, die flatternden Knie durchgedrückt, eine Hand um den Schirm gepreßt; lächelnd, leicht zerstreut-belästigt wird Herr Theodor Godewald aus der Maienburgallee in Vibikon-Waldegg seinen Paß zeigen.

Zu diesem Zeitpunkt steigt der jüdische Homosexuelle Professor Stephan Bärenbach, Kommunist, Spanienkämpfer und Emigrant, in den Kot von Berlin. Die Motorhaube des Horch ist zugeklappt, damit nicht hilfsbereite Neugierige auftauchen, an der Windschutzscheibe klemmt ein Zettel, «Panne. Bin in einer Stunde wieder da». Alle vier Türen des Wagens sind von innen verschlossen, die ausgesägte Metallplatte ist von unten wieder eingepaßt. In bis über das Gesäß reichenden Anglergummihosen, einen alten Vicuna-Schal aus seiner Exilheimat Kolumbien über Mund und Nase, in der linken Hand eine Taschenlampe aus Beständen der Roten Armee und in der rechten einen Plan der Berliner Gedärme, flieht durch die Scheiße der Millionenstadt ein Genosse seine Genossen. Vom westlichen Teil her waten zwei von Bernd gekaufte Fluchthelfer, idealistisch hochgestimmte Verbrecher, ihm entgegen. Die Aktion Veilchenparfüm läuft.

Yvonne und Bernd sprechen kein Wort. Sie stehen auf dem Balkon. Mitternacht ist vorüber, der Ostteil der Stadt ist im Dunkel versunken. Jeder umklammert eine der Bronzen, jeder hält ein anderes Pfand im Arm. Für Yvonne ist es Stephan und Bernd in einem. Für Bernd der ungeborene Sohn, der zu Kotasche verbrannte Vater, der erste Liebhaber, den er einst aus dem See bei Berlin schleppte, keuchend, wasserspukkend, die Gestaponarbe leckend ins wolkenprasselnde Glück hinein.

Kotzend, stinkend, ein Mensch ganz aus Scheiße, steht Stephan im Raum, vor der weißledernen «Hierfickichnich»-Bahre, neben dem widerlich sinnlichen roten Dalí-Mund gegenüber der vom Rotpelz rasierten Quappi. Es ist zwei Stunden über die Zeit. Die hochsinnig käuflichen Helfer hatten sich verirrt im Labyrinth der Ratten und des Unrats, durch den sie bis zu den Achselhöhlen staken mußten. Stephan wurzelt in einer ausrinnenden Lache schlammigen Drecks, um den Hals baumelt eine Darmwurst aus Vicuna, mit mechanischen Bewegungen hebt und senkt er die Arme, eine Vogelscheuche, die nicht Angst macht, sondern hat, braune Pampe tropft auf den weißen Teppich und spritzt an die Hälse der Jugendstilpfauen. Über braun verkrustete Wangen suchen sich dünne Rinnsale ihre Bahn in das Schimmelfell eines weißen Schnurrbarts. «Die Terrakottafiguren», fährt es Bernd durch den Kopf, «er ist eines seiner indianischen Fabelwesen.»

Zwei Tage lang hatte Bernd seinen Gastgeber nicht gesehen. Wenn er aufwachte, stand Tee neben dem Bett, ein paar Brote, dabei lagen eine Tageszeitung und eine Schlaftablette. Er hatte Martin Mandelbrot um Unterschlupf gebeten, zu früher Morgenstunde: «Kann ich einige Tage bei Ihnen wohnen?» Kommentarlos war er bei dem jungen Schriftsteller untergekrochen, der ihm, ohne eine einzige Frage zu stellen, einen kleinen Raum hinter seinem Arbeitszimmer zeigte: «Hier penne ich, wenn mir nichts einfällt. Also immer», dann zog er die Tür hinter sich zu.

Stephan war noch in der Nacht ins Krankenhaus eingeliefert worden, mit akuter Nierenkolik und verbrennungsartigen Hautentzündungen. Nicht das hatte Bernd aus der Balance geworfen, er hatte das erledigt, einen Anzug in die Reinigung gegeben.

Der Schock währte, der ihn mit den Tatzen eines Raubtiers angefallen hatte, als die stinkende Vogelscheuche mit dem gräßlich verschmierten Clownsgesicht die Arme hob und senkte. Der Mensch, der da schließlich von Yvonne gepudert in seinem dicken grünen Frotteemantel vor ihm saß, war ihm widerlich. Auf lächerliche Weise, wie die billige Kopie eines Bildes dem Original, ähnelte er jenem Stephan Bärenbach, vor dessen Erfahrung und Geist Bernd als Jüngling soviel Respekt gehabt und dessen Körper er dann geliebt hatte wie keinen zuvor. Er hatte ihn schön gefunden, hemmungslos, bis zu den Härchen auf den Zehen, jede Sehne und jeder Muskel des schmalen Männerkörpers waren damals für ihn das Greifbare eines ganzen Lebens gewesen. «Ich streichle deine Kämpfe», hatte er Stephan einmal gesagt. In der Jazzbesennacht mit dem Törtchen hatte Bernd sich dabei ertappt, daß ihn ein vages «Wie wird Stephan wohl …» durchzuckte.

Hier hockte eine fahle Karikatur. Der Mann war nicht älter geworden – er war nicht mehr ein Mann. Das Gesicht, etwas dicklich und zugleich schlaff, hatte seine Würde verloren, es hing von den noch immer buschigen Augenbrauen herab wie eine teigige, nasse Maske. Ein altes, greinendes Kind, eingepudert von der ältlichen, strengen Mutter. Unter der Narbe hing eine bläßliche, weißwurstähnliche Fettgeschwulst, und die dünnen Arme glichen mit ihrer lappigen Porenhaut gerupften Hühnchenflügeln.

Yvonne und Stephan wirkten nicht mehr wie das Paar, das erhobenen Hauptes trotz allem zusammengehört, sondern wie Komplizen, verduckt, verschwiemelt. «Ich hätte sie nie wiedersehen dürfen, jemand oder etwas hat sie zerstört – und mir ein Stück meines Schattens abgeschnitten. Ich habe ihn nicht verkauft; ich habe noch dafür bezahlt, daß man mich um ihn betrog.» Was es war, wußte Bernd nicht. Er kam sich vor wie der kleine Metallknopf in Yvonnes Handtasche, verheddert in einem Drahtgespinst wirrer Gefühle. Ihn ekelte die körperliche Nähe, und er schämte sich seines Ekels, konnte ihn aber nicht herunterwürgen.

So floh er aus der Wohnung. Die beiden Bronzeknaben schienen ihm wie die beiden gekauften Kloakenschlepper, das frivol-obszöne Lippen-Sofa grinste, und Quappi winkte voller Hohn; unerträglich Käthes spöttisch-liebevoller Dix «Ein schönes Paar».

Mandelbrot trat erst am zweiten Tag in Erscheinung. «Heute abend essen wir zusammen, ich koche», er fragte auch jetzt nicht. «Ursula ist nicht da», fügte er noch hinzu. Mit seiner Freundin, einer jungen Künstlerin, die bizarre Hinterglasbilder malte, biedermeierlich und surrealistisch zugleich, verstand Bernd sich gut. Aber Mandelbrot hatte gespürt, daß ihm ein «netter Abend» nicht zuzumuten war. «Nach zwei Tagen Tee, Tabletten und Brot ist das bestimmt das richtige. Außerdem ist Pot-au-feu das einzige, was ich kochen kann.» Er hatte seinen Schreibtisch freigeräumt, nur an Bernds Platz lag ein Buch, «Die Gehenkten. Ein Zyklus». Es war Mandelbrots neueste Arbeit, ein Novellenband über die Männer des 20. Juli, der gerade Furore zu machen begann.

Der Abend wurde der Beginn ihrer Freundschaft, «mein wichtigster Stadtteil von Berlin», wie Bernd später sagte. Mit sanfter Kühle, ohne mit einer Silbe auf den Umstand einzugehen, daß oder warum Bernd zu ihm geflüchtet war, zwang Mandelbrot ihn ins Gespräch. «Wissen Sie, ich sehe ja manchmal Ihre Sendungen, und ich habe auch dies und das von Ihnen gelesen. Was ich mich frage: da ist immer ein Ton des Belehrens, ich will nicht gleich sagen, des Zeigefingers; aber wollen Sie denn die Menschen erziehen?»

Es war, als heile wunde Haut. Der leicht grünliche Vernaccia – «Lieblingswein von Michelangelo», hatte der Gast angegeben und sein Gastgeber beim Nachschenken hinzugefügt «und von Martin Mandelbrot» – spülte sein Gehirn frei. «Ja, allerdings will ich Menschen erreichen. Wie auch immer, ob nun mit einer Sendung oder mit einem Aufsatz oder mit einer Schliemann-Biographie – es ist doch Flaschenpost?»

«Falsch.» Mandelbrot sagte das so leise, daß es eher so klang, als frage er sich selber. «Kunst ist nicht moralisch, noch gut gemeint. Gut gemeint ist Käthe Kollwitz. Kunst ist Goya. In meinem Metier ist das jedenfalls so. Die schönen Gefühle hatte der Erfinder des ‹Irgendwie› in der Literatur, Stefan Zweig. Beckett schreibt nur, wie der Titel eines seiner Bücher heißt: ‹Comment c'est.›»

«Und wieso schreibt man einen Zyklus über den 20. Juli? Was will man damit?»

«Nichts, gar nichts, außer schreiben.» Mandelbrots schmale blaue Augen blitzten dabei kleine, ironische Signale, Kassiber, die zu sagen schienen, «nimm's alles nicht so ernst, auch mich nicht». Selbst die Körpersprache dieses Mannes gefiel Bernd; da war nichts Herablassendes, aber eine stets in der Schwebe gehaltene Distanz auch zu dem, was er selber dachte und sagte. «Er hat skeptische Hände» – Bernd erwiderte, «das glaube ich Ihnen nicht. Dann würden Sie nämlich nicht publizieren. Genügte das Schreiben als Ziel, dann wäre ein Exemplar – nämlich Ihr Manuskript – genug. Veröffentlichen heißt ein Publikum wollen, und ein Publikum wollen heißt auch, ein wenig auf der Kanzel stehen.»

Mandelbrot lachte. «Sie haben mich erwischt. Man ist eben nicht logisch und konsequent. Sehen Sie, hier, ich habe dieser Tage Flaubert-Briefe gelesen. Wie gnadenlos verkündet er doch seinen Welthaß – hören Sie, ich lese Ihnen ein paar Sätze vor:

‹Wenn Frankreich nicht in naher Zukunft in die Phase der Kritik eintritt, halte ich es für unwiderruflich verloren. Der kostenlose und obligatorische Unterricht wird lediglich die

Zahl der Dummköpfe vergrößern. Was wir vor allem brauchen, ist eine natürliche, das heißt legitime Aristokratie. Man kann nichts machen ohne Kopf, und das allgemeine Stimmrecht, so wie es existiert, ist noch dümmer als das göttliche Recht. Sie werden schöne Dinge erleben, wenn man es bestehen läßt. Die Masse, die Zahl, ist immer idiotisch. Geben Sie ihr die Freiheit, aber nicht die Macht.

In drei Jahren werden alle Franzosen lesen können, glauben Sie, daß wir dadurch weiter sind?›

Das glaube ich nämlich auch nicht» – Mandelbrot war aufgestanden, hatte noch eine zweite Flasche Wein geholt und, als wolle er sich entschuldigen, eine andere Seite in dem Band aufgeschlagen – «das hier gefällt mir auch noch besonders gut.

‹Ich spiele nicht ‚Verzweiflung' zum Vergnügen, glauben Sie mir, aber ich kann meine Augen nicht ändern! Was meinen ‚Mangel an Überzeugungen' betrifft, so ist es leider so, daß ich gerade an Überzeugungen ersticke. Ich berste vor Zorn und zurückgehaltener Entrüstung. Aber in dem Kunstideal, das ich habe, darf man davon nichts zeigen, so glaube ich, und der Künstler darf in seinem Werk nicht mehr sichtbar sein als Gott in der Natur. Der Mensch ist nichts, das Werk ist alles!

Ich glaube nicht (im Gegensatz zu Ihnen), daß mit dem Charakter des *idealen Künstlers* etwas Gutes zu bewerkstelligen wäre. Das wäre ein Ungeheuer. Die Kunst ist nicht geschaffen, um Ausnahmen zu schildern, außerdem empfinde ich eine unüberwindliche Abneigung, etwas aus meinem Herzen zu Papier zu bringen. Ich finde sogar, daß ein Romancier *nicht das Recht hat, seine Meinung über irgend etwas auszudrücken.* Hat der liebe Gott jemals seine Meinung gesagt?›

Und wie kläglich-flehentlich barmt er um Kritiken, Anerkennung, Öffentlichkeit. Wer sich nicht widerspricht, ist ein

Dogmatiker. Ich hoffe, wir werden noch häufig gemeinsam Bouvard und Pécuchet aufführen. Schreiben ist ja auch Archäologie.»

Bernd genas. Er schlief weiterhin bei Mandelbrot, verbarrikadierte sich tagsüber in der Bibliothek, wo er sich allmählich einen Handapparat zu der Schliemann-Biographie aufbaute. Langsam stieg sein Arbeitsfieber. Steinau war einige Male in seinem Arbeitszimmer erschienen, in dieser merkwürdig witternden Art, freundlich und zugleich gönnerhaft: «Na, was für Schrapnellkugeln haben Sie denn getroffen? Sicher die falsche Marketenderin geküßt? Kommt im besten Regiment vor. Aber lassen Sie man, bald wird wieder aus vollen Rohren geschossen. Ich baue da auf Sie.»

Dem Törtchen hatte er mit einem Zettel «Grundsteinlegung» die zweibändige Ausgabe von Hans Rosenbergs «Geschichte der Weimarer Republik» geschickt. Nur der alte Wohlfahrt sagte ohne Umschweife am Telefon, «Die Ankerkette ist wohl rostig, wie? Ich muß demnächst zu einer Verlagsbesprechung nach Hamburg. Vielleicht mache ich den Umweg über Berlin – da war ich ja seit mehr als drei Jahrzehnten nicht mehr.»

Stephan hatte Bernd nicht wiedergesehen, er sollte in den nächsten Tagen aus dem Krankenhaus entlassen werden. Die eigene Wohnung betrat er wie eine okkupierte Zone. «Ich habe euch zwei Zimmer in einer Pension gemietet, die sind bezahlt für vier Wochen», seine Stimme klang wie die eines unbeteiligten Nachrichtensprechers, er fand sich zum Ohrfeigen. Und er fand Yvonne zum Ohrfeigen in ihrer Haltung, gemischt aus Geduld und Erwartung. Nicht Stolz, etwas Klebriges. Feindselig vor Widerwillen bekam er eine Erektion. Die Dunkelheit griff mit vielen Händen nach ihm.

«Bei Ihnen habe ich immer unter dem Dach geschlafen, Sie schlafen bei mir auch unter dem Dach», Bernd hatte Willy Wohlfahrt sein Schlafzimmer und das daneben gelegene Arbeitszimmer eingeräumt, «ich schlafe hier vor meinem laszi-ven Kußmäulchen.» Er war sich nicht bewußt, daß er auch deswegen auf der weißen Liege kampieren wollte, weil oben Yvonne übernachtet hatte. Der alte Wohlfahrt sollte das wegschlafen. «Leider habe ich keine Sauna, keinen See und keinen Kamin, aber einen Château d'Yquem 1955 und ein paar fabelhafte Kubazigarillos habe ich für uns besorgt.»

Der runzlige Mann freute sich wie Bernd, er hüpfte vergnügt von Bild zu Bild, begutachtete grunzend, pfeifend oder brummend die einzelnen Stücke, sagte schließlich, «Sie haben sich ja meine ganze Familie hier aufgehängt. Die will ich aber nicht sehen» und setzte sich in dem dicken, grünen Bademantel in das rote Lippensofa. «Das ist, was unsereins im Alter noch von einem Kußmund bleibt – man setzt sich im Bademantel rein. Wenn ich daran denke, wir Sie bei mir in Ihrem breitschulterigen, hacheligen Ostzonenmantel anlandeten, ohne Piepen, ohne Hemd und Hose – Kleiner, Sie haben sich gemausert. Und nun erzählen Sie.»

Bernd kannte Wohlfahrt gut genug, um zu spüren, wie ihm weniger und weniger gefiel, was er erzählte. Nur die Wohltat-Idee mit dem Schliemann-Buch wurde beifällig begrummelt, sonst kam aus dem roten Plüschmund mehr und mehr abwehrendes Hüsteln. Einzig die hysterische Pfauenlampe beleuchtete dämmrig den Raum, weit dahinter im anderen Zimmer schnitt ein Punktstrahler den weißen Schlemmer aus der Wand, und vor ihm rollte der verschrumpelte grüne Frotteeball immer unruhiger zwischen Mae Wests roten Lippen hin und her.

«Genug, jetzt ist es endgültig genug.» Willy Wohlfahrt stand auf und knipste Licht im Zimmer an, als wohne er dort seit

Wochen. «Genug mit den Schummer- und Schauergeschichten. Sie sind auf komplizierte Weise dumm, das habe ich schon lange gemerkt. Aber jetzt ist es Schluß mit dieser Heuchelei, die Sie sich da selber vorgaukeln. Ich habe Ihnen schon oft gesagt, daß dies ein fragwürdiges Pärchen ist, ich mochte diese Briefe damals nicht, ich mochte Ihren Schuldkomplex nicht und ich mochte diese gezinkten Ausreden nicht. ‹Wir armen Emigranten, wir wollen den Sozialismus aufbauen.› Ich bin auch ein armer Emigrant, und ich will gar keinen Sozialismus aufbauen, den da – vor dem sie dann selber durch die Scheiße wieder fliehen – schon gar nicht. Unterbrechen Sie mich nicht, jetzt rede ich, und ich bin auch gleich zu Ende, für Sie waren die beiden mal wichtig. Sie haben ja Ihre Schuld oder Schulden auch tapfer beglichen, aber vergessen Sie nicht, Sie sind weggegangen, weil Sie witterten und erfuhren, wie beschissen dieser angebliche Sozialismus dort war. Und die beiden haben das mitgemacht, hatten ihre Privilegien, während ein kleiner Werkzeugmacher, vier Monate noch vor dem Bau der Mauer, wegen ‹Hetze› zu Zuchthaus verurteilt wurde, weil seine Mutter ihm westliche Zeitungen geschickt hatte. Die Mutter brachte sich übrigens um.

Diese Leute sind schuldig geworden. Und wenn Sie mir von dem Geduckten oder den erloschenen Augen erzählen und dem – wie sagten Sie? – irgendwie Zerbrochenen, dann haben Sie das doch nicht nur mit Ihrem verdammten Schönheitsgefühl registriert. Da ist doch auch etwas Politisch-Anrüchiges. Mann, wachen Sie auf – die Dame hat nicht nur euren Stephan, die hat auch Sie gepudert, das Ding, das Sie da in der Handtasche gefunden haben, ist eine Wanze!»

Stephans schöne Hände, Yvonnes schlanker Nacken, sie balancieren als affektierte Pfauen eine große erleuchtete Wanze. Bernd sitzt allein, Willy Wohlfahrt hat ihm über das Haar gestrichen und ist zu Bett gegangen, vor sich die affig ihr schummriges Licht aufschnäbelnde Lampe, er raucht, trinkt, das bleierne Blindenschriftalphabet des Regens prasselt seine verschlüsselten Botschaften gegen die dunklen Fensterscheiben: sein unlesbares Leben. Verratene Wunder, vertanes Traun. «Art déçu», murmelt er vor sich hin, es klingt, als schnitte eine Rasierklinge durch Kork. Mit dem linken Fuß stößt er den Tisch um und schießt mit dem rechten die große Fauré-Vase durch das Zimmer. Blauweiße Emailrauten blinken auf wie die Leuchtsplitter jener verspiegelten Lampenkugeln der Frau Goldelund im «La Paloma». Bernd legt eine Platte auf. In dem Rotwein, den er in einem dünnen Faden auf die schwarze Scheibe rinnen läßt, ertrinkt ein krächzendes «Non, je ne regrette rien». Er gießt den Rest des Rotweins genau auf die Stelle des weißen Teppichs, an der Stephan im tropfenden Kot gestanden hat. Bernd weint nicht.

«Volltreffer, Sie haben einen veritablen Volltreffer gelandet», Steinau gratulierte Bernd zum Erfolg seiner letzten Fernsehsendung. «Wir haben Waschkörbe voll Zuschauerpost. Nun bloß keine Ladehemmung. Feuer frei zur nächsten Bataille.»

Bernd stürzte sich in die Arbeit. Mit Dr. Wohltat hatte er für die Schliemann-Biographie Vertrag geschlossen. «Vier Jahre veranschlage ich mal», stand in dem saloppen Brief des Verlegers, «aber da ich an Ihnen schätze, daß ich Sie bisher nicht beim Feilschen ertappt habe, will ich mir des alten Rembrandt Devise ‹Mehr Geld – mehr Gold› angelegen sein lassen, mit der er besser zahlenden Auftraggebern prächtigere Bilder versprach, und Ihnen die vier Jahre vorausfinanzieren.»

Es war ein großzügiger Vorschuß. Bernd legte den Mantel seines verschlissenen Lebens ab und kaufte sich viele neue, warm, weich und bunt. Er nahm Partyeinladungen bei Berliner Baulöwen an, bei denen er das erste Mal Bilder von Robert Rauschenberg und Sam Francis sah. Nur Steinaus militantem Charme, mit dem er die Berliner Pressekollegen beharkt hatte – «wir wollen doch nicht Feuer auf den eigenen Graben geben» – war es zu verdanken, daß es nicht zu einem mondänen Skandal kam, als man ihn beim Presseball betrunken am Boden der Damentoilette des Hotels entdeckt hatte. Er raste durch Europa, um in Rom einen Fernsehfilm mit Renato Guttuso zu drehen oder in London Francis Bacon zu interviewen. Da er allein lebte, investierte er in diese Begegnungen so viel Energie und intellektuelle Erotik, daß ihm diese Gespräche gelangen; Guttuso schenkte ihm eine Studienzeichnung zu seinem berühmten «Café Greco»-Bild, Bacon nichts außer seiner Verachtung für alle anderen Maler – einschließlich Picasso und ausschließlich Velazquez.

Aber die Woche in London blies mit Sturmböen Wind durch ihn hindurch, als sei die Insel ein durch den Ozean jagendes Schiff. Käthe hatte Bernd eingeladen, bei ihm zu wohnen. «Chelsea Embankment», hatte er am Telefon wiederholt, «klein, aber fein. Ein wunderbarer Blick auf den Fluß, um den Block die schrägsten Kneipen der Stadt, sogar annehmbares Essen, witziges Theater und undeutsche Menschen. Niemand schaut dir nach, wenn du karierte Haare hast.»

Käthe hatte keineswegs karierte Haare, er wirkte noch distinguierter als früher, ein Gentleman in Tweed, «Church»-Schuhen und diskret gemusterten Strümpfen aus den Burlington-Arcades. Nur die Hemden von Turnbull & Asser hatten leicht gewagte Streifen.

«Ach, Eichhörnchen, wie bin ich froh, aus diesem vermufften Deutschland weg zu sein mit seinen Altnazis und Neureichen. Verzeih mir, aber ich finde das Land zum Speien. Ich rede mal nur von der Hälfte, die ich kenne. In der anderen

Hälfte sperren sie die eigenen Leute ein oder knallen sie ab, dazwischen gibt's dann ein paar Preise für Operntenöre oder Kunstmaler. Aber zurück nach Köln oder Hannover. Die zu Geld Gekommenen halten sich für fein. Neulich hat einer dieser Illustriertenfürsten aus München, Yacht und Villa und Vierthaus in Positano sowieso, seiner Dame ein Kind gemacht. Zum Söhnchen bekam sie einen Strauß von 99 roten Rosen mit einer weißen; an der hing ein kleiner Schlüssel – für den roten Maserati. Das ist Deutschland. Das halten sie für Eleganz. Pfui Spinne. Übrigens war das Kind gar nicht von ihm. Komm, ich lad dich ein zu Whiltons, englisches Understatement. Und da gibt's diese ganz schmalen Colchester-Austern, schlank wie Käthe und auch gar nicht fett.»

Bernd merkte, wie sehr auch er in ein deutsches Klischee paßte, wenn er auf irgendeine beiläufige Frage zu einer ausführlichen Antwort ausholte. Dann griff Käthe ungeduldig ein beliebiges Stichwort auf und schob eine ganz andere Frage dazwischen; weder die erste noch die zweite Auskunft interessierten ihn. Er liebte die Motorik des Gesprächs an sich.

«Also dieser Schriftsteller, Mangelgold oder wie er heißt, das scheint ja ein interessanter Typ zu sein.»

«Ja, sein Novellenzyklus zum 20. Juli ...»

«Apropos 20. Juli, weißt du, daß hier in London eine ganz neue Version über Rudolf Hess kursiert?»

«Nein, aber ich wollte nur sagen – also diese Art Prosa deklariert er als genuin der Ästhetik Flauberts folgend ...»

«Flaubert hatte seinen Tripper ja aus einem ägyptischen Knabenpuff ...»

«Der Mandelbrot liest einem die herrlichsten Briefe von Flaubert an George Sand vor, in denen sein Kunstbegriff ...»

«Ach, die ulkige George Sand, süßes Château, na ja, mehr eine Art Herrenhaus – hihi, Herrenhaus paßt ja auch besser zu ihr – in Nohant, warst du mal in Nohant, im Berry, wunderschön, da gibt es den besten Chevre von Frankreich, hier gibt es keinen Chevre, nur Stilton ...»

Käthe bestellte Stilton, fragte, hörte nicht zu, schnappte begierig nach jedem erreichbaren Stichwort, zog im hastigen Galopp seiner Assoziationen Worte zusammen, sprach von Genon, weil er sagen wollte, «als Genet noch verboten war», und erzählte eine Geschichte von einem Mittagessen bei einer Tante, die so herrliche grüne Soße bereitete, «apropos grün, ihr Großvater hat die berühmte grüne Kuppel der Kirche von – übrigens ist sie neulich ausgeraubt worden, unsignierte Bombois und ein gefälschter Dalí und ein alter Matisse und als der Kommissar kam – aber nun habe ich den Faden verloren.»

Als er schließlich wahrnahm, daß Bernd diese flotte Gangart unbehaglich war, schnippte er das weg wie die Asche von der Zigarette. «Eichhörnchen, wir sind hier nicht in Kassel. Dies ist eine Metropole. Konversation verwechselt man hier nicht mit Oberseminar. Wenn dich hier jemand fragt ‹How are you?› will er hören ‹fine›, und nicht, daß du gestern unten links gastritische Beschwerden hattest. Und wenn er sagt, ‹Why don't you call next week?› heißt es gar nichts, und wenn er sagt, ‹We should have lunch together one of these days›, dann heißt es, das Gespräch ist beendet. Wie schön, wir hatten gerade Lunch.»

Zwei Tage später hatte Käthe einige Freunde eingeladen. «Du hast Glück, mein Lieber», flüsterte er verschwörerisch, «einer davon ist ein kleiner Verehrer von dir, studiert Romanistik in Paris, stammt, glaube ich, aus Mainz, ist hier an so 'ner Art Summer School. Aber du hast auch Pech. Nun hast du schon mal 'nen Verehrer, und nun ist er aber nix für dich, intelligent, aber unscheinbar.»

Bernd fühlte sich fremd unter den abendlichen Gästen; sie

schienen sich alle gut zu kennen, sprachen deutsch und englisch durcheinander, klatschten über Galeristen, deren Namen er nie gehört, tratschten von Theaterstücken, deren Aufführungen er nie gesehen hatte, sie tranken Sherry oder leicht rötlich schäumendes, braunes Porter, sie mischten im Käthe-Speed trockenen scharfen Witz in jeden Dialog.

«In New York nennen wir das Jewish Breakfast», sagte ein hagerer Pfeifenraucher, mitten hinein in ein Gespräch über einen in London aufgeflogenen sowjetischen Spionagering, als Käthe Lachsbrote aus der Küche holte, «aber der kommt ja gewiß aus Rußland.» Die Stücke von Joe Orton wurden gegen die von Harold Pinter abgeschmeckt wie die scharfe Sauce zum Lachs. Bernd langweilte sich.

«Reiner Shaw, finden Sie nicht?» Ein junger Mann, den er für einen Engländer gehalten hatte, sprach ihn an. «Ich heiße Alf Feichtmayr, und ich wollte Sie noch beglückwünschen, ich fand vor Jahren Ihren Aufsatz über diese Halbnazis in den deutschen Theatern und Filmen so aufregend. Ich studiere in Paris, er war damals fast ein Stadtgespräch. Ist er eigentlich je in Deutschland publiziert worden?»

Bernd verschluckte sich. Mit einem lächelnden «Darf ich?» nahm sein Gegenüber ihm die Zigarette aus dem Mund, die er am Filterende anzünden wollte, «So rum ist's vielleicht besser. Ich hol uns nur eben einen Aschenbecher.»

Unter Bernds Füßen war der Asphalt weich geworden. Der junge Bursche, klein, unhübsch, die zu knabenhafte Figur im dunkelgrünen Samtanzug paßte nicht zu dem etwas zu großen Kopf, und das Gesicht paßte überhaupt in keinem seiner Details zueinander. Weizenblonde Augenbrauenbürsten und ein ebenso heller Schnurrbart setzten der bräunlichen Haut so scharfe Akzente, daß ein füchsischer Zug es beherrschte; obwohl ein fast rundes Oval, schien es dadurch spitz, und selbst in dem heiteren Zigarettenmoment wirkten die lachenden

Augen traurig auf Bernd: «Den hat der liebe Gott in Trance aus verschiedenen Puzzles zusammengesetzt.»

«Hier, ich habe Ihnen ein Bier mitgebracht, Ihres ist ja schon ganz schal. Oder dränge ich mich auf? Ich wollte nur das mit Ihrem Artikel loswerden und ...»

«Und was?»

Die beiden Männer spähten sich mit den Augen aus, sie verfingen sich in dem Lasso, das jeder dem anderen zuwirbelte, und sie taten so, als seien es nicht Signale, sondern die Rauchkringel ihrer Zigaretten. Jeder schoß eine Versuchsrakete hoch – «ist das noch Bierschaum oder schon Ihr Schnurrbart?» – und begann, den Lächelpanzer des Partygastes leicht zu ritzen. «Mainz, wo liegt denn das?»

Aber es gab gar keine Party mehr. Bernd fand sich verloren in einem weiten, leeren Rund, von dessen Rand nur dieser grüne Samtmensch mit seinen Weizenborsten abstach, er fror und leckte sich kleine Schweißperlen von der Oberlippe, leichter Schwindel griff von den Ohren aus in seinen Kopf hinein. «Nein, danke, hier kein Bier mehr», sagte der Student, als Bernd sich mit einem «jetzt bin ich wohl dran, Bier zu holen, Ihres ist ja inzwischen ganz schal geworden» in irgendeine Bewegung retten wollte. «Hier?» fragte Bernd und bei dem r spürte er, wie voller Lamellen sein Rachen war. «Ja, ich meine nein, hier nicht.»

Zwei schaumig-frische Glas Porter standen vor ihnen. Sie saßen in einer Kneipe in Chelsea. Beide wußten nicht weiter. Sie sprachen nicht. Bernd schaute seinem Gegenüber – «der ist ja mindestens zehn Jahre jünger als ich» – ins Gesicht, als sähe er durch ein Fenster in einen fremden Raum, tastete es mit seinen Blicken ab, sein Gehirn zitterte, er konnte all das nicht bündeln: die viel zu scharf geschnittene Nase, etwas zu groß für den schmalen Mund, der schmächtige Oberkörper, der so unerwachsen dem buschigen, weißblonden Schnurrbart widersprach, darunter die ziemlich häßlichen, leicht vorstehenden Schneidezähne. «Die Augen sind ja gelblich», bemerkte er plötzlich, «wie kann denn jemand gelbe Augen haben.»

Der Jüngere war mutiger. Er fuhr sich durch das etwas zu lange, wuschelige hellbraune Haar – «paßt auch nicht zusammen» – und spann den Faden weiter: «Fast hätte ich Ihnen damals einen Brief geschrieben. Zu der Zeit, als Sie diesen Artikel publizierten, verglich ich für eine Seminar-Arbeit die deutschen Sartre-Übersetzungen mit dem Original – ich bin nämlich Romanist, hatte ich das schon erwähnt? – und stieß dabei auf die abstrusesten Details. Lauter Glättungen ins kleinbürgerlich Gefällige, Apolitische. ‹La putain respecteuse› ist natürlich nicht eine ‹ehrbare›, sondern eine ‹ehrerbietige› Dirne, Sartres ganze These vom handlungsunfähigen Individuum, das an den Südstaaten-Konventionen zerrt und doch nicht zu revoltieren vermag, ist durch den falschen Titel weggebügelt; aus ‹engagement›, Sartres Hauptbegriff für die politische Verantwortung des Schriftstellers, wurde ‹Bindung›, aus ‹génocide› ‹Sippenmord›, und aus ‹gratuité› wurde ein ‹Akt der Gnade› zurechtgefälscht. Also selbst mit der Sprache mogeln sie im Nachkriegsdeutschland. Aber hören Sie mir überhaupt zu?»

Bernd musterte den jungen Mann, schüttelte den Kopf, malte mit dem Zeigefinger Bierschaumkringel auf die Tischplatte. Er kam sich alt vor, verzagt. «Ich glaube, ich habe ein bißchen Angst.»

«Ich ein bißchen mehr. Ich will sie nur wegreden. Mein Mut sinkt, ich spiele hier nur den Forschen.» Alf hatte jetzt nur noch traurige Augen, dunkle Bernsteine.

«Mut zu was?»

«Sie zu fragen, was Sie heute abend noch vorhaben.»

«Das liegt genau fest – mein Schlafwagen geht um 2.20 Uhr heute nacht von Victoria Station.»

«Dann haben wir nicht mehr viel Zeit, es ist gleich halb elf. Ich wohne drei U-Bahn-Stationen von hier, auf dem Weg ist ein Delikatessen-Shop. Wir essen bei mir was, trinken eine Flasche Wein, und ich bringe Sie dann zur Bahn.»

Weit weit fliegen sie davon, atemlos dem Wind nachjagend, der sie fortträgt, über Kontinente hin. Ungläubiges Tasten zeichnet neue Landkarten in entlegenste Gegenden, die kleine Spannung der Haut zwischen den Fingern, das seidenweiche Weizenfeld unter dem Schlüsselbein, zarte Wellen voll braunen Haarwirbeln die übermarkant hervorstehende Wirbelsäule hinunter, die Waden und Schenkel hinauf, wo es wieder in langen, weißblonden Strähnen lockt. Alf fährt mit seinen Lippen die blauen Äderchen entlang, Bernd hat die durchsichtige Haut der Rothaarigen, er zwirbelt das rostbraune Haar zu winzig-dünnen Strähnen. Sie erfahren einander mit der stürmischen Aggressivität des Schlittschuhläufers, der seine Spuren mit immer neuen Schwüngen in die frische Eisfläche kerbt, mal bohrend spitz zu einer Pirouette ansetzend und dann wieder sanft gleitend, daß der Eisschaum davongischtet.

Das Sandwich-Paket lag unaufgeschnitten auf dem Tisch, daneben die unberührte Flasche Chablis.

«Warum», flüsterte Bernd, als er die Salztropfen aus den Augen küßte. «Weil es so etwas eigentlich nicht gibt», Alf hatte zwei Zigaretten angezündet, er steckte Bernd eine zwischen die Lippen, «aber richtig rum. So hat es angefangen, nicht wahr? Ich möchte einen Dankesbrief an Benson & Hedges schicken. Weil ich solch eine Nacht noch nie erlebt habe. Weil ich verliebt war in dich, als ich dich noch gar nicht kannte, in dein Schreiben. Weil du weg mußt. Weil es das nicht noch einmal gibt. Weil weil weil. Da findet man jemanden, und der paßt, und der muß gehen. Weil ich traurig bin weil ich glücklich bin.»

Alf stand auf und suchte nach einem Korkenzieher. Im diffusen Licht des Mansardenfensters zeichnete sich vor Bernds Augen die Silhouette ab – der nackte Körper eines viel zu schmalen, grotesk zweifarbig behaarten Knaben: «Eigentlich ist er richtig häßlich.»

«Ich fahre nicht», sagte Bernd. Er hatte noch nie so strahlende Augen erlebt, ein Kind, das nicht fassen konnte.

«Aber ich muß jetzt gleich Käthe anrufen, da steht ja noch meine Tasche.»

Es war zwei Uhr nachts. Käthe erklärte mit Hausfrauenstolz, er wasche gerade ab und meinte – als Bernd ihm beichtete, er bleibe noch einen oder auch zwei oder auch drei Tage in London, «Du wirst es nicht glauben, bei dem Pariser Fuchsgesicht aus Mainz» –, «Hör weiser Frauen Rat. Big man – big prick, little man – all prick. Aber das wirst du ja auch schon herausgefunden haben.» Bernd konnte nicht lachen. Zum ersten Mal hatte Käthe ihn verletzt. In ihm klang ein anderer Ton als der der Frivolität. Käthe spürte das. «Hör mal, von dem Törtchen habe ich ein schönes Wort gelernt, es heißt Spökenkieker oder so, bedeutet wohl 'ne Art Spinner, der Böses und Schlechtes voraussieht. Ich bin euer guter Spökenkieker.»

Bernd küßte Alf in der Telefonzelle. «Käthe ist doch ein prima Kerl. Und das Törtchen – ich erzähl dir mal von ihm – hatte noch solch einen schönen Spruch. Nach zwei Monaten als Schiffskonditor meckerte er, ‹ich hatte zwei Monate kein frei›. Hatte ich auch nicht. Jetzt hab ich.»

Als Bernd vier Tage später in Berlin ankam – er hatte sich telefonisch mit Mandelbrot zum Abendessen verabredet –, fand er in seiner Wohnung einen Brief:

«Lieber Bernd!

Wie schreibt man einen Liebesbrief? Das hier soll nämlich einer werden, aber ich habe keine Ahnung und bin sehr neugierig, was rauskommen wird. Ob Du mir soviel reflektierte Naivität abnimmst?

Denkst Du noch ein wenig an mich? (Aha, die ersten schmachtenden Ansätze!) Ich befinde mich immer noch in langsam abklingender Euphorie. Donnerstag abend ging ich zu einem befreundeten deutschen Kunststudenten und heuchelte etwas Interesse, um Genaueres über Deine Arbeit zu erfahren. Leider sammelt der Junge Zeitungsausschnitte, leider, denn darunter waren auch zwei über Dich beziehungsweise von Dir mit Paßbildchen, auf denen Du unglaublich oberlehrerhaft aussiehst. Nur der Mund stimmte.

Dabei schreitet meine Emanzipation unaufhaltsam fort. Letzter Meilenstein an dieser langen und kurvenreichen Straße: Sonntag abend war ich in einem Tuntenpalast und habe tatsächlich getanzt, seit fünf Jahren zum ersten Mal wieder; vor einigen Monaten wäre das für mich noch undenkbar gewesen (meinen Männlichkeitswahn erwähnte ich ja wohl).

Das wird wirklich kein Liebesbrief. Dabei mag ich Dich sehr und habe seit Donnerstag als Folie meines Denkens eigentlich dauernd die gemeinsame Zeit mit Dir. ‹Arme cool generation›, murmelst Du jetzt schwach in Deinen Bart. Und nicht einmal Dein Gesicht bekomme ich in allen Details zusammen. Ganz deutlich sehe ich Dich, wenn Du lachst und natürlich, wenn Du nackt bist. Viele Einzelheiten stehen mir klar vor Augen: Dein Fell, Deine Hüften, viele Bewegungen, Deine Stimme, die angestrengten großen Augen.

Wir kennen uns ja nur ohne die konventionellen Schalen. Wir haben keine Ahnung, was für soziale Wesen wir sind, vielleicht finden wir uns in Umgebung unseres jeweiligen Lebenskreises sogar unangenehm. Aber ich akzeptiere das für mich Neue (was Du schon oft erlebt hast?) und will mit Absicht unklug sein. Ich habe Dich sehr gern. Aber laß uns vorsichtig sein.

Einerseits scheinst Du mir vertraut, als ob wir Jahre zusammen seien, andererseits frage ich mich: was weiß ich von Dir? Daß Du Marmelade mit einem besonderen Löffel ißt, braune Unterwäsche trägst und sehr zärtlich sein kannst. Ich habe eine von mir jetzt als banal empfundene Beziehung hinter mir, wohltemperiert, ein wärmendes Herdfeuer. Mit Dir, das ist alles eine ganz große Flammenwand, aber: ist es ein Strohfeuer? Oder sind da noch dicke Balken drüber?

Daß Du mit Deinem Alter etwas geschwindelt hast, ist natürlich eine ‹ganz schwache› Sache, die mich doch sehr freut. Weil Du dadurch menschlicher, weniger perfekt für mich wirst. Deine Unsicherheit macht Dich komplizierter, als ich dachte, bringt Dich mir aber auch näher.

Wenn ich das vergleiche mit einem Abend hier in London vor einigen Wochen, zwei Innenarchitekten, ein Hamburger Journalist, drei Juristen, ein Galerist: alles ‹kultivierte Leute›. Doch schon bald dampfte die Fiesheit, Tunten-Ferienerlebnisse, Araberjungsschenkelklatschende, ungewaschene Fröhlichkeit aus dritter Hand, mit dem Hamburger als Stimmungskanone. Jetzt halte ich mich am Gegenbild fest, an Dir, ‹die andere Möglichkeit›. Du bist sehr viel für mich. Du bist klar, sauber, ehrlich, gut. Das ist auf Deinen Charakter gemünzt, ganz genauso aber auch auf Deinen Körper; ich möchte jetzt sehr, sehr gern neben Dir liegen, auf Dir, unter Dir, möchte Dich fühlen, schmecken. Ich will Dich.

A.»

Die Klingen des Mandelbrot-Floretts waren dieses Mal besonders biegsam. Bernd hatte ihn und Ursula zum Abendessen gebeten, in beiden Zimmern weiße Blumen verteilt, einen Salat aus Coquille-St.-Jacques selber angerichtet. «Sieht ja bräutlich bei Ihnen aus», lachte Ursula, «aber wo ist die Braut?» Bernds «in Paris» hielten sie für eine seiner schlagfertigen Pointen. Ganz rasch langten sie inmitten ihres genießerischen Streits an. Mandelbrot war das erste Mal in Bernds Wohnung, examinierte die einzelnen Bilder, die Objekte, die Möbel. Bernd war verblüfft, als er eröffnete, «Sie wissen natürlich nicht, daß ich ursprünglich mal Archäologie und Kunstgeschichte studieren wollte, ich habe sogar einige Vorlesungen beim alten Hamann gehört, der so wacker gegen die Ulbricht-Barbarei der Sprengung des Berliner Schlosses protestierte. Aber Sie haben ja inzwischen schon bemerkt, aus mir ist nichts geworden. Doch, paar schöne Sachen haben Sie, das muß ich Ihnen neidvoll zugestehen. Den Nußbaum allerdings ...»

Spiel und Ernst. Mandelbrot vergnügte es, wenn Bernd Künstler verteidigte, und er meinte es völlig ernst, wenn er sagte: «Nein, es gibt keine biographische Entschuldigung für schlechte Malerei. Felix Nußbaum hat ein schreckliches Schicksal gehabt, aber deswegen werden seine gefühligen Van-Gogh-Paraphrasen nicht besser und seine Chirico-Repliken nicht weniger peinlich. Selbst noch die späten, süßlichen Nazarener-Anleihen – tut mir leid, ein schlechter Maler. Da sind mir Ihre Möbeldesigner lieber.»

Es war der tänzerische Hochmut, ohne Verbissenheit und nie kränkend, den Bernd an Mandelbrot mochte. Während er solche Sätze abschoß, schien das lustige Blinzeln in den hellen kleinen Augen zu signalisieren, «wir verstehen uns doch. Man kann den einen Maler schätzen und den anderen Schriftsteller weniger. Aber wir reden in jedem Fall von Kollegen, und die haben etwas auf die Beine gestellt, irgendwas, und das ist mir immer lieber, ist uns immer näher als Schwätzer ohne Werk.»

Mandelbrot foppte Bernd mit dessen Leidenschaft für die Kunst, weil er sie teilte. «Man wirft Ihnen ja nicht zu Unrecht vor, daß Sie Ihre Künstler lieben», dabei klopfte er Bernd gleichzeitig verschwörerisch auf die Schulter.

«Und Sie Ihre Figuren nicht?»

«Nein, ganz und gar nicht. Das wirft mir ja umgekehrt zu Recht die Kritik vor, ich sei kalt, perfektionistisch, ein Techniker. Das höre ich gerne. Diese Leute des 20. Juli zum Beispiel – für mich sind die nicht gequälte Seelchen und feinsinnige Moralisten. Ich will – eben doch Archäologe – nur herausfinden, an was für Drähten sie hingen. Wieso haben sie bis 1944 Hitlers Krieg mitgemacht, verachtend-gehorsam; was waren das für Typen, die auf ihren Rittergütern Anti-Naziwitze rissen, mit Gauleitern zur Jagd ritten, ihr polnisches Dienstpersonal ordentlich versorgten und schließlich zu spät Deutschland retten wollten. Waren sie aristokratisch, feige, ehrbar, verlogen, nationalistisch, mutig, hochmütig? Oder waren sie alles zusammen? Für mich sind das nicht Helden. Ich schreibe so was nicht, um diesen Gehenkten Respekt zu erweisen; das überlasse ich Festreden schwingenden Politikern. Ich schreibe es, um Motive, Strukturen, Verhaltensweisen zu verstehen und zu vermitteln. Ich bin kein guter Mensch, ich bin Ethnologe.»

Der Bart mit der ewigen Gitanes war jetzt eine Matratze mit einem Brandfleck, Mandelbrot hatte etwas rasch getrunken, was Bernd daran merkte, daß er noch aufrechter im Sessel saß, in einer Art steifer Grazie. Längst hatte Bernd viele der von Mandelbrot so geliebten kleinen Sprüche – «wie es sich gehört», «ein anständiger Mann», «das tut man einfach nicht», «was erwarten Sie von so einem» – begriffen als Leitplanken, mit denen er dem eigenen krummen Weg Spalier bildete. Diese Mischung aus Zeremoniösem und Offenheit, diese nicht steifleinene, sondern lässige Korrektheit faszinierte

Bernd; er bewunderte nicht nur Mandelbrot, den Künstler, ihn beeindruckte auch seine helle Präzision.

Sie pflegten sich regelmäßig ein Gastgeschenk mitzubringen – auch wenn sie sich in ihrer Lieblingskneipe zu Heringshäcksel, Bier vom Faß und Heidmärker-Korn trafen –, aber nie etwas Eigenes; Bernd meist Verlagskataloge, auch mal einen Druck, Mandelbrot stets Bücher, die er selber gerade gelesen hatte: «Sie lesen mir sonst das Falsche. Bloß nicht diesen furchtbaren Hegel – bitte Schopenhauer. Und Voltaire, nicht Rousseau.» Die Abende mit Mandelbrot waren für Bernd oft wichtiger als eine eigene Arbeit; sie reinigten ihn davon, wie sich die Lunge eines Rauchers in der Schneeluft der Berge weitet. Sie hatten beide denselben Takt.

Diesen Abend genoß Bernd besonders. Nach dem Käse hatte Ursula sich beschwert: «Ich habe hier ja wohl überhaupt nichts zu vermelden, die Herren Männer schnattern und kakeln und lösen die sieben Welträtsel. Ich aber bin das achte. Ich lade euch noch in die griechische Bar ein, ich will griechische Musik hören und die Oliven essen, die uns unser Gastgeber zum Käse nicht angeboten hat.»

Bernds Kopf war schwer vom Wein und zugleich ganz klar, gelöst, heiter und frei, als er noch spät in der Nacht den Brief beantwortete:

«Ach, Du –

was ist da nur passiert? Mir ist ganz wirr im Kopf. Nun sitze ich hier im ‹Dorado› Berlin, gehe keineswegs aus, ‹wie es sich gehört›, bleibe vielmehr in einer schweigenden, einsamen Wohnung, denke an Dich, angesichts eines großen, leeren Bettes, wünschte so sehr, Du wärest hier. Es ist erst Mitternacht, Freunde sind gerade gegangen, ich habe einen anstrengenden Tag hinter mir. Meine Sendung ist schlecht geworden. Neue Projekte verhäkeln sich. Aber meine Gedanken, meine Wünsche, meine Sehnsucht, die sind bei Dir. Ich möchte Dich jetzt anfassen, streicheln dürfen, die hundert Zigaretten täglich und das halbintellektuelle Geschwafel im Funk vergessen können.

Hättest Du Telefon, würde ich schon wieder anrufen, nur, um Deine Stimme zu hören, die durchaus zärtlich sein kann. Dabei hast Du soviel Scheu, ein Gefühl zuzugeben. Poor cool generation – ist es wirklich so schwierig, einfach zu sagen, ‹ich habe mich verliebt?› Haut, Haar, Mund, Körper, Hände, vieles mehr: ich mag es, ich bin glücklich, ich war glücklich in jeder Minute, jeder Umarmung, jedem Anfassen, jedem tastenden Berühren. Warum soviel Angst vor Gefühl, vor Freundlichkeit, vor Warten und Hoffen?

Ich habe nur Angst vor Beliebigkeit, vor ‹Na ja, aber bloß keine Übertreibungen›, vor dem banalen, unehrlichen Karussell, auf dem viele von uns herumgaloppiert sind. Die Stunden mit Dir sind mir sehr wichtig, haben ihren Zauber, ihre Intensität. Ein kleines Wunder voller Güte, Freundlichkeit, Zärtlichkeit, Begehren, Liebe gar. Altmodisch?

Ich mag nun gar nicht mehr meinen kleinen (niedlichen) Regisseur zum Essen einladen (was ja nicht beim Essen bleibt ...). Es ist schöner für mich, hier zu sitzen, an Dich zu denken, Dich mir vorzustellen, davon zu träumen, mit Dir irgendwo zu sein, egal wo, egal wann und wie: Griechenland, Insel, Strand, Fisch, Wein, Haut, Haar, Bart, Hände. Mehr.

Ich könnte – typisch – jetzt nicht tanzen gehen. Nicht nur, daß ich das mit einem Mann überhaupt nicht könnte, aber ich weiß ja, was ‹tanzen gehen› heißt. Eine ganz unsinnige, mit keinerlei Recht ausgestattete Eifersucht: daß jemand Dich berührt, Deinen Bart streichelt, das Lächeln Deiner Augen sieht, Deinen Körper spürt: das bereits quält mich. Du lachst? Vielleicht sind das die zehn Jahre Altersunterschied. Ich schäme mich übrigens sehr meiner Lügerei und bin Dir sehr dankbar für Deine Antwort dazu. Nur, wie Du auf weniger ‹perfekt› kommst, weiß ich nicht. Weniger perfekt als ich kann man wohl kaum sein, unsicherer, ängstlicher. Aber ich weiß, was ich sage, wenn ich sage: Ich hab Dich lieb.

Du hast recht, jeweiliges Lebensritual – meines ganz gewiß – kann verstören; dennoch freue ich mich jetzt schon unbändig auf einen Besuch, auf eine große Ruhe und eine große Unruhe.

Dies ist ein Liebesbrief. Zugleich überfällt mich Traurigkeit. Kann man traurig sein, weil man glücklich ist? Hast Du neulich nicht ähnlich gefragt? Bisher hat man mir immer weh getan, davor habe ich Angst, dagegen ziehe ich (hochdekorative) Wälle. Die hast Du nun mit unbegreiflicher Leichtigkeit weggeräumt. Ich hungere nach Deiner Freundlichkeit.

Und ich möchte, daß Du mehr von mir erfährst, als daß ich Marmelade mit einem Extralöffel esse und braune Unterhosen trage, mehr von mir: da ist viel Negatives, Verbogenes, Verlogenes, Verstelltes, Bedürftiges (also auch Dürftiges). Du fragtest in der letzten, besonders bindenden, weil gelösten Nacht: ‹Ob wir uns wohl mal verletzen werden?› Ich wünschte so sehr, daß nicht. Daß Du mir nicht weh tust. Ich möchte bleiben.

B.»

Die Post ging an Käthes Londoner Adresse, sie kam dort zuverlässiger an als in Alfs Bed-and-Breakfast-Mansarde, und sie benutzten auch Käthes Telefonanschluß, an dem er sich mit einem «Hier Vorzimmer Dr. Feichtmayr, Praxis für Hämorrhoiden und Venenleiden, ich verbinde» meldete. Bernd nahm durch den Draht wahr, wie Alf die linke Schulter anhob; sie hatten das nie ausgesprochen, aber beiden war die Balancelosigkeit fatal, mit der Käthe kein Gespür dafür hatte, wann er sich mit seinen Affektiertheiten ihnen unangebracht zu nahe schob, ein Radio, das bestimmte Frequenzen nicht empfing.

Inzwischen stand ein Erfolg als furchteinflößende Bergwand vor Bernd: Dr. Wohltat hatte anhand des ausführlichen Exposés die amerikanischen und französischen Rechte an der Schliemann-Biographie verkauft, weitere Abschlüsse standen unmittelbar bevor. Für den Spätsommer, auch das hatte Dr. Wohltat bereits mit dem Deutschen Archäologischen Institut in Istanbul vereinbart, sollte Bernd für zwei Monate in die Türkei reisen, zu den Dardanellen und anschließend nach Rom.

Dr. Wohltat hatte ihm am Telefon gesagt, er werde sich gerne einschalten, falls ihm das mit Steinau Schwierigkeiten bereiten werde; immerhin habe der ja bereits sein Interesse an den Fernsehrechten bekundet. Bernds anfängliche Freude über diese Pläne war nun Unbehagen und Zögern gewichen; der ganze Schliemann-Plan schien ihm nur noch eine umständliche, aufgeblasene Banalität, überflüssig.

«Wer will denn überhaupt solch eine Biographie lesen?» hatte er neulich abend zu Mandelbrot gesagt, und dessen Antwort «Da kann ich Ihnen leider nicht widersprechen» hatte seinen Mißmut nur gesteigert. Er wollte jetzt in Berlin sein oder nach London fliegen, dem besessenen Workaholic rutschte unversehens die Droge Arbeit weg. Das erste Ziel war, ein paar Wochen nur mit Alf, ohne Stadt, ohne Bekannte, ohne Lärm, Theater, Museum. Nähe pur.

Als Alf auf Sylt ankam, stand Bernd im kühlen Abendwind schwitzend vor dem altmodischen Gebäude des Bahnhofs Westerland. Mit den weißlichen Wollpuscheln der im vergangenen Jahr verblühten Disteln strich er ihm die Schnurrbartborsten entlang. «Ein Willkommen dem welschen Erbfeind im nördlichsten Teil Deutschlands – und dies ist das ‹Feuerzeug›, weil er so wenig Benzin verbraucht.» Damit zeigte er auf einen verbeulten, alten VW. «Wenn's für unsere Zigaretten reicht – richtig rum.» Sie sprachen nur codierten Unsinn. Bernd verfuhr sich, fand in dem Labyrinth der kleinen Dorfstraßen von Keitum nicht die gemietete Wohnung.

Glück findet im Kopf statt. Sie erfinden die Welt neu. Und sich. Im zirpenden Messerschleifen des Schilfs hören sie ihr sirrendes Begehren. Sie liegen am weißen Kliff, die Insel biegt sich vor ihnen bis zur Keitumer Kirche und bis zum Leuchtturm von Kampen, weit hinten fletscht der Sandschnee der Lister Dünen. «Gestern sind wir dort runtergekollert», flüstert Bernd. «Nicht nur», antwortet Alf, er hat ein paar Lächelzweige der Silberpappeln gebrochen, «sie haben einen ganz hellen Bauch, die Blätter, nur keine bläulichen Adern.» Nach einer stundenlangen Wanderung laufen sie weit in den Schlick des Kampener Watts hinaus, Bernd deutet auf den weiß schwirrenden Saum aus Möwenflattern, «das Meer hat deinen Schnurrbart». Alles gehört ihnen, alles ist nur für sie da, die gemächlichen, schwarzen Angus-Rinder, die Lupinen mit ihrem rosa-lila-gelben Farbwahn und der Duft der Hagebuttenrosen, der über der ganzen Insel hängt. Die seidengrünen Juninächte wollen nicht enden, der Himmel dünnt noch um Mitternacht in ein weißliches Türkis aus, dessen Fransen die Gischt kämmt. Schwarze Schnäbel schlitzen die Seide des Horizonts, hinter dem ein neuer und immer neuer aufscheint.

«Ich habe noch nie im Meer Sex gemacht», prustet Alf, als sie sich nackt mit Sand berieseln auf dem opalschimmernden Perlmuttspiegel des nassen Strandes, «und ich glaube, ich hatte, bis du kamst, keine Ahnung, was Sex ist.» Sie sind sich perfekt. Sie stülpen sich ineinander. Sie gleiten in des anderen Haut. Alfs Augenbrauen sind der blonde Strandhafer, Bernds rostbraunes Brustfell ist verbrannte Heide.

Sie sehen mit einem Paar Augen – die Möwen, die mit hastigen, ruckartigen Verbeugungen Muscheln aus den Buhnenresten hacken, oder die Kaninchen, die allabendlich pünktlich um acht Uhr ihre Jungen zum Äsen führen. Mit der Gier junger Tiere lecken sie den Bogen des Horizonts aus, unendlich nah. Sie proben die Körper und die Köpfe.

«Sternstaub», hatte Bernd eines Nachts in den Dünen gesagt, «ich möchte Sternstaub über dich ausschütten, weißt du, daß der verrückte Jakobiner-Freimaurer Georg Forster nach Sternstaub suchte, um Gold daraus zu destillieren?»

«Falsch, Herr Doktor», triumphierte Alf, «ich habe mich gerade ein bißchen mit der Französischen Revolution, also auch mit meinem Mainzer Landsmann Georg Forster beschäftigt, er ging, damals Mitglied eines Geheimen Ordens, nachts auf Wiesen, um Sternschnuppensubstanz zur Gewinnung des Steins der Weisen zu finden.»

Das war die Figur ihres Glücks. Die Grenze war nicht am Schwanzende. Stundenlang konnten sie streitlachen, bei Fischbrötchen am Lister Hafen oder bei Sylter Schafskäse und Rotwein zu Hause. Da sahen sie Bernds letzte Sendung, schon in der Vorbereitungsphase von viel Ärger begleitet.

Sie stellte die beiden Berliner Architektenbrüder Wassili und Hans Luckhardt vor und ihren genialen, schon 1929 Furore hervorrufenden Wettbewerbsentwurf für den Alexanderplatz, wie auch ihren Umbau des Telschow-Hauses am Potsdamer Platz 1926 bis 1928. «Luxus der Leere» war der Titel der Sendung, mit der Bernd auf die exemplarischen Entwürfe der beiden eleganten Großstädter hinweisen wollte; er hatte Fotos von ihnen eingeblendet, die sie in einem Luxuskabriolett am Kurfürstendamm zeigten.

Bernd dokumentierte aber nicht nur die Metropoleneleganz ihrer Wohnhausbauten an der Schorlemmer Allee oder der von ihnen gebauten Villen in Rupenhorn, sondern auch, daß beide Architekten schon 1933 der NSDAP beigetreten waren, sich von ihrem jüdischen Partner Alfons Anker getrennt – der 1939 nach Schweden emigriert war – und daß sie sich 1934 an einem Wettbewerb der «Deutschen Arbeitsfront» beteiligt hatten. Sie entwarfen eine Art Thingstätte: das Fußbodenmosaik mit Hakenkreuz. Wassili Luckhardt hatte nach dem Krieg das Projekt publiziert, falsch datiert und das Hakenkreuz getilgt.

Alf empfand das als denunziatorisch. Sie stritten bis tief in die Nacht. «Ich sitze selber mitten in so einer Bredouille, nämlich an einer Jahresarbeit über die durch Sartre ausgelöste Heidegger-Rezeption in Frankreich. Da kommt viel Unangenehmes über Heidegger hoch – sein infames Sich-Abwenden von Jaspers, pünktlich, als es belastend wurde, daß dessen Frau Jüdin war; also nicht nur die berühmte Rektorats-Antrittsrede. Aber ist es an mir, ich bin jetzt dreiundzwanzig Jahre, zu urteilen?»

Die Verbindung Heidegger–Jaspers kannte Bernd nicht, wußte nichts von dessen jüdischer Frau, dem Publikationsverbot für Jaspers, und von Hannah Arendt, der Schülerin beider Philosophen, die nach dem Krieg zu vermitteln suchte, als Jaspers das Kneifen des Kollegen menschlich unerträglich nannte. «Was alles hinter deinen Weizenborsten steckt», hatte er im dunkel gewordenen Zimmer geflüstert. «Ich wußte das alles nicht, und ich wußte auch nicht, daß man mit dem Gehirn geil sein kann. Tatsachen und Zusammenhänge vorführen – das muß ja weder Urteil noch Verurteilen sein. Aber ich will jetzt nicht mehr diskutieren, ich will etwas anderes.» Mit dem Streit hatten sie ihre Fühler ausgestreckt, die Konturen des anderen zu ertasten.

Die Insel Sylt war bewohnt nur von zwei Menschen: Alf und Bernd. Sie besuchten das Haus am Kampener Steilufer, in dem Thomas Mann sich in den Sohn eines befreundeten

Architektenehepaares verliebt, und das Haus, in dem Siegfried Jacobsohn sommers die «Weltbühne» redigiert hatte. Sie fanden Westerland, wo der erste Mini-Golfplatz eröffnet worden war, lächerlich, und das Rantumer Becken, zerschrien von Tausenden von Vögeln, paradiesisch. Ein winziges, wildes Stiefmütterchen nahmen sie für ein Wunder und grünschwarzen Tang mit dem eingewebten Silber der Muschelschalen als Bühnenvorhang für ein Stück, in dem nur sie beide auftraten. «So war mir, als du mir die verkehrt angezündete Zigarette von den Lippen nahmst», sagte Bernd, als sie über eine quatschend nachgebende, vermoorte Wiese gingen. «Und so war mir», Alf zeigte mit jungenhafter Obszönität auf seine Hose. Am letzten Abend beichtete Bernd den Plan der Türkei-Reise, «alles in allem werde ich mindestens vier Monate weg sein».

«Unmöglich, das geht nicht» – Alf wirkte noch jünger, dünner, kleiner. Die gelben Augen schienen braun. «Du kannst doch nicht immer nur wegfahren.» Ursprünglich hatten sie an diesem Abschiedsabend in einem teuren Fischlokal in Keitum essen wollen, dessen schönen, alten Kachelraum Bernd liebte. «Aber das ist ein anderer Abschied. Ich kann nichts essen», Alf war trotzig, traurig, empört, verzagt. Plötzlich lachte er. «Ich redigiere dich», rief er, sein Gesicht im Lachen tiefernst, «du hast damals in London gesagt, ‹ich fahre nicht›, ich kürze das um ein Wort, ‹ich fahre›.» Die Heidegger-Arbeit nähme ohnehin zwei Semester in Anspruch, da könne er ohne Probleme ein Semester schwänzen. «Lesen und schreiben kann ich auch in Istanbul. Oder in Rom. Ich will bei dir bleiben.»

Sie gingen, Pläne schmiedend, am nächtlichen Watt entlang, Bernd sollte die genauen Termine nach London schreiben, Alf wollte von dort einen Charterflug nach Istanbul buchen. «Silvester in Rom», träumte er. Das Salz hatte ihre

Lippen spröde gerissen. Ihre Leiber nahmen den Tanz der Lichtsplitter vom Wattenmeer auf, das wegzog in eine horizontale Weite. Am Tag nach seiner Rückkehr war es Alfs Brief, der Bernds Unruhe löschte.

«Liebes, geliebtes Löwenmaul,

schon merkwürdig! Erst acht Stunden, ein knapper Arbeitstag, ist es her, daß wir unseren Abschied leicht verlegen wegschoben, erst einen Tag, daß wir ratlos das Keitumer Kirchlein im Schaumpolster aus blühendem Raps wegsacken sahen, das Spiel der Wolken im spiegelnden Watt verfolgten, die sich über den Walrücken der Sandbänke plusterten. Richtig allein bin ich eigentlich erst jetzt, doch in mir wurzelt ja die Sicherheit, daß ich nicht allein bin.

Der Rückflug war problemlos, frühstückslos, anstrengend. Ich habe mich gleich hingelegt und an Dich zwischen Stofftapete und alten Holzbalken gedacht. Es ging mir wie in Deinem Traum: war es gestern oder vorgestern? War ich in Dir oder Du in mir? Wie waren wir uns näher, wann war die Lust größer, zersprengender? Während ich das schreibe, ist alles wie vorhin: Ich möchte Dich spüren, anfassen, überall – Dich sehen.

Ich habe sehr große Angst vor den nächsten zweieinhalb Wochen. Ich will Dich, mich in Deinen Haaren verlaufen, über das Problem der Schönheit nachdenken, mit dummen Worten nach Deiner Sendung mit Dir rumbalgen, ganz stumm und ratlos vor den schönen Verhältnissen Deiner Brust, vor Deinen Schenkeln, wenn Du auf dem Bauch liegst, wenn sich Deine Muskeln unter der Haut bewegen. Und das jetzt fast drei Wochen nicht mehr?

Es gab nicht eine leere Minute. Unser Zimmer war das Zentrum, unser Mittelpunkt der Insel. Aber vielleicht nur, weil alles drumherum so schön und richtig war, die Sonne auf den alten Fischertüren, der Korn vor den Kacheln im ‹Landschaftlichen Haus›, das Kitsch-Orange des Sonnenuntergangs, die zehrend-melancholische Ruhe am Ribbelrand des Watts, das Muschelessen unter den neidischen Blicken der frustrierten Adlernase, der wunderbare Wein dazu, selbst der traurige und steife Junge in der tristen Bar, der unsere Nähe besonders kostbar erscheinen ließ.

Danke für die Tage. Und Nächte.

Ich liebe Dich.
Alf.»

Eine Sicherheit griff in Bernd Raum, die er nie erfahren hatte. Kann es das geben, fragte er sich, daß eine Seele besitzt? Es ist wie Eigentum, fest, ein Grund. Er hatte Affären gehabt und die Sehnsuchtsliebe zu Yvonne; er hatte sich entzündet an der schwarzen Fackel Marlies und sich in Stephan gestürzt, den dunklen, lockenden See, der sein Spiegelbild warf. Aber ergriffen, ganz tief innen, von der Totalität jenes Gleichklangs, der die Erschütterung bis ins Fundament trägt, ist er dieses eine, einzige Mal. Das sollte währen. Er wollte es festhalten, sich daran festhalten.

Bernd hatte sein Leben zur Form gebracht. Der Beruf hatte ihm Sinn gegeben, ihn mit Erfolg verwöhnt, er hatte sich an ihn verloren. Menschen wie der hexische, besorgte Willy Wohlfahrt und der väterlich-noble Spieler Wohltat, das war deutlich erfahrene, genommene Prägung. Die Freundschaft mit Martin Mandelbrot ihrer gegenseitigen Zuneigung ein kostbares Gefäß. Nun ist er diesem Menschen ohne Arg begegnet, dem kleinen, häßlichen Alf, an dem er jedes Haar, jede Pore, jeden Ton schön findet, den er liebt.

Die Wochen bis zur Abreise waren so voll, daß sie leer waren. Bücher voraussenden, Manuskripte verpacken, Tropenimpfungen und internationaler Führerschein. Flugtickets und Geldwechsel; dazu Verabschiedungen und Sendepläne. Nur die nächtlichen Telefonate mit Alf waren Ruhepunkt. «Erinnerst du dich an die Boje, zu der wir in der ersten Sylt-Nacht hinausschwammen? Vergiß sie nie.»

Alf saß bei Käthe am Chelsea Embankment. Heute oder morgen erwartete er die erste Nachricht von Bernd aus Istanbul. Der Einsilbigkeit seines Telefongastes spielte Käthe auf: «Kennst du schon diese neuen Dinger, die jetzt aus Amerika rüberschwappen, Peep-Show heißen die. Widerliche, kleine Wichsbordelle, enge Kabinen mit Gummiwand und Papiertaschentuchhaltern. Süß. Ich habe neulich einen kleinen Araber aufgegabelt, nein, eigentlich war es ein Kabyle, der hat mir versprochen, wenn ich ihm da einen Film zeige, wo eine Dickbusige einen bläst, dann läßt er sich von mir dabei – Moment mal, es klingelt, bin gleich wieder da. Na, da ist ja ein Telegramm, mein Romeo, vom Balkon aus Istanbul. Alles o. k.?»

In gellendem Schweigen nahm er Alf das Telegramm aus der Hand: «Dr. Bernd Walther gestern tödlich verunglückt. Kommen überflüssig. Deutsches Archäologisches Institut Istanbul.»

Eine Erziehung in Deutschland